JN444832

조선·한국 신분계급사

김 영 모 저

고 헌

머리 말

저자가 우리나라의 신분·계급·계층에 관심을 가지고, 이에 대한 연구를 시작한 지도 벌써 반세기가 지났다. 그 동안 저자는 일찍이 조선시대의 신분 및 지배층 뿐만 아니라 한말·일제시와 해방후의 계급 및 지배층의 문제를 많이 다루어 보았다.

이러한 연구결과에서 조선시대의 신분 및 지배층이 과연 세습적(귀속적)인가 아니면 개방적(성취적)인가에 대한 관심이 많았고, 한말·일제시대 및 해방 후에는 그것이 얼마나 지속성을 지니고 있는지에 대한 실증적 분석을 하였으며, 나아가 이들이 얼마나 양심적인 지배층인가를 밝히는데 관심을 두었다.

저자는 이러한 지배층의 문제를 그들의 사회적 배경을 분석하여 주로 탐구하였다. 사회적 배경의 분석은 조선시대의 경우 주로 방목과 족보의 분석을 통하여 접근하였고, 한말·일제시의 경우 그들의 이력서, 그리고 해방후의 경우 주로 권력지배층의 이력서와 공직자 등록재산 등을 분석하여 고찰하였다.

한편, 조선 후기와 한말의 신분을 연구하기 위하여 당시의 방대한 호적대장(장적)을 주로 분석하였고, 일제시와 해방후 계급분석을 위하여 주로 당시의 국세조사 또는 인구주택총조사보고서를 재분석하였다.

이와 같이 신분 및 계급을 분석하기 위하여 저자는 신분 및 계급의 분석틀을 만들어 조사하였다. 그리고 권력지배층의 사회적 성격을 파악하기 위하여 그들의 사회적 배경, 특히 출신성분을 조사·분석하였다.

저자의 연구 분석틀이나 그 결과에 대하여 비록 우회적이긴 하지만 조선시대가 마치 개방적인 사회였던 것처럼 비판하는 견해가 있고, 또한 신분직역에 대한 오해와 신분변동의 통계적 분석을 매도한 것을 볼 수 있었는데, 이에 대한 비판을 하지 않을 수 없었다.

저자가 발표한 해방후 권력지배층의 형성과 이동에 대한 연구에 대하여서는 비판적 견해가 거의 없으나 대기업자본가(소위 재벌)의 출신배경의 폐쇄설(지주부농설)에 대하여 개방설(자주성가설)을 주장하는 견해가 있어서 이에 대한 시비를 논의한 적이 있다.[1]

이와 같이 조선시대 이래 신분, 계급, 지배층의 변동은 비록 사회적 세습성을 지니고, 또한 정권교체기에 새로운 권력지배층이 대두되고 있으나 사회의 역할분화와 신분 및 계급갈등으로 꾸준히 새로운 중간계층이 성장하여 새로운 권력지배층이 되어 가고 있음을 발견할 수 있었다.

그리하여 저자는 본 서에서 그간 신분, 계급 및 지배층에 관한 쟁점을 먼저 소개하고, 또한 저자가 그간 발표한 연구결과를 중심으로 조선시대, 한말 · 일제시 및 해방후 한국의 신분계급사를 재구성하여 보았다. 그리고 최근 이와 관련된 저자가 쓴 논문을 몇 편 추가하였다.

저자가 신분사를 연구하게된 것은 대학원 재학시 李相佰 지도교수님의 영향이 크다. 조선시대 지배층 연구를 하는데 그가 소장한 소과(사마) 방목 및 문무과 방목(용호방목)을 분석 할 수 있도록 재학시 연구비(하버드 옌칭연구소)를 주선하여 주셨고, 또 金斗鐘 교수(서울대 의대)가 소장한 방목을 이용할 수 있도록 소개해 주신 것이 큰 계기가 되었다. 고인에게 깊은 감사를 드린다.

또한, 한말 지배층 연구를 할 수 있도록 韓沽劤 교수(서울대 한국문화연구소장)와 일제시 사회계층 연구를 할 수 있도록 趙璣濬 교수(고려대 아세아문제연구소장)가 연구비를 지원한 것도 신분계급사 연구

---

1) 김영모, 「한국자본가계급연구」, 고헌, 2012, 제 2장 참조

에 큰 도움이 되었다. 그 밖에도 많은 스승과 제자들의 도움이 컸다. 특히 제자들 중에 최경석(중앙대 교수), 표갑수(청주대 교수), 원석조(원광대 교수), 김연명(중앙대 교수) 등은 대학 조교시 통계자료를 처리하는데 도우느라고 고생이 많았다.

저자가 1960년대에 방대한 방목과 호적의 자료를 처리할 때는 고생스럽게 수집계를 하였기 때문에 제자들의 많은 도움이 필요하였다. 그러나 1980년대 이후의 연구에서는 전산처리로 자료분석이 가능하였기 때문에 매우 수월하였다.

마지막으로 본 서를 발간하는데 전산입력과 자료처리 및 편집을 하느라고 고생한 김진영 양(한국복지정책연구소)과 이지은 양(고헌출판부)에게 깊이 감사한다.

2013년 10월 3일

저 자

본 서를 집필하는데 사용된 저자의 주요한 저서 ;

「조선지배층연구」, 일조각, 1977 / 고헌, 2002

「한말지배층연구」, 서울대학교 한국문화연구소, 1972

「일제하 한인지배층연구」, 고헌, 2009

「한국사회계층연구」, 일조각, 1982 / 고헌, 2005

「한국민족해방운동연구」, 고헌, 2012

「한국지배층연구」, 일조각, 1982

「한국중산층연구」, 중앙대학교 출판부, 1999

「한국빈곤연구」, 한국복지정책연구소 출판부, 1990

「한국권력지배층연구」, 고헌, 2009

「한국자본가계급연구」, 고헌, 2012

「현대사회계층론」, 한국복지정책연구소 출판부, 1982, 1999(개정판)

「한국사회학」, 법문사, 1972

「한국사회의 이해」, 한복연 출판부, 1999

「현대사회학」, 고헌, 1983, 2001(개정판)

목 차

< 표 목차 >

제 1장 조선왕조 신분사 연구의 쟁점

1. 서 론

최근까지 조선왕조 후기 신분사에 관한 연구 결과가 많이 발표되었다.[1][2] 이러한 연구 결과는 주로 과거 합격자 명단인 방목과, 호구 및 친속의 신분 식역을 알 수 있는 호적 사료를 분석하여 이루어졌다.

저자는 조선시대의 사마방목, 문무과 방목, 국조방목 및 잡과방목 등을 처음으로 분석하여 논문을 발표하였고,[3] 또 일제시 시가다(四方博)가 대구부 장적(호적)을 처음 조사한 이래 규장각 등에 소장

---

1) 조선 후기 신분사 연구의 동향과 과제는 다음 글을 참고하기 바람.
김영모, 한국 신분사의 연구와 그 과제, 「한국사회계층연구」, 일조각, 1982, pp.1~16
김인걸, 조선후기 신분사 연구현황, 「한국 중세사회 해체기의 제문제(하)」, 한울, 1987, pp.331~376

2) 사학자들의 논문 또는 저서에서 신분, 계급, 계층의 개념을 혼용하거나 오해하고 있는 것을 많이 볼 수 있다. 사회학에서는 일반적으로 신분(estate)은 법적 개념이고, 사회계층(social stratification)은 사회적 역할분화에 대한 사회적 평가의 산물이며, 사회계급(social class)은 자본주의 사회의 생산관계, 즉 생산수단의 소유자와 비소유자를 구별하는 대립적인 개념을 말한다. 따라서 신분과 계층은 서열적인 계서제이지만 계급은 이익갈등의 대립집단을 말한다.(김영모, 「한국사회계층연구」, 한복연 출판부, 1982, 1999개정, pp.2~3)

3) 저자가 조사한 문무과 방목(용호방목)과 사마방목(생, 진사)은 이상백 교수(서울문리대, 한국사 및 사회학)와 김두종 교수(서울의대, 한국의학사)가 소장한 것이고, 잡과방목은 규장각과 하바드 옌칭연구소 도서관 등의 소장본이다.

된 대부구, 울산부, 상주목, 단성현 등의 호적을 분석하여 논문을 발표한 바 있다. 최근 많은 학자들이 이에 관심을 가지면서 조선시대의 방목 분석에 의한 학위논문 등이 많이 나왔고, 또 새로운 호적(단성현과 언양현)이 발견되어 이의 뷰석에 의한 논문들이 많이 반표되었다.

최근 조선시대의 방목연구는 그간 국조방목(사실 2차 자료임)을 전산화 하여 통계적 분석이 용이하나 아직도 저자가 분석한 문무과 방목(용호방목)에 대한 전수조사는 시도되지 않고 있다. 문무과 방목에서는 국조방목에서 알 수 없는 4조(四祖)의 신분배경 등을 알 수 있다.

저자의 문과합격자 연구는 국조방목에서 그들의 전직을 알 수 있기 때문에 전수조사를 하였고, 4조의 신분배경은 문무과 방목 또는 용호방목(단회)의 표본조사에 의하여 밝혔다. 표본조사는 문무과 방목이 체계적으로 전수가 보존되어 있는 것이 아니었고, 또한 당시에는 전산이 발달하지 못한 시기였기 때문에 수집계에 의한 통계적 분석을 할 수 밖에 없었다.

한편, 저자는 시가다(四方博)가 조선후기 대구부의 일부 호적을 조사한 이후 아무도 이에 관심을 두지 않고 있는 것을 보고, 시가다와 정석종이 조사하지 않았던 대구부와 울산부의 다른 호적자료를 분석하였고, 또 상주목과 단성현의 호적을 조사하여 논문을 발표하였다. 그리고 최근 언양현의 호적조사에 의한 신분구조와 그 변동을 분석 하였다.

이러한 방목과 호적 및 족보의 조사에 의한 신분연구에서 많은 문제점(쟁점)을 발견할 수 있었다. 그 중에서도 첫째는 신분직역(예컨대 유학, 한량, 교생, 군관 등)의 개념과 해석의 문제이고, 둘째는 신분구분(양천제, 반상천제, 또는 반중상노제 등)의 문제이다. 그리고 이러한 문제에서 제기된 쟁점은 조선후기 신분사 연구방법이며, 넷째는 특히 방목분석에서 조선 왕조사회가 과연 개방적인가 하는 것이다.

이러한 문제에 대한 올바른 이해는 무엇 보다도 조선왕조의 법제적 측면과 당시의 현실적 측면에서 방목과 호적에 기재된 신분직역을 올바르게 이해하여야 한다. 왜냐하면, 그러한 자료가 비록 관찬 자료이지만 당시 신분직역의 모칭, 모록이 심하였고, 또 도망 노비 등이 많았기 때문에 그러한 신분직역의 실효성이 어느 정도 있었는 지를 제대로 파악하여야 한다. 이에 대한 올바른 이해와 파악이 거의 불가능할지 모른다. 특히 조선 후기는 신분 해체기이기 때문에 신분연구를 고전적 개념에 의하여 그것을 분석하기는 매우 어려운 일이다.

최근 조선시대 신분직역에 대한 연구결과가 많이 나와서 큰 도움을 주지만, 아직도 고문서(주로 특정 가문)의 사례조사에 의존하여 조선후기 신분직역의 개념과 해석을 일반화 시키는 것은 큰 위험성이 있다. 사례조사에 기초한 신분직역 뿐만 아니라 개인 또는 개별 호구의 신분직역을 모두 조사하여 조선 후기 신분사회를 분석한다는 것은 거의 불가능한 일이다.

그러나, 조선 후기의 신분구조와 그 변동이 어떻게 일어나고, 그 특성이 무엇인 지를 알 필요가 있다. 그리하여 학자들은 방목과 호적을 분석하여 조선왕조 신분사회의 특성을 파악하려고 한다.

이러한 노력 중에서 최근 방목분석에서 조선시대의 과거 합격자, 즉 관료의 충원이 매우 개방적이라고 주장하는 견해(송준호, 한영우)가 있다. 이러한 주장은 과거 법전이나 방목 연구에서도 발견할 수 있었지만, 과연 조선시대를 개방적인 신분사회라고 말할 수 있는지 의문이 간다. 또한 최근 조선 후기 호적의 통계적 분석을 통한 신분연구를 허황된 통계숫자의 조작이라고 말한 견해(최승희)가 있다.

이와 같이 최근 방목과 호적의 분석을 통하여 신분사를 연구한 학자들의 견해에 대한 비판이 있었기 때문에 이들의 주장이 과연 타당성이 있는지를 검토하려고 한다.

2. 신분 구분

일반적으로 조선왕조 초기의 신분구조는 양인(良人)과 천민(賤民)으로 구성된 2신분론이 타당하고 조선 중기에는 양반(兩班)과 상민(常民) 및 천민(賤民)으로 구성된 3신분론, 그리고 후기에는 중인(中人)을 추가한 4신분론이 그 타당성이 있는 것 같다. 이러한 신분구분은 기본적으로 법제적 개념이겠으나 시대에 따라 그것이 변화되어 사회적 통념(관행)화 되어가는 경향이 있다.

이상백은 일찍이 조선시대의 신분을 크게 3신분 또는 세습적인 중인과 이교를 추가하여 4신분으로 나누고, 같은 신분내에서도 문·무와 적·서의 차별이 심하였다고 한다. 그는 신분직역을 다음과 같이 간략히 지적하였다.

조선왕조의 신분계급은 분류의 정조(精粗)에 따라 여러 가지로 구별할 수 있으나, 먼저 신분별로 양반, 양인, 천민의 3종류로 대별할 수 있고, 거기에 일정한 세습적인 직업, 신역 등이 하나의 신분적 계층으로 고정된 것으로서 중인과 이교(吏校) 등을 들 수도 있을 것이라고 하였다.[4)]

또한, 그는 양반은 사농공상(士農工商)의 수위에 꼽히는 사족(士族)이고, 중인은 의·역·주 등 기술사무의 실무에 세습하거나 전국적인 이서(吏胥)와 군교, 그리고 향리(아전)와 역리이며 서민은 농·공·상에 종사하면서 납세, 공부(貢賦), 군역 등을 담당하고 천인은 노주(奴主)에 인

---

4) 이상백, 「한국사」, 근세전기편, 을유문화사, 1962, pp.303

격적 신분적으로 예속되어 상속, 매매가 될 수 있는 공사천(노비) 이외에 백정, 무당, 창기 등이 있었다고 하면서[5] 그것을 자세히 설명하고 있다.

이러한 견해는 그 동안 조선왕조 신분사의 정설(통설)이 되어 왔다.

저자는 조선시대 초기의 신분을 양천제(良賤制)로 구분하고 조선 중기는 3신분(양반, 상민, 노비), 그리고 조선 후기의 경우 양반, 중인, 상민, 노비의 4신분으로 구분하는 것이 타당하다고 본다. 조선후기의 신분제를 4신분으로 구별하는 것은 각종 대전(大典)과 육전조례(六典條例)의 응과, 입사, 공역, 형벌, 문음조 등에서 4신분간 엄격한 차별이 존재하고, 또한 양반, 중인과 상민, 천민간에 신분차별성을 보여주기 때문이며[6], 조선 중기, 특히 임란과 호란 이후 납속 정책과 서얼허통 및 유학 모칭과 노비해체 현상 등이 심하게 일어났기 때문에 그것이 사회적 관행으로 정착된 것 같다.

조선시대 신분제도는 기본적으로 법률제도이기 때문에 통설에서 이것을 매우 중요시 하였다. 예컨대 조선 초기 '경국대전' 편찬시에는 양반=문무반, 즉 관료의 개념이었으나 조선후기 '속대전' 편찬시에는 문무반 이외에 생원, 진사, 유학 까지를 양반에 포함한다.[7] 또한, 호적분석에 의한 조선후기 신분구조의 파악도 4신분에 의한 접근이 매우 용이하다.

이에 대하여 한영우는 조선시대 신분구조의 통설, 즉 3신분제(四

---

5) 상게서, pp.307~313
이병도는 계급을 대별하여 양반, 중서, 상인, 천인의 4계급으로 나누고, 같은 계급내에서도 적서(嫡庶)의 차별이 있었다고 하였다.(「국사대관」, 보문각, 1957, p.363~367)

6) 김영모, 「조선지배층연구」, 일조각, 1977, 고헌, 1962, 제 1편 제 2장, '신분체제와 충원제도' 참조.

7) 상게서, p.25

方博, 이상백, 송준호, 정석종 등) 또는 4신분제(이병도, 이승무, 김영모 등)와 양반의 지배신분설을 비판하고, 양천제(兩賤制)의 이분론이 타당하며, 양인은 양반, 중인 또는 상민을 모두 포괄한다고 주장한다.[8)]

그는 최근 양반의 개념을 협의, 즉 벼슬아치(관료)로 규정하여 광의의 양반 개념을 배격하고 있다. 그리고 송준호는 양반을 양인과 달리 상층지배신분이라고 한다.[9)] 그러나, 저자는 양반은 문·무반뿐만 아니라 문·무반에 임용될 수 있는 자격이 있는 가문이라고 하였다.[10)]

한편, 이상백은 양반관료가 되려면 과거, 특히 문과에 응시, 합격하여야 되는데 그 자격에 법적 제한이 있었고, 또 신분상으로도 큰 제한이 있었다고 하였다.[11)]

문과에 응시할 수 있는 미사자(未仕者)를 '유학', 무과에 응시할 수 있는 미사자를 '한량'이라 하여 그 자격에 제한이 있으니 '경국대전'에 의하면 ① 죄를 지은 자는 영원히 서용될 수 없고, ② 독직한 관리의 자제, ③ 재가(再嫁)하였거나 실행(失行)한 부녀자의 자 및 손, 그리고 ④ 서얼자손은 그 자격이 없다고 하였다. 그러나, 이와 같은 조건 보다도 신분상으로 큰 제한이 있었으니 생·진과와 문과는 양반 이외는 '원칙적'으로 응과의 자격이 없었고 무과는 자격이 완화되어 천인만이 자격이 없었다고 한다. 또 잡과는 그 직업상 기술이 일정한 신분과 관련되어 있음으로 대개 그 범위에서 응거하였다고 한다.

---

8) 한영우, 「조선시대 신분사연구」, 집문당, 1977, pp.44~54
그는 이승무가 주장한 신분개념, 즉 4신분론과 양반의 지배신분층 및 4조내 현관 유무 등에 대하여 비판한다.

9) 송준호, 「조선사회사연구」, 일조각, 1987, pp.170~171, 180

10) 김영모, 전게서, p.25

11) 이상백, 전게서, pp.278~279

그러나, 최근 한영우는 송준호와 마찬가지로 양반 뿐만 아니라 평민도 과거에 응시할 수 있고, 또 관료(벼슬아치)가 될 수 있다고 하여 조선시대의 신분개방설을 주장하였다.[12)]

조선시대 신분구조는 법적인 측면에서는 '벼슬아치=양반'과 '비 벼슬아치=평민=서인'이 구별되어 있을 뿐이다. 벼슬아치는 양반 집안에서도 나오고 평민 집단에서도 나왔는데, 일단 벼슬아치가 나오면 누구나 양반으로 자처했다. 그러므로 노비를 제외한 대부분의 평민은 주관적으로 양반이고, 법적으로는 평민인 셈이다.[13)]

이와 같이 그는 양반과 상민도 모두 양인(良人)이기 때문에 이들에게 과거 응시의 신분적 차별이 없었고, 따라서 문과합격자는 개방적, 성취적 성격이 강하였다고 한다. 이러한 견해는 송준호, 최영호가 문과합격자의 사례조사에서 이미 주장하였지만, 그는 낮은 신분의 문과합격자가 다수 있었다는 것을 명문족보인 통합족보(2차 자료인「씨족원류」,「만성대통보」,「청구씨보」) 등의 조사에서 밝히고 있다.

그러나, 통합족보에서 찾을 수 없다고 하여 그들의 신분이 낮다고 말하기는 어려우며, 다수를 차지하는 높은 신분의 문과합격자의 신분배경을 본다면 완전히 개방되어 있다고 말하기는 더욱 어렵다.[14)]

---

12) 과거제도는 중국(명, 청) 뿐만 아니라 베트남에서도 실시되었다. 우리나라 문과합격자에 해당하는, 중국의 진사(進士)합격자 12,226명(1371년~1904년)의 사회이동에 대한 실증적 분석결과 서구처럼 사회이동이 개방되어 있다고 주장하였나. Robert M. Marsh와 Ping-ti Ho는 각자 평민 출신 진사들이 약 4할이 되고(무관이 28.9%) 나머지는 관리집안 출신이라고 하였다.
Robert M. Marsh, *The Mandarins*, The Free Press of Glencoe, 1961, p.125
Ping-ti Ho, *The Ladder of Success in Imperial China, Aspect of Social Mobility*,(1368~1911) Columbia University Press, 1962, p.121, (何柄棣, 조영록 외 역,「중국 과거제도의 사회사적 연구」, 동국대 출판부, 1987, p.139)

13) 한영우,「과거 출세의 사다리(태조~선조대)」, 지식산업사, 2013, p.14

14) 저자는 일찍이 조선시대 과거합격자와 관료지배층의 사회적 배경을 분석

이상백은 「속대전」 예전조를 인용하여 생, 진과와 문과에 양반 이외는 원칙적으로 응시의 자격이 없었다고 하였지만 그는 완전히 비원칙인 것을 부정한 것은 아니다. 비록 과거응시 자격이 양반에게만 주어져 있다는 법률적 규정이 없다 할지라도 조선왕조의 신분적 제한으로, 예컨대 음서제, 체아직, 서얼차대, 한품서용, 납속책, 대가제 등을 통하여 세습적, 폐쇄적인 신분사회를 형성하였다. 사실 문과응시의 원칙성(제도성)과 비원칙성(현실성)이 어느 정도인 가를 많은 학자들의 소과 및 문과 합격자 명단, 즉 방목의 분석에서 그것을 확인할 수 있다.15) 즉 조선시대 문과급제자의 방목에서 전직과 신분

하여 조선시대의 신분이 법적 제도이고, 매우 폐쇄적, 귀속적 신분이며, 혈연에 의하여 권력공동체가 형성되어 있음을 주장하였다.(「한국사회계층연구」, 일조각, 1982, 고헌, 2005, p.8)

15) 방목분석에 의한 주요 논문 또는 저서는 다음과 같다.

김영모, 이씨 왕조시대 지배층의 형성과 이동에 관한 연구, 「중앙대학교 논문집」,제 11~12집, 1966~1967

_____, 이씨 왕조시대 과거급제자의 사회적 배경에 대한 고찰, 「김두종 박사 희수기념논문집」, 탐구당, 1966

_____, 「한말지배층연구」, 서울대학교 한국문화연구소, 1972

_____, 19세기 잡과합격자의 사회적 배경, 「한국학보」, 제 8집, 1977

_____, 「조선지배층연구」, 일조각, 1977, 고헌, 2002(상기 논문을 게재)

Edward E. Wagner, *Munkwa Project*, 그는 30년간 연구결과 문과합격자의 합격연도, 시험 종류, 직력, 성관, 거주지, 소과급제 및 연도 등을 밝힌 문과합격자 인명 색인의 전산작업을 발표하였다.(1979년 11월 3일) 그 후 이것을 기초로, 한국학 중앙연구원이 '한국연대인물종합정보시스템'을 구축하였다.

Edward, E. Wagner, The Ladder of Success in Yi-Dynasty, *Occasional Papers on Korea No.1*, 1974

이성무, 최진옥, 김히복 편, 「조선시대 잡과합격자 총람」, 한국정신문화연구원, 1990

심승구, 「조선전기 무과연구」, 국민대 박사학위논문, 1994

원창애, 「조선시대 문과급제자 연구」, 정신문화연구원 박사학위논문, 1997

최진옥, 「조선시대 생원 진사 연구」, 집문당, 1998

이남희, 「조선후기 잡과중인 연구」, 이회문화사, 1999

이창걸, 「조선중기 지배층 형성에 관한 연구」, 고려대 대학원 박사학위논문, 1993

배경 및 신분이동을 조사한 결과 대부분 양반관료 출신이고 소수가 비양반(중인 등) 출신이라는 것을 확인할 수 있었다.

3. 방목 분석

일반적으로 과거제도는 유생(儒生)에게 보이는 사마시(司馬試)와 문과시가 있었고, 또 한량(閑良)에게 보이는 무과시가 있었으며, 주로 중류계급의 자제들에게 보이는 잡과와 제종(諸種)이 있었다.[16] 그리고 생·진과와 문과시는 원칙적으로 양반 이외는 응시할 수 있는 자격이 없었고, 무과시는 그 제한이 상당히 완화되어 천인만이 그 자격이 없었다고 한다.[17]

이와 같이 원칙적으로 양반만이 문과에 응시할 수 있다는 통설에 대하여 송준호는 양인은 과거를 응시 할수 없다는 아무런 법적 제한이 없고, 양과에 응시할 수 있는 현실적 여건의 제약이 없었다고 하면서 문과응시(급제자)의 신분개방설을 주장하였다.[18] 이러한 주장은 통설에 대한 역설이라고 할 수 있는데 과연 조선시대의 신분사회를 개방적인 것이라고 할 수 있는지 의문이 간다.

한편, 그는 양반은 상급 지배신분층이라 하면서 한영우가 말한

차장섭, 조선전기 문과급제자의 성분, 「조선사연구」 3, 복현조선사연구회, 1994
______, 조선후기 문과급제자의 성분, 「대구사학」, 47, 대구사학회, 1994
원창애, 「조선시대 문과연구」, 문과 방목의 분석, 한국정신문화연구원, 박사학위논문, 1997
김창현, 「조선초기 문과급제자 연구」, 일조각, 1999
이원명, 「조선시대 문과급제자 연구」, 국학자료원, 2004
한영우, 「과거, 출세의 사다리」, 지식산업사, 2013

16) 이병도, 「국사대관」, 보문각, 1957, p.355

17) 이상백, 전게서, pp.278~279

18) 송준호, 조선시대의 과거와 양반 및 양인, 「역사학보」, 제 69집, 1976, pp.106~107

양인이 포함된 양반의 개념에 대하여 비판하였다.[19] 또한 최영호도 조선 초기의 신분구조는 통설처럼 경직되고 귀속적인 것이 아니라 개인의 능력과 성취를 존중하는 개방성이 있다고 하였다.[20] 이들의 연구는 주로 사례를 통하여 논증하고 있다.

그런데 조선시대 과거합격자의 명단인 방목분석에서 양반 이외 비록 소수이지만 중인과 상민(유학), 심지어 천민 까지 과거에 합격하고 있음을 볼 수 있었다. 이와 같이 양반 이외의 신분에서 과거에 합격하고 있지만 그것을 조선시대 과거 응시가 완전히 개방적이고, 따라서 성취적 신분 또는 개방적인 사회였다고 주장한 것은 무리한 것이다. 왜냐하면 과거에 응시할 수 없는 신분이 더욱 많기 때문이다.[21]

최근 한영우는 양반의 개념을 관료(벼슬아치)로 생각하여 문과 합격자, 즉 관료의 충원이 매우 개방적(성취적)이었다고 주장하면서[22] 평민 등 신분이 낮은 급제자 비율이 태조, 정종 때는 40.4%에서 시작하여 태종 때에는 50%로 정점을 이뤘다가 연산군 이후엔 20% 안팎이다가 선조 때의 16.7%를 거쳐 광해군 때 가장 낮았다고 한다.

---

19) 최영호, 「조선사회사연구」, 일조각, 1987, pp.170~171

20) 최영호, Commoners in Yi-Dynasty Civil Examinations; An Aspect of Korea Social Structure, 1392~1600, *Journal of Asian Studies*, pp.33~34

21) 조선 후기 대구부의 경우 과거에 응시할 수 있는 양반인구가 1690년에 전체의 6.7%이고(양반호는 9.2%) 과거에 응시할 수 없는 천민(노비)이 전체의 43.1%이다.(노비호는 37.1%) 그러나, 1858년에는 양반호가 전체의 70.3%이고 (인구는 48.6%) 노비호수는 전체의 2.0%이나 노비 인구는 전체의 31.3%를 차지한다. 그리고 단성현의 경우 1606년에 노비 인구가 전체의 64.4%이고 1786년에는 25.9%이며, 언양현의 경우 1777년에 노비 인구가 전체의 14.7%이고(노비호는 3.0%) 1861년에는 9.7%이다.(노비호는 0.3%)

22) 한영우, 「과거, 출세의 사다리」, 지식산업사, 2013, 그는 이 책에서 문과 급제자의 신분개방성을 입증하기 위하여 낮은 신분의 문과급제자의 신분을 추적, 확인하고 있다.

다시 숙종대 이후엔 30% 대로 오르고, 정조때 53%였다가 고종 때는 58%나 됐다고 한다. 즉 조선시대는 힘없는 사람들이 공부만으로 출세하는 길을 열어준 개방적인 사회라고 한다.[23] 그의 양천제 개념에 의한 신분구분에 의하면, 노비가 급감한 조선후기의 경우 다수가 유학이라서 별 문제가 없다. 그러나, 3신분제 또는 4신분제 개념에 의하면 과연 개방적인 신분사회인지 의문이 간다.

첫째, 문과합격자의 출신배경만으로 조선시대 신분 또는 양반신분의 개방성을 주장하는 것은 지나치게 확대 해석한 것이다. 왜냐하면 문과합격자는 조선시대 전체 관료의 약 3할에 불과하고 나머지는 대부분 음자제들이다.[24] 그리고 세조 1년 동반 실직자 중 문과합격자가 경관식의 44.7%를 자지하고(당상관은 62.0%) 외관식의 32.6%를 차지하며(당상관은 46.4%) 나머지는 비문과 출신들이다.[25] 전체 관료의 58.1%를 차지하는 비문과 출신들은 대부분 음자제이다.

조선시대 신분개방성을 말하려면 문과합격자 이외 다른 과거합격자(소과, 잡과 등)의 경우도 조사하여야 되고, 또한 호적과 족보 등에 의한 전체 사회신분의 성격도 파악해야 한다.

둘째, 문과합격자 중에서 관료가 될 수 있는 자는 전체의 약 8할이 되고 입사하지 못한 자는 약 2할이 된다. 중기 이전에 입사자가 95%이상이지만 말기에는 약 50%이다.[26] 따라서 문과합격자 중에

---

23) 「조선일보」, 2013년 1월 23일

24) 조선시대 관료의 총수는 문반 내외직이 각각 400개 정도이고, 과거에 합격한 후 임용을 기다리는 자가 2천여명이다. 이 중에서 당상관은 소수로서 정 2품 이상이 10여명에 불과하다. 따라서 음자제들이 독점한 체아직을 마련하여 휴직관료의 생활과 신분을 보장하였는데 중기 이후의 체아직은 정직의 4.5배가 된다.(이상백, 전게서, pp.297~298)

25) 김창현은 조선초기 태종~성종대 102년간 동서반직 관원이 모두 25,301명인데 이 중에서 동반직은 8,029명이 필요하다. 이 기간 문과합격자는 1,799명으로 동반 실직의 점유율은 22.4%라고 추산한다.(「조선초기 문과급제자 연구」, 일조각, 1999, p.27~29)

녹사, 서얼, 공생, 그리고 명문통합 족보(3종)에 없는 자를 낮은 신분 출신이라고 단정한 것은 입론(분석)의 한계가 있다.

셋째, 문과합격자 부친의 신분배경이 관료인 경우 약 6할이 되고,(유품자는 62.6%) 나머지는 생원, 진사가 약 1할이 되며, 그 밖에 학생, 유학이 27%가 된다. 만약 그의 견해에 따르면 약 4할이 비관료 출신이기 때문에 개방적 신분이라고 말할 수 있을지 모르나 생원, 진사와 학생, 유학 등은 광의의 양반이다. 문과급제자의 출신배경도 부친의 61.3%가 유관자(유품자는 62.5%)이고 생원, 진사는 10.5%이며, 나머지는 유학, 학생이지만 四祖의 신분배경을 따지면 높은 신분배경이다.[27] 따라서 문과합격자는 낮은 신분 출신이 아니라 매우 높은 신분출신이라 할 수 있다.

넷째는 조선시대 문과합격자의 전직이 전체의 28.5%가 조관자이고, 생원, 진사가 35.1%이며, 나머지 36.4%가 유학이다.(표 1 참조) 만약 그의 견해에 따르면 문과합격자의 전직 중 벼슬아치(양반)가 3할에 불과하고 비양반 출신이 7할이기 때문에 조선시대는 매우 개방적인 신분사회라고 말하기 쉬우나 조선 후기에는 품관양반, 진사, 생원 및 유학(특히 사족)은 거의 대부분 무품양반이라 할 수 있다. 따라서 조선 후기에는 협의의 양반개념(벼슬아치)으로 신분사회를 평가해서는 안된다.

다섯째, 문과합격자 중에 전직이 조관자인 경우 약 3할이 되고 부친의 신분직역이 유품유관자가 약 5할(무과의 경우 유품무관자는 62.6%)이 되는데 이들을 모두 신분이 높은 양반관료라고 보기는 힘들다. 왜냐하면 조선 후기에는 이들의 4조 중에 노직, 증직, 납속품관인 가선, 통정대부 또는 절충장군의 품계를 지닌 용양위 부호군의

26) 김영모, 상게서, p.505
27) 김영모, 전게서, p.493~494

품관들이 있고(0.8%) 또 통덕랑(8.2%)의 품계를 지닌 납속품관이 많기 때문이다. 또한 호적상 종사랑, 장사랑 등 참하관의 품계를 지닌 자는 거의 대부분 중인 아전(대개 안일호장)들인데 이들은 납속품관이 많은 것 같다. 따라서 이들은 사회통념상 양반(문·무반)이다. 납속품관은 양반으로서 당대에 유효하지만 지속적인 납속수직으로 신분이 유지되어 향촌에서는 높은 신분지위, 즉 양반이고 대개 많은 노비를 거느린 지주부농들이다.[28] 따라서 조선 후기 사회는 광의의 양반개념으로 평가해야 한다.

한영우가 말한, 신분이 낮은 급제자[29]가 조선 전기에 24.3%가 된다고 하여[30] 조선시대 신분이 개방적 또는 성취적이라고 주장하는 것은 무리한 것이다. 비록 조선시대 전기와 후기에 문과급제자의 전직과 부친의 직역 중에 무관, 중인, 서얼 등이 다수 있을지라도 이것은 급제자의 절반 이상을 차지하지 못한다. 그리고 조선왕조 후기의 신분사회는 협의의 양반개념인 벼슬아치로 볼 것이 아니라 변화된 광의의 양반개념으로 분석, 평가 하여야 할 것이다.

저자가 지난 50여년전 조사한, 조선시대 과거합격자(소과, 문과, 무과, 잡과 등)와 관료지배층(삼의정, 이조판서, 당상관 등)에 관한 연구결과를 중심으로 하고, 또 최근 이에 대한, 타인의 연구결과를 소개

---

28) 김영모, 조선후기 향촌의 신분구조와 그 변동, 「사회정책연구」 제 44집, 2012, p.25~65

29) '신분이 낮은 급제자'의 유형으로 ① 문과방목에 성관이 없는 급제자, ② 성관은 있으나 족보 자체가 세 통합보(17세기 조종운 편찬의 「씨족원류」, 일제시 윤직구 편찬의「만성대동보」와 송운식·박해철 편찬의「청구씨보」)에 없는 급제자, ③ 성관과 족보가 있으나 족보에 가계가 없는 급제자, ④ 족보에 급제자의 이름이 있으나 조부 이외 이름이 없는 급제자, ⑤ 방목에 전력이 서얼이나 공생인 급제자, ⑥ 족보에 가계가 있지만 내외 4대조의 벼슬이 없는 급제자이다.(한영우, p.100) 이 6가지 조건에 해당되지 않는다고 반드시 신분이 낮은, 비양반이라고는 보기 어렵다.

30) 한영우, 전게서, p.596

하면서 조선왕조 문과급제자의 신분배경이 과연 어느 정도 세습성 또는 개방성이 있었는지를 제 2장에서 고찰한다.

4. 호직 분석

지금까지 조선왕조의 신분연구는 주로 호적과 족보 및 양안의 분석에 의하여 신분해체, 즉 신분의 상승이동, 또는 역계층화 현상을 주장하였다.[31] 호적분석에 의한 신분연구는 시기 및 지역의 자료

---

31) 호적분석에 의한 주요 논문 또는 저서는 다음과 같다.
四方博, 李朝人口に 關する 一硏究,「朝鮮社會法制史硏究」, 京城帝大法學會 論集, 第 9 冊, 1937
______, 李朝人口に 關する 身分階級別的 觀察,「朝鮮經濟の 硏究」3, 京城帝大法學會 論集, 第 10冊, 岩波書店, 1938
______, 李朝時代の 都市と農村に 關する 一試論,「京城帝大法學 論集」, 第 12冊, 1941
정석종, '조선시대 사회신분제의 붕괴'「대동문화연구」, 성균관대학교, 제 9호, 1972
______,「조선후기 사회변동 연구」, 일조각, 1983
J. H. Somerville, *Success and Failure in Eighteenth Century Ulsan, A Study in Social Mobility*, Harvard University, Ph. D. Thesis, 1974
박성식, 18세기 단성지방의 사회구조, 단성호적소장지역별 통계를 중심으로,「대구사학」, 제 15집, 26집
E. W. Wagner, '1663년 서울 북부의 호적을 통해 본 조선사회의 계급구조' (성대 대동문화연구원, 1974년, 호적발표)
Susan Shin, The Social Structure of Kumhawa County in the Late Seventeenth Century, *Occasional Papers on Korea, No. 1*, 1974
김영모, 조선후기 신분구조와 그 변동,「동방학지」, 제 29집, 연세대학교, 1981
______, 한말 한성부의 신분구조와 그 이동,「성곡논총」제 11집, 1980
______, 조선후기 향촌의 신분구조와 그 변동,「사회정책연구」, 제 44집, 2012
김석희 · 박용숙, 18세기 농촌의 사회구조-경상도 단성현의 경우,「부대사학」, 제 81호
______, 18, 19세기 호구의 실패와 신분변동, 언양호적대장을 중심으로,「인문논총」, 제 26 집, 부산대학교, 1984
박영숙,「조선후기 향촌사회연구」, 경북대학교 대학원 박사학위논문, 1986

상 한계와 다양한 신분직역의 해석상 문제가 있지만 그래도 제한된 지역(조선후기 대구부, 울산부, 상주목, 단성현, 언양현 등)의 신분구조와 변화를 밝힌 것은 매우 큰 의의가 있다.

조선왕조 후기의 신분연구에서 가장 큰 문제는 신분구분이고 그 다음은 호주와 인구의 다수를 차지하는 유학, 학생, 한량, 군관 등의 신분직역에 관한 해석과 귀속 문제이다.

신분구분 문제는 학자들에 따라 여러 가지 견해(3신분~7신분)가 있다.32) 이러한 견해는 대부분 신분 분석을 위한 편의성에서 비롯된 것이다. 그러나, 조선 후기의 신분 개념은 법제적 개념과 사회적 통념에서 파악하여야 하기 때문에 그것은 초기에는 2신분(양인, 천인), 중기에는 3신분(양반, 상민, 천민(노비)), 그리고 후기에는 4신분(양반, 중인, 상민, 노비)으로 구분하는 것이 타당할 것이다.

최근 최승희는 '경북 용궁현 대구 백씨가의 사례연구'에서 장적(호적)을 이용한 신분변동 연구의 문제점을 지적하고 있다. 그는 저자의 조선후기 신분 분석을 위한 '신분부호책'을 거론하였지만, 그가 지적한 문제는 사실상 호적분석을 통하여 조선후기 신분구조와 그 변동을 연구하는 학자들(四方博, 정석종, 한영국, 김석희 등)을 타당한 대안이나 실증적 논거(論據)도 없이 비방하였다.

김영모는 조선후기 신분을 양반은 양반·준양반, 중인, 양인을 천역양인·천인, 노비, 기타로 구분하고, 그 신분에 따른 직역을 열거해 놓고 있다.

여기에서도 신분의 구분과 그 신분에 배정된 직역의 분류에 꽤 많

한영국, '촌의 구호와 그 구성신분', 「대구시사」, 제 1호, 제 2장, 제 2절, 1973
김용섭, 「조선후기 농업사 연구」, 농촌경제사회변동, 일조각, 1970

32) 이준구, 「조선후기 신분직역 변동연구」, 일조각, 1993, p.8
김인걸, 조선후기 신분사 연구 현황, 「한국 중세사회 해체기의 제문제」(하), 한울, 1987, p.348

은 문제가 있는 것으로 보인다. 특히 양반의 직역으로 문품계(가선, 통정, 통훈대부, 통덕, 선교, 통사, 장사랑)와 무품계(절충, 어모, 선략, 여절), 납속(문무산직)을 삼고 있으나, 장적에서 문품계와 무품계는 납속의 표시가 없는 경우에도 대부분 납속으로 이루어지는 수직으로 그것을 모두 양반으로 보는 것은 매우 곤란하다. 물론 양반으로 납속수직하는 경우도 있겠으나 중인 이하의 신분층이 양반 산계나 가설직, 노직을 받는 경우가 얼마든지 있었기 때문이다. 그리고 중인 이하의 신분을 가진 사람이 납속으로 문무의 산직, 가설직을 받았다고 그(호)가 양반이 될 수 없음은 앞에서도 언급한 적이 있다. 또한 '유학'(학생)과 '동몽'을 준양반의 직역으로 넣고 있는데, 이것은 四方博이 유학을 완전한 양반직역으로 본 것과 같은 잘못을 저지른 것이다. 즉, 19세기로 들어오면서 양반신분이 아닌 신분층에서 '유학'과 '학생'을 모록·모칭하는 경우가 많다고 해서 이를 모두 준양반으로 보는 것은 무리가 있다. 또 신분의 구분을 양반, 중인, 상인, 천민으로 재정리 하는 가운데 양반과 준양반을 합하여 양반신분으로 계산하고 있는데, 결국 준양반의 직역으로 열거되고 있는 원생, 교생, 한량, 무학, 출신, 위소속, 군관, 과부(성) 등이 모두 양반으로 계산되는 결과를 낳고 있다. 그러나 위에서 열거한 교생 이하의 직역은 조선후기 특히 18, 19세기에는 양반의 신분직역으로 보기 보다는 중인의 그것으로 보는 것이 옳을 것이다.

어쨌든 장적을 통한 조선후기의 신분구조와 그 변동에 대한 연구는 신분의 구분문제와 직역에 대한 확실한 이해가 없거나 부족하기 때문에 결국 허황된 통계숫자의 조작으로 전락한 감이 있다.[33]

이와 같이 최승희가 비판한 신분 분류와 그 귀속문제는 매우 잘못된 것이다. 그것은 조선 후기 신분제도(원칙)와 호적기록(현실) 및 연구방법(통계분석)에 대한 편협된 사고와 그간 신분변화에 대한 이

33) 최승희, 「조선후기 신분사 연구」, 지식산업사, 2006, pp.203~204

해의 부족에서 비롯된 것이다.

첫째, 조선 후기 신분사 연구에 있어서 가장 어려운 일의 하나는 '유학과 학생'의 신분직역에 대한 판별 문제이다.

일반적으로 '유학'하면 문과(소과)에 응시할 수 있는 미사자(未仕者), 즉 양반을 말하지만 조선 후기에 급속히 증가한 유학은 호적상 모칭, 모록이 심하여 중인, 양인 심지어 천민까지 유학 또는 사후에 학생이라 칭하는 경우를 많이 발견할 수 있다.

그리하여 저자는 품관 양반(협의)과 구별하기 위하여 양반의 특혜(면역 등)가 없는 유학, 즉 준양반이라는 개념을 사용하여 변화된 조선 후기의 신분구조를 분석하여 보았다. 그러한 결과 특히 유학이 급증하여 양반이 증가하였음을 알 수 있었다.

이에 대하여 최승희는 대안도 없이 유학을 양반 또는 준양반이라 하여 18, 19세기의 신분구조와 그 변동을 파악한 것은 허구적인 것이라고 하였다. 그런데 유학의 신분직역이 관찬 자료인 방목과 호적에 기재되어 있으면 그 현실성을 인정하여야 되고, 그 만큼 사회가 변화되었음을 알아야 한다. 따라서 호석의 통계석 분석을 통하여 당시의 신분구조와 변동을 이해 하려는 것을 조작된 허구라고 매도할 수 없다.

둘째, 그는 저자가 호적에 기록된 문품계(가선, 통정, 통훈, 통덕, 선교, 통사, 장사랑)와 무품계(절충, 어모, 선략, 여절) 및 납속직(문무산직)을 양반으로 본 것은 잘 못이라 하였다. 중인 이하의 신분에서 납속의 문·무산직이 있다고 하여 이들을 양반 보다도 중인으로 보아야 한다는데 그것은 중인과 납속품관(대개 부농)의 신분차별을 인식하지 못한데서 비롯되었다. 중인 가계에서는 대개 낮은 품계(종사랑, 장사랑 등)를 소유하고 유학양반(대부분 지주부농)은 참상관 이상의 품관을 소유하고 있다. 따라서 중인과 납속품관(양반)의 구별은 용이

한 것이다. 더욱이 그가 말한 납속품관(유학)은 중인으로 볼 수 없다. 호적에 기재된 유품자(有品者)는 비록 납속일지라도 법전에 명시된 품관이기 때문에 양반(문반 또는 무반)으로 보는 것이 타당하다. 이들은 거의 대부분 중앙의 품관처럼 음서제나 대가제로 수직한 것이 아니지만, 임란 이후 정부가 대량으로 발급한 공명첩으로 납속수직한 품관들이다. 이들은 당대의 양반으로 공인되고, 자손들은 대개 지속적인 납속수직으로 문무과에 응시, 또는 하위 문·무관에 임용되었음을 방목과 호적에서 많이 찾아 볼 수 있다. 납속수직한 경우 초기에 호적상 표기되어 있으나 그 후 누락한 경우가 많다. 그리고 중인 이하의 신분층이 납속수직하는 경우가 있지만 이들의 조상이나 자손들 중에 호적상 유학으로 많이 표기되어 있는데 이것은 세대간 사회이동에 있어서 신분의 하락 또는 상승을 의미한다. 향리(중인)의 조상들중 안일호장 또는 기관출신이 다수 종사랑 또는 장사랑의 품계를 지니고 있는데 이들은 시대의 변화로 노직이거나 납속신분으로 양반 행세를 한 것 같다.34)

셋째, 유학을 준양반의 직역으로 인정하였고, 또 이것을 4신분으로 재분류할 때 양반신분으로 간주한 것은 큰 오류이며, 이를 기준으로 통계처리한 결과는 허구일 수 밖에 없다고 말하였는데35) 이러한 주장은 잘 못된 것이다. 왜냐하면 조선후기 유학, 학생은 법적으로나 호적상으로 양반이었고, 동시에 사회적 통념상으로 양반이었다. 이들은 16, 17세기 고전적 양반(문무관 또는 사족)의 개념이 아닌 경우(모칭, 모록)가 많다. 그러나 조선 후기의 호적상 유학은 관아(향리)가 인정하고, 또 사회적 통념상으로 유학, 즉 양반으로 인정되고 있다. 그 만큼 신분지위의

---

34) 경상도 언양현 명문씨족(양반)의 호적에서 찾아 볼 수 있다. (김영모, 조선후기 향촌의 신분구조와 그 변동, 「사회정책연구」 제 44집, 2012)

35) 최승희, 전게서, p.96

상승 등 사회가 변화하고 유학의 개념이 변화한 것이다.

저자는 유학을 고전적 양반과 구분하기 위하여 준양반이라는 직역이 아닌 분석 개념으로 호적을 분석하였는데 이것을 4신분으로 재집계한 것을 허구라고 한 것은 호적의 현실적 의미와 이에 관한 통계적 분석의 필요성을 이해하지 못한데서 비롯되었다.[36)]

넷째, 저자가 준양반이라 한 교생, 원생, 한량, 무학, 출신, 위소속, 군관, 과부(성) 등을 그는 중인으로 보는 것이 옳다고 주장하였는데, 이들은 세습적인 기술, 사무직에 종사하는 중인(아전, 서리, 잡직)과 다르고, 거의 대부분 유학 또는 양인 출신으로 반·상간의 중간계층으로 볼 수 있다.[37)] 교생과 원생은 장차 문과에 입격할 수 있는 사족(유생)이고, 한량, 무학, 군관 등은 무과에 합격하여 무반(양반)이 될 수 있는 무사들이다. 따라서 세습적이고 지방직인 중인(향리) 보다도 오히려 신분지체가 높을 수 있고[38)] 문반 또는 무반이 될 수 있는 양반 또는 준양반이라 할 수 있다.

이러한 신분직역은 조선 후기에 무반이 될 수 있는 무과합격자의 7할 이상이 된다.[39)] 또 사회적 통념상으로 지방에서는 일반 유학

36) 최승희는 18, 19세기의 장적에서는 유학이나 학생을 양반신분 뿐만 아니라 중인, 양인 신분에서도 직역으로 쓸수 있었다고 하면서, 이러한 상태에서 유학과 학생을 양반이나 준양반으로 인정하는 것은 큰 오류라고 하였다.(상게서, p.96) 그는 비현실적 역사인식을 하고 있다.

37) 이준구는 무학은 원래 양반직역이었으나 17세기 중반부터 반·상의 중간적 존재이고,(전게서, p.82) 한량은 양반, 중서, 양민 등 천민 이외의 신분층을 포함한 대체적으로 반·상의 중간적 존재라고 하였다.(상게서, pp.99, 114)

38) 경주부(진관)의 어느 별무사(김해 金氏 두동묘비)가 언양현에 왔는데, 언양현 향리들이 하마비(下馬碑) 앞에서 내리라고 하였으나 이를 호통치고 다녔다는 구전이 있다.

39) 19세기 무과합격자의 전직은 유품유관자가 전체의 9.8%에 불과하고, 한량이 가장 많으며(21.3%) 나머지는 별무사(16.4%), 군관(11.5%), 친기위(8.0%), 기타위(7.2%), 별감(2.7%) 등이다.(김영모, 전게서, p.223) 이들은 비록 조선시대 품관표의 서반직에는 없으나 이속(중인)과는 다른 무반들이다.

(농민) 보다는 위세가 있는 준양반(문·무반) 행세를 하였다. 따라서 준양반을 중인으로 일원화 하거나 심지어 납속 품관을 중인층에 포함시킨 것[40]은 매우 잘 못한 것이다. 그리고 납속품직(가선대부, 통정대부, 통덕랑, 장사랑 등)의 중인(아전, 역리 등)이 호적상 유학으로 기재되어 있는 경우 이들은 조선 후기 지방에서 양반 행세(예컨대 향교 출입 등)를 하였다.[41] 따라서 납속품직의 소유자는 법제적 개념(납속사목 등)으로나, 사회적 통념상(위세), 그리고 경제적 기반(토지 및 소유노비 등)으로 보아도 지방 양반이라 할 수 있다.

마지막으로 그는 장적을 통한 조선 후기의 신분구조와 그 변동에 대한 연구는 허황된 통계숫자의 조작이라고 매도하였는데 이것은 신분에 대한 현실적 이해와 통계적 분석의 불신에서 비롯된 것이다. 신분변동에 대한 통계적 분석은 역사 현상의 법칙성 또는 보편성 등 사회원리(이론)를 찾기 위한 것이다. 그가 즐겨 사용하는 고문서에 의한 사례분석은 이것을 이해하는데 보조적 역할을 할 뿐이다. 저자는 역사적 현상(호적)에 대한 사회학적 통계적 분석이 신분구조와 그 변동을 이해하는데 가장 바람직하며, 그가 행한, 고문서의 사례분석 보다도 더 큰 의미를 지니고 있다고 본다.[42]

5. 결 론

조선왕조의 신분사회는 매우 '폐쇄적'이었다는 것이 지금까지 정

---

40) 이준구, 전게서, pp.22, 31
41) 김영모, 조선후기 향촌의 신분구조와 그 변동,「사회정책연구」제 44집, 2012, pp.25~49, 언양현 향리(중인)들의 선대 중에서 안일호장 또는 기관 출신이 장사랑, 또는 종사랑의 품계를 소유하고 있는데 이것은 주로 유학 부농들에게 납속수직을 알선하면서 받은 것 같다.
42) 김영모, 역사연구와 사회과학 방법,「문학과 지성」, 봄호, 일조각, 1973, pp.124~126

설이었다. 이러한 정설은 과거시험에 있어서 응시의 자격이 원칙적으로 문과에는 양반, 무과에는 천민 이외의 신분에게만 주어져 있었다는 것이다.

이에 대하여 최근 문과에도 모든 양인, 즉 지위가 낮은 신분에게도 개방되어 있었다는 새로운 주장을 내세웠다. 이러한 개방설은 모든 과거응시 뿐만 아니라 양반 관료의 충원에서도 그 타당성이 있는 것으로 확대 해석하고 있다.

그런데 과거의 정설은 과거응시에 있어서 '원칙적'으로 양반에게 그 자격이 제한되어 있었다는 것이고, 또 문과급제자의 신분배경의 분석에서 다수의 양반 이외 소수의 신분층과 상민(신분 미상), 심지어 천민 신분에서도 합격한 적이 있고, 또 관료양반이 될 수 있었던 가능성을 지적하였다. 이러한 주장이 그간 통설이었다.

그런데 최근 개방설을 주장한 견해는 양반의 개념을 협의(良賤制)로 규정하여 '낮은 신분지위'의 급제자가 다수 있었다는 것을 통합족보(2차 자료)의 추적조사에서 밝히면서 그 개방설을 주장하고 있다. 그러나, 조신시대 과거급세사 뿐반 아니라 양반관료사회에서 그 '폐쇄성' 또는 '사회적 세습성'이 매우 강하였고, 심지어 나머지 신분층에서도 방목과 족보에 의해서 통혼권(신분내혼제)을 통하여 신분의 '폐쇄성'(세습성)을 많이 찾아 볼 수 있었다.

이와 같이 신분의 폐쇄성이 나타난 것은 과거시험에 응시할 수 있는 법률적 자격 제한과 현실적인 사회경제적 여건에서 초래된 것이다. 비록 원칙적으로 과거시험에 양인신분은 모두 응시할 수 있을지라도 조선 후기의 신분제도의 문란(납속정책, 서얼허통, 노비속량 등)과 비양반층의 사회경제적 성장은 '원칙성' 보다도 '비원칙성'을 강화시킨 결과를 초래할 수 있었다.

이러한 비원칙적인 신분상승이동은 조선 후기에 광범위 하게 실시된 납속정책의 품관양반화, 또 광범위 하게 나타난 모칭유학, 서얼허통, 노비방량 등 사회적 관행을 수용한 법제적 신분변화(「속대전」,「대전회통」)가 나타났고, 또한 지방 관부(향리)가 작성한 호적에서 신분변화, 즉 역계층화 현상이 나타났다.

이러한 역신분화 또는 역계층화 현상이 조선 후기에 호적상으로 보편화 되었으나 아직 과거급제자나 양반관료사회에 까지 보편화 되지 못하였다. 다시 말하면 비원칙적 신분변화가 사회혁명이 필요한, 법제적 신분사회를 형성하지 못하였다.

한편, 최근 호적 조사에 의하여 조선 후기 신분구조에 관한 연구가 많이 나타나고 있다. 이러한 연구에서 쟁점이 되고 있는 것이 주로 신분직역(특히 유학, 납속직, 한량, 군관 등)에 관한 해석과 이의 통계적 분석에 관한 비판이다.

신분직역에 관한 쟁점은 일반적으로 양반으로 알려진 유학, 즉 미사유생(未仕 儒生) 또는 사족이 조선 후기에 급증하였는데 이들 중에 모칭, 모록한 중인, 양인 심지어 천민 출신이 대단히 많기 때문에 이들을 협의의 품관양반 또는 면역자인 양반과 구별하여 준양반이란 분석개념을 사용한데 대하여 비록 그러한 현상이 나타났더라도 유학 또는 학생은 어디까지나 양반이라고 주장하는 견해와, 또 그것을 양반 또는 준양반으로 인정할 수 없다는 견해이다.

그런데 조선 후기 신분해체와 신분상승이 광범위하게 일어났고, 또 관찬자료에서 인정하였기 때문에 그와 같이 변화된 현실을 인정해야 한다. 그리고 조선 중기 이후 전국적으로 판매한 납속수직인 품관양반을 세습적이고 기술직인 신분인 중인(아전, 잡직)이 아니고, 이들은 비록 유학, 중인, 상민 출신일지라도 당대에 양반의 특권을 누린다면 양반인 것이다.

또한, 한량, 무학, 군관, 별무사 등 신분직역이 비록 법전에 무반으로 명시되어 있지 않고, 각 군영(오위)에 소속된 무사일지라도 이들은 무과에 응거 합격하였다면 양반(무반)으로 간주할 수 있다. 이들이 무과에 합격하지 못하였다면, 비록 출신 성분이 다양할지라도 반 · 상의 중간계층이다.

이와 같이 신분직역에 관한 견해가 다르다고 해서 조선 후기 호적의 통계적 분석에 의한 신분연구를 '조작된 허구'라고 비방 하는 것은 아주 잘 못된 것이다.

제 2장 조선왕조 관료지배층의 형성과 이동

1. 서 론

조선왕조에 있어서 최고의 지배층은 종반(왕실)과 공신 및 의빈이고, 그 다음은 양반관료들이다.[43] 이들은 성리학의 통치이념하에 왕명을 집행하는 실질적인 권력지배층이다.

이러한 권력지배층을 형성(충원)하는 과정은 주로 과거와 문음 및 천거이다. 이 중에서 상위 관료지배층은 과거, 특히 문과에 급제하고 음자제인 경우 당상관 이상의 관직에 많이 오를 수 있다. 그리하여 조선시대 관료지배층은 매우 폐쇄성을 지니고 있었다. 비록 과거(문무과) 응시가 법제상으로 모든 양반 및 양인에게 개방되어 있을지라도 과거급제자는 그들의 신분배경과 씨족 및 지역배경에 따라 양반관료가 되는 기회의 차별성이 존재하였고, 따라서 양반관료지배층의 신분세습성이 존재하게 되는 것이다.

이러한 신분세습성이 유럽이나 남아시아처럼 혈연과 법률에 의하여 지배하고 있지 않지만 조선시대 음서제, 한품서용, 서얼차대 등에 의하여 신분세습성이 존재하였다.

그런데 최근 문과합격자 중에서 신분이 낮은 자를 분석하여 조선시대의 신습세습성(폐쇄성)을 비판하고 신분개방설을 주장한 견해가 있다. 이러한 견해의 타당성이 있는지, 있다면 어느 정도 되는지

43) 김영모, 「조선지배층연구」, 일조각, 1977, 고헌, 2002, p.24

를 밝히려고 한다.

2. 과거 합격자

조선시대 관료가 될 수 있는 과거 합격자는 문과, 무과, 소과, 잡과의 급제자이다.[44] 이 중에서 문과 합격자가 관료지배층이 되기 쉽다. 문과는 사마시(司馬試) 또는 생・진과라는 소과가 있고 문과라 하는 대과가 있다. 소과와 문과는 3년마다 실시하는 정기시인 식년시(式年試)와 부정기적인 별시(別試)가 있는데 별시가 식년시 보다 약 4배가 더 많았고, 그 합격자는 별시가 전체의 57.7%를 차지하였다.[45]

서자는 일씩이 과거합격자의 명부인 방목과 족보를 분석하여 그들의 신분배경 등을 처음으로 파악하여 조선시대 문과합격자의 응과와 입사 및 경력 이동을 밝히고, 이들의 신분세습성을 밝힌 바 있다.(각주 15 참조) 비록 조선왕조 사회의 신분세습성이 강하지만 조선왕조 초기와 후기에 새로운 세력(납속품관과 군관 및 한량 등)과 중인 아전 등이 많이 등장함을 지적하였다. 그 후 젊은 학자들이 쓴 많은 논문(주로 석・박사논문)과 지시에시 과거합격자 명부인 방목을 분석하여 이러한 주장을 하였다.

---

44) 조선시대 과거는 문과가 789회가 실시되었고, 그 합격자는 14,991명이었다. 무과 합격자는 800회 실시에 31,178명이 합격하였다. 생원시에는 231회 실시에 20,439명, 진사시에는 213회 실시에 21,700명이 합격하였다. 그리고 잡과(의, 역, 주, 율, 음양과)의 실시 횟수와 합격자는 정확하지 않으나 현존 자료에 의하면 부표 1과 같다.
Edward W. Wagner와 송준호는 문과 744회에 14,620명이 합격하였다고 하고, 규장각 「국조방목」 색인에서는 문과합격자가 모두 15,053명이라고 한다.

45) 김영모, 「조선지배층연구」, 일조각, 1977, 고헌, 2002, p.489
소과는 전국에서 생원과와 진사과에 각각 700명(후에 540명)을 선발하였고, 대과는 초시에 전국에서 340명, 그리고 복시에 33명을 선발하였다. 문과에 합격한 급제나는 갑과(2명)의 장원에게 종 6품을 주고, 나머지 갑과 합격자는 정7품, 을과(7명)는 정 8품, 그리고 병과(23명)는 정 9품의 품계를 주었다. 기성 관료가 합격한 경우 4계(갑과)~1계(병과)를 더 주었다.

조선시대 500여년간 문·무과, 생·진과, 잡과의 시행 횟수와 합격자 수를 한국학 중앙연구원에서 정리한 것을 보면, 부표 1과 같다.[46] 부표 1을 보면, 전술한 바와 같이 과거의 종류와 시행 횟수 및 합격자수가 동일하지 않고, 왕의 재위기간에 따라 그것이 증가되었지만, 일정하게 실시한 것이 아님을 알 수 있다.

이러한 것을 보면, 조선 후기에 올수록 과거의 시행 횟수와 합격자 수가 증가되고, 특히 무과와 소과의 급제자가 대량으로 나타나고 있음을 알 수 있다. 이것은 그 만큼 왕권 확립의 필요성이 존재하였지만 관료지배층의 충원기회가 확대 되었고, 따라서 그 만큼 신분이 개방되어감을 알 수 있다.

1) 신분배경

(1) 문과급제자

문과급제자의 신분배경(소위 출신성분)은 본인의 전직(前資)과 4조(부, 조부, 증조부 및 외조)의 신분직역에서 찾아 볼 수 있다. 본 고에서는 본인의 전직과 부친의 신분직역 및 사회이동에서 찾아 본다.

가) 급제자의 전직

조선시대 문과 급제자의 전직은 소과 합격자(생원, 진사)가 중심이였으나, 세종 이후는 조관자(朝官者)가 중심이 되었고, 말기에는 생원, 진사와 조관자가 감소되고, 유학이 7할 이상을 차지하였다.

표 1을 보면, 문과합격자의 전직이 조관자가 전체의 28.5%를 차지하고, 생원, 진사가 각각 18.4%와 16.7%, 그리고 유학이 36.4%를

---

46) 문·무과 합격자는 그들의 전직을 「국조방목」(2차 사료임)에서 찾아 볼 수 있으나 그들의 신분배경을 알 수 있는 「문·무과 방목」 또는 「용호방목」(1차 사료)이 모두 보존되어 있지 않다. 그 밖에 잡과방목도 조선 초·중기에 제대로 보존되어 있지 않다.

<표 1> 조선 왕조 문과급제자의 전직

	과거 회수	조관자 (%)	생원 (%)	진사 (%)	유학 (%)	합계 (%)
태조 (1393~1396)	2	3 (4.5)	45 (68.2)	17 (25.8)	1 (1.5)	66 (100.0)
정종 (1399~1399)	1	3 (9.1)	26 (78.8)	2 (6.1)	2 (6.1)	33 (100.0)
태종 (1401~1417)	11	59 (20.6)	208 (72.7)	4 (1.4)	15 (5.2)	286 (100.0)
세종 (1419~1447)	21	175 (35.4)	254 (51.3)	21 (4.2)	45 (9.1)	495 (100.0)
문종 (1450~1541)	2	34 (46.6)	31 (42.5)	4 (5.5)	4 (5.5)	73 (100.0)
단종 (1453~1454)	3	45 (43.3)	42 (40.4)	10 (9.6)	7 (6.7)	104 (100.0)
세조 (1456~1468)	23	239 (60.2)	84 (21.2)	63 (15.9)	11 (2.8)	397 (100.0)
예종 (1469~1469)	1	17 (54.8)	10 (32.3)	2 (6.5)	2 (6.5)	31 (100.0)
성종 (1470~1494)	29	204 (44.2)	141 (30.5)	104 (22.5)	13 (2.8)	462 (100.0)
연산 (1495~1506)	13	56 (21.5)	87 (33.5)	100 (38.5)	17 (6.5)	260 (100.0)
중종 (1506~1544)	57	143 (15.6)	312 (34.0)	321 (35.0)	142 (15.5)	918 (100.0)
명종 (1546~1566)	28	127 (25.9)	126 (25.7)	162 (33.1)	75 (15.3)	490 (100.0)
선조 (1567~1606)	61	374 (33.5)	236 (21.1)	270 (24.2)	237 (21.2)	1,117 (100.0)
광해 (1608~1621)	28	213 (45.7)	91 (19.5)	120 (25.8)	42 (9.0)	466 (100.0)
인조 (1623~1649)	52	257 (35.4)	169 (23.2)	165 (22.7)	136 (18.7)	727 (100.0)
효종 (1650~1657)	15	113 (45.7)	48 (19.4)	49 (19.8)	37 (15.0)	247 (100.0)
현종 (1660~1673)	24	160 (41.0)	75 (19.2)	77 (19.7)	78 (20.0)	390 (100.0)
숙종 (1675~1719)	78	694 (47.6)	171 (11.7)	186 (12.8)	406 (27.9)	1,457 (100.0)
경종 (1721~1723)	9	73 (40.3)	23 (12.7)	31 (17.1)	54 (29.8)	181 (100.0)
영조 (1725~1776)	129	730 (34.1)	218 (10.2)	242 (11.3)	948 (44.3)	2,138 (100.0)
정조 (1776~1800)	41	114 (14.4)	117 (14.8)	94 (11.9)	467 (59.0)	792 (100.0)
순조 (1801~1834)	51	125 (11.8)	93 (8.7)	138 (13.0)	707 (66.5)	1,063 (100.0)
헌종 (1835~1849)	23	57 (12.4)	30 (6.6)	40 (8.7)	331 (72.3)	458 (100.0)
철종 (1850~1863)	26	61 (13.1)	32 (6.9)	49 (10.6)	322 (69.4)	464 (100.0)
고종 (1864~1894)	81	166 (9.5)	71 (4.1)	207 (11.8)	1308 (74.7)	1,752 (100.0)
합 계(%)	797	4,242 (28.5)	2,740 (18.4)	2,478 (16.7)	5,407 (36.4)	14,867 (100.0)

(자료) 「국조방목」(국회도서관 영인본, 1971)에서 작성

차지하였다. 조선 중기(문종~성종, 광해~경종)에 조관자가 약 5할이 되었으나 조선 초기와 후기에는 약 15%로 감소되었고, 생원의 경우

초기에 7할 이상이 되었으나 중기 이후에 진사와 마찬가지로 20% 미만이 되었다. 반면에 유학은 중기까지 10% 미만이었으나 후기(영·정조~고종)에 약 7할로 증가되었다.

이러한 현상은 저자가 조사한 문무과 방목 또는 용호방목의 표본조사(17개)에서도 문과급제자의 전직 조관자는 통덕랑, 참봉 등 참상관이 가장 많고, 그 다음은 참하관이며, 당상관도 소수 있었다. 그 밖에 무관, 중인(교도, 록사 등) 및 서얼 출신도 많았다. 특히 세조 이전에는 당상관과 교도 및 녹사가 많았고, 말기에는 서얼이 많았다.[47]

그러면, 문과합격자의 전자(전직) 중에서 조관자와 생원, 진사 및 유학의 출신배경이 무엇인지를 고찰한다.

조선시대 문과합격자 중에서 조관자가 모두 4,242명인데, 이 중에서 문반 출신이 전체의 79.1%를 차지하고(유관자가 49.6%, 유품자가 29.5%), 무반출신이 전체의 17.1%를 차지하며(유관자가 13.1%, 유품자가 4.0%) 나머지는 중인(1.5%)과 기타(12.3%)이다.

문반 조관자 중에는 현감 등 참상관과 참봉 등 참하관의 실직자가 가장 많고, 비록 실수는 적으나 3, 4품의 당하관도 상당수 있다. 그리고 유품자는 거의 대부분 통덕랑과 선교랑으로 이들은 음자제 출신인 체아직인 것 같다. 선조 이후 납속책으로 대량 판매된 통덕랑(문관)과 부호군(무관)은 대부분 지방 출신에서 찾아 볼 수 있지만 문과급제자의 경우 대부분 서울 출신이었다.

이러한 것을 보면, 무반의 문반화(17.1%)와 납속품관 중인의 문반

---

47) 김영모, 전게서, p.493

한편, 원창애는 문무과 방목 35개를 조사하여 문과급제자(1,172명) 중에 원유계자(元有階者)는 30%이고, 이들 부친의 직역은 원유계자(87%)가 압도적으로 많아서 문음이나 대가(代加)로 관직이나 산계(散階)를 소유했을 것이라고 한다.(「조선시대 문과급제자 연구」, 한국학대학원 박사학위논문, 1997, p.81)

화(1.5%)의 세대내 신분상승이동 현상이 일어나고 있다.

<표 2> 조선왕조 문과합격 조관자의 신분직역

	문반																
	관계									품계							
	2품	3품	4품	5품	6품	7품	8품	9품	소계	3품	4품	5품	6품	7품	8품	9품	소계
태조																	
정종							1	1	2								
태종		1	2	7	14	4	1	11	40								
세종	1	7	5	19	18	12		16	78								
문종			1		1			1	3								
단종		2		2	2			6	12				1			2	3
세조	16	17	15	26	26	5	10	31	146					1	8	7	16
예종				3	5			4	12				3				3
성종		5	8	12	22	7	6	37	97				2	8	16	21	47
연산		1	2	3	11	2	3	12	34				1	1	2	1	5
중종		5	6	20	39	5	6	29	110				1	3	1	3	8
명종		7	3	7	15	4	3	20	58			1	9	5	4	4	23
선조			6	8	68	11	4	103	200			6	25	7	17	20	75
광해		2	7	19	57	6	4	23	118	12		3	22	3	3	1	44
인조		3	10	24	58	8	10	41	154	5		22	19	4	4	4	58
효종			3	7	14	1	6	12	43			36	7	2	1	4	50
현종		4		11	26	2	5	26	74			56	6	1	2	3	68
숙종		8	16	27	78	12	19	72	232	3		385	8	1	1	4	402
경종			1	2	5	1	1	13	23			45		1			46
영조	4	28	43	38	100	20	31	64	328			338				1	339
정조		2	5	10	24	1	2	18	62			36				4	40
순조		4	10	16	22	3	4	20	79			15				5	20
헌종		10	4	9	11	1	1	14	50								0
철종		7	11	11	10	2	2	4	47							2	2
고종		11	11	22	29	8	1	20	102				1				1
합계	21	124	169	303	655	115	120	598	2,105	20	0	943	105	37	59	86	1,250
비고 (주요 품관)	판서 참판	참의 승지 부사	경력 응교 군수	정랑 교리 도사	좌랑 주부 현감 찰방	직장	봉사	참봉 훈도		통정 통훈	봉정 조산	통덕랑	선교랑	계공랑	통사랑	종사랑 장사랑	

	무반																중인			기타	합계
	관계								품계												
	3품	4품	5품	6품	7품	8품	9품	소계	3품	4품	5품	6품	7품	8품	9품	소계	녹사	서얼	기타		
태조									1											2	3
정종								0												1	3
태종	4				1		1	6									7		1	5	59
세종	1	2	1		8		53	65									12		15	5	175
문종			4	1	2		20	27									1		2	1	34
단종		2	4		1		16	23				1		3		4	2		1		45
세조	4	3	11		3	3	16	40	2	2	1	2		12	2	21	5		4	7	239
예종						1		1								0	1				17
성종		2	2	8	9	3	5	29		1	3	5		6	13	28				3	204
연산				3				3			1	1		1	2	5				9	56
중종		4	3	4	1		2	14				2				2				9	143
명종		1	2	4	9		2	18		2	9	9		4		24			1	2	127
선조		4	16	11	6		2	39	3		7	22	2	12	3	49		1		10	374
광해		4	4	19	4		6	37	5			1		3		9		1		4	213
인조		3	6	11	3	1	3	27	2	2				1		5		2		11	257
효종	3		4	3	1	1	4	16	1					1		2				2	113
현종	1		2	8	3	1	1	16						1		1		1			160
숙종		1	11	15	2	4	2	35	2		13			3		18		5		2	694
경종					1		2	3										1			73
영조		1	18	22	6	6	7	60												3	730
정조			4	5	1	1		11												1	114
순조			6	7	1	3	3	20										1		5	125
헌종			1	5	1			7													57
철종			3	4			2	9												3	61
고종			14	22	4	1	7	48										1		14	166
합계	13	27	116	152	67	25	154	554	16	7	34	43	2	47	20	168	28	13	24	99	4,242
비고 (주요 품관)	상호군 대호군	호군 부호군	사직 부사직	사과 부사과	사정 부사정	사맹 부사맹	사용 부사용		절충 어모	진위 선략	과의 창신	진용 여절	적순 분순	승의 수의	호격 전력			업유 허통	직		

(자료) 「국조방목」(국회도서관 영인본, 1971)에서 작성

한편, 무반 출신의 조관자는 대부분 오위(五衛)의 사직, 사과 및 사용의 실직자가 많고 유품자는 과의, 여절, 승의 등 참하관 및 참상관들이다. 정 3품인 절충, 어모 장군이 있으나 이들은 문반 출신의 경우처럼 대부분 납속신분이 아니고 체아직인 것 같다.

그리고 중인 출신의 조관자는 조선왕조 초기에 녹사가 많고 중기 이후에는 서얼이 많다. 사실상 녹사와 서얼은 양반 출신이다.

이것을 보면, 문과에 합격한 조관자는 대부분 문반출신이고, 이들은 대부분 서울 출신의 음자제 출신들이라는 것을 알 수 있다. 그러나, 문과에 합격한 조관자는 무반 출신과 중인 출신이 상당 수 있다는 것을 알 수 있다.

다음으로 문과급제자의 35.1%를 배출한 소과급제자의 신분배경은 소과합격자 부친의 48.7%가 유품자이고, 그 다음은 8.6%의 생원, 진사, 급제 출신이며,[48] 나머지는 대부분 학생, 유학(37.2%)이다. 이들도 대부분 양반(사족)이라 할 수 있다.

마지막으로 문과급제자의 36.4%를 차지하는 유학은 일반적으로 양반출신이라고 말할 수 있겠지만, 이것은 조선 후기에는 호적 분석에 나타난 유학의 신분직역을 보면 그렇게 단순화 시키기에는 어려울 것 같다. 다시 말하면 법제적 신분직역 개념 보다도 사회적 통념(관행)에 기초한 것으로 보아야 할 것이다.

나) 부친의 신분

문과급제자 부친의 신분배경은 대단히 높다. 저자가 조사한 문과방목이 2종인데 하나는 조선 전기의 표본조사(문과 2,800명, 무과 580명)이고, 다른 것은 조선 말기(고종~순종)의 전수조사(문과 535명, 무과 2,088명)이다.[49]

---

48) 최진옥의 조사(38,009명)에 의하면, 소과 합격자의 전력은 유학이 전체의 96.6%이고, 조관자는 2.1%이며, 소과합격자 부친의 관직은 51.2%이고, 42.8%가 유학(21.1%) 등이다.(p.245) 소과합격자의 14.5%가 문과에 합격하였다.(p.218) 소과합격자 전력 중에서 공생(2.5%), 허통(4.1%), 업유(2.8%) 등 중인들이 있다.(p.8)(최진옥, 「조선시대 생원진사 연구」, 집문당, 1998)

49) 이에 관한 표집방법과 대상은 김영모, 「조선지배층연구」, 일조각, 1977,

조선전기 문과합격자 부친의 품계는 유품자가 62.5%이고, 생원과 진사는 10.5%이며, 그 나머지는 유생이다. 3품 이상의 유품자는 전체의 42.5%가 되는데, 이것은 대단히 높은 사회적 신분배경을 보여 주고 있다. 그러나, 관계는 전유관자가 전체의 51%이고 3품 이상이 23.8%이다. 이것도 실제로는 소수인 3품 이상의 관계와 품계를 생각한다면 대단히 높은 비율이라고 할 수 있다. 유관자는 대부분 당상관과 참상관이다. 그리고 유학, 학생이 전체의 27%가 되고, 기록이 없는 전직이 전체의 11.5%가 된다.[50]

조선 말기(고종~순종) 문과합격자의 전직은 유학이 전체의 55.5%로서 가장 많고, 그 다음은 생원, 진사(23.6%)이며, 유품유관자는 18.5%이다. 유품유관자는 대부분 참상관이 많은데 이들은 음자제이거나 대가제(代加制)의 영향일 것이다.

문과합격자 부친의 신분직역은 유품유관자(벼슬아치)가 전체의 43.5%이고(당상관은 16.4%) 그 다음은 유학, 학생(37.2%)이며 생원, 진사는 전체의 6.5%이다. 그리고 통덕랑이 전체의 8.2%를 차지한다.[51] 통덕랑은 대부분 대가품관이거나 납속품관인 것 같다.

이와 같이 조선 전기에 비하여 후기의 신분배경이 낮지만 그래도 관직 소유자가 전체의 51.7%를 차지하고 생원, 진사도 상당수 있는 것을 보면, 적어도 6할 이상은 높은 신분의 양반이고, 비록 유학, 학생의 경우도 대부분 양반사족일 것이다. 동시에 관료양반에로 신분상승을 볼 수 있다.

고헌, 2002년, pp.215~218, pp.470~472를 참고할 것.

이 문과방목(소위 단회방목)의 분석에서만 급제자의 신분배경을 알 수 있는데, 저자 이외 2명이 아직도 국조방목과 단회방목을 분석하면서 이것을 밝히지 않고 있다.

50) 상게서, p.493~496

51) 상게서, p.219

(2) 무과 급제자

가) 급제자의 전직

조선시대는 문·무반의 차별(한품서용 등)이 심하여, 양반들은 문과, 문관을 선호하였으나 입사와 승진이 용이한 무과, 무반을 선택하는 경우가 증가하였다.

저자는 무과급제자의 방목을 두가지 조사하였는데 조선 전기에 비하여 조선 말기(고종~순종) 무과합격자의 신분배경이 매우 확대되고 있었다.

조선 전기 무과합격자(580명)의 진직은 전체의 45.6%가 조관사들이고, 그 다음은 한량(40%)이며, 나머지는 친기위(3.4%), 별무사(1.9%), 업무(1.7%) 등 하급 무반이거나 중인 출신이다. 조관자는 통덕랑(9.0%), 부사과(12.1%) 및 전력부위(7.4%)가 많고, 그 다음은 상호군, 만호, 부호군, 부사용 등이다.[52] 대부분 무관출신이다.

조선 말기 무과합격자(2,088명)의 전직은 유품조관자들이 전체의 9.8%에 불과하고, 나머지는 대부분 한량(21.3%)과 별무사(10.4%) 및 군관(11.5%) 등이며, 친기위 등 위소속(18.0%)과 마병·별감(7.4%)이 많은 편이다.[53] 전기에 비하여 하위 무사들이 많다.

이것을 보면, 조선말기에 올수록 무과합격자들의 신분배경(전직 등)이 매우 낮아지고 있다.[54] 특히 영조, 숙종시 체아직, 납속직의 무

---

52) 상게서, p.517

53) 상게서, p.223

54) 정해은은 조선 후기(임란이후~고종)의 무과합격자(16,575명)의 전직을 조사한 결과 한량이 가장 많아 전체의 34.1%이고, 그 다음은 관료가 전체의 14.1%(유관자 13.6%, 유품자 10.5%)가 군직이고 군역이 33.3%(군직 11.1%, 군역 22.2%)이며, 나머지는 관료(14.1%)와 기타 직역(8.5%)이라고 한다. 무과급제자의 조관자들은 품관 무관이 전체의 24.1%이고, 군직(11.1%)은 대부분 군관

과합격자가 많다. 이것은 몰락한 신분 또는 중간신분층이 무과, 무반을 통한 생계유지와 신분상을 동시에 도모하고 있다.

이와 같이 무과합격자는 비록 법제상으로 제한된, 천직 출신이 있으나, 대부분 음자제들이거나 납속품관들이며, 또한 무반출신들의 자제들, 즉 한량이 다수라 할 수 있다. 다시 말하면 무과합격자의 충원기반이 보편화 되고 있다.

나) 부친의 신분직역

저자가 조사한 조선 전기 무과합격자 부친의 신분직역은 유품유관자가 전체의 51.6%이고(당상품관이 45.3%) 다음은 통덕랑(6.9%), 선략장군(2.9%), 병절교위, 전력부위가 많은데 이들은 문과출신 조관자와 달리 납속품관이 많은 것 같다. 그리고 유학·학생(17.4%)과 미상(17.2%)이 많은 것을 보면, 신분이 매우 낮은 편이다.55) 무과에 문반의 자제(서얼 등)와 중인(향리와 군교 등)의 자제들이 많이 합격하였는데 이들은 대부분 대가제 또는 납속품관의 자손들인 것 같다.56)

이고 군역(22.2%)은 논문에서 그 수를 정확히 알 수 없으나, 군관(별무사 등)과 천민(속오군 등)이 혼합되어 있다. 나머지는 다수인 한량이 34.1%이고 기타 직역은 대부분 무반이라 볼 수 있는 업무, 무학, 교생이다. (정해은, 조선후기 무과방목에 나타난 급제자의 전력 기재 양상,「고문서연구」, 제 27호, 2005, pp.51~84)

55) 상게서, p.518

56) 서한교는 영·정조 연간 잘사는 납속부민의 신분구성을 밝히면서 전체의 73%가 중인이고 3%가 양인이라고 하였다. 그가 제시한 표를 저자가 재분석하여 보면, 유품자가 전체의 32.9%이고 나머지는 유관자가 9.3%, 한량이 28.0%, 향품이 5.1%, 업무·업유가 1.2%, 출신·교생 등이 5.6%이며, 양인 3.2%이다. 여기에 유품자는 대부분 대가제나 납속품관인 것 같고, 생진사와 유학(13.4%), 출신·교생(5.6%)을 제외하면 중인은 39.9%에 불과하다. 다시 말하면 부민원납자는 대대로 납속수직한 유품자와 신분전환을 도모 하려는 한량(28.0%), 중인, 양인(3.2%)들이다.(서한교, 영·정조대 납속제도의 실시와 납속부민층의 존재,「조선사연구」, 1992, p;320)

그러나, 조선 말기 무과합격자의 조사결과는 그 이전에 비하여 충원기회 구조가 보편화 되었다.

조선 말기 무과합격자 부친의 신분직역은 다수가 유품관료(35.4%)와 유품자(17.5%)이고, 나머지는 유학(14.6%), 학생(19.3%) 및 급제출신(6.5%)이 많으며, 업무(2.0%), 한량(1.2%), 생・진사(1.0%)는 소수이다. 유관자는 정 3품(3.9%)과 종 4품(6.8%) 및 종 6품(6.0%)이 많고 유품자는 통덕랑(7.5%), 절충장군(5.0%), 가선대부(3.9%), 통정대부(0.9%) 등이다.[57] 유품자들은 대개 음서, 대가 또는 납속의 품계신분을 지니고 있는 것 같다.[58]

이와 같이 다수 무과합격자들이 유관・유품의 양반자손들이지만 하급 무관들과 사족들이 다수 무과에 합격하여 양반(무반)으로 신분상승 이동을 하고 있다. 무과에 다수 합격한 시기는 19세기 이후인데 이 때는 조선 말기에 민란, 외침 등으로 이것을 막기 위한 기능적 필요성으로 많은 군관(무반)이 필요한 시기이다.

(3) 소과 합격자

조선시대 문과합격자의 35.1%를 차지한 소과합격자(생원 18.4%, 진사 16.7%)는 원래 문과에 응시할 수 있는 자격이 있었고, 하급관료,

---

57) 상게서, p.219

58) 상게서, p.223

임란 이후 200여년간 재정궁핍과 진휼정책을 강구하기 위하여 공명첩(空名帖)의 판매와 납속수직 정책은 시속적으로 광범위하게 이루어졌다. 숙종 9년 전라감사가 진휼청에 보고한 공명첩이 1,892명(통정 1,331명, 가선 385명 등)이고 숙종 16년 개성, 황해, 전라, 경기, 강원, 평안도에 판매된 공명첩이 10,254명, 노직가선 896명, 통정 8,148명, 첨지 487명, 호군 107명, 만호 71명, 찰방 181명, 첨사 50명, 판관 29명, 주부 20명 등이다.(서한교, 조선 현종, 숙종대의 납속제도와 그 기능, 「대구사학」, 제 45집, 1993, pp.19, 49)

서한교, 17・18세기 납속책의 실시와 그 성과, 「역사교육논집」, 제 15집, 1990

문수홍, 「조선시대 납속제에 관한 연구」, 성균관대 박사학위논문, 1985

특히 삼조(三曹)의 정랑과 좌랑에 임용되었다. 이것을 보면, 소과 합격이 사류(士類)로서의 사회적 신분을 인정할 뿐만 아니라 입관의 기회가 있었다.

과거에 응시, 입격할 수 있는 자는 천민을 제외한 모든 신분직역에 법제상으로 개방되었고, 지방별로 시취액수가 정해져 있을지라도 현실적으로는 기회가 불공평하였다. 법제상으로 음자제는 취재에 의하여 입사할 수 있었고, 양반관료 및 토호의 자손들은 장기간 과거 준비에 필요한 사회경제적 재력이 있어야 하며, 더욱이 과거시험에 대한 정보와 지역적 이동이 쉬워야 한다.

이러한 조건은 소과의 경우도 마찬가지이다. 소과합격자만이 대과에 응시, 합격할 수 있는 것이 아니라 조선 초기부터 조관자와 유학에게 그 기회가 주어졌기 때문에 소과에 반드시 합격할 필요성이 없게 되었다. 그리하여 양반관료들에게 오히려 문과응시의 기회가 확대되었다. 그럼에도 불구하고 소과합격자의 신분배경은 대단히 높았다.

소과합격자의 부친 중에 전체의 48.7%가 유품자(有品者)이고, 8.6%는 유품자는 아니지만 과거(생원, 진사, 급제) 출신이며, 나머지도 대부분 유학·학생(37.2%)의 양반자손이다. 유품자는 당상품계가 11.5%이고, 나머지도 대개 참상관이다. 이것을 보면 이들은 대부분 양반 관계의 자손들이라는 것을 알 수 있다.

소과합격자는 초기에 갈수록 유품, 유관자의 자제가 많이 합격하고 말기에 올수록 무품, 무관자가 많다는 것을 알 수 있다. 좀 더 자세히 말하면, 선조 이전(1기)과 인조~영조(2기), 그리고 정조 이후(3기)에 있어서 변화의 차이를 발견할 수 있다. 선조시대만 하여도 합격자 부친의 무품자가 15% 내외이고 나머지는 대부분이 높은 신분을 가지고 있는데 반하여 인조~영조시대에는 20~35%가 무품이고 정조 이후로는 50% 정도가 무품에 속한다. 또한 조선 말에 올수록 1기에서 처럼 다양한 신분계층(품계)에서 합격하지 않고 정 3품 이상의 상품출신 자제들이 많다는 것이다. 그러나 2기는 1, 3기에 비하여 정 5품의 자제들이 더욱 많이 합격하고 있다. 다시 말하면 점차적으로 소과급제자들의 신분배경이 상품과 무품의 두갈래로 분극화되어 있는 현상을 보여주고 있다.

소과합격자 부친의 품계를 보면, 소과는 일반적으로 유생들에게 문호가 개방되어 있는 것으로 알려져 있으나, 무관자제들의 소과합격이 선조시와 고종 말기에 많이 나타나고 다른 시기에는 유품자의 10%도 되지 못한다. 선조시에는 유품자의 35%가 무관자제들인데, 이것은 임란 등으로 조선 초기에 비교적 과거시험에 있어서 무반들에게 기회가 놓여 있었음을 의미한다.[59]

한편, 소과급제자 부친의 관계(관직)를 보면, 미사자(未仕者)가 현종조에 이르기 까지 약 50%에 달하고 나머지는 모두 입사하고 있으며 숙종조 이후부터는 미사자가 점차 증가 되어 약 75%에 까지 이르고 있다. 관직에 취업하고 있는 유관자(有官者)가 정3품 이상이 9.6%이고 종3품~6품은 24.1%이며, 3품 이하는 6.7%이다. 이것을 시대별로 보아도 그 분포가 비슷하다.

여기에서 소과급제자 부친의 가장 많은 관직배경은 ① 현감, ② 승지(승정원), ③ 군수, ④ 부호군(용양위), ⑤ 부사과(용양위), ⑥ 참봉(능), ⑦ 도사(의금부가 다수), ⑧ 가감역관(선공감), ⑨ 감찰(사금부), ⑩ 도호부사를 들 수 있다. 이러한 관직의 어떤 것은 그 정원이 비교적 다른 관직에 비하여 많기도 하지만 대부분 비교적 안정된 사회경제적 기반과 권력을 많이 가지는 외관직이다.[60]

이와 같이 소과합격자의 신분배경이 매우 낮아지고 있다.

(4) 잡과 합격자

59) 상게서, p.479
60) 상게서, pp.481~483

조선 말기 신분상승이 가능하였던 잡과합격자의 신분배경의 특성을 본다. 잡직 종사자는 원래 양반출신들이지만 이들은 직업적 특성으로 신분세습성이 대단히 높다.

잡과합격자는 조선 후기에 증가하였고, 또한 미사자가 대단히 많았다. 그리고 그들의 신분세습성은 대단히 높다. 조선 말기에 있어서 신분해체와 사회이동이 광범위하게 일어났고, 문·무과 특히 무과합격자의 신분배경에서 새로운 사회계층의 등장을 많이 볼 수 있었음에도 불구하고 잡과합격자의 경우는 매우 폐쇄적이라 하지 않을 수 없다. 그들의 신분배경에서 60~80%의 부친이 잡과에 합격하였고, 8할 이상의 부친이 관직을 소유하였으며 또한 4조내에서 입과 또는 관직을 소유하지 않은 자는 거의 없었다. 유관자는 참상관, 참하관의 잡직에 주로 종사하고 소수의 무관, 문관의 양반이 있으나 이것은 대부분 서얼의 조상을 의미하는 것 같다.[61]

그러면, 잡과 급제자 중에 조선 말기에 관료지배층이 될 수 있었던 역과와 의과 합격자의 신분배경을 본다. 율과의 경우 이들 보다 신분배경이 낮은 편이다.[62]

---

61) 상게서, pp.258~259

62) 이남희는 잡과합격자의 전력은 유관자가 52.3%이고 유품자가 20.8%이며 기타 직역자는 26.9%라고 한다.(「조선후기 잡과중인 연구」, 이회, 1999, p.79, 197) 그리고 최진옥은 잡과합격자의 관직진출이 전체의 13.6%에 불과하고 그들의 95%가 당상관이 되었으며 당상관은 주로 절충장군, 통정대부, 가선대부 등이다. 잡과합격자 부친의 잡과합격율이 역과의 34.4%, 의과의 30.5%, 운과의 28.2%, 주학의 40.4%, 율과의 3.9%이고, 부친의 품계소유율이 역과의 24.3%, 의과의 10.8%, 운과의 12.7%, 율과의 8.0%이며, 부친의 관직 소유율은 역과의 69.3%, 의과의 71.8%, 운과의 95.8%, 율과의 69.6%이다.(조선시대 잡과설행과 입격자 분석, 「조선시대 잡과합격자 총람」, 한국정신문화연구원, 1990, pp.22~23)

역과합격자의 신분배경은 잡과 족보인「醫譯籌八世譜」에서 4祖의 신분을 찾을 수 없는 합격자가 전체의 36.9%이었다. 이들은 양반 가문에 속한 자가 상당히 있을 것이다.

역과방목과 '의역주 팔세보'에서 조사된 역과합격자 4조의 과거 합격율은 부친의 경우가 75.1%가 되고, 조부, 증조, 외조의 경우는 약 3할이 된다. 만약 미상이 밝혀지면 그 중에서 잡과합격자가 많을 것이기 때문에 잡과합격율은 3할을 훨씬 초과할 것이다.[63]

의과 합격자의 관직배경은 잡과 합격율 보다 높다. 4祖 중에 잡과에 합격하지 못한 자는 3할 정도이지만 관직을 소유하지 못한 자는 2할 미만이다. 따라서 1할 정도는 잡과에 합격하지 않고서도 잡직에 종사하였던 것이다.

의과합격자의 잡과 합격율은 동일한 의과 합격자의 경우 부친이 40.1%이고, 조부는 32.9%이며 증조는 27.5%가 된다. 그러나 외조는 14.4%인데, 이것은 미상자(16.6%)가 밝혀지면 더욱 증가되리라 생각한다.

여기에서 의과합격사의 세대간 농직율은 약 3~4할이 되지만 다른 잡과출신의 자손도 상당한 수가 의관이 되고 있다.[64] 특히 역과와 의과, 문과, 주과 출신의 자손이 많은 편이다. 조선 말기에 외침과 개항 등 기능적 필요성으로 특히 역관중인 출신들 중에 관료지배층(1.5%인 15명)이 더러 나왔다.

이러한 것을 본다면, 문과합격자 전직의 30.4%가 조관자이고, 이들의 대부분이 취재(取才)로 입사한 음자제들일 것이며, 또 그들 전직이 생원, 진사(소과 합격자)의 경우 부친의 51.2%가 유관자인 것을 보면, 문과합격자의 신분 배경은 대단히 높다. 그리고 이들의 약 8

63) 상게서, p.236
64) 상게서, p.242

할이 관직에 임용되고, 이들의 약 3할이 당상관이 되는 것을 보면, 이들의 자손들은 음자제[65]의 신분으로 다시금 조관자, 생원, 진사의 신분직역을 가지면서 양반관료가 되는 높은 신분세습성을 지닐 수 있다. 따라서 비양반 출신이 문과에 응시할 수 있고, 또 급제할 수 있다는 것은 매우 어렵고, 그 수는 소수일 것이다. 비록 양반의 개념을 벼슬아치(관직)로 보아도 적어도 3할 이상은 신분세습성을 지닐 것이며, 만약 양반의 개념을 광의로 본다면 문과합격자의 신분개방설은 그 타당성을 잃게 될 것이다. 그러나 무과합격자의 경우 문과의 경우와 매우 다르다. 특히 조선 후기일수록 무과합격자의 전직이나 부친의 신분직역을 보면, 유품무반 보다도 오히려 하위직의 무품무관이 많고 심지어 중인(아전 등)들이 많이 합격하고 있다.

이것을 보면, 조선 후기에 무과 및 무반을 통한 중인 및 상민들의 신분상승이동이 가능하며, 따라서 관료양반의 충원기회가 확대되어 가고 있다.

2) 신분이동

신분이동은 세대내 이동과 세대간 이동으로 본다. 세대내 이동은 주로 당대의 경력을 의미하고 세대간 이동은 본인과 부친 또는 4조간 신분직역의 변동을 말한다.

문과합격자가 관료지배층(당상관)이 되려면 음자제 일지라도 문과에 합격하는 것이 가장 빠르다. 문과에 합격하면 종 6품에서 정 9

---

65) 음자제는 공신 및 2품 이상 관원의 자, 손, 사위, 동생, 조카와 3품 관원의 자, 손, 그리고 일찍이 이조, 병조, 도총부, 사헌부, 사간원, 홍문관의 관원과 부장, 선전관을 지낸 자의 아들로서 20세 이상이 된 자를 말한다. 이들에게는 간단한 시험인 취재를 보아 임용하였고 록사가 되려는 자는 청허하였다.(「경국대전」 및 「대전회통 이조 취재조」) 조선시대의 문음제는 초기부터 실시되었고, 문반의 음직은 무록관, 찰방, 일부 수령(현감), 무반의 경우 부장, 선전관 등이다.(박홍갑, 「조선시대 문음제도 연구」, 탐구당, 1994)

품의 관직에 임용될 수 있고, 사관자는 가자법(加資法)에 의하여 당상관이 되기 까지 1.2~1.9년의 소요연한을 단축할 수 있다. 그러나 조관자가 아니면 53~63세가 되어야 당상관이 될 수 있다.

그런데 문과합격자 중에 늦게 합격하는 경우 약 3할이 되고, 또 합격자가 중기 이후 양산되어 입관 조차 어렵기 때문에 지배층이 되는 길을 막았다. 따라서 집안의 배경이 좋지 않으면 관료지배층이 되기 어려웠다.

대과급제자의 80%가 관직에 취임하고 나머지 20%가 미사관하고 있다. 이것은 시대에 따라서 그 정도가 다르다. 중기 이전에는 95% 이상이 임관되고, 5% 미만이 입관되지 못하고 있으며 말기에는 50% 정도가 임관하고 있다. 이것은 문과급제자의 수가 대량으로 증가하였기 때문이다. 문과합격자들이 지내온 관력을 보면 당상관 이상이었던 자가 28.9%가 되고 당하관(참상관)은 40.3%이며, 참하관은 1.8%이다. 그 밖에 9.0%가 되는 미상도 상당히 높은 신분에 속하리라 생각한다.[66]

문과합격자들이 사관한 최종 관직을 보면 거의 다부분 요직이다. 즉, 3相(2.1%), 판서(5.6%), 승지(5.2%), 참판(4.6%) 등 중앙의 당상관이 전체의 29.0%가 되었고, 지방의 수령인 부사(2.8%), 군수(2.9%), 현감(3.5%), 그리고 정랑(2.9%), 좌랑(2.0%), 등 14.1%가 당하관(참상관)이 되었으며, 나머지는 참하관이 되었다.

그런데 문과합격자 중에 무관이 합격하여 문관이 된 경우와, 심지어 중서(中庶)의 자제들이 문과에 합격하여 문관이 되거나 무과합격 또는 무관이 되었다가 다시금 문관이 되어 있음을 볼 수 있다.[67] 더욱이 조선 말기에는 문반의 무반화 또는 중인화 현상이 나

66) 김영모, 전게서, p.505

타나고 있다.

문과합격자의 세대간 신분이동은 그들의 신분배경이 조선 중기까지는 대단히 높고, 말기에는 점차 낮아 무품출신이 많다는 것에서 중기 까지는 신분세습성이 강하고 말기에는 신분세습성이 약화되어 있음을 말한다.

문과합격자의 부자간 신분이동은 관직세습성이 30.5%이고 생원, 진사까지 합한 양반의 신분세습성은 55.6%이다. 자기 부친의 신분지위 보다도 상승이동한 문과급제자가 12.5%가 되었고 하강이동의 경우 19.3%이다. 비록 본인이 미사자일지라도 부친이 관직을 소유한 경우가 41.3%가 된다.[68]

문과급제자의 4조간 신분지위는 방목에서 알수 없지만 4대의 사마시 급제여부가 기록되어 있다. 이것을 분석하여 보면 문과급제자의 48.8%가 입격하였고, 부친대에서는 38.2%, 조부대에서는 10.5%, 그리고 증조부대에서는 8.2%가 입격하고 있다. 이것을 보면 4대간 상당히 높은 신분세습성을 보여주고 있다.

한편, 저자는 명문세도가의 가계분석에서 대개 10대간 관인 생활에 종사하다가 점차 하위관료로 떨어지면서 미사하게 되는 경향을 볼 수 있었다.

일정한 기간에 가문의 최대의 번영을 누리다가 점차 그 자손들은 그 음덕을 팔면서 부지하고 있다. 따라서 그들의 양반위세는 하락한다.

이와 같이 명문가의 몰락은 종손의 가계에서는 반드시 일어나고, 이에 대신하여 다른 지손의 가계에서 다시금 일어나는 과정을 볼 수 있다. 이것은 대개 가계를 이을 자손이 없음으로써 나타나는 현상이다. 그

67) 상게서, p.510
68) 상게서, p.511

러나 반드시 그렇지 않으면서 명문이 몰락하는 경우도 있는데 이것은 후예들이 안일에만 탐닉했기 때문에 그러한 결과를 초래하지 않았나 생각한다.

그러므로 이조시대의 명문씨족은 비록 세대간에 있어서 어느 일가 문중의 흥망성쇄가 일어나고 있지만 전체 씨족내에 있어서는 다른 지손(종족)이 몰락하는 종족(문중)의 위광을 계승하고 있다는 것을 발견할 수 있다. 다시 말하면 장구한 기간 동안에 명문종족은 흥망이 있으나 명문씨족은 계속 다른 종족에 의하여 그 위세를 대체, 보지하고 있다.[69]

문관의 서반화 현상은 개인의 경력에서만 나타나는 것이 아니라 세대간의 신분변동에서도 나타나고 있다. 다시 말하면 무과급제자의 신분배경(품계)을 보면 부친대의 동반이던 사람이 26.0%이고, 서반은 36.5%이다. 생원, 진사까지 합한 동반에 속했던 사람은 42.2%이다.

이것을 보면, 상당한 수가 세대간의 신분변동에 있어서 '동반의 서반화' 현상을 보여주고 뿐만 아니라 무관의 문반화, 심지어 중인의 무반화 현상도 있다. 따라서 관료신분의 세대간 또는 세대내 신분의 상승 또는 하락현상이 일어나고 있다.[70]

3) 씨족배경

조선시대의 문과합격자를 가장 많이 배출한 씨족은 전주 이씨(5.8%)로서 845명(전체의 5.8%)을 합격시켰다. 100명 이상의 합격자를 낸 씨족은 38개이다. 즉 안동 권씨(361명), 파평 윤씨(338명), 남양 홍씨(322명), 안동 김씨(317명)가 2% 이상을 각각 배출하였고, 청주 한씨(278명), 광산 김씨(255명), 밀양 박씨(254명), 여흥 민씨(232명), 연안 이씨(231명), 진주 강씨(217명), 반남 박씨(198명), 경주 김씨(197명), 동래 정씨(191명), 청송 심씨(188명), 한산 이씨(186명), 광주 이씨(178명),

69) 상게서, p.516
70) 상게서, p.517

평산 신씨(173명), 경주 이씨(173명), 전의 이씨(162명), 연안 김씨(161명), 풍천 임씨(144명), 의령 남씨(141명), 대구 서씨(141명)가 1% 이상을 배출하였다.71)

저자가 조사한 태조, 숙종, 고종의 3기 문과합격자의 씨족구성을 보면, 가장 많은 문과합격자를 배출한 씨족은 전술한 전기의 경우와 유사하다. 그러나, 고종의 3기에서도 문과합격자를 많이 배출한 씨족은 부침이 나타나고 있다.72)

조선건국 초에 문과합격자를 1명도 배출하지 못한 전주 이씨가 왕권의 배경하에서 점차 최대의 합격자를 배출한 명문 씨족이 되고 있다. 그 밖에도 초기에 합격자를 많이 낸 문화 유씨, 경주 김씨, 동래 정씨, 경주 윤씨, 경주 최씨는 점차 사라져 가고, 중기에는 전의 이씨, 밀양 박씨, 남원 윤씨, 창녕 성씨, 진주 강씨가 등장하였다가 사라져 가며, 중기 이후 말기까지 광산 김씨, 풍양 조씨, 청주 한씨, 남양 홍씨, 반남 박씨, 경주 이씨, 경주 김씨, 김해 김씨, 평산 신씨, 해주 오씨, 의령 남씨, 연안 김씨, 풍산 홍씨 등이 점차 문과합격자를 많이 배출하고 있다. 이 중에서 안동 권씨, 파평 윤씨, 안동 김씨, 여흥 민씨 등은 시대에 따라 부침이 덜하고 꾸준히 많이 합격시키고 있다. 그리고 초기에는 1명만 배출시킨 씨족과 미상이 대단히 많은데 이것은 건국 초에 명문이 제대로 형성되지 못하고 비교적 과거가 많은 씨족에 개방되어 있었음을 의미한다.

한편, 초기와 말기에 중인 잡과합격자를 많이 배출한 씨족이 소수의 문과합격자를 배출하고 있는 것을 볼 수 있는데, 이것은 초기에는 양반 출신들이지만 후기에 갈수록 중간계층의 상승이동을 의

71) June-ho Song, The Government Examination Rosters of the Yi-dynasty, *Studies in Asiam Genealogy*,(ed.) by Spencer J. Palmer, Bringham Young University Press, 1972

72) 김영모, 전게서, pp.497

미하고 있다. 반면에 초기의 문반씨족이 중기 또는 말기에 중인 잡직에로 신분의 하강이동이 일어났음을 의미한다.[73)]

이와 같이 씨족 또는 가족의 흥망이 신분 내에서 뿐만 아니라 신분간에도 일어나고 있다. 비록 씨족의 흥망이 존재할지라도 당대 또는 수세대에 있어서 명문 씨족이 통혼권에 의하여 권력공동체를 형성한다. 통혼권은 신분내혼제에 의하여 형성하여 당대의 정치, 관료세력을 독점한다. 따라서 이러한 권력공동체에서 소외된 씨족이 과거에 합격하여 여기에 들어간다는 것은 대단히 어려운 일이다.

이들 권세가들은 서로 통혼관계를 맺으면서 한 개의 혈연공동체, 즉 권력공동체를 형성하고 있다. 이것을 좀더 확대 해석하면 당대의 권력지배층은 한 친족의 형제들로 구성되어 있다고 말할 수 있다.

4) 지역배경

문과합격자는 서울 출신이 전체의 56.5%이고 나머지는 지방출신이다. 문과는 부정기시가 정기시에 비하여 약 4배가 되고 그 합격자도 약 2배가 넘기 때문에 서울 출신이 합격하기 용이하였나.[74)] 지방민에게는 교통, 통신이 불편하고 경제적 부담이 많았기 때문에 부정기 시험에 합격하기는 대단히 어려웠다. 따라서 지방사류들에게는 그 기회가 불공평하였다.

문과합격자들의 출신지별 최종 관직을 보면, 그 차별성을 여실히 알 수 있다.

3품 이상의 78.4%가 서울 출신이고, 그 외 21.6%가 지방 출신이다. 그리고 3품 이하의 62.3%가 시골 출신이고, 37.7%가 서울 출신이다. 그

73) 상게서, p.499
74) 상게서, p.503

뿐만 아니라 서울 출신자 보다 지방 출신자가 더 많이 미사하고 있다. 서울 출신자는 판서, 참의, 승지가 많이 되었고, 시골 출신자는 부사, 군수, 현감이 많이 되었다. 이와 같이 지역배경의 차이에 따라서 시골 사람들은 합격하기도 힘들고 합격하여도 입관하기가 입관하더라도 요직에 들어가기 힘들었다. 이것은 지역적 차이가 곧 신분배경과 상관되기 때문에 나타나는 현상이다.[75]

한편, 소과합격자의 출신 지역은 서울 출신이 철종 이전에는 전체의 약 30% 정도이고 남계와 북계지방이 각각 약 50%와 20%였는데[76] 문과합격자는 서울 출신이 56.5%로서 더욱 많은 것은 비록 지방별 과거시취액 수가 법전에 정해져 있었지만 실제로 문과에 합격하여 관료지배층이 될 수 있는 신분배경은 서울 명문양반자제들이었다. 비록 지방출신 문과합격자 일지라도 부·목이 소재한 안동, 충주, 전주, 화성, 광주, 공주, 개성 등 서울과 가까운 지방출신이 많고, 부·현의 경우는 극소수이다. 문과합격자의 출신지별 부친의 관직을 보아도 서울 출신이 지방 출신에 비하여 대단히 높다. 즉 유관자의 80.7%가 서울 출신이고 그 나머지는 지방 출신이다. 서울 출신의 유관자 중에 50.6%가 당상관이고 나머지의 대부분도 정랑, 지평, 교리, 좌랑과 같은 참상관이다. 그러나 지방 출신은 부친의 27.0%가 유관자이고 그 관위는 오히려 당상관이 많다. 이것을 보면, 지방 출신도 외관직 관료의 자손이 많다는 것이다. 또한 무관자는 지방 출신이 서울 출신에 비하여 훨씬 많다.[77]

이러한 것을 보면, 서울 출신이 식년 문과 보다 별시 문과를 거쳐서 합격하고 음자제와 당상관의 자손이 많이 합격하고 있다. 따라

75) 상게서, p.509
76) 상게서, p.488
77) 상게서, p.504

서 서울의 양반관료 출신이 아니면 관료지배층이 되기 어려웠다. 그래서 사람은 낳으면 서울로 보내고 말을 낳으면 제주도로 보내라고 하였다.

한편, 19세기 문·무과 합격자의 지역분포율은 초기의 지역별 정액과는 많은 차이를 보여주고 있다. 비록 지역안배에 의한 대과합격자를 뽑으려는 것이 과거의 정신(탕평성)이었으나 실제로 그렇지 못했고, 말기에는 북계지방의 진출이 현저하게 나타났다. 특히 무과의 경우 서울과 경기지방을 제외하면 평안도와 함경도출신이 더욱 많다.

<표 3> 조선 후기 과거급제자의 지역별 정액과 합격률

(단위 : %)

	소과급제자		문과급제자		무과급제자	
	정원	합격율	정원	합격율	정원	합격율
서울	32.8	19.7	37.5	57.6	36.8	43.6
남계	55.7	52.9	41.7	28.5	42.1	26.3
북계	56.2	24.9	20.8	13.6	21.1	28.8
미상		2.5		0.2		1.2
합계	100.0	100.0	100.0	99.9	100.0	99.9
(인수)	(1,220)	(3,067)	(240)	(535)	(190)	(2,088)

(비고) 1) 과거합격자의 정액은 '경국대전'의 초시 시취액수를 말함.
2) 남계는 경기, 충청, 경상, 전라도 지역이고, 북계는 강원, 황해, 평안, 함경도 지역임.

표 3을 보면, 소과 합격자는 지역에 따라 초시 시취액(정원)과 복시 합격률 간의 차이가 거의 없으나 문과급제자는 서울의 경우 복시 합격률이 초시 정원의 약 1.5배가 되고, 반면에 남계와 북계의 경우 약 7할에 불과하다. 무과급제자의 경우도 서울출신과 북계출신이 정원에 비하여 각각 1.2배와 1.4배를 더 합격되었지만, 남계는 정원의 62.5%에 불과하였다.

서울출신이 문과합격자의 57.6%를 차지한 것은 조선시대의 전기 또는 각 시기의 서울출신 합격률과 매우 비슷한 편이다. 그러나 무과시의 경우는 그렇지 않다. 조선 중기에도 북계출신이 남계출신에

비하여 많았지만 그 차이가 심하지 않았다. 또 서울출신은 그 절반이 넘었다.78)

이와 같이 서울 및 경기출신이 정원에 비하여 합격률이 높은 것은 관료양반이 이 지역에 많이 살았고, 이들의 음덕을 많이 받았기 때문이다. 따라서 서울지역을 중심으로 한 관료지배층의 신분폐쇄성이 나타나고 있다.

3. 관료지배층

조선왕조 관료지배층은 당상관 이상을 말한다. 당상관직은 「경국대전」에 의하면 218개이고, 이 중에서 동반직(문관)이 126개이며, 서반직(무관)이 92개이다.

조선시대의 전체 관직은 5,605개이고, 이 중에서 문관에 임용될 수 있는 경관 실직은 466개이며, 외관실직은 1,008개이다. 그리고 무관에 임용될 수 있는 경관실직은 266개이고 외관실직은 340개이다. 나머지는 무반이 대부분인 체아직이 3,100개(55.3%)이고 무록관이 95개(1.7%)이다.79)

이러한 관료지배층은 일반적으로 문과시에 합격하여 왕의 낙점을 받아 관직(벼슬아치)에 임용된다. 이미 관료가 된 문과합격자는 가계(加階)를 받아 승진이 빠르다.

이와 같이 관직에 취임하는 문과합격자는 전체의 80%가 되고, 말기에는 약 50%, 이들의 28.9%는 당상관, 즉 관료지배층이 되고, 당하관(참상관)은 40.3%가 된다.80) 이들은 대부분 높은 신분의 양반

78) 조선시대 문과급제자를 가장 많이 배출한 지역은 서울(44.0%)이고, 그 다음은 정주(2.6%), 안동(1.7%), 충주(1.5%), 상주(1.3%), 평양(1.3%), 영천(1.2%), 광주(1.2%)의 순이다.(원창애, 전게서, p.146)

79) 이성무, 「조선초기양반연구」, 일조각, 1980, p.135

관료 자손인 음자제들이다.

<표 4> 품계별 동·서반 실직

		정1품	종1품	정2품	종2품	정3품 당상	종3품 당하	종3품	정4품	종4품	정5품	종5품	정6품	종6품	정7품	종7품	정8품	종8품	정9품	종9품	계
동반	경관직	15	6	21	25	25	29	25	23	40	48	61	88	104	14	43	16	43	54	61	741
	외관직				10	24		43		76		79		237					257	312	1,38
	소계	15	6	21	35	49	29	68	23	116	48	140	88	341	14	43	16	43	311	373	1,79
서반	경관직	1	2	27	15	10	10	16	12	61	16	130	17	205	9	309	18	485	42	1939	3,24
	외관직				15	22		72	5	176			2	210							502
	소계	1	2	27	30	32	10	88	17	237	16	130	19	415	9	309	18	485	42	1939	3,26
합계		16	8	48	65	81	39	156	40	353	64	270	107	756	23	352	34	528	353	2312	5,605

(비고) 「경국대전」, 이·병전, 경·외관직조
(자료) 이근무, 「조선초기 양반연구」, 일조각, 1980

여기에서 먼저 조선왕조 최고의 관료지배층인 삼의정(영의정, 좌이정, 우의정 363명)과 이소 판서(693명)의 출신배경을 파악하여 그들의 신분개방성을 검토하여 보고, 다음에 조선 말기(고종~순종간) 당상관(981명)의 경우를 고찰한다. 관료지배층의 출신배경은 주로 관직과 혈연 및 지연을 중심으로 분석한다.

1) 신분배경

관료지배층의 신분배경은 그들의 입관 요인과 전직 및 부친의 관직을 통하여 파악한다.

관료지배층의 입관요인은 표 2와 같이 대단히 높다. 표 2를 보면, 삼의정의 입관 요인은 문과합격이 전체의 87.9%가 되고, 그들 부친의 경우 41.3%가 되며, 이조 판서의 입관요인은 문과합격이 전체의 87.0%가 되고, 그들 부친의 경우 37.8%가 된다. 그리고 조선 말기 당상관의 입관 동기는 문과 합격이 전체의 60.7%가 되고 무과 합격이 13.6%가 된다. 그 밖에 문음(8.4%)과 잡과합격(1.5%), 천거

80) 김영모, 「조선지배층연구」, 일조각, 1977, p.505

(0.2%) 및 미상(5.7%)이 있는데 미상은 음자제, 잡직, 신교육 출신인 것 같다.

이것을 보면, 삼의정과 이조판서가 되려면 문과에 합격하여야 되고, 그 다음에 부과합격 또는 문음 출신이 되어야 한다는 것을 알 수 있다. 관료지배층(삼의정)이 문과에 응시할 때 그들의 전직이 전체의 35.5%가 조관자이고 생원, 진사가 38.6%이며, 나머지는 유학(11.6%) 등이다. 이것을 보면, 조관자는 대부분 음자제이고 소과합격자 부친의 신분배경도 높았다.

<표 5> 조선시대 관료지배층과 부친의 입관요인

	문과	무과	소과	문음	잡과	천거	훈공	미상	합계(인수)
삼의정	87.9	2.2	0.8	5.8		0.3	0.6	2.5	100.1(363)
삼의정 부친	41.3	1.4	8.3	6.3				0.8	100.0(363)
이조판서	87.0	2.9	0.7	1.6		0.6	0.4	6.7	99.9 (693)
이판 부친	37.8	1.6	11.7	6.2				5.5	100.0(693)
당상관(말기)	60.7	13.6		8.4	1.5	0.2		15.7	100.1(981)

(자료) 김영모, 「조선지배층연구」, 일조각, 1977에서 재작성

그러나, 조선 말기에는 문과합격이 주요한 입관 요인이지만 삼의정과 이판에서 거의 볼 수 없었던 무과와 문음 출신이 증가되었고, 심지어 잡과 출신까지 당상관이 되었다. 다시 말하면 관료지배층이 되려면 음자제가 되어야 하고(약 6할임) 사회적 기능의 필요성(외침, 민란 및 개항)으로 무과합격 또는 역관이 되어야 한다.

<표 6> 조선시대 관료지배층 부친의 현직

	당상관 (1~3품)	당하관 (1~5품)	참상하관 (6~9품)	생원진사	기타 · 미상	합계
삼의정	48.4	18.5	7.3	0.9	25.0	100.1
이조판서	41.4	13.3	8.7	2.5	29.3	100.1
당상관(말기)	53.0	28.8	0.8	1.3	16.1	100.0

(자료) 김영모, 「조선지배층연구」, 일조각, 1977에서 재작성

한편, 조선왕조 관료지배층은 본인도 최고의 관직을 지냈지만, 그들 부친도 약 5할이 당상관을 지냈고, 나머지 3할 이상이 당하관 등 관직을 지내고 있다.(표 6 참조) 따라서 관료지배층의 자손들은 음자제의 신분을 유지하면서 간단한 시험인 취재에 의하여 벼슬을 지낼 수 있었다.

그리하여 관료지배층의 부자간 문과합격의 세습성은 42.8%이고 무과의 경우 64.3%이며 문음의 경우 20.0%, 그리고 잡과의 경우 66.7%이다. 또한 관료지배층의 부자간 관직세습성은 71.2%이고, 당상관의 경우 42.1%이다. 족보조사에 의하면 전자가 82.7%이고, 후자는 53.0%이다.[81]

2) 친족 배경

조선시대 신분제도, 특히 관료 임용에 있어서 혈연, 즉 친족배경을 중요시 하는 것을 음자제, 4조 신분, 서경제도 및 호적 등에서 찾아볼 수 있다. 이것을 보면 조선시대 비천한 신분 출신이 관료양반이 된다는 것은 매우 어려운 것이다.

여기에서 관료지배층의 친족배경을 그들의 본관별 성씨와 통혼권에서 파악하여 보면 신분내혼제에 의한 권력공동체가 형성되어 있다.[82]

저자가 조사한 삼의정과 이조판서 및 말기 당상관의 주요한 본관별 성씨는 표 7과 같다. 표 7을 보면 관료지배층을 많이 배출한 성씨는 안동 김, 농래 정, 청송 심, 청주 한, 파평 윤, 여흥 민, 연안 이, 남양 홍의 씨족이다.

삼의정과 이조판서의 씨족배경이 비슷하지만 이조판서의 경우

81) 상게서, p.186
82) 김영모, 「조선지배층연구」, 일조각, 1977, p.453, p.467

연안 이씨와 풍양 조씨 및 대구 서씨 출신이 더욱 많고, 조선 말기 당상관의 경우 전주 이씨와, 여흥 민 및 안동 김씨가 다른 씨족에 비하여 많이 배출되었다.

이러한 씨족배경은 관료지배층의 다수를 차지하는 본관별 성씨이고, 이들 씨족 중에 특정한 계파와 집안에서 다수의 관료지배층을 배출하고 있다.

<표 7> 조선시대 관료지배층의 씨족배경

	전주 李	안동 金	동래 政	청송 沈	청주 韓	파평 尹	여흥 민	연안 李	남양 洪	대구 徐	양주 조	청풍 김	안동 권	덕수 이
삼의정	5.8	5.0	4.4	4.1	3.3	3.0	3.0	2.5	2.5	2.2	2.2	2.2	2.2	1.9
이조판서	5.9	4.9	3.2	2.5	2.7	1.9	3.3	4.5	3.0	3.6	1.6	1.7	4.2	1.6
당상관(말기)	10.6	5.2	1.6	1.2	2.2	1.5	5.9	1.5	2.5	3.5	1.9	1.4	1.4	0.8
	경주 이	풍양 조	반남 박	의령 남	광산 김	한산 이	평산 신	기계 류	영일 정	전의 이	해평 윤	소계	기타	합계
삼의정	1.9	1.9	1.7	1.7	1.1	1.1	1.9	0.8	1.4	1.4	1.7	48.1	51.9	100.0
이조판서	2.3	3.8	2.2	2.0	1.2	1.9	1.3	0.3	0.9	1.4	1.6	43.9	56.1	100.0
당상관(말기)	1.6	3.4	2.1	1.1	3.4	1.8	1.7	1.7	1.7	1.5	1.4	62.6	37.4	100.0

(자료) 김영모, 「조선지배층연구」, 일조각, 1977에서 작성

이러한 성씨를 가진 관료지배층이 대부분 같은 신분계층끼리 통혼권을 형성하면서 당대의 권력공동체를 형성하였다.

전국 세대수의 0.3% 이상을 차지한 성씨의 본관이 「증보문헌비고」에 의하면 496종이 있고, 「전고대방」에 의하면 413종이 있다. 그러나 조선 말기의 당상관은 88종의 본관별 성씨에서 배출되고 있다.

이와 같이 당상관을 배출한 본관별 성씨는 전국의 경우에 비하면, 1.3% 또는 11.2%에 불과하다. 만약 전국의 모든 본관별 성씨와 비교하면 더욱 그 폐쇄성을 발견할 수 있다. 또한 비교적 다수의 세대수를 차지하는 김씨와 이씨의 경우를 보아도 당상관의 본관이 차지하는 비율은 전자가 2.4%, 또는 11.1%, 그리고 후자가 4.9% 또는 21.3%에 지나지 않

는다. 그러나 다수를 차지하는 민씨, 홍씨, 서씨, 유씨 등이 단 1종의 본관 출신으로 다수의 당상관을 배출하고 있다.[83)]

과거급제자 및 관료지배층이 소수의 씨족 출신이라고 해서 이들의 본관별 성씨족을 모두 명문 성관이나 명문 씨족으로 보는 것은 아니다.[84)] 다수를 배출한 씨족도 문벌을 따져 보면 매우 소수의 파족과 가문이 관료지배층을 배출하고 있다.[85)]

조선 말기 18대 명문 씨족의 사례분석에서 알 수 있는 것은 ① 왕실 또는 왕실과의 혼인관계를 맺고 있는 씨족에서 참판, 판서 등 정치지배층을 많이 배출하고, ② 이들은 이조와 예조와 같은 요직의 당상관을 지냈으며, ③ 대개 3내의 동일한 항열(行列)의 소유자가 조선 말기의 정치지배층을 형성하고 있다는 것이다.

한편, 조선 관료지배층의 통혼씨족을 보면, 주로 당대의 명문씨족간에 이루어지고 있으나 이들 씨족 간의 상관성은 매우 높은 편은 아니다. 관료지배층의 통혼씨족이 전통적 명문이 대부분이나 소수의 신흥 명문이 있다. 이것은 새로운 관료지배층이 등장하고 있음을 의미한다.

조선말기 정치지배층의 부와 장인간, 그리고 조부와 외조간 통혼씨족을 보면, 30명 이상의 정치지배층을 배출한 6개 명문이 전체의 31.9%를 차지하고, 29~10명 이상을 배출한 24개 명문이 37.0%, 9명~2명의 배출씨족은 23.6%, 그리고 1명을 배출한 성씨(73개)는 7.4%

83) 조선말기에 가장 많이 배출한 18대 본관별 성씨의 문벌(파족과 가문)을 소개하고 있다.(상게서, p.135)

84) 한영우, 전게서, p.91

85) 한영우는 2000년 기준으로 한 한국의 대성 30개의 인구비율과 각 성관별 문과 급제자의 비율을 비교하여 보니 각각 53.29%와, 36.16%라서 그 상관성이 높다고 하는데(실제로 17.1%의 차이가 있음) 이것으로 문과급제자의 신분개방성을 주장하는 것은 지나친 확대 해석이다.

이다.[86] 다시 말하면 10개 이상을 배출한 씨족(30개)이 전체 정치지배층의 약 7할을 배출하고 있다는 것은 소수의 명문 씨족이 정치권력을 독점하고 있음을 의미한다.

3) 지역배경

조선왕조 관료지배층은 거의 대부분 서울의 명문 양반출신이다. 그래서 삼의정과 이조판서의 출신지역의 의미 차이는 별로 크지 않다. 그러나 조선 말기의 관료지배층은 이들과는 차이가 있다. 당시 과거급제자는 조선 중기와는 달리 그 신분배경이 낮고, 또 낮은 신분(무관 및 중인 등)이 많이 문무과에 합격하였기 때문이다.

조선 말기 문과 출신의 정치지배층은 72.4%가 서울 출신이고 나머지는 경기(5.9%), 충청(7.5%), 영남(3.7%), 호남(1.8%), 관동(1.3%), 관서(1.3%), 관북(0.3%), 미상(5.5%)의 순이다. 미상도 대부분 서울 출신일 것으로 추측된다.[87]

이것을 보면, 무과와 문음 출신의 정치지배층은 문과출신에 비하여 신분 배경이 높기 때문에 더욱 서울 출신이 많을 것이라는 것은 분명하다. 지방 출신일지라도 큰 고을의 출신이 많다.

정치지배층이 문·무과합격자와 마찬가지로 서울 출신이 많다. 비록 지방별 과거 시취액이 할당되어 있었지만, 이것은 전체 서울인구(전국 호수의 2.9%)에게 그 기회가 개방되어 있는 것을 의미하고, 또 서울의 문음무와 사서인이 전체 인구의 1.5%이기 때문에 매우 소수자에게 그 기회가 개방되어 있는 것을 의미한다.[88]

4) 경제적 배경

86) 상게서, p.146
87) 상게서, p.100
88) 상게서, p.101

조선왕조의 관료는 지주인 동시에 봉급자였다. 더욱이 관료지배층은 지주부농이라 할 수 있다. 관료는 고려왕조 이래 급여형태로 정부로부터 과전 또는 직전의 수조권을 가졌고, 동시에 정부로부터 별도의 봉록이 있었다. 이 제도는 조선왕조 초기에 소멸되었지만, 일반적으로 직전이 아니고 생활을 유지할 수 있는 사유지를 소유하였다.[89] 사실 관료는 기존의 직전, 아록전, 군전, 외역전 등의 사전화와 그들이 축적한 사전으로부터 많은 지대(소작료)를 받고 있었기 때문에 대부분 지주였다.

일반적으로 관료 중에 신분세습성이 강한 경아전과 잡직 중인은 문·무관료에 비하여 자본축적이 불가능하였지만 외아전은 주로 토색질로 자본축적이 가능하였다.

조선왕조의 관료는 경국대전이 규정한 관품에 따라 10결(약 10정보)에서 110결의 직전을 분배 받고, 동시에 각 관직의 록봉은 실직에 따라 각 4맹기에 12석~129석의 곡류와 32필~31필의 세 점포와 1~10장의 저화(楮貨)의 연봉을 받았다. 그러나 영조 22년 이후는 직진 지급이 폐지되어 매월 산료(散料)를 지급 받았다.

왕실은 이러한 직전 이외에도 전국 경지의 2.6%나 되는 궁방전(면세)이 있었기 때문에 대지주(부농)라 할 수 있다.

관료의 직전 및 봉록은 품계에 따라 차등이 있으나 정 1품의 급여액은 종 9품의 약 10배가 된다. 그러므로 상급관료 일수록 재산과 수입이 훨씬 많았다.

관료의 현물봉록만 하여도 참상관 이상이면 당시의 형편으로 본다면 생계를 유지할 수 있을 것 같고, 당상관 이상이면 오히려 남을 것

89) 천관우, 한국토지제도사, 「한국문화사대계Ⅱ」, 정치경제사, 고려대 민족문화연구소, 1965, p.1444

같다. 그 뿐만 아니라 직전에서도 200석~2,200석의 수확량이 나오기 때문에 관료는 적어도 33.3석~366.6석의 소작료를 받는다. 따라서 참상관이 되면, 총 봉미수입이 111석 이상이 되고 당상관이 되면 216석 이상이 되기 때문에 그들의 자본축적은 매우 용이한 것이다.

이와 같이 참상관 이상의 관료는 지주부농이라 할 수 있고, 참상관일지라도 중농 이상에 속한다.

조선시대의 관료는 대부분 서울과 경기지방에 거주하였다. 그들의 직전이 한 때 경기 경지의 58.3%를 차지했다. 직전(과전) 이외에도 공신전(14.2%)과 사사전 등을 합하면 73.7%를 차지하였다. 이것은 점차 사전화 되었다.90)

이와 같이 토지자본을 배경으로 한 관료=지주의 자손이 과거에 합격 또는 문음에 의해서 대부분 관료가 쉽게 될 수 있다.

4. 결 론

조선왕조시대 관료양반이 될 수 있는 과거급제자(문, 무, 잡과 등)와 관료지배층(삼의정, 이판, 당상관)의 관직과 혈연 및 지연을 분석하여 그들의 신분의 폐쇄성 또는 개방성이 어느 정도 있었는지를 고찰하여 보았다.

그러한 결과 조선시대 과거급제자들의 신분배경이 매우 높고, 시기에 따라 차이가 있지만 그 세습성이 매우 강하며, 후기에 올수록 그 개방성이 점차 많이 나타나고 있었다. 조선 후기에는 특히 납속품관과 군관 및 중인들의 신분상승으로 관료지배층의 개방성이 나타나게 되었다.

---

90) 김영모, 「조선지배층연구」, 일조각, 1977, 고헌, 2002, pp.123~124

이러한 개방성은 조선 초기 양반의 법률적 개념(양천제)이 후기에 갈수록 '반중상천'(班中常賤)의 개념으로 변화되었기 때문이다. 양반관료는 지배신분의 특권을 유지하기 위하여 한품서용과 음서제 등 엄격한 신분제를 강화하였으나 조선 중기 이후 외침(임란, 호란)과 민란 등으로 무관이 대량 생산되어 무반의 신분이 점차 강화되고, 국가재정의 궁핍과 진휼정책으로 납속정책이 지방토호들로 하여금 신분세탁을 하게 하였으며 서얼허통, 지방 수령과 향리들의 토색질 등으로 법률적 신분개념이 급속히 해체되었다. 그리하여 조선 후기 납속품관, 군관(별무사 등), 한량, 업무 등 신흥 지주부농세력의 자손들이 현저하게 나타났다. 동시에 과거제의 운영에서 부정기시를 많이 실시하고 그 합격자를 대량으로 배출하여 그 합격자 중에서 관직에 임용되지 못한 자가 대량으로 나타났다.

그리하여 조선 초기 양천제의 법제적 신분체제가 와해되고, 지방의 신흥세력, 특히 지주부농인 납속양반과 향리의 자손들이 과거(문·무과 및 잡과)를 통한 신분상승이동이 일어났다.

이러한 시내 상황에서 과거급제자와 관료지배층의 신분배경은 점차 개방화 되지 않을 수 없었다. 그리하여 과거 엄격하였던 법률적 신분은 점차 무너지고, 완전히 자유로운 신분이동이 일어날 수 있었던 것은 아니지만 전통적인 신분체제는 해체되기 시작하였다.

최근 조선시대의 과거급제 뿐만 아니라 신분이동이 매우 개방적이었다고 주장하는 견해가 있다. 최근 소과 및 문과급제가 원칙적으로 양반에게 개방되어 있었다는 견해를 비판한 것이다. 이러한 견해는 기본적으로 양천제의 신분 개념에서 양반=관료가 아니면 모두 낮은 신분 출신이라는 도식에서 조선 후기에 나타난 문과합격자 중에서 관료=양반이 아닌 자가 많이 나타났다는 논리이다.

그런데 전술한 바와 같이 과거급제자 뿐만 아니라 관료지배층의 신분배경이 대단히 높다. 전자는 5할 이상의 유품유관자이고 후자는 8할 이상의 문과출신과 관직세습성을 지니고 있다. 따라서 원칙적으로 양반신분에게 문과급제의 기회가 주어져 있다는 것은 법제상으로나 현실적으로 타당성이 있는 것 같지만, 다만 「경국대전」이 제정되기전 조선 초기와 신분제가 문란된 조선 후기에 비원칙성이 강하게 나타나고 있다. 그러한 비원칙성은 다수의 비정규 과거시험, 음서제, 한품서용, 납속수직, 서얼허통, 양천제의 해체 등으로 나타나게 된 것이다.

이것은 왕권과 권력지배층이 기득권을 보호하기 위한 노력, 즉 권력의 비원칙성 때문에 나타난 것이다. 따라서 왕조사회에 있어서 신분개방설을 원칙적인 것으로 보기는 어렵다. 특히 조선 후기에 양천제가 붕괴된 사회에서 양반=벼슬아치로 보는 것은 그 타당성이 매우 약하다. 신분(문과응시)의 개방설을 주장하는 경우 벼슬아치가 아닌 생원, 진사, 품관양반, 유학(사족) 등을 양반으로 간주하지 않고 낮은 신분으로 본 것은 잘 못된 것이다. 왜냐하면 조선후기는 양천제의 신분사회로 볼 것이 아니라 반·중·상·천의 4신분사회로 보는 것이 타당하고 또 양반의 개념이 확대되었기 때문이다.

제 3장 조선왕조 후기 신분구조와 변동

1. 서 론

조선왕조 후기의 신분직역은 양반·중인·상민·천민의 4신분에서 다양하게 존재한다. 신분제가 문란할 때는 새로운 신분층이 대량으로 나타나고, 또 신분직역의 성격이 변화한다. 이러한 신분직역의 변화를 법제적 측면과 호적상 측면에서 고찰하여 본다.

조선시대의 신분직역에 관한 연구는 최근 그 결과가 나오고 있으나[91] 이것을 법제적으로나 현실적으로 이해하는데 한계가 있다. 이러한 한계를 극복하지 못한 채 조선시대 호적분석을 통하여 신분구조와 변동을 파악하는 것은 문제가 있다. 그러나, 관찬 자료인 방대한 호적이 있기 때문에 조선 후기의 대구부, 울산부, 단성현 및 언양현 등의 호적을 분석한 것은 큰 의미가 있다.

이러한 분석결과를 중심으로 다른 학자들의 연구결과와 비교하면서 조선 후기의 신분구조와 변동을 고찰한다.

2. 법제적 신분변화

조선왕조 후기 신분의 법제적 개념은 조선왕조의 기본 법전인

91) 이승무, 「조선초기 양반연구」, 일조각, 1980
이준구, 「조선후기 신분직역 변동연구」, 일조각, 1993
최승희, 「조선후기 사회신분사 연구」, 지식산업사, 2003

「경국대전」과 「속대전」 및 「대전회통」 등을 중심으로 주요한 신분직역이 어떻게 변화되었는 가를 검토한다.

이러한 법전은 기존의 교지, 조례 등에서 취사, 선택하고 당시의 관행을 가미하여 만든 것이다.

고려부터 조선 성종시 까지 약 100년간의 제 법령을 집대성한 「경국대전」(1485년 성종 16년 완성)에 비하여 조선 후기에 편찬된 「속대전」(1746년, 영조 22년 간행)에서 볼 수 있는 가장 큰 신분변화는 ① 양반의 개념이 확대되어 가고, ② 종래의 관료=지주라는 법제적 개념이 상실되었으며, ③ 천처첩 소생 및 천인의 속량, 그리고 ④ 외아전인 역리가 공천에 속하게 되었다는 것이다.

양반의 개념이 확대되었다는 것은 전술한 바와 같이 문・무반 뿐만 아니라 생원・진사・유학까지 포괄하여 사족을 의미한다는 것이다.

관료=지주의 법제적 개념이 상실되었다는 것은 「경국대전」에서는 관직을 받은 자에게 직전과 녹봉을 주게 되어 있지만, 「속대전」에서는 직전을 폐지하였기 때문이다. 그러한 결과, 관료는 토지로부터 지대를 받지 못하게 되었고 다만 봉급자가 되었다는 것이다.

천처첩 자녀의 속량은 동서반 삼품정직의 자손과 청요직의 자가 공천첩의 소생을 두었을 경우와 사족, 조관의 자손으로 전처무후일때 공천소생 승중자는 대구노비로 속신이 가능했다.

마지막으로 역리는 「경국대전」의 외아전에 속하는데, 「속대전」에서는 공천조에 속하여 역리가 양녀를 취처하여 소생된 남자일지라도 역리로 하고, 여자는 역비로 하며 공사천을 취처하여 소생한 남녀는 모두 모역에 따르게 하였다.

「속대전」(1746년) 이후에 편찬된 「대전통편」(1785년, 정조 6년)과 「대전회통」(1865년, 고종 2년)의 신분변화는 ① 매관매직과 ② 서얼허통 및 ③ 노비해방에서 나타나 있다.

매관매직은 실직을 주지 않는 공명첩과 납속첩의 발매에 의하여 합법화 되었다. 공명첩은 주로 선조시 부터 시행되었는데 국가재정이 궁핍할 때, 즉 도 전체가 흉년이 들거나 또는 수선의 공사가 호대한 곳에 작량계품하여 발급하였다.

납속첩은 흉년, 수해, 한재, 병란이 있을 때 많은 곡물, 금전을 국가에 헌납함으로써 품계를 수여받거나 가자 또는 제수되었다.

서얼자손은 「경국대전」의 제과조에 의하면 문과, 생원, 진사의 시험에 응시하지 못하게 되어 있었다. 그 후 서얼이 납속하여 과거에 응시할 수 있게 허통되었는데 「속대전」에는 이것이 폐지되었다.

한편, 「경국대전」에는 서얼은 한품서용법에 의하여 부모의 신분에 따라 임용의 차별이 있었다. 그러던 것이 정조 1년의 교지에 의하여 천자손의 한품임용이 완화 되었고, 순조 23년의 교지는 그것을 더욱 완화시켰다. 고종 1년 1월과, 동 19년 7월의 교지에 의하여 서얼의 신분적 해방요구는 명의상 관철되었다. 이러한 변화는 양반이 신분적 이익과 폐쇄성을 강화하기 위하여 서얼금고법을 만들었으나 특히 18세기 이후의 많은 양반유생들의 집단적 상소로 말미암아 점차 입격・입사의 기회가 확내되어 샀다.

마지막으로 노비해방은 법전에서 속량의 범위가 확대되어 가는 것을 볼 수 있으나 그것 보다 교지에 의하여 성취되고 있는 것을 볼 수 있다. 순조 1년 1월에 내수사와 각 궁방의 노비문건을 소각하였고 내노비 36,974명과 사노비 2,993명을 재정란으로 방량시켰으며, 고종 23년에는 노비세습제가 폐지되었고, 그들의 면천의 기회를 법적으로 부여하는 '사가노비설목'이 제정되었다. 마침내 고종 31년 갑오개혁으로 제도상으로도 노비는 해방되었다.92)

1894년 갑오개혁은 조선말기 정치, 경제, 사회 등 모든 분야에

92) 김영모, 「조선지배층연구」, 일조각, 1977, 고헌, 2005, pp.38~40

있어서 근대적인 제도개혁(1차 개혁안 210건, 2차 개혁안 213건)이었다. 특히 신분개혁은 ① 문벌과 양반・상민의 계급을 타파하여 귀천에 불구하고 인재를 선용하고, ② 문・무 존비의 구별을 철폐하여 공사노비의 법전을 혁파하며, ③ 성리학과 과거시험 대신에 신교육과 새로운 관리입용제도의 실시 등이다.[93)]

이러한 신분개혁은 임란, 호란 및 진휼정책으로 막대한 재정이 필요하여 숙종 이후 매관매직의 납속정책이 광범위하게 이루어졌고, 또 조선 후기의 대표적인 신분모순인 문무과의 대량실시, 서얼허통과 노비도망 그리고 민란 및 개화운동과 같은 신분해방운동이 광범위 하게 일어난 결과의 산물이었다.

3. 호적상 신분변동

조선시대의 신분구조는 그 변동에 관한 실증적 연구는 주로 호적분석에서 가능하다. 조선 후기 현존 호적자료는 한성부 북부와 경상도 5개 부현의 것이 있는데 후자는 매우 방대하고 2백여년간 신분변동을 알 수 있다.

1663년 한성부 북부의 신분구성은 양반호가 전체의 16.6%이고 양민호가 30.1%이며, 천민호가 53.8%이다. 그리고 인구상으로는 양반이 9.3%, 양민이 14.1%, 천민이 76.7%이다.[94)] 이 당시 지방의 경우를 보아도 양반호는 적고 노비호가 상당히 많다.

---

93) 김영모, 「일제하 한인지배층연구」, 고헌, 2009, 제 1장 4절 참조.

94) Edward E. Wagner, '이조사회의 계급구조', 성균관대 대동문화연구원 발표, 1974 한성부 북부는 망원정, 합장리, 여의도, 성산리, 연서, 수색리 등 16개 지역이다. 사용된 북부호적의 총호수는 681호이고, 총인구는 2,400명이다. 북부지역의 동거노비가 1,031명이고(82.0%는 양반호, 17.0%는 양민호 소유), 외거노비는 약 1,681명이며, 도망노비가 약 651명이다.

이러한 신분구조가 조선후기에 급속히 역계층화 또는 신분상승 이동이 일어나고 있는 것이 특징이다.

저자는 조선 후기 지방의 신분직역을 분석하기 위하여 종전에 사용하던 신분부호책을 약간 수정, 보완하였다. 저자가 만든 '신분부호책'에서 볼 수 있는 바와 같이 직역을 7신분(양반, 준양반, 양인, 천역양인, 선인, 노비 등)으로 나누고, 이에 76개의 직역을 귀속시켰다.[95]

이러한 분류에 의하여 조사한 대구부, 울산부, 단성현, 언양현의 신분구조와 그 변동을 소개한다. 그리고 이 지역에 대하여 이미 조사한 다른 학자들의 연구결과를 동시에 소개하면서 고찰한다.

1) 대구부(大丘府)

대구부[96]의 호적(170책) 중에서 1930년대 四方博(경성제대 교수)가 일부 시기와 지역의 호적을 조사하여 대구부의 신분구조와 변동을 밝힌 바 있다.[97] 그는 대구부의 신분이 1690년에는 소수의 양반과 다수의 상민 및 노비로 구성되어 있었으나 이것이 1858년에는 급속히 역전되었다고 주장하였다.

<표 1> 대구부 호주의 신분구조와 변동(四方博 조사)

	양반호	상민호	노비호	총수(호수)
1690년(숙종16년)	9.2	53.7	37.1	100.0(3,156)
1729년(영조5년)	18.7	54.6	26.6	100.0(3,092)
1786년(정조10년)	37.5	57.5	5.0	100.0(2,810)
1858년(철종9년)	70.3	28.2	1.5	100.0(2,958)

(자료) 四方博, 李朝人口に する 身分階級別的 觀察

95) 김영모, 「한국사회계층연구」, 일조각, 1982, 고헌, 2005, pp.35~36
96) 1720년 대구부의 호수는 13,520호이고, 인구는 68,024명이며, 1867년의 호수는 13,346호이고 인구는 57,791명이다.(대구부 장적 조사)
97) 四方博, 李朝人口に 關する 身分階級別的 觀察, 「朝鮮經濟 の 研究」, 京城帝大 法文學會 論集, 第 10輯, 岩波書店, 1936, pp.367~368, 그는 대구부의 1690년~1858년간 4시기와 10개의 면을 조사하였다.

대구부 호주의 168년간 신분변동은 표 1과 같이 1690년에 9.2%의 양반호가 1858년에는 70.3%로 증가하였고, 53.7%의 상민호가 28.2%로 감소하였으며, 동시에 37.1%의 노비호가 1.5%로 급속히 감소하였다. 그리고 대구부의 인구별 신분변동은 1690년 7.4%의 양반이 1858년에 48.6%로 증가되었고, 상민은 49.5%에서 20.1%로 감소되었으며 노비는 43.1%에서 31.1%로 감소되었다.

여기에서 대구부 호주의 신분변동은 표 2의 인구별 신분변동에 비하여 양반호가 더 많이 증가하였으며, 또 노비호는 더 많이 감소(소멸) 되었다. 그러나, 인구의 신분변동은 더욱 느리다는 것을 알 수 있다. 이것은 18세기 말부터 신분의 급속한 해체 현상을 보여 주고 있다.

<표 2> 대구부 인구의 신분구조와 변동(四方博 조사)

	양반	상민	노비	총수
1690년(숙종16년)	7.4	49.5	43.1	100.0(11,698)
1729년(영조5년)	14.8	52.8	32.4	100.0(14,176)
1786년(정조10년)	31.9	52.2	15.9	100.0(10,821)
1858년(철종9년)	48.6	20.1	31.3	100.0(10,619)

이러한 신분변화의 원인을 시가다(四方博)는 인구의 자연증가에 기인한 것이 아니고 각 호가 신분상으로 변화하였고, 동시에 노비가 상전가에 몰입되어 버렸기 때문이라고 하였다. 구체적 원인으로 ① 양반신분의 모칭, 양적에의 기탁, ② 신고, 납속에 의한 위계직관의 취득 또는 면천, ③ 노비의 속량, 도망, 투탁을 지적하였다.[98]

그 후 대구부의 도시와 농촌별 신분변동에 관한 연구에서 그는 약 1세기 반 동안 농촌에는 양반이 약 6배 증가하였고 상민의 반수 이상 감소되었으며, 이것이 도시에로 이동하여 도시의 상민과 양반

98) 상게논문, pp.393~394

을 증가시켰던 것이라고 하였다. 그러나 저자의 조사에 의하면 도시의 양반과 상민의 현저한 증가라기 보다는 오히려 유학과 군관 및 한량과 같은 준양반과 아전 및 업무, 업유와 같은 중인층이 대량으로 증가되었으며, 또 신양역천과 양인이 증가하였다.

이러한 견해의 차이가 나타나게 된 것은 시가다는 무엇 보다 신분 분류를 양반, 상민, 노비의 3신분으로 단순화 시켰게 때문에 일어난 결과인 것 같다.

저자는 四方博가 조사한, 대구부 장적의 시기와 지역을 달리하여 대구부 호수의 약 4할을 조사하였고, 또 신분분석의 기준(신분부호책)이 상이하였다.[99] 여기에서는 대구부 호주의 신분식역을 7개로 구분하여 저자가 조사, 집계한 결과를 표 3에서 본다.

<표 3> 대구부 호주의 신분구조의 변화(김영모 조사)

	양반	준양반	중인	상민	천양	천인	노비	과부	기타	합계(호수)
1684	4.6	14.8	3.0	17.4	7.4	10.3	37.6	2.9	1.9	100.0(2,940)
1727	3.1	18.4	12.5	11.0	8.2	10.5	22.9	10.6	2.7	99.9(4,866)
1775	2.3	28.7	13.3	12.6	12.5	11.7	6.1	9.1	3.6	100.0(5,441)
1825	0.8	34.3	12.2	10.0	14.6	12.2	4.0	9.7	2.1	99.9(5,512)
1870	0.8	41.7	16.0	4.7	11.2	10.8	2.2	10.0	1.8	99.9(5,266)

표 3을 보면, 200여년간 대구부 호주의 양반(품관)이 오히려 17.4%로 감소되었고, 준양반(유학 등)이 2.8배 증가되었으며, 중인은 5.3배 증가되었다. 그리고 상민은 27.0% 감소되었으며, 천양과 천민은 큰 변화가 없으나, 노비는 35.4% 감소되었다. 대구에서도 신분변화율이 가장 심한 것이 준양반과 중인, 상민 및 노비이다.

이러한 신분변동은 시가다의 조사결과와 상당한 차이가 있다. 그의 조사에 의하면 168년간 양반호가 9.2%에서 70.3%로 현저히 증가

99) 김영모, 전게서, pp.37~41

하였고, 상민호는 53.7%에서 28.2%로 감소하였으며, 노비호는 37.1%에서 1.5%로 현저히 감소하였다고 한다.[100] 그러나, 저자의 조사에 의하면 양반과 노비 및 상민이 현저하게 감소된 것은 사실이나 준양반(유학 등)과 중인 및 천양이 감소되었다.

이와 같은 변화에서 도시에는 중인(아전)과 천역양인(장인) 및 천인(직, 사령, 하전, 공관비)이 대량으로 증가되었고, 반면에 농촌에서는 준양반(유학)이 대량으로 증가되었으며, 노비는 농촌과 도시를 막론하고 급속히 소멸되었다.

한편, 대구부의 직역별 신분변동을 보면, 그 구체성을 알 수 있다. 가장 많이 증가된 직역이 유학(4.3%→30.7%)이고, 그 다음이 아전(2.1%→8.0%) 및 한량(0.0%→5.5%) 이며, 반면에 가장 많이 감소된 직역은 노비+천역양인(15.9%→0.1%)과 노비(15.2%→2.0%)이고 그 다음은 양보(9.5%→0.6%)와 양군(6.0%→1.5%)이다. 그 밖에도 군관(1.1%→3.8%)과 직 · 사령(0.2%→3.6%) 및 과부(2.9%→10.0%)가 증가되었고, 천보(3.3%→0.1%)는 감소하였다.[101]

이것을 보면, 신분의 상승이동이 일어나고 있는 것을 알 수 있는데 무엇 보다도 노비의 감소와 유학 및 아전의 증가가 현저하다. 노비의 감소원인은 속량, 도망, 투탁 등이 있겠으나,[102] 무엇보다도 도망에 의한 신분해방이 기본적인 것이었다. 그 밖에도 방면, 납속, 신공, 모칭, 양천상혼, 출산율의 감소 등의 원인이 있다. 그리고 유학의 증가원인은 납속, 신공 등의 합법적인 경우도 있었지만, 그 보다도 모칭, 양적의 기탁 등이 준양반이 되는 기본적인 방법이라 할 수 있다. 모칭의 경우 호적에서 많이 볼 수 있다. 또한, 호주(본인)의 시

100) 四方博, '李朝人口に 關する身分階級別的 觀察', 朝鮮經濟の 硏究. 1938, pp.387~389

101) 김영모, 「한국사회계층연구」, 일조각, 1982, 고헌, 2005, pp.45~46(표 1-6)

102) 四方博, 전게서, p.304

기별 조사에서 사노의 양인화, 또는 양인→중인→준양반(유학)화가 되는 것을 많이 볼 수 있었다. 사실 유학은 종래에는 양반, 즉 사족의 신분이었지만, 조선 후기에 이르러서는 대부분 상층 농민의 지위였다 해도 과언이 아니다.

2) 울산부(蔚山府)

1970년대 초 鄭奭鍾과 J.H. Somerville은 울산부[103]의 호적(50책) 중 일부 시기와 지역을 조사하여 울산부의 신분구조와 그 변동을 밝힌 바 있다.[104]

Somerville은 1609년(광해군 1년) 울산부 호적(동, 서, 남, 북의 4개면)을 조사하여 양반이 전체의 7.4%이고, 중인이 14.4%, 상민이 51.0%, 그리고 노비가 27.2%라고 하였나. 그리고 1729년~1804년의 호적조사에서는 그는 유학(10.4%)과 향반(14.5%)이 34.0%로 증가하였고, 중간계급의 경우 11.8%에서 15.7%로, 그리고 상민의 경우 47.2%에서 0.5%로 급감하였다고 하였다.[105]

<표 4> 울산부 호주의 신분구조와 변동(정석종 조사)

	양반호	상민호	노비호	합계(호수)
1729	26.29	59.78	13.93	100.0(639)
1765	40.98	57.01	2.00	100.0(549)
1804	53.47	45.61	0.92	100.0(649)
1867	65.48	33.96	0.56	100.0(533)

또한, 정석종은 1729년~1867년간 울산부의 신분구조와 변동을 조

103) 1786년(정조 10년) 울산부는 9개면에 8,586호와 32,376명이 거주하였다. (「울산부여지도 신편 읍지」)

104) 정석종, 조선시대 사회신분제의 붕괴, 「대동문화연구」, 제 9호, 1972, J. H. Sommerville, *op.cit.*, 1974

105) 상게논문, pp.50~60

사하여 호주별 신분과 인구별 신분변동을 각각 표 4 및 5와 같다고 하였다.

그는 표 4와 같이 138년간 울산부의 양반호가 2.5배 증가되었고, 상민호가 1.8배 감소되었으며, 노비호는 급감하여 거의 소멸하였다고 하였다. 그리고 울산부의 양반인구는 표 5와 같이 3.5배 증가하였고, 상민은 2.7배 감소하였으며 솔거노비는 큰 변화가 없으나 외거노비는 거의 소멸하였다고 한다.

<표 5> 울산부 인구의 신분구조와 변동(정석종 조사)

	양반	상민	솔거노비	외거노비	합계(호수)
1729	19.4	49.6	21.8	9.2	100.0(2,542)
1765	82.1	50.8	10.2	1.9	100.0(1,875)
1804	43.7	33.9	22.7	0.3	100.0(2,205)
1867	67.1	18.3	14.4	0.3	100.0(1,998)

이와 같은 연구결과가 나타난 것은 기본적으로 四方博의 신분분석틀을 기초로 하였기 때문이다.

한편, 저자는 정석종의 연구 시기와 지역과 달리, 1684년(숙종 10년)~1885년(고종 22년)간 울산부의 호적조사를 한 결과 호주별 신분변동은 표 6과 같이 나타났다.

<표 6> 울산부 호주의 신분구조와 변동(김영모 조사)

	양반	준양반	중인	양인	천양	천인	노비	과부	기타	합계(호수)
1684년(숙종10)	3.0	2.1	0.4	34.4	1.3	1.3	46.0	7.9	3.4	99.8(465)
1771년(영조47)	2.0	15.1	10.4	30.0	9.2	5.2	8.1	11.8	9.5	99.9(1,535)
1810년(순조10)	0.9	20.4	28.7	26.1	7.7	5.5	1.7	7.0	2.0	100.0(1,375)
1885년(고종22)	1.0	37.4	32.1	12.2		0.2	0.1	16.6	0.2	99.8(2,139)

표 6에서 조선후기 200년간 울산부의 신분변동율을 보면, 양반(품관)호는 약간 감소되었고, 준양반(주로 유학)호가 35.3%나 급증하였으며, 또한 중인도 31.7% 급증하였고 양인과 노비가 각각 22.2%와

45.9%로 급감하였음을 알 수 있었다. 다시 말하면 양인과 노비의 감소가 준양반(유학)과 중인을 증가시켰다고 볼 수 있다.

이러한 신분변화에서 인구의 상승이동 및 신분의 역계층화가 일어나고 있었다.

3) 단성현(丹城縣)

단성현은 서부 경남의 지리산 자락에 위치한 산촌이다. 1678년 단성현에 거주하는 주민은 8,292명이었으나, 1786년에는 13,895명으로 증가하였다.

단성현 인구의 신분구조는 최근 호적조사에 의하여 연구한 결과가 많이 나왔는데 연구자에 따라 차이가 나타나고 있다. 그 주요한 것은 표 7과 같다.

<표 7> 단성현의 신분구조와 변동

	양반		상민		노비		합계	비고
	호수	인구	호수	인구	호수	인구		(조사사)
1606(선조39년)	48.3	18.2	31.6	14.5	18.2	64.4	100.0	한기범
1678(숙종4년)		3.7		40.7		55.6	100.0	박성식
1717(숙종43년)	19.9	12.8	52.5	42.2	27.6	45.1	100.0	김석희
1759(영조35년)		9.2		60.6		30.2	100.0	박성식
1786(정조10년)	32.2	23.4	59.0	50.7	8.8	25.9	100.0	김석희
1786(정조13년)		11.6		68.5		19.9	100.0	박성식

(비고) 단성현 노비는 1717년 솔거 노비가 전체 인구의 23.7%이고, 독립 노비는 21.3%이며, 1786년에는 솔거노비가 19.7%이고, 독립노비는 6.2%이다.

(자료) 1) 한기범의 17세기초 단성현민의 신분구성, 「호서사학」, 제 10집 p.36
2) 박성식의 18세기 단성지방의 사회구조, 「대구사학」, 제 15~16집 p.363
3) 김석희 · 박용숙의 18세기 농촌의 사회구조, 경상도 단성현의 경우, 「부대사학」, 제 81호 pp.35~36

표 7을 보면, 1606년 단성현 호주의 신분은 양반이 전체의 48.3%를 차지하고, 상민이 31.6%이며 노비가 18.2%이다. 그러나, 180년이 지난, 1786년에는 양반과 노비호수가 각각 약 16.1%와 9.4%

가 감소되었고, 상민호수는 27.4%가 증가되었다. 그리고 인구조사에 의한 신분은 양반이 약간 증가되었고, 상민이 54.0%나 증가되었으며, 노비는 44.5%가 감소되었다.

이러한 신분변동은 다른 지역(대구부와 울산부 등)의 경우와는 상당한 차이가 있다. 다른 지역에서는 양반호가 급격히 증가하고 노비가 급속히 감소하였지만, 단성현에서는 상민이 오히려 많이 증가한 것이 특징이다. 그리고 호주와 인구별 신분변동의 차이는 크게 나타나지 않고 있다.

그런데 저자의 신분분류 방법(4신분 7직역)에 의하여 단성현의 신분구조와 변동을 분석한 결과는 표 7과 같다.

표 8에 의하면, 조선 후기 108년간 단성현의 신분변화는 준양반(주로 유학)과 중인 및 양인이 증가되었지만 노비가 30.2%나 감소되었다. 이것을 4신분으로 분류하여 신분변동을 보면, 양반이 5.1%에서 14.3%로 증가하였고, 중인이 2.1%에서 3.1%, 양인이 27.7%에서 41.2%로 증가되었지만, 천민(대부분 노비)은 58.1%에서 27.1%로 감소되었다.

<표 8> 단성현의 신분구조와 변동(김영모 호주조사)

	양반	준양반	중인	양인	천양	천인	노비	과부	부녀	기타	합계(호수)
1678	0.5	5.1	2.1	24.1	3.6	1.7	56.4	1.5	3.2	1.7	99.9(8,292)
1720	1.2	6.8	1.8	31.3	5.4	2.3	44.1		5.6	1.4	99.9(12,164)
1732	1.1	8.9	1.7	31.6	4.1	1.6	43.0	1.0	6.7	0.2	99.9(12,728)
1759	0.6	9.1	2.6	33.6	6.4	1.6	28.2	7.9	9.0	0.7	99.7(14,410)
1786	0.6	13.7	3.1	34.2	7.0	0.9	26.2	0.8	12.2	0.9	99.8(13,895)

이러한 신분변화는 동 시대의 대구부와 울산부 및 언양현의 경우에 비하여 매우 느리게 일어나고 있다. 그리고 호주와 인구별 신분구조를 비교하여 보면, 큰 차이가 나타나지 않으나, 7개의 직역별로 분석하여 보면 구체적 변화를 엿 볼 수 있다.

4) 언양현(彦陽縣)

18세기 언양현의 호구(戶口)는 약 1,230호이다. 이 호구는 19세기에 약간 증가하였다.

언양현 호적조사에 의한 신분 연구는 전술한 바와 같이 김석희와 박용숙이 먼저 발표하였다. 이들의 연구 결과는 언양현의 신분변동은 대구부와 울산부 및 단성현의 경우와 마찬가지로 150여년간 양반이 증가하였고, 노비가 감소된, 신분의 심한 역계층화 현상이 표 9와 같이 나타났다고 한다.

1711년 언양현 양반이 전체 호주의 12.4%이던 것이 1798년에는 53.1%로 증가하였고, 1861년에는 전체 호주의 80.2%로 증가하였지만, 준양반은 1711년의 21.0%가 1798년에는 15.1%, 그리고 1861년에는 4.7%로 감소되었다. 반면에 상민은 1711년에 전체 57.1%가 1798년에 28.6%로 감소되었고, 1861년에는 12.0%로 감소되었다. 그리고 중인은 약간 증가되었지만(1711년의 1.3%가 1861년에 2.8%) 노비는 감소되었다.(1711년의 8.2%가 1861년에 0.3%)[106]

<표 9> 언양현 호주의 신분구조와 변동(김석희 조사)

	양반호	준양반호	중인호	상민호	노비호	합계(호수)
1711년(숙종37)	12.42	20.98	1.34	57.10	8.22	100.0(1,119)
1798년(정조22)	53.11	15.09	2.07	28.63	1.08	100.0(1,205)
1861년(철종12)	80.20	4.68	2.82	12.03	0.26	100.0(1,172)

그런데 저자의 언양현 호주조사에서는 신분의 역계층화 현상이 나타났지만 인구조사에서는 그렇지 않았다는 것을 알 수 있었다. 특

106) 김석희, 18, 19세기 호구의 실태와 신분변동, 「부산대학교 인문논총」, 제 26집, 1984, p.376

히 중인과 역리 및 노비의 신분변화는 호주의 경우처럼 심하지 않았다.

저자가 조사한 1711년 부터 1861년 까지 언양현 호주의 신분 및 직역 변화는 표 10과 같다.

<표 10> 언양현 호주의 신분구조와 변화(김영모 호주조사)

	양반	준양반	중인	양인	천양	천인	노비	기타	합계(실수)
1711년(숙종27)	8.5	20.6	5.4	27.8	11.2	31.1	7.0	6.5	100.0(1,138)
1777년(정조1)	4.4	45.7	4.9	26.1	11.5	15.6	3.0	4.3	100.0(1,249)
1798년(정조22)	3.6	63.4	3.7	17.0	4.8	11.4	1.3	2.2	100.0(1,207)
1861년(철종12)	1.2	83.3	2.7	6.2	0.3	4.1	0.3	1.9	100.0(1,192)

표 10을 보면, 지난 150년간 양반(품관)은 약간 감소되었고, 준양반(유학 등)이 전체 호주의 4배가 증가되었으나, 양인(상민)은 4.5배가 감소되었고, 중인과 천민(노비)도 감소되었다. 다시 말하면 주로 양인과 천민이 급격히 감소하여 준양반화 되었다.

이와 같이 언양현은 다른 지역(대구부, 울산부)과 마찬가지로 신분의 역계층화 현상이 나타나고 있다. 그리고 신분의 변화속도는 가장 빠르다. 그러나 각 시기별 신분구조는 김석희의 조사결과와 상당한 차이가 나타나고 있다. 그것은 신분직역의 분석틀의 차이에서 비롯된다.

이러한 차이가 나타나게 된 것은 김석희가 유학을 양반으로 간주하였지만 저자는 준양반으로 간주하였으며, 또 역리를 전자는 상민으로 간주하였지만, 후자는 천민으로 간주하였다. 그리고 전자는 업무를 준양반으로 간주하였지만, 후자는 중인으로 간주하였기 때문이다.[107)]

107) 김영모, 조선후기 향촌의 신분구조와 그 변동, 「사회정책연구」, 제 44집, 2012, p.11

한편, 인구조사에 의한 언양현의 신분구조와 그 변화를 보면, 다른 지역과는 달리 호주조사의 경우와 상당한 차이가 있다.

18~19세기 언양현 호구는 큰 변화가 없지만, 인구는 다른 지역과 달리 약 80%가 증가되었다. 인구가 많은 것은 신분차이에 의한 가족형태와 출산율의 차이가 있고, 또 동거 비혈족가족(노비, 고공, 협인 등)이 가장 많기 때문이다.

<표 11> 언양현 인구의 신분구조와 변화

	양반	준양반	중인	양인	천양	천민	노비	기타	합계(실수)
1711년(숙종37)	5.4	23.3	4.7	37.2	14.4	15.2		0.1	100.0(1,873)
1777년(정조1)	1.5	29.7	3.3	36.3	24.6	13.6	14.7	0.6	100.0(9,033)
1798년(정조22)	3.1	20.5	2.5	50.0	18.1	11.6	12.1	0.2	100.0(4,025)
1861년(철종12)	2.0	33.9	4.7	38.5	12.5	11.2	9.7		100.0(5,579)

(비고) 1813년과 1858년의 자료는 상남, 중앙, 삼동면의 것임.
(자료) 「언양현 호적대장」에서 재분석함.

언양현 호적대장에 제시된 신분직역별 인구를 재분석한 결과는 표 11과 같다.

150여년간 언양현의 신분직역이 가장 급속히 변화한 것은 준양반인 유학(5.7배), 한량(14.8배), 군관(27배), 교생·원생(6.3배) 등의 증가이다. 반면에 감소된 것은 천역양인, 천민(역리 등)과 노비 등으로 생각하기 쉬우나 실제로 이들의 실수는 크게 변화하지 않고 있다.[108] 다시 말하면 이러한 천직이나 노비 이외 과잉 인구인 유학, 한량, 군관, 업무 등을 모칭한 준양반 등이 많았던 것이다. 따라서 호주상으로는 신분의 역계층화가 일어났지만 인구상으로는 과잉인구의 신분상승이동이 일어 났다.

108) 상게논문, p.16

4. 호적상 신분구조

조선후기 지방사회의 신분구조를 4신분 또는 7신분으로 구별하여 그 변화를 보았지만, 과연 어떠한 신분직역의 변화가 구체적으로 일어나고 있었는 지를 알기 어려웠다. 그래서 저자가 조사한 4개 지역의 신분직역 중에서 변화가 가장 심하게 일어났던 직역을 중심으로 고찰하여 본다.

<표 12> 조선후기 주요 신분직역의 변화

	직역	대구부		울산부		단성현		언양현	
		1684	1870	1684	1885	1678	1784	1711	1861
양반	유관자	1.2	0.1	0.8	2.2	0.8	0.6		
	유품자	3.2	0.7	0.6	0.3	2.2	0.3	6.2	0.9
준양반	유학	4.3	30.7		35.6		35.6	10.0	78.9
	한량·무학	6.1	5.9	1.9	1.4	1.9	1.4	7.9	2.8
	군관	1.1	3.8	0.2	0.1	0.2	0.1		0.2
중인	업무·업유	0.8	2.9		27.1	1.3	2.1	4.0	
	아전	2.1	13.3	0.4	3.5	0.6	0.6	1.1	2.7
양인	양군	6.8	1.5	13.8	10.5	4.2	4.4	7.6	2.8
	양보	9.5	0.6	19.1		2.8	2.5	4.5	
	장인	0.9	2.6	1.3	1.6	1.3	1.6	7.9	
천양	천보	3.3	0.1	1.1		2.0	2.9	6.3	
	수군	0.4	1.1	0.2		0.4	1.5	1.6	
	속오군	0.4	0.8				1.8	0.07	
천민	역리	8.0	5.6	1.3		1.4	0.6	11.2	3.2
	하전	0.3	1.3					1.1	
노비	노비	15.2	2.0	46.7	0.1	56.2	26.2	10.3	0.3
총 호수 또는인구수		2,940호	5,266호	465호	2,139호	8,292명	13,895명	1,138호	1,192호

표 12에서 볼 수 있는 바와 같이 엄격한 양반 개념의 직역은 지역에 따라 차이가 있지만 전체 호수의 약 5% 미만이고, 이것은 1860년대에 올수록 급속히 감소되고 있다. 특히 대구부와 언양현의 경우 유품자가 많다. 그리고 19세기에 급속한 신분변화가 있었다.

그러나, 일반적으로 양반으로 간주되었던 유학호와 한량호들이 1680년대 전체 호수의 약 10% 되던 준양반이 1860년대에는 약 35%가 되었다. 특히 언양의 경우 급속한 신분변화와 유학호가 전체 호수의 78.9%이라는 것은 1960년대 민란과 동학사상에서 볼 수 있는 사민평등사상이 급속히 확산된 결과라고 볼 수 있다.[109)]

지방의 전형적인 중인인 아전(향리)호가 1680년대에 약 1~2%였으나 1869년대에 오히려 증가되었다. 특히 대구부의 경우 급증하였다. 그리고 1680년대 천민인 역리호와 노비호가 1860년대에는 급속히 감소되었으나 그 인구는 그렇지 않았다.

그러면, 이러한 신분지역의 변화된 성격에 대하여 4신분별로 고찰하여 본다.

1) 양반과 준양반

조선 후기에 양반의 법제적 개념은 확대되어 문·무반 뿐만 아니라 생원, 진사 및 유학(사족)까지 포괄하였다. 그러나, 유학의 신분직역이 그간 납속책과 서얼허통, 노비방량, 노비도망 및 민란 등으로 사민평등사상이 확대되었고, 또 많이 모칭, 모록되어 원래 사족(유학)이 가진, 신분직역의 특권(면역 등)이 없는 사민(士民)들이 급증하였다.

양반이라 하였던 유학(幼學)의 법률적 개념(사족)이 호적을 보면, 일반 농민 뿐만 아니라 향리와 역리까지 광범위하게 사용되고 있었다. 이것을 전통적 개념(사족양반)과 구별하기 위하여 저자는 준양반이라는 개념을 호적 분석에서 사용하였다.[110)]

---

109) 언양현 작천정 입구 야산의 큰 바위에 '인내천'(人乃天)이라는 큰 글자가 새겨져 있고, 또한 어릴 때 할머니들이 등에 업은 손자를 보면서 '말탄 놈도 꺼뜩 소탄 놈도 꺼뜩' 하면서 얼리는 사회풍자요를 자주 들었다.

110) '준양반'이란 개념은 오늘날 호적분석에 있어서 광범위하게 사용한다.(김

이에 대하여 일부 사학자들은 기본신분으로서 사용하는 것은 적절하지 못하다고 비판한다.[111] 그러나 호적에 사용된 공인된 신분개념이 대부분 모록된 유학이기에 이것을 사족 또는 품관양반과 구별할 필요성이 있었다. 예컨대 언양현의 경우 유학이 1711년의 1.2%가 1861년에 78.9%가 되었다.

만약 양반의 개념을 품관(유관자 및 유품자)이나 사족(생원, 진사 등)이라 한다면 조선 후기 양반은 5% 미만이 된다. 이 중에서 유관자(有官者)는 1% 이하이고, 유품자(有品者)는 약 6%이다. 유관자는 대구부와 울산부 및 단성현에서 약간 볼 수 있지만 언양현의 경우 유품자가 더욱 많다. 이들은 대부분 납속수직한 품관들이다.

저자는 양반의 대다수를 차지하는 유품자 심지어 유관자까지 거의 대부분 납속수직자라고 생각한다. 알다시피 선조 26년부터 실시된 '납속사목'으로 사족 뿐만 아니라 향리, 서얼들에게 대량으로 납속액(3석~100석)에 따라 1품~9품에 이르는 문반품계를 판매하였고, 헌종 1년의 '납속사목'으로 노직품계(통정대부)와 추증실직(좌랑~참판)과 가설실직 및 서얼허통, 면강(군역면제) 등을 위한 공명첩과 납속첩을 판매하였다.[112]

이러한 납속책이 당대에만 유효하여 그 실익이 없기 때문에 점차 수요가 감소되어 납속액을 인하하면서 까지 대량으로 판매되었다.[113] 따라서 납속품관이 점차 감소되었다.

준형, 전게서, p.12)

111) 김준형, 「조선후기 신분직역 변동연구」, 일조각, 1993, p.13

112) 김영모, 전게논문, pp.70~71

113) 서한교, 영정조 때 납속제도의 실시와 납속부민층의 존재, 「조선사 연구」, 제 1집, 1992, p.320

______, 17,8세기 납속책의 실시와 그 성과, 「역사교육논집」, 제 15집, p.149, 153, 159

______, 조선현종·숙종대의 납속제도와 그 기능, 「대구사학」, 제 45집,

조선시대 납속책으로 말미암아 지방의 부유한 사족이나 향리, 심지어 역리까지 가선대부, 통정대부, 절충장군, 통덕랑, 장사랑, 종사랑 등의 품계를 가진 자가 많았다. 이러한 양반품관들이 언양현의 호적조사에서 1711년 전체의 6.2%(71호에 96명)가 되었고, 소위 명문씨족(8대 향반)의 가계조사에서도 많이 있었다.

이러한 납속품관이 다른 지역의 호적조사에서도 많이 밝혀진 것을 보면, 조선 후기 지방의 명문양반들은 대부분 납속품관들이라 볼 수 있다.

한편, 이준구는 준양반의 대부분을 차지하는 유학(幼學)을 미사(未仕)의 유생(사족)이고 법제상으로 양반이라고 한다. 유학을 제도상(정책상)으로나 사회적 지위로나 경제적 기반으로 보았을 때 신분이 저하된 준양반이 아니라 분명한 양반직역이라고 하였다.[114] 그러나, 최승희는 장적에서 16, 17세기의 유학과 18, 19세기의 유학을 같은 뜻으로 보는 것은 잘못된 것이라 한다. 그는 18, 19세기에 이르면 장적의 직역기재가 형식화 되어 가면서 특별한 직업(문무관원, 군관, 향리 등)이 없는 사람(양반~양인)들이 관의 묵인 아래 유학을 직역으로 쓰게 되었고, 따라서 유학은 그 이전과 신분적 의미가 변해 버린 것이라고 하였다.[115] 그렇다면 조선 후기의 유학을 달리 표현하여야 한다.

여기에서 이준구가 지적한 바와 같이 유학이 분명한 양반이라고 한다면 조선 후기에 전체 호구 및 인구의 3할 이상되는 유학(대부분 농민)이 과연 품관양반 처럼 군역 면제, 과거응시, 향안입적 등 사회적, 정치적 특권을 누릴수 있었는지 의문이 간다.

1993, p.6, 48

문수홍, 「조선시대 납속제에 관한 연구」, 성균관대 박사학위 논문, 1985

114) 이준구, 「조선후기 신분직역 변동연구」, 일조각, 1993, pp.142, 147, 159

115) 최승희, 전게서, p.61

한편, 최승희는 18, 19세기에 장적의 직역기재가 형식화 되어 관의 묵인 아래 유학의 신분직역을 가지게 되었는데 그 이전에는 그러한 일이 없었는지, 그리고 과연 관의 묵인아래 광범위 하게 모칭, 모록이 가능한지 의문이 간다. 물론 호적단사에 의한 신고로 모칭, 모록의 가능성이 있지만, 이것은 오히려 일반 양인의 사회경제적 지위의 향상 등으로 중인, 양인, 천민의 신분상승이동을 의미하는 것이라고 생각한다. 표 12에서 언양현의 경우를 보면, 지난 150년간 유학호가 7.8배 증가되었고, 또 유학 인구가 5.7배 증가된 것을 보면 모칭, 모록이 대단히 심하였다는 것을 짐작할 수 있다. 또한 대구부와 울산부 및 단성현의 경우 전체 호수의 3할 정도 차지하는 것을 보면 중인과 양인 및 천민의 신분상승에서 비롯된 것 같다.

2) 중인과 향리 및 군관

중인은 양반 다음 가는 신분으로 중앙에는 잡직(의역주율의 기술직)과 록사·서리(경 아전) 및 향리(지방 아전), 그리고 군교(액예, 장관, 장교) 및 군관(무과급제 후 미사자인 출신과 응거하지 않은 한량) 등이 있었다.

조선 후기 지방의 대표적인 중인은 향리(아전)이지만 무관의 중간계층은 군관들이다. 향리들은 좌수, 안일호장, 기관, 공생, 가리 등의 신분직역을 지니고 장교들은 군관(출신과 한량)을 비롯하여 별무사, 선무사 등이 있었다. 군관과 별무사들은 조선 후기에 무과에 많이 급제하면서 무반행사를 하였다. 그러나, 향리들은 지방관아의 수령 밑에서 일정한 급료도 없으면서 막강한 실권을 행사하고 지방의 세력을 형성하였다.

그리고 향리들은 소수의 성씨족을 중심으로 신분세습이 일어나고 있다. 이러한 신분세습은 자기 고을 뿐만 아니라 이웃 고을(경주 읍)의 향리와 통혼하면서 지방의 큰 세력을 형성하였다.

경주읍의 경우 호장의 4조는 대개 호장, 기관 등 상층 향리 출신이었다. 이러한 현상은 몇몇 토성 이족이 향리의 상층부인 호장세계를 독점하였다는 것을 의미한다. 이는 한 가문내 조부자손에 걸쳐 호장직이 세습되는 것은 물론, 형제숙질도 모두 향리세계에 포열되어 있었고, 그들의 자녀혼취도 호장직을 세습하는 토성 이족끼리 하였다.[116]

이러한 향리(아전)들은 조선 후기에 올수록 전체 호구 및 인구의 비율이 증가 되었고, 또 그 실수도 많이 증가하였다. 대구부의 경우 1684년 전체 호수의 2.1%가 1870년대에는 13.3%로 증가되었고, 울산부의 경우 3.1% 증가되었으며, 언양현의 경우 1.6%가 증가되었다. 단성현의 경우 증가율은 같지만 그 실수(인구)는 1.7배가 된다. 그리고 지방에는 업무・업유도 크게 증가하였다.

이와 같이 향리가 증가된 것은 신분세습성이 매우 강하고,[117] 신분내혼율과 출산율이 높아서 나타난 현상이다. 더욱이 50세가 넘은 아전(기관 또는 공생) 출신은 안일호장이 되고, 이들은 유학 뿐만 아니라 종사랑 또는 장사랑의 하위 품계를 많이 지니고 있다. 이들은 대부분 권세를 이용한 납속품관인 것 같다.

3) 양인과 천역양인

조선 초기에는 양인(良人)이 양반, 중인, 상민을 포괄하고 천인(賤人)과의 대립적인 개념이었으나 조선 후기의 양인은 노비와 함께

---

116) 이수근, 조선조의 향리의 일 연구-호장에 대하여,「문리대학보」통권 3호, 영남대학교, 1974, p.15
이훈상,「조선후기의 향리」, 일조각, 1990, 제 2장 참조

117) 김영모, 전게논문, pp.28, 52~56

농·상·공에 종사하는 생산적 신분층이었다. 이러한 신분은 호적상 실역을 담당하는 군정(軍丁), 즉 정병, 보병, 기병 등이 있고 실역 대신 비용을 부담하는 보인(保人), 즉 보보(步保), 마보, 포보 등이 있다.

이러한 양역 이외 양례(良隷), 라장, 일수, 수군, 봉군, 억보와 같은 천역에 종사하는 신양역천이 있었다.[118]

이러한 신분직역은 표 3~6에서 볼 수 있는 바와 같이 조선 말기에 올수록 양인이 급속히 감소되어 대부분 준양반(유학)과 중간 계층(아전, 군교)의 신분으로 상승이동 하였다. 예컨대 대구부의 양인(상민)호는 186년간 12.7% 감소하였고 울산부의 경우 201년간 22.2% 감소하였으며 언양현의 경우 150년간 21.6% 감소하였다. 그러나 천역양인은 약간 증가하고 있는데 이들은 천민에서 신분상승이동을 한 것 같다.

4) 천민과 노비

천민은 역리와 노비를 말한다. 역리는 과거 향리였으나「속대전」 편찬 이후에는 법률상 공천이 되었다.

역리호는 조선 후기에 많이 감소하였다. 그러나 언양현의 경우를 보면, 역리호는 1711년의 111호가 1861년에 38호로 감소하였지만 역리 인구는 270명에서 543명으로 약 2배가 증가되었다. 이러한 현상은 역리는 노비와 마찬가지로 신분 세습성과 종모·부법 그리고 역둔토가 있어서 나타난 현상인 것 같다. 그리하여 역리촌이 점차 확대되었고, 이들 중에 노직, 납속품관의 소유자가 더러 있다.[119]

이와 같이 양반 이외의 신분직역에서 노비, 고공, 협인을 소유하고 이들의 조상 중에서 납속품관, 노직 등이 많이 있는 것을 보아 점

118) 이상백, 전게서, pp.314~315
119) 김영모, 전게논문, pp.58~62

차 생산력의 발달로 신분의 혼유현상과 상승이동이 일어나고 있다.

한편, 노비는 관아의 관노비와 향교의 공노비, 그리고 사가(私家)의 사노비가 있는데 특히 사노비는 개인의 소유물로 매매가 가능하였고, 또 상속이 가능하였다. 이들은 노주(奴主)에게 인격적으로나 신분적으로 예속되어 무상노동을 제공한다. 이러한 천민들의 신분은 신분내혼제에 의하여 세습되었고, 또 양천상혼시 종모·부법에 의하여 신분이 결정되었다.120)

조선 후기에 이러한 천민과 노비들의 신분변화가 가장 심하였다. 1684년 대구부 호주의 50.9%가 노비였고, 울산부 호주의 40.6%, 그리고 단성현 인구의 55.6%가 노비이다. 이것을 보면, 노비는 17세기 후반에 전체 호주 또는 인구의 약 50% 이상이 될 것이다.

이와 같이 많은 노비가 19세기 후반에 오면서 급감하였다. 대구의 노비호는 186년간 35.4%가 감소되었고, 울산부의 경우 200년간 45.9%나 감소되었으며, 언양현의 경우 18세기 이전에 많이 감소되어 그 이후 150년간 6.1%로 감소되었다. 그런데 노비호수는 급감하였으나 노비수는 그렇지 않았다. 특히 관노비와 솔거노비의 감소는 심하지 않고 외거노비의 경우는 대단히 심하였다.

그러면, 1727년 대구부와 상주목의 신분직역별 노비소유형태를 본다.

양반 중에서 노비소유율이 가장 높은 직역은 전 문관과 생원, 진사이고(각각 100%) 그 다음은 유학(87.3%)과 양반과부(84.6%) 및 현 무관(78.9%)이다. 그 밖에 현 문관(65.7%)과 한량(61.5%)도 노비소유율이 높으며 중인의 아전(50.4%)과 업무, 업유(40.3%) 및 선무, 별무사(42.3%), 그리고 관노(42.4%)의 노비소유율도 높은 편이다. 관노가 노비를 소유하는

120) 김영모, 「한국사회계층연구」, 일조각,1982 / 고헌, 2005, pp.102~106
지승종, 「조선전기 노비신분연구」, 일조각, 1995, 제 1장 참조.

경우는 모두 영노이고 이들의 조상은 유관양반이 많다.

이러한 노비의 소유형태에 대한 신분별 분석을 보면, 역시 양반의 노비소유율이 높아서 6할 이상이 되고, 중인의 경우 절반이 되며 양인의 경우 1할 이상이 소유하며 과부의 경우는 2.6할이 된다. 양반과 중인의 노비소유형태는 솔거 또는 외거의 경우 보다도 오히려 이러한 형태가 중복된 비율이 높다. 그러나 양인, 천인 및 노비의 경우는 고공이 가장 많다.

이러한 것을 보면, 종래 양반(사족)만이 노비를 소유하지 않았으며, 조선 후기에는 노비가 노비를 소유할 정도로 모든 신분층에서 노비를 소유하고 있었지만 그 소유주는 신분에 따라 달랐다. 물론 양반이 많이 소유하였고, 노비소유의 노비는 공천(영노)이 대부분이다. 이것은 반·상·천의 신분개념이 불평등을 나타내지만 그것은 대립적 개념이 매우 약화되었음을 의미한다.[121]

그리고 1710년대 단성현과 언양현 노비소유주의 신분별 구성을 보면, 단성현의 양반이 69.2%를 소유하고, 언양현의 양반은 65.8%를 소유하며, 준양반은 단성현이 10.1%, 언양현이 15.2%를 소유한다. 그리고 중인은 단성현이 3.7%, 언양현이 1.6%를 소유하고, 상민의 경우 단성현이 13.9%, 언양현이 15.6%를 소유하며 나머지는 천민이 각각 3.1%와 1.9%를 소유하고 있다. 그런데 후기에 올수록 양반의 노비소유율이 높아지고 있다.[122]

이것을 보면, 조선후기에는 반·상·천이 모두 노비를 소유하고 있지만 그래도 신분차이에 따라 노비소유수가 달랐다. 이것은 노비노동에 의존하는 신분별 경제력의 차이, 즉 계급적 지위를 보여주고 있다.

121) 김영모, 전게서, p.86
122) 박용숙, 「조선후기 향촌사회 연구」, 경북대학교 박사학위논문, 1986, p.89

5. 결 론

조선왕조 후기의 신분구조와 변동은 법제적 측면에서도 찾아 볼 수 있지만 지방의 호적조사에서도 발견할 수 있다. 특히 호적조사에서는 소수의 양반과 다수의 상민 및 노비들의 신분상승과 역계층화 현상이 광범위하게 일어났다. 그리고 양반과 중인 및 역리들은 신분 직역에 따라 노비노동에 의존한 경제력의 차이가 나타나고, 점차 신분차이에 따른 계급적 지위 달라져서 자위책으로 동족부락을 형성하여 집안간 제사공동체를 형성하였다.

이러한 신분의 상승이동과 역계층화 현상은 중앙정부의 매관매직(공명첩 및 납속첩 발매)과 지방 향리의 토색질 등으로 민심이 이반되어 많은 민란과 노비 도망 등이 매우 심하였다.

조선 후기의 신분구조는 전쟁과 진휼을 위하여 공명첩과 납속첩을 광범위하게 발매하여 지방 양반(호족)들과 향리(아전 및 군관 등)에게 품관을 주어 이들을 체제내화 시키고, 동시에 이것은 조세의 수취권을 지닌 향리들을 강화시켜 지방의 지배신분(수령, 아전, 향반, 토호)과 피지배신분(양인, 천양, 천민, 노비)간의 사회적 갈등을 심화시켰다. 생산수단이 없는 농민, 특히 천민과 노비 및 고공들은 조선말기까지 주호에 기탁하면서 반・상・천의 신분관계를 유지하였다.

조선왕조는 중앙집권적 관료체제였기 때문에 왕실과 관료지배층이 통혼권(신분내혼제)을 통하여 모든 권력을 독점하였고, 지방의 수령과 향리들은 그들의 하수인이었다. 이들은 지방의 양반(사족)과 토호(지주부농)들과 공생하면서 주로 농업에 종사하는 생산적 신분인 양인(상민)과 노비들을 착취하였다.

그리하여 지방의 신분관계, 즉 반상천의 지배 종속관계는 사회적 갈등을 심화시키고, 마침내 이들은 민란과 노비도망 등으로 신분해방을 갈구하였다. 종래 양반관료의 통치이념인 성리학(유학)에 저항하는 동학사상이 광범위하게 나타나게 된 것이다. 종래 노비노동 중심의 주종적 생산관계는 점차 고공, 협호 중심의 준세약직 생신관계로 전환되고, 마침내 신분의 상승이동과 역계층화 현상이 광범위 하게 일어났다.

제 4장 조선후기 언양현의 신분구조와 변동

1. 서 론

1) 연구목적

조선 후기 신분구조와 그 변동을 알기 위하여 규장각에 소장되어 있는 대구부, 울산부, 상주목, 단성현의 장적(호적)을 이미 조사, 분석한 적이 있다. 이들 호적을 분석한 결과 조선 후기사회의 신분 역계층화 현상이 광범위하게 일어났음을 발견할 수 있었다.

이러한 신분변화는 임진왜란과 병자호란 이후에 시작되어 영조 이후에 급속히 전개되어 개항 이전에 신분의 역계층화 현상이 거의 완료되었다. 이러한 신분변화는 각 지역에 따라 차이가 있다. 대구부의 경우는 지난 200여년간 양반이 19.4%에서 42.5%로 증가되었고, 중인의 경우는 3.1%에서 16.6%로 증가되었으며, 반면에 양인은 24.8%에서 16.0%로 감소되었고, 천민은 47.9%에서 13.0%로 감소되었다. 그리고 단성현의 경우는 지난 100년간 양반이 5.6%에서 10.0%로 증가되었고 중인은 2.1%에서 1.7%로 감소되었으며, 반면에 양인은 19.8%에서 35.7%로 증가되었고, 천인은 58.1%에서 44.6%로 감소되었다. 또한 울산부의 경우도 대구부의 경우와 매우 유사하다.123)

123) 김영모, 조선후기의 신분구조와 그 변동, 「동방학지」, 제 29집, 연세대 국학연구원, 1981

이와 같은 신분변화가 산촌인 언양현[124]에서 지난 150여년전 150년간 어떻게 일어나고, 또한 신분구조화가 어떻게 진행되고 있었는지를 알고 싶었다. 특히 다른 지방에 비하여 납속, 또는 노직인 가선대부, 통정대부(중추부 동지사), 절충장군(용양위 부호군), 통덕랑 등과 같은 높은 품계가 많고, 또 유학, 향리, 한량, 업무 및 역리와 같은 신분 직역이 대단히 많다. 이러한 신분집단, 특히 명문 씨족과 향리가 어떻게 형성되었고, 사회신분적 특성이 무엇인지를 알고 싶었다. 나아가 정부의 신분정책에 따라 향촌에서 어떠한 새로운 신분(계급) 관계가 나타났는지를 고찰하려고 한다.

한편, 언양현 호적의 신분을 연구한 김석희 교수의 분석틀이 저자의 것과 약간 상이하였고, 더욱이 1711년의 호적분석 결과에서 역리가 많이 나타났는데도 그 직역이 없는 것을 보고서 다시금 조사해야겠다는 생각을 갖게 되었다.

2) 연구대상

저자는 1970년대 상기한 지역(부, 목, 현)의 호적을 분석하면서 고향인 언양현의 호적대장이 향교에 있다는 것을 선친으로부터 듣고 알고 있었다. 오랜 후 이것을 조사하려고 알아 보았더니 울주군청 공보실을 비롯하여 여러 곳에 보관되어 있다는 것을 확인하였으나, 각 시기별로 완질을 구하기 어려워서 복사한 후 분석을 미루었다.

그 후 부산대학교 사학과 김석희 교수와 박용숙 교수가 언양 호

김영모, 「한국사회계층연구」, 일조각, 1982, 고헌, 2005 재록

124) 언양현은 동쪽으로 울산경계가 19리이고, 남쪽으로 양산경계가 21리, 서쪽으로 청도 경계가 31리, 밀양경계가 31리이며, 북쪽으로 경주경계가 13리이다. 그리고 서쪽으로 서울이 847리인데 9일 정도 걸리며, 서쪽으로 1일반 걸리는 150리에 감영이 있고, 동쪽에 반일 걸리는 50리에 병영, 그리고 하루 걸리는 110리에 수영이 있다.(「彦陽本縣誌」, 1876)

적의 3시기(1711년, 1798년, 1861년)를 분석하여 논문을 발표하였고, 또한 영인본을 발간하였다.[125] 그리고 부산교회사연구소 손숙경과 이훈상 교수는 1777년 언양현 호적대장을 소개하였다.[126]

<표 1> 언양현 호적대장의 연도별 조사지역

조사연도	왕조	조사지역(면)	호수	인구	연구자
1711	숙종 37년	상북, 중북, 하북, 상남, 중남, 삼동	1,232		김석희 · 박용숙
1777	정조 1년	상북, 중북, 하북, 상남, 중남, 삼동	1,215	8,983	김영모
1795	정조 19년	상북, 중북, 하북	633	4,908	김영모
1798	정조 22년	상북, 중북, 하북, 삼남, 중남, 삼동	1,224	10,200	김석희 · 박용숙
1813	순조 13년	상남, 중남, 삼동	614	5,515	김영모
1825	순조 25년	상북, 중북, 하북	310	2,547	김영모
1858	철종 9년	상남, 중남, 삼동	209	1,182	김영모
1861	철종 12년	상북, 중북, 하북, 상남 중남, 삼동	1,224	11,375	김석희 · 박용숙

(비고) 언양현의 호수와 인구수는 시기별 '언양현 호적대장'에서 인용함.
(참고) 대체로 언양현의 상북면과 중북면은 오늘날 언양면(읍)이고, 하북면과 상남면은 오늘날 상북면이며, 중남면은 오늘날 삼남면, 그리고 하남면은 오늘날 삼동면에 해당한다.

최근 지자는 김석희 교수 등이 분석한 3시기 뿐만 아니라 아직 분석하지 않았던 1777년의 호적대장과 비록 같은 해 호적의 전질이 없어도 모두 조사하기로 하였다. 그리하여 1777년 언양현 호적대장(전질)과 1795년(상북, 중북, 하북), 1813년(상남, 중남, 삼동), 1825년(상북,

---

125) 부산대학교 한국문화연구소, 「慶尙道 彦陽縣 戶籍大帳」 1998을 간행함.
김석희, 조선후기 경상도 언양현 호적대장에 관하여, 「부대사학」, 제 7집, 부산대학교 사학회, 1983
_____, 18,19세기 호구의 실태와 신분변동, 「인문논총」, 제 26집, 부산대학교, 1984
박용숙, 18,19세기의 고공-언양현 호적분석, 「부대사학」, 제 7집, 1983
_____, 「조선후기 향촌사회연구」, 경북대 대학원 박사학위논문, 1986

126) 손숙경, · 이훈상 편저, 「조선후기 언양의 향반 창녕 성씨 가문과 천주교 수용자들, 그리고 이에 관한 고문서」,(부록 언양현 정유식 호적대장), 부산교회사연구소, 1999

중북, 하북), 1858년(상남, 중남, 삼동)의 호적대장을 분석하였다.[127]

언양현 호적대장의 시기별 조사지역(면, 리)과 연구자는 표 1과 같다.

3) 연구방법

본 연구는 언양현 호적대장을 주로 신분구조와 그 변동, 그리고 명문 씨족의 가계를 분석하여 고찰한다. 신분구조와 변동은 1711년부터 1861년 까지 표 1과 같이 현존 호적을 전수 조사하여 그들의 호주와 인구의 신분직역에 대한 통계적 분석을 저자가 만든 신분분석틀(표 2)을 이용하여 행한다. 그리고 명문 씨족(11개)의 가계 분석은 그들의 호적과 족보에 나타난 신분직역과 통혼씨족 및 소유노비, 고공, 협인수를 파악하여 그려 본다.

언양현 호적대장은 조선 후기의 것이라서 당시의 사회적 혼란, 특히 신분상 문란이 심하였지만, 호적의 본래 기능(군역과 징세 등)을 수행하기 위하여 비교적 호주의 처와 자녀, 그리고 외척과 처족의 4조에 대한 본관, 연령, 직역, 소유노비, 고공 및 협인 등에 관한 기록을 자세히 밝히고 있다. 그래서 이에 대한 사회학적 분석, 특히 직역, 씨족, 통혼권, 신분배경 등을 알아 본다.

일반적으로 호적(또는 장적) 분석을 통합하여 조선시대의 신분구조를 3신분(양반, 상민, 노비) 또는 4신분(양반, 중인, 상민, 천민)으로 구분하고, 이것을 파악하기 위한 신분직역을 다양하게 제시하고 있다.[128]

---

127) 언양현은 6개의 면으로 구성되어 있다. 태화강 상류에서 고헌산이 있는 강의 우측에 상북면(현청 소재), 중북면, 하북면이 있고, 간월산이 있는 강의 좌측에 상남면, 중남면, 삼동면이 있다.

128) 학자들이 사용한 신분(직역) 분석틀은 그들이 연구한 신분 또는 직역의 연구결과에서 찾아볼 수 있다.
이준구, 「조선후기 신분직역변동 연구」, 일조각, 1993, 제 1장 참조.

<표 2> 신분별 직역의 분석틀

신분	직역		
兩班(양반)	嘉善大夫(가선) 通政大夫(통정) 通訓大夫(통훈)	通德郎(통덕랑) 承仕郎(승사랑) 從仕郎(종사랑)	將仕郎(장사랑)
	折衝將軍(절충) 御侮將軍(어매)	秉節校尉(병절) 展力副尉(전력)	勵節校尉(여절)
	進士(진사)	及第(급제)	
	寡婦(과부)		
	기타 미상		
準兩班(준양반)	幼學(유학)	童蒙(동몽)	
	校生(교생) 院生(원생)	衛所屬(위소속) 軍官(군관)	
	閑良(한량) 武學(무학) 出身(출신)	都訓導(도훈도) 別武士(별무사) 選武士(선무사)	
	寡婦(과부)	기타 미상	
中人(중인)	業武(업무)	業儒(업유)	
	安逸戶長(안일호장)	記官(기관)	
	假吏(가리)	書員(서원)	
	貢生(공생)	小童(소동)	
	有司(유사)	醫生(의생) 律生(율생)	
良人(양인)	良人(양인) 御營軍(어영군) 禁衛軍(금위군) 主鎭軍(주진군)	別隊(별대) 正兵(정병)	
	保人(보인)		
	匠人(장인)		
	寡婦(과부)		
	기타 미상		
賤役良人(천역양인)	硫黃軍(유황군)	水鎭軍(수진군)	
	禁保(금보)	烽軍(봉군)	
	水軍(수군)	束伍軍(속오)	
	기타 미상		
賤人(천인)	驛吏(역리)	馬丁(마정)	
	卜典(하전)	餘丁(여정)	
	문서直(직)	使令(사령)	
	巫俗(무속)		
奴婢(노비)	私婢(사비)	私奴(사노)	
	官奴(관노)	官婢(관비)	
	校奴(교노)	院奴(원노)	
기타	老除(노제) 盲人(맹인) 病人(병인)	居士(거사) 기타 · 미상	

저자는 이미 대구부, 상주목 등의 호적 분석을 위한 틀을 소개하였지만129), 본 고에서 사용하는 언양현 호적대장의 분석틀은 그것을 약간 수정하였다. 수정하게 된 것은 지방별 신분구조와 직역이 매우 다양하고, 그 구성비율의 차이가 많이 나타났기 때문이다. 예컨대 언양현의 경우 전·현직 품관 양반이 적고 한량과 업무, 역리와 장인(匠人) 등이 많으며, 또한 서울과 대도시에서 거의 볼 수 없는 하급 품계(특히 참하관)의 각종 교위와 부위 및 랑, 그리고 향청, 작청, 군관청 및 위(衛)소속자 등이 많았기 때문이다. 그러나, 언양현의 신분은 종전과 마찬가지로 양반, 준양반, 중인, 양인, 천역양인, 천인, 노비, 기타 등으로 구분하였다. 각 신분의 주요한 직역은 표 2와 같이 단순화 하였다.

조선 후기의 신분구조를 기본적으로 4신분으로 나누는 것이 타당하다고 본다. 다만 7개의 신분으로 분류한 것은 조사의 편의성 때문이다. 조선 후기에는 가장 혼란된 신분직역이 많아서 전·현직 품관소유자와 같이 양반으로 동일시 하기 어려웠고, 또 증가된 신분직역, 즉 유학, 한량, 업무, 역리, 노비 등을 분간할 필요성이 있었기 때문이다.

조선 후기의 신분연구는 기본적으로 가족, 즉 호주를 분석 단위로 하는 것이 타당하다고 본다. 그런데 조선 후기에 탈빈곤, 면역 등을 위하여 기존 호구에 기탁하는 자가 많아서 그 타당성의 문제가 있다. 그리하여 관아에서 조사한 인구의 직역을 저자의 신분분석틀에 의하여 재분석하여 보았다. 행정조사가 집계상의 차이가 많으나 가구(호주) 중심의 신분구조를 이해하는데 큰 도움이 될 것이다.

129) 김영모, 「한국사회계층연구」, 일조각, pp.35~36, 표 1~6(대구부), 표 1~8(울산부), 표 1~10(상주목), 표 1~11(단성현) 참고.

2. 시기별 신분변동

1) 호주분석에 의한 신분직역

18세기 언양현의 호구(戶口)는 약 1,230호이다. 이 호구는 19세기에 약간 증가하였다. 언양현의 호구 수가 다른 지방에 비하여 더 많은 것은 고공 및 협인 등이 주호(主戶)에 의탁한 경우가 많기 때문이다.

언양현 호적조사에 의한 신분 연구는 전술한 바와 같이 김석희와 박용숙이 먼저 발표하였다. 이들의 연구 결과는 언양현의 신분변동은 대구부와 울산부 및 단성현의 경우와 미찬가지로 150여년간 양반이 증가되었고 노비가 감소된, 신분의 심한 역계층화 현상이 나타났다고 한다.

1711년 언양현의 양반은 전체 호주의 12.4%이던 것이 1798년에는 53.1%로 증가되었고, 1861년에는 전체 호주의 80.2%라고 증가하였지만 준양반은 1711년의 21.0%가 1798년에는 15.1%, 그리고 1861년에는 4.7%로 감소되었다. 반면에 상민은 1711년 전체 57.1%가 1798년에 28.6%로 감소되었고, 1861년에는 12.0%로 감소되었다. 그리고 중인은 약간 증가되었지만(1711년의 1.3%가 1861년에 2.8%) 노비는 감소되었다.(1711년의 8.2%가 1861년에 0.3%)[130)]

그런데 저자의 언양현 호주조사에서도 신분의 역계층화 현상이 나타나지만 인구조사에서는 그렇지 않다는 것이다. 특히 중인과 역

130) 김석희, 18, 19세기 호구의 실태와 신분변동, 「부산대학교 인문논총」, 제 26집, 1984, p.376

리 및 노비의 신분변화는 호주의 분석처럼 심하지 않았다.

<표 3> 언양현 호주의 시기별 신분구조

신분	직역	1711년	1777년	1795년	1798년	1813년	1825년	1858년	1861년
兩班	嘉善大夫	10	17	6	8	5	1		1
	通政大夫	33	7	1	5	1	1		2
	折衝將軍	13	7	14	12	1	1		3
	御侮將軍	1	2						
	通德郎	6	3	3	6	3	3		2
	勵節校尉								
	秉節校尉	1	2	1	3	1			
	展力副尉	5	2	3	3				
	將仕郎	2	4	1	1	1		2	2
	承仕郎		1	1					
	從仕郎		3		1		1		1
	進士			1	1				
	及第	1						2	
	寡婦	5	2	3	4				1
	기타 미상	20	5			2	2	2	2
	소계	97(8.5)	55(4.4)	34(5.5)	44(3.6)	14(2.3)	9(2.8)	6(1.0)	14(1.2)
準兩班	幼學	114	415	283	607	355	150	494	940
	校生	4	1					1	2
	院生				1				1
	童蒙				3			4	8
	閑良	1	73	66	95	29	53	14	33
	武學	89	3	2	3				
	出身	3	3	2	3		2	1	
	衛所屬	22	43	7	16	3	2	1	3
	軍官		17	13	27	9	2	3	1
	都訓導	1	4	1	1		1		
	別武士		3	1	1		1		2
	選武士		2	2	6	1			
	寡婦		2		2				
	기타 미상		5	4					3
	소계	234(20.6)	571(45.7)	381(61.7)	765(63.4)	397(65.7)	211(66.6)	518(82.9)	993(83.3)

신분	직역	1711년	1777년	1795년	1798년	1813년	1825년	1858년	1861년
中人	業武	43	35	13	13	1			
	業儒	2	3						
	安逸戶長		3	2	1	1	7		5
	記官	1	5	8	12		8		19
	假吏	1		2	3		2		
	貢生	11	6	9	5		15		8
	有司		2		1				
	書員		4	2	4		1		
	小童				1				
	律生・醫生	2	2	1	2				
	기타 미상	2		1	2	1		1	
	소계	62(5.4)	60(4.8)	38(6.1)	44(2.6)	3(0.5)	33(10.4)	1(0.2)	32(2.7)
良人	良人	15	19	2	3	1	1	3	2
	御營軍	35	40	17	24	7	2	7	14
	禁衛軍	47	37	15	36	18	4	6	17
	主鎭軍	5	18	2	5	1	1	1	4
	別隊	9	12	21	48	25	10	24	36
	正兵	21	2						1
	保人	30		1					
	匠人	90	17	4	12				
	寡婦	16	5	5	5	2	1	1	
	기타 미상	47	7		5		1	1	1
	소계	316(27.8)	179(14.3)	67(10.8)	138(11.4)	54(8.9)	20(6.3)	45(7.2)	75(6.3)
賤役良人	硫黃軍	9	5			4			
	禁保	46	29		8		2		1
	水軍	18	54	14	25	5	1	1	
	束伍軍	8	13	3	8	8		2	1
	水鎭軍		2	1					
	烽軍	17	19	7	12	4	3		1
	기타 미상	30	22	3	5	6	1		1
	소계	128(11.2)	144(11.5)	31(5.0)	58(4.8)	27(4.5)	7(2.2)	3(0.5)	4(0.3)
賤人	驛吏	128	130	23	104	96	13	34	38
	下典	8	3	3			1	1	
	馬丁		21					2	
	餘丁		1						
	문서直	5	1	2	2			2	6
	使令	3	13	5	6		5		1
	巫俗			2	2		2		
	기타 미상	3	2	1	1				2
	소계	147(12.9)	149(11.9)	36(5.8)	115(9.5)	96(15.9)	21(6.6)	37(5.9)	47(3.9)

신분	직역	1711년	1777년	1795년	1798년	1813년	1825년	1858년	1861년
奴婢	私婢	4	4	1					
	私奴	56	4		2				1
	官奴	11	10	10	11		10		
	官婢	4	3	2	2		1		2
	校奴	5	11	1	1	2			1
	院奴		5						
	소계	80(7.0)	37(3.0)	14(2.3)	16(1.3)	2(0.3)	11(3.5)		4(0.3)
기타	老除	11	24	10	20	10	5	15	13
	盲人	1				1			
	病人	23	2	1	1				
	居士								
	기타·미상	40	29	6	6				10
	소계	74(6.5)	54(4.3)	17(2.8)	27(2.2)	11(1.8)	5(1.6)	15(2.4)	23(1.9)
합계		1138 (100.0)	1249 (100.0)	618 (100.0)	1207 (100.0)	604 (100.0)	317 (100.0)	625 (100.0)	1192 (100.0)

(비고) 1) 1795년과 1825년의 호적조사는 천북 3면(상북면, 중북면, 하북면)의 것임.
2) 1813년과 1858년의 호적조사는 천남 3면(상남면, 중남면, 삼동면)의 것임.
3) 1711년 기타의 기타·미상인 102호는 파손된 것임.
(자료) 「언양현 호적대장」 각 연도

1711년 부터 1861년 까지 언양현 호주의 신분 및 직역 변화는 표 3과 같다.

저자의 조사 결과에서 언양현의 신분구조가 지난 150년간 양반이 많이 감소되었고(8.5%→1.2%) 오히려 준양반이 급격히 증가하였다.(20.6%→83.3%) 그러나 중인은 약간 감소하였고,(5.5%→2.7%) 양인과 천역양인도 많이 감소되었으며(전자는 26.8%→6.3%, 후자는 11.9%→0.3%) 또한 천인과 노비도 많이 감소되었다.(전자는 12.9%→3.9%, 후자는 7.0%→0.3%)

이와 같이 준양반이 많이 증가하고 중인과 양인 및 천인이 감소된 것은 대구부와 울산부 등에서도 마찬가지이다. 이러한 지역의 신분구조와 변동에서 알 수 있는 것은 무엇 보다도 양반 및 중인의 현저한 증가와 양인 및 천민의 현저한 감소를 지적할 수 있다. 이것은 양인의 양반화 또는 천민의 양인화가 지배적이었음을 말한다. 물론 천민의 양반화 및 중인화 그리고 양반의 중인화 및 양인화도 볼 수 있다. 특히 양인과 천민의 양반화는 경제적으로 양반 및 관료가 모든 국역부담에서 면제 되었고, 중인 · 양인 · 천민 · 노비 등이 여러 가지 세부와 군역의 중과에 허덕이게 되었기 때문에 이러한 중과에서 벗어나기 위하여서는 불가피한 것이었다. 즉 양반 및 관료의 신분을 취득하는 것이 유일한 방법이었고 이러한 현상이 심하면 심할수록 양인과 천민의 부담이 가중되었기 때문에 신분해체는 가속적으로 진행되었던 것이다.

이러한 신분의 역계층화는 조선중기, 특히 민란과 병란 이후에 민력의 피폐와 국가재정이 궁핍되었고, 이로 말미암아 「납속사목」에 의하여 합법적 신분변경이 가능하였다. 그래서 호적상 양반 뿐만 아니라 중인과 천민(역리 등)에 이르기 까지 납속 가선, 납속 통정이라고 명기하는 예가 적지 않았다. 더구나 그 4祖의 기록에 있어서 가선, 통정, 학생 등이 헤아릴 수 없으며 후대에 이르러서는 그 추세가 한층 더 심하여 18세기 중기 이후 호적에는 정병, 보인 등과 같은 상민적 기재는 거의 찾아볼 수 없게 되었다. 이와 같이 신분문란이 심한 것은 아니지만 상당히 타당성이 있는 말이다. 언양현의 경우 신분의 역계층화는 특히 정조 이후에 심화되었으며, 개항 이전에 거의 끝났다 해도 과언이 아니다.

(1) 신분 분식틀에 의한 신분변화

언양현 호주의 신분별 재분석 결과는 표 4와 같다.

표 4를 보면, 지난 150년간 양반이 전체 호주의 3배가 증가되었고 양인(상민)은 4.5배가 감소되었으며, 중인과 천민도 많이 감소되었다. 다시 말하면 주로 양인이 급격히 감소하여 양반화 되었다.

<표 4> 언양현의 시기별 신분변화(호주)

시 기	양반	중인	양인	천민	기타	합계
1711(숙종37년)	29.1	5.4	27.8	31.1	6.5	100.0
1777(정조1년)	50.9	4.9	26.1	15.6	2.6	100.0
1798(정조22년)	65.6	3.7	17.0	11.4	2.2	100.0
1861(철종12년)	86.0	2.7	6.2	4.1	1.0	100.0

(자료) 표 8에서 재작성

이와 같이 언양현은 다른 지역(대구부, 울산부)과 마찬가지로 신분의 역계층화 현상이 나타나고 있다. 그리고 신분의 변화속도는 더욱 빠르다. 그러나 각 시기별 신분구조는 김석희의 조사결과와 상당한 차이가 나타나고 있다. 그것은 신분직역의 분석틀의 차이에서 비롯된다.

이러한 차이가 나타나게 된 것은 김석희가 유학을 양반으로 간주하였지만 저자는 준양반으로 간주하였으며, 또 역리를 전자는 상민으로 간주하였지만, 후자는 천민으로 간주하였다. 그리고 전자는 업무를 준양반으로 간주하였지만, 후자는 중인으로 간주하였다.

이러한 견해의 차이는 신분직역의 법제적 측면과 사회적 정치적 기능에서 동시에 검토되어야 한다.

(2) 직역분석에 의한 신분변화

언양현 호주의 신분구조를 크게 변화시키는 주요한 직역의 변화율은 표 5에서 본다.

표 5를 보면, 지난 150년간 주요한 신분직역의 변화는 준양반에 속하는 유학이 7.1배 증가하였고 나머지 직역은 약간 증가한 아전 이외는 모두 감소되고 있다. 이러한 신분직역의 변화는 임진왜란 이후 특히 숙종 연간에 이루어지고 있다

<표 5> 언양현의 주요 직역 변화

신분	직역	1711	1777	1798	1861
양반	품관	6.2	2.3	2.1	0.07
	유학	10.0	37.3	48.2	80.3
	한량	0.02	6.1	7.9	2.8
중인	업무	3.8	2.9	1.2	
	기관 · 공생	0.1	0.1	1.7	2.3
양인	어영군	3.1	3.2	2.1	1.0
	금위군	4.1	4.1	3.2	1.5
	장인	7.9	1.4	0.01	
	수군	1.6	5.6	2.1	0.002
천민	역리	11.2	11.5	9.0	3.3
	노비	7.0	0.005		

(자료) 표 3에서 재작성

2) 인구분석에 의한 직역별 신분

18~19세기 언양현 호구는 큰 변화가 없지만, 인구는 약 80%가 증가되었다. 따라서 호주조사와 인구조사에 의한 신분구조가 다를 수 있다. 왜냐하면 신분차이에 의한 가족형태와 출산율의 차이가 있고, 또 동거 비혈족가족(노비, 고공, 협인 등)이 가장 많기 때문이다.

(1) 남성인구

언양현 호적대장에 기록된 총 인구(남자)와 직역별 인구수의 차이가 심하다.131) 이러한 차이는 양인수가 없는 연도에 심한데 행정조사 결과의 신뢰성 문제가 있다. 그러나 당시의 인구별 신분구조를 이해하는데 도움이 될 것 같다.

131) 총인구와 직역수의 차이는 1711년의 54.4%가 되고 1977년에는 28.4%, 1798년에는 9.8%, 1813년에는 15.15, 1858년에는 29.2%, 1861년에는 2.7%이다.

<표 6> 언양현의 인구직역별 신분구조

신분	직역	1711	1777	1798	1813	1858	1861
兩班	縣監						
	判官	1			1		
	嘉善大夫	19		72	47	37	37
	通政大夫	47	1	31	62	40	45
	折衝將軍	11	14	12	33		
	通德郎	15	9	7	8	5	5
	將仕郎	1	5	1	3	13	13
	承仕郎	1	1	2	1	6	7
	從仕郎	1	3	1	1	7	7
	勵節校尉		2	2	5		
	秉節校尉		3	6	8		
	展力副尉		8	2	4		
	기타 미상	5		1			
	소계(%)	101(5.4)	46(1.5)	137(3.1)	173(3.8)	108(2.7)	114(2.0)
準兩班	幼學	209	662	597	651	1109	1198
	校生	10	12	10	15	41	31
	院生		5	5	15	37	32
	童蒙		10	10		15	15
	閑良	17	50	72	184	259	252
	武學	156		21	19		100
	出身	7	3	7	6		
	衛所屬	33	40	55	64	66	60
	軍官	2	83	85	99	135	134
	都訓導		5	5	6	12	12
	別武士		3	8	5	14	14
	選武士		28	45	45	23	43
	기타 미상	3			1		
	소계(%)	437(23.3)	901(29.7)	920(20.5)	1110(24.6)	1711(42.5)	1891(33.9)
中人	業武	33	39	43	11	102	113
	業儒		4	7	13	14	26
	安逸戶長	1	2	5		19	20
	記官		6				
	假吏	7		2	5	23	25
	貢生	29	12	17	23	32	34
	律生,醫生	3					
	有司	15	3	5	7	15	21
	書員		12	6	16	8	5
	小童		22	25	23	21	18
	소계(%)	88(4.7)	100(3.3)	110(2.5)	98(2.2)	234(5.8)	262(4.7)

신분	직역	1711	1777	1798	1813	1858	1861
良人	良人			604	467		767
	御營軍	146	46	45	46	58	27
	禁衛軍	188	78	101	61	115	41
	主鎭軍)		28	10	6		7
	守城軍			33	33	47	48
	別隊	91	68		78	72	
	親兵軍				21	69	35
	保人	127	181	523	529	112	382
	匠人	136	74	107	84	113	112
	기타・미상	9	1	8	35	10	30
	소계(%)	697(37.2)	476(15.7)	1431(31.9)	1360(30.1)	596(14.8)	1449(26.0)
賤役良人	硫黃軍	32	28	48	41	68	64
	馬丁	32	17	28	26	30	44
	水軍	50	352	365	372		307
	束伍軍	59	87	186	112		178
	烽軍	67	101	103	106	100	100
	기타 미상	24	41	80	24	19	2
	소계(%)	264(14.1)	626(20.6)	810(18.1)	681(15.1)	217(5.4)	695(12.5)
賤人	驛吏	272	349	463	619	662	543
	下典		21	29	39	37	58
	直	3	24	5	11	7	10
	使令	9	15	20	18	18	15
	巫屬		3	1		3	
	기타						
	소계(%)	284(15.2)	412(13.6)	518(11.6)	687(15.2)	727(18.1)	626(11.2)
奴婢	私婢						
	私奴		422	506	372	358	459
	官奴		12	17	22	21	25
	官婢			20	9		
	校奴		10	21(22)	24(11)	31	38
	院奴		3	7(16)	7(10)	22	20
	소계(%)		447(14.7)	543(12.1)	403(8.9)	432(10.7)	542(9.7)
기타	老除						
	盲人		7	3			
	病人	2	13	7			
	居士						
	기타・미상		5	1			
	소계(%)	2(0.1)	25(0.8)	11(0.2)			
합 계 (%)		1,873 (100.0)	3,033 (100.0)	4,480 (100.0)	4,512 (100.0)	4,025 (100.0)	5,579 (100.0)
호적대장상의 합계		3,178	4,235	4,965	5,314	5,688	5,733

(비고) 1. ( )내는 여성의 직역임

표 6을 보면, 1711년 언양현의 품관 소유 양반은 101명(5.3%)인데 이들은 거의 대부분 돈으로 살 수 있는 납속의 가선대부, 통정대부, 통덕랑, 절충장군들이다. 그리고 준양반은 437명(30.2%)으로 이들은 대부분 유학(209명)과 무학(156명)의 눈무 양반들이다.

언양현의 중인들은 대부분 아전들인 공생, 유사, 가리들이고, 그 다음은 서얼 출신의 업무이다. 언양현의 양인(상민)은 전체 인구의 48.1%를 차지하고 이들은 대부분 어영군, 금위군, 보인, 별대 등의 군역을 지니고 있다. 그리고 각종 기술직인 장인도 136명이 된다. 비록 양인신분이지만 천직에 종사하는 봉군, 수군, 마정, 유황군이 상당수가 있다. 이들의 출신배경은 대부분 천민, 특히 노비들이다.

언양현의 천민은 대부분 역리(272명)와 노비이지만, 노비에 관한 행정상 기록은 없다. 관노비는 모두 호주로 등록되어 있지만 사노비들은 거의 모두 소유주(주호)에 귀속되어 있다.

1777년의 인구별 신분을 보면, 납속 품관소유자가 적은 편이나 1798년 이후에는 그것이 꾸준히 증가하고 있다. 준양반의 경우 유학이 약 3배 증가되어 특히 1858년 이후에는 약 5배로 증가되었다. 그리고 한량과 군관도 1777년 이후 급속히 증가하였다. 유학이 양반수를 증가시키는 가장 주요한 직역이다.

중인의 경우 업무가 1858년 이후에 약 10배로 증가되었고, 공생, 가리, 유사 등 향리는 1861년 까지 조금씩 증가한다. 특히 안일호장이 많아졌다.

한편, 어영군과 금위군 및 별대들이 양인의 다수를 차지하고 있으나 1711년, 1777년, 1858년에는 약 5백여명의 양인들이 누락된 것 같다. 그리고 장인 호주는 감소되었으나 장인 인구는 오히려 증가하고 있다. 천역양인의 경우 유황군과 속오군이 증가되고 봉군도 많다. 천직의 경우 역리와 사노의 호수는 급감하고 있으나 역리의 인구는 증가하고 사노의 경우 감소되지 않고 있다.

언양현 호적대장에 따르면, 1711년에는 신입자 보다 도망가는 사람이 약 2배가 많은데, 1798년에는 새로 현민이 되겠다는 사람이 도망자 보다도 약 7배가 많다. 도망자는 주로 장인, 역리, 사노 등과 같이 천민신분이 많고, 신입자는 유학이 가장 많으며, 그 다음으로 한량과 역리가 많다. 이들은 대개 가족단위로 이동한다.(부표 4 참조)

한편, 비교적 기록이 잘된 1777년 호적대장을 보면, 양반의 수는 약 절반으로 감소되었으나 준양반 유학이 약 3배로 급증하였고 한량과 군관의 수도 급증하였다. 그리고 공생과 가리 및 유생과 같은 중인은 많이 감소되고 하위직인 서원과 수동이 새로 충원되었다.

언양현의 양인은 어영군과 금위군 등이 3배 감소되고, 천역양인은 수군과 봉군이 각각 약 7배와 2배로 증가되었다. 그리고 천민인 역리(전체의 13.6%)가 많이 증가되었고 노비가 447명(전체의 14.7%)이 되었다.

1798년 언양현의 신분구조는 납속 품관 소유자(특히 가선대부)가 급증하지만 양반과 준양반 및 중인의 수와 비율은 거의 변화가 없다. 그러나 양인과 장인이 급증하여 전체의 31.9%를 차지하고 천민인 역리와 사노가 많이 증가하였다.

그런데, 양인의 수가 파악된 1813년과 1861년의 신분직역을 보면, 품관 양반은 거의 증가하지 않지만, 준양반(유학과 한량 및 군관)과 중인(업무와 공생, 가리 및 안일호장)이 급속히 증가하였다. 그리고 양인과 천역양인의 직역은 크게 변화하고 있지 않지만 역리 등 천민과 노비는 오히려 증가하고 있다.

이러한 것을 본다면, 150여년간 신분직역이 가장 급속히 변화하는 것은 준양반의 유학(5.7배), 한량(14.8배), 군관(27배), 교생・원생(6.3배) 등의 증가이다. 반면에 감소된 것은 천역양인, 천민(역리 등)과 노비 등으로 생각하기 쉬우나 실제로 이들의 실수는 거의 변화하지 않고 있다. 다시 말하면 이러한 천직이나 노비 이외 과잉 인구가 유학, 한량, 군관, 업무 등을 모칭한 준양반 등이 많았던 것 같다. 따라서 호주상으로는 신분의 역계층화가 일어났지만 인구상으로는 과잉인구의 신분상승이동이 일어났다.

유학, 양인, 천민 및 노비의 신분상승도 중인, 아전의 경우와는 다르다. 이들 중에는 유학과 양인의 경우 납속 또는 생산관계에서 일어나는 경우가 많고, 노비와 천민의 경우처럼 도망에 의하여 신분상승이 일어나고 있는 것이다. 노비의 신분상승 및 해방이 도망에 의존하는 것이 가장 많지만 이것 이외에 방량・속량・신공・가탁・모칭 등 여러 가지 요인이 있다.

이와 같이 호주신분의 역계층화는 급속히 일어나고 있으나, 인구의 경우 그렇지 않고, 점진적인 감소 추세를 보여 주지만 특히 향리와 역리 및 노비수는 오히려 증가하고 있다.

그러면, 비록 호적대장의 집계가 일관성이 없고, 누락된 시기가 있으나 언양현 인구의 직역별 신분구조가 어떻게 변화되고 있는 가를 표 7과 같이 정리하여 본다.

<표 7> 언양현 인구의 시기별 신분변화

(단위 : %)

시기	양반	중인	양인	천민	기타	합계
1711(숙종37년)	28.7	4.7	51.3	15.2	0.1	100.0
1777(정조1년)	31.2	3.3	36.3	25.7	0.8	100.0
1798(정조22년)	23.6	2.5	50.0	29.7	0.2	100.0
1813(순조13년)	28.4	2.2	45.2	24.1		100.0
1858(철종9년)	45.2	5.2	20.2	28.8		100.0
1861(철종12년)	35.9	4.7	38.5	20.9		100.0

(비고) 1) 1813년과 1858년의 자료는 상남, 중앙, 삼동면의 것임.
2) 1711년, 1777년, 1858년의 자료는 양인 일부가 누락됨.

(자료) 표 3에서 재작성

(2) 여성의 신분직역

일반적으로 여성은 가사에 종사하여 노비 이외는 직역이 없지만 그들의 호칭이나 노비의 직역에 따라 그들의 신분지위를 파악할 수 있다.

언양현 호적대장에 나타난 여성의 호칭 또는 직역은 표 9와 같다.

여성의 신분은 일반적으로 ① 양반의 경우 생가의 성에 氏를 붙여 부르고, ② 상인(농공상)의 부녀자는 생가의 姓에 召史(조이)를 붙여 부르며 ③ 천민(노비 등)이 경우 姓을 칭힐 수 없고, 이름만 부르기 때문에 이것을 기준으로 판별한다.[132)]

<표 8> 여성의 신분구조(직역)

	1798년		1813년		1861년	
	인구	%	인구	%	인구	%
氏	744	15.0	671	13.2	1,361	25.4
姓	531	10.8	550	10.8	912	17.0
良人	1,514	30.5	1,588	31.3	1,008	18.8
寡女	135	2.7	146	2.9		
校婢	22	0.4	11	0.2		
定屬婢	16	0.3	10	0.2		
院婢	3	0.1		0.1		
寺婢	1	0.02	3			
官婢	20	0.4	9	0.2		
良人雇工女	900	18.1	1,003	19.8		
良人奴婢	130	2.6	135	2.7		
私婢	925	18.6	928	18.3		
巫女	6	0.1	6	0.1		
僧人	14	0.3	14	0.3		
미상						
합계(%)	4,964	100.0	5,074	100.0	2,078	38.8
호적대장상 합계	5,235		5,326		5,359	

(자료) 언양현 호적대장

132) 鮎具房之進의 견해, 김영모, 「한국사회계층연구」, 일조각, 1982, p.66

언양현 여성의 신분적 지위는 표 8에서 볼 수 있는 바와 같이 1798년 호적대장에서 잘 알 수 있다. 그러나, 1813년의 경우 천남 3면(상남면, 중남면, 하북면) 즉, 산촌의 경우만 알 수 있고, 1861년의 경우 천민(노비)의 신분이 누락된 것 같나. 그래서 지자는 1798년과 1813년의 누락율이 각각 5.2%와 4.7%가 되기 때문에 약 5%의 누락율을 감안하여 천민의 경우 재구성하였다.

표 8에 의하면, 1789년 여성의 신분지위는 양반(氏)이 전체 현민의 15.0%가 되고, 그 다음은 양인(召史)이 30.5%, 그리고 중인(姓)이 10.8%이다. 나머지는 대부분 천민인데 이들은 사비(18.6%)와 양인 고공녀(18.1%)이다.

여기에서 양인녀를 제외하면 사비와 고공녀가 가장 많다. 전체 여성인구의 36.7%를 차지하는 사비와 양인 고공녀가 신분해체에도 불구하고 오히려 증가하고 있다.

사노비는 행정조사결과에 의하면, 1777년 전체 인구의 14.7%이던 것이 1798년에는 12.1%, 그리고 1861년에는 전체 인구의 9.7%이다. 이와 같이 사비수가 신분해체, 특히 유학의 증가와 노비 도망을 고려하면 오히려 증가하고 있다. 노비가 증가하는 이유는 여러 가지가 있지만 당시의 명문 호적을 보면 특히 다수의 양처 소생의 노비가 많이 나타나고 있다. 이것은 다른 지방(단성현)에 비하여 높다.[133]

한편, 양인 고공녀가 대량으로 존재하는 것은 남성 고공과 마찬가지로 신분해체와 농촌 빈곤으로 발생된 천민과 천역양인 등 하층 농민 출신이 대부분인 것 같다. 이들의 고주는 다양한 신분이기 때

133) 이러한 반봉건적 신분은 해방후에도 언양 농촌에서 많이 찾아 볼 수 있다. 머슴들의 임금은 대개 음력 정초에 동네 유지들이 지난 1년간 평가를 한 후 큰머슴은 벼 10섬, 작은 머슴은 벼 5섬 내외에서 결정한다. 부농은 자기 초당에 머슴을 재우고 중농 이하의 경우 부자집 초당에 보낸다.(조선후기의 경우 이것의 약 절반이다.)

문에[134] 노비들에 비하면 자유로운 신분이라 할 수 있다. 그리고 고공은 대개 머슴과 마찬가지로 구두계약으로 피용된 임금노동자라 할 수 있다. 그러나 주종관계를 지니고 있다.

이러한 여성의 신분은 남성에 비하여 양반이 적고 양민과 천민이 더욱 많다. 1861년의 경우 천민이 누락되어 여성의 신분을 정확히 말하기 어려우나 양반(유학 포함)이 25.4%이고, 중인이 17.0%이며, 양인이 18.8%이다. 그리고 천민이 38.8%로 추계된다. 1813년 천남 3면의 경우 양반이 3.2%이고, 중인이 10.8%이며, 양인이 31.3%로 나머지는 천민인데 사비(18.3%)와 양인고공녀(19.8%)가 1798년의 경우와 매우 유사하다.

3. 시역별 신분구조

1) 면별 신분구조

언양현은 대화강(남천)의 좌우에 천남 3면과 천북 3면이 있다. 천

134) 박용숙은 1711년 언양현 외거노비의 경우 천천상혼이 약 56%이고 양천교혼이 약 44%가 된다. 그리고 언양현 노비소유주의 신분별 구성은 시기에 따라 차이가 있으나 양반이 가장 많고, 그 다음은 준양반과 상민이라고 한다.

<표 9> 노비소유 호주의 신분별 구성

	양반	준양반	중인	상민	천민	합계
1711	169(65.8)	39(15.2)	4(1.6)	40(15.6)	5(1.9)	257(100.0)
1798	667(87.2)	62(8.1)	14(1.8)	22(2.9)		765(100.0)
1861	899(90.6)	41(4.2)	32(3.2)	20(2.0)		992(100.0)

(자료) 박용숙, 「조선후기 향촌 사회연구」, 1986, p.89

<표 10> 언양현 고주의 신분별 구성

	양반	준양반	중인	상민	노비	합계
1711	23(32.4)	8(11.3)	2(2.8)	28(39.4)	10(14.1)	71(100.0)
1798	133(55.2)	26(10.8)	12(4.9)	65(27.1)	5(2.1)	241(100.0)
1861	44(52.4)	8(9.5)		32(38.1)		84(100.0)

(자료) 박용숙, 「조선후기 향촌 사회연구」, 1986, pp.63~64

북 3면 중에 상북면이 언양현의 행정 및 상업 중심이고, 동시에 교통 중심지이다. 따라서 현감을 비롯한 향리들이 읍성과 현청이 있는 읍내리(동부리와 남부리)에 모여 살고, 현청에서 떨어진 5개면은 전형적인 산골 농촌이고 이곳에 양반들이 반촌을 형성하고 있다.

이러한 6개 면은 1711년 부터 1861년간 신분변화는 표 11에서 볼 수 있는 바와 같이 기본적으로 소수의 양반층이 다수의 양반층으로 증가 되었으며, 다수의 양인과 천역양인 및 천민이 양반 또는 양민층으로 신분상승 이동을 하였다. 소위 신분의 역계층화 현상이 나타났다. 이러한 특징이 각 면과 리별로 보편적으로 나타나고 있는 것이 특징이다. 그러나 면에 따라 그 차이가 있다.

첫째, 상북면은 품관 양반이 감소되고 준양반과 중인이 증가되었다.

둘째, 중북면은 준양반이 증가하고 중인과 천양 및 천민이 감소하고 있다.

셋째, 하북면은 준양반만 증가하고 다른 신분은 감소되었다.

넷째, 상남면은 천인과 노비가 거의 변화하지 않는다.

다섯째, 중남면은 품관 양반이 약간 감소되고, 천민이 감소되지 않았으나 준양반은 증가하였다.

여섯째, 삼동면은 준양반 이외는 모든 신분이 감소되었다.

<표 11-1> 상북면의 시기별 신분구조

	양반	준양반	중인	양인	천역양인	천인	노비	기타	합계
1711	27	28	17	40	17	31	34	43	237
1777	24	130	28	41	32	32	17	10	314
1798	15	180	34	36	16	17	9	15	322
1861	7	219	32	7	1	2	3	2	273

<표 11-2> 중북면의 시기별 신분구조

	양반	준양반	중인	양인	천역양인	천인	노비	기타	합계
1711	10	13	7	29	16	6	3	9	93
1777	4	57	4	16	20	9	3	3	116
1798	4	69	1	7	2	7	2		93
1861	123			6		1	1	2	133

<표 11-3> 하북면의 시기별 신분구조

	양반	준양반	중인	양인	천역양인	천인	노비	기타	합계
1711	18	68	7	92	14	4	14	6	223
1777	2	132	10	32	22	15		15	228
1798	8	159	3	22	7	5		4	208
1861	1	152		17	1	4		9	184

<표 11-4> 상남면의 시기별 신분구조

	양반	준양반	중인	양인	천역양인	천인	노비	기타	합계
1711	12	54	16	41	25	10	10	5	173
1777	6	98	4	20	20	11	2	15	176
1798	2	133	4	19	12	13		4	187
1861	1	185		9		6		6	207

<표 11-5> 중남면의 시기별 신분구조

	양반	준양반	중인	양인	천역양인	천인	노비	기타	합계
1711	13	27	6	67	32	67	7	7	226
1777	10	31	3	34	19	63	10	6	176
1798	10	78	1	16	10	54	4	3	176
1861	3	140		12		27		2	184

<표 11-6> 삼동면의 시기별 신분구조

	양반	준양반	중인	양인	천역양인	천인	노비	기타	합계
1711	17	44	9	47	24	29	12	4	186
1777	9	123	11	36	31	23	1	5	239
1798	5	146	1	38	11	19	1		221
1861	2	174		24	1	7		3	211

2) 리별 신분구조

일반적으로 마을 또는 부락은 주로 지연과 혈연(통혼)에 의하여 형성된다. 이와 같이 형성된 동족집단은 대개 영농을 하면서 유학과 제사를 통하여 공동체 문화를 형성하고 자녀들은 서당과 향교 및 서원을 통하여 교육시킨다. 그리하여 신분계층끼리 지역집단, 특히 마을, 부락, 행정리를 형성하였다. 양반(또는 향반)의 경우 주로 중앙에서 사화 또는 당쟁의 화를 피하기 위하여 산촌으로 이거하여 자손들을 교육시켰지만, 그 이외의 신분집단은 특히 관아(현청, 역 등)를 중심으로 형성되고, 또한 조선 후기 광범위한 신분해체로 인하여 다른 지역집단에 이거하여 살면서 점차 혼성되고 있다.

이와 같은 혼성되어가는 현상은 언양현 호주의 지역(면 및 리)별 신분구조에서 찾아 볼 수 있다. 표 12와 부표 2~3을 보면, 18세기까지는 리별 신분구조는 각 시기에 따라 많은 차이가 나타나고 있지만 19세기에 갈수록 몇 개의 신분직역으로 집중되고 있다. 그리하여 본 고에서는 비교적 리별 신분직역이 산재되어 있는 1711년의 경우를 본다.

첫째, 상북면 읍내리는 행정중심지라서 다른 리에 비하여 대부분 납속 또는 노직이지만, 품관 양반(주로 가선, 통정, 절충 등)과 향리(기관, 공생 등)와 하전 및 관노가 많다. 따라서 향리촌이라 할 수 있다. 그리고 현청에서 떨어진 천소리에서도 품관 양반과 역리 및 사노가 많은 편이다. 그런데 1777년에는 동부리에 한량이 많고 남부리에는 중인이 많아졌다. 이러한 현상이 1861년 까지 지배적이다.

둘째, 하북면 지내리는 준양반(특히 유학)과 무학이 많이 증가하고, 석남리와 와피리에는 장인이 많고 산전리에는 사노가 많다.

<표 12> 1711년 언양현 리별 신분구조

신분	직역	상북면				중북면				하북면				상남면				중남면			삼동면			
		송북리	읍내리	마흘리	천소리	대곡리	고하리	다개리	기지리	외지내리	산전리	와피리	석남리	양리	동거리동	길천리	명촌리	쌍수정	덕리	천가천리	조일리	하잠왕방	송면리	작동리
兩班	嘉善大夫		1				2	1			2		2					1						1
	通政大夫	2	6	1	1		1	1	2	2	2	4			2		1	1		5	1			1
	通德郎			1	1					1							1				1		1	
	將仕郎																	2						
	承仕郎																							
	從仕郎																							
	折衝將軍		4	1					1	1	2			2	1		1							
	御侮將軍																		1					
	勵節校尉																							
	秉節校尉				1																			
	展力副尉							1						1	1		1	1						
	進士																							
	及第			1																				
	寡婦	1	2					1															1	
	기타미상				4					1	1					1		2			4	1	3	3
	소계	3	13	4	7		3	4	3	5	7	4	2	3	4	1	4	7	1	5	6	1	5	5
準兩班	幼學		4	1	11			2	2	29	6			2	3	15	2	4		4	13	8	4	5
	校生				1				1	1													1	
	院生																							
	童蒙																							
	閑良		1																					
	武學		2		4	1	1	1	2	10	10	5	2	8	13	4	4	2	3	9	2	5	1	
	出身									1								1			1			
	軍官																							
	衛所屬		3		1	1		1	1		1	1	2			1	2		2	2	1			2
	都訓導																						1	
	別武士																							
	選武士																							
	寡婦																							
	기타미상																							
	소계		10	1	17	2	1	4	6	41	17	6	4	10	16	20	8	7	5	15	17	13	7	7
中人	業武		3					2	5	3	4				11	2	1		6		4	1	1	
	業儒															2								
	安逸戶長																							
	記官		1																					
	假吏																							1
	貢生		10		1																			
	有司																							
	書員																							
	小童																							
	의생율생		2																					
	기타미상																					2		
	소계		16		1			2	5	3	4				11	4	1		6		4	3	1	1

신분	직역	상북면				중북면				하북면				상남면				중남면			삼동면			
		송북리	읍내리	마흘리	천소리	대곡리	고하리	다개리	기지리	외지내리	산전리	와피리	석남리	양리	동거리동	길천리	명촌리	쌍수정	덕천리	가천리	조일리	하잠왕방	송면리	작동리
良人	良人		7	1	1	1				1	1			1			1		1					
	御營軍				1	1		5	3	3			1					3		11		5	1	1
	禁衛軍		3	3		1	2	1	4	11	3	1			1		2	2	2	8	1	2		
	主鎭軍										1		1		1		1	1						
	別隊								1	3			2	2	1									
	馬丁																							
	餘丁																			1				
	正兵		5	1					1	1	1				3				4			2		3
	保人		1		1	2		4	2	7			1	3	1	1						5	1	1
	匠人		1	1	1					2		12	33		1		12	10	1	8		1	6	1
	寡婦		7										1				2		1	3		2		
	기타 미상		4		2				1	1		3	2		2	1	5	3	4	4		8	5	2
	소계		28	6	6	5	2	10	12	29	6	16	41	6	10	2	23	19	13	35	1	25	13	8
賤役良人	硫黃軍										1	1					1			6				
	禁保		2	3	3	2		2				1		1	6		4	3		10		5		4
	水軍			1	1	1		1		1	1	3	1	1		1	2		1	1		1		1
	束伍軍		1	1							1		1			1			1			1		
	水鎭軍									2														
	烽軍		2			3			2								3		1					4
	기타 미상	1	1					2	3			1					5	2		7	1	4	3	
	소계	1	6	5	4	6		5	5	3	3	6	2	2	6	2	15	5	3	24	1	11	3	9
賤人	驛吏	2	8		8	1	4	1		1			1				9	5	56	6	1	6	2	17
	下典		5								1					1							1	
	문서直		3									1											1	
	使令		2	1																				
	巫俗																							
	기타			2																				1
	소계	2	18	3	8	1	4	1		1	1	1	1			1	9	5	56	6	1	6	4	18
奴婢	私婢		2									2												
	私奴	1	8	3	4	1			1	1	8		3	1	1	2	6	2	2		1	2	8	1
	官奴		11																					
	官婢		4																					
	校奴			1		1													3					
	院奴																							
	소계	1	25	4	4	2			1	1	8	2	3	1	1	2	6	2	5		1	2	8	1
기타	老除		1				1	2			1						2	2	1				1	
	盲人																					1		
	病人		2	1	4		1	1	2	1	3			1			1	1	3			2		
	居士																							
	기타미상	22	13		1			1	1				1	1										
	소계	22	16	1	5		2	4	3	1	4		1	2			3	3	4			3	1	
합계		29	132	24	52	16	12	30	35	84	50	35	54	24	48	32	69	48	93	85	31	64	42	49

(비고) 상북면 송북리와 읍내리에 기타 · 미상이 많은 것은 호적이 파손되었음.

셋째, 상남면 거리동에서는 품관 양반(통정)이 있고, 길천리와 명촌리에는 유학이 많다. 특히 명촌리에는 업무, 장인, 역리, 사노가 많다.

넷째, 중남면 쌍수정리는 품관 양반과 장인이 많고 덕천리(역촌)에는 역리가 많은데 이것은 1861년 까지 지속된다. 그리고 역촌과 가까운 평리에서도 많은 역리가 거주한다.

다섯째, 삼동면 하잠리와 왕방리에는 병영인 둔터가 가까워서 어영군, 금위군이 많고, 작동리에는 역촌과 가까워서 역리가 많으며 송면리에는 사노가 많은 편이다.

4. 명문 씨족의 신분배경과 경제력

언양현의 명문씨족에 대한 연구는 주로 족보와 호적에 명시된, 자손들의 신분직역과 통혼씨족 및 소유노비, 고공, 협인 등을 추적하여 가계도를 그려서 분석하였다. 가계도는 명문 집안 자손들의 이름 우측에 그들의 신분직역을 밝히고, 좌측에 처가의 성씨와 부친의 신분직역(괄호)을 밝혔으며, 그 아래는 소유한 노비수, 고공수 및 협인(호)수를 밝혔다. 그리고 본인과 처가 및 외가의 신분직역이 밝혀져 있지 않는 경우는 향리 및 역리를 제외하면 모두 유학 또는 학생, 즉 사족들이다. 그런데 호적과 족보에 기술된 자손들의 차이가 나는 것은 주로 신분촌의 거주자들만 다루었기 때문이며, 모든 자손들의 통혼권을 밝히지 못한 것은 공간이 부족하였기 때문이다.

언양현청은 수령(현감)을 비롯하여 좌수와 향리들을 중심으로 구성되었다. 언양 현감은 무반직(6품)을 왕(실질적으로 이조 판서)이 임명할 수 있는데 그간의 현감들은 대개 무관이 임명되었다.[135] 그리고

135) 조선시대 지방 수령은 文, 武, 蔭의 세 종류가 있는데 언양현감은 무관

향리들은 좌수의 추천에 의하여 임명되었다.[136]

좌수는 초기에 수령(현감)을 견제하기 위하여 향안 입록자 중에 연로(50세 이상) 덕고한 품관사족을 향회에서 선출한 후 이를 지방자치기구인 경재소 당상에 추천하여 임명되었으나[137] 선조 때 경재소가 개혁되면서 오히려 수령(현감)이 임명권을 행사하였다. 그리하여 좌수(향장)는 수령을 견제하지 못하고 오히려 향리 인사권과 일부 행정권(군역, 환곡 등)을 보좌하는 향리가 되었다.

1654년 영장사목(營將事目)[138] 이후에는 좌수가 향리로 격하되자 양심적인 양반(사족)들은 좌수 취임을 거부하고 그렇지 못한 사족들이 취임하여 수령 및 향리들과 결탁하여 농민들을 착취하는 폐단이 있었다.[139]

언양현에는 좌수 1명과 좌수를 보좌하는 별감 2인이 있었다. 언양현의 좌수 선생안이 없어서 좌수의 성격을 정확히 밝히기는 어려우나 그간 어음리 崔 좌수의 명성이 있었기 때문에 그들 집안의 가

직이다. 그런데 언양본현지의 縣선생안을 분석하면 언양현감을 지낸 150명의 22.7%가 통정, 가선 등 무관출신이고, 8%만이 통훈 등 문관 출신이며 음자제는 2명이다. 나머지 68%는 미상인데 이들은 대부분 무관 출신일 것이다.

136) 특히 호장과 이방(인사담당)은 향청 좌수가 정직한 향리를 수령에 추천하여 차정하고 그 자리에 구임시키도록 하는 것이 도라고 한다.(김용덕, 「향청연구」, 한국연구원, 1978, p.86)

137) 좌수와 별감의 선출 방법은 향원중에 연령, 인격, 덕망으로 천방되어 경재소 당상의 결재를 얻어 결정한다.(김용덕, 「향청연구」, 한국연구원, 1978, pp.76~81 참조)

138) 「영장사목」에 영장은 경상도 5인, 충청도 4인, 전라도 3인, 강원도 1인의 무장이 파견되었고, 타도는 지방관이 겸임하였다. 영장은 소관읍을 내왕하면서 조련군기를 검열하여 수령의 불법은 감사, 비변사 등에 보고처리하고, 좌수와 색리의 가벼운 범죄(매 80 이하)는 영장의 권한으로 처벌케 하였다.(상게서, pp.46~47)

139) 언양현 상북면 어음리에 거주한 최 좌수는 같은 동네의 한 처녀가 밤중에 자기 논의 나락을 훑는 것을 보고 붙잡아 첩으로 삼았다고 한다.

계도를 보고서 과연 덕망 있는 사족인지를 고찰해 본다.

어음리는 읍내리(2개동)는 아니지만 송북리와 함께 읍 4동이라고 한다. 최좌수는 읍내리에 있는 향청을 출입하여 현감을 보좌하고 향청의 업무를 독찰하는데는 거리상 별 어려움이 없었다.

어음리는 마흘리와 분리되어 있으나 행정구역으로 어음리로 통합되어 있다. 마흘리(24호)에는 1711년 김해 金氏 俊諧(절충장군 부호군, 증직 가선대부 호조 참판)의 집안이 대호족이었다. 그의 장남 世琳(통덕랑, 俊烈에 입양)은 노비 8명(도망 2명)과 비 10명 및 하전 4명을 소유하였지만, 차남 世珀(무과급제)은 노비를 각각 6명(도망 3명)과 14명을 소유하였고, 3남 世瑋(통훈대부 찰방)는 노비를 각각 12명과 9명을 소유하였으며, 4남 世璟(절충장군, 용양위부호군)은 노비를 각각 28명과 32명(8명 도망, 이거 2명)을 소유하였다. 이들 노비들은 대부분 소생들이다. 또한 그들의 3祖도 모두 노직 품관(절충장군 또는 가의대부)들이고 손자들(8명)도 모두 통덕랑이다. 이 집안은 상당한 경제력을 지닌, 전형적인 노직 또는 증직 양반인 지주부농(토호)이라 할 수 있다.

한편, 어음리의 경주 崔氏 善興의 집안이 오랫 동안 좌수를 하였는데 이들도 노직 또는 증직의 양반출신들이다. 도표 1의 이름 옆에 신분직역이 명기되지 않은 자는 모두 유학이다.

1711년 호적을 보면, 崔善興(증직 가선대부 중추부 동지사)의 4祖는 모두 노직의 가선 또는 통정대부였고, 많은 자손들이 노직 품관 또는 한량 또는 업무의 신분직역을 가졌으며, 동시에 각자 약 5명의 노비를 소유하고 있다. 이러한 노비노동력으로 부농 수준의 영농을 할 수 있다. 3조도 노직 품관(통정대부)을 지닌 양반들이다. 그리고 한 동네의 경주 崔世泰(1777년 업무, 1795년 통정대부)의 자손들도 품관(통정대부) 또는 한량의 신분을 지니고 있으며 동시에 약 3명의 노비를 각자 소유하고 있다. 이들의 통혼권도 도표 1에서 볼 수 있는 바와 같이 언양의 양반 사족들이 많다.

<도표 1> 경주 崔 座首 善興의 가계도

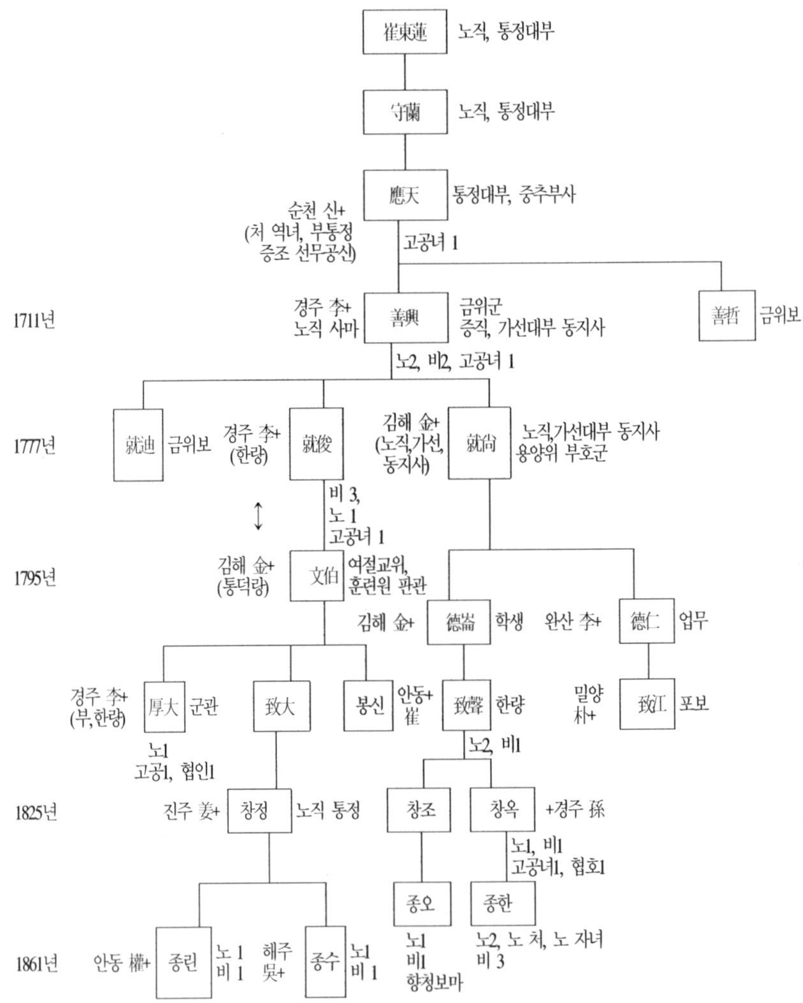

이와 같이 경주 崔 좌수 집안은 비록 전형직인 노직 품관의 사족(양반)이지만 좌수가 될 수 있는 요건을 갖추고 있었다.

언양현의 품관양반 또는 준양반(사족)들은 대개 언양현청에서 약 10리 정도 떨어진 산촌에서 동족부락을 형성하고, 향리들(기관과 공생 등)은 현청이 있는 읍성 아래 동부리에 향리촌을 형성하며 역리들은 약 5리 떨어진 덕천고개의 역사 근처에서 살고 있었다. 좀 더 구체적으로 말하면, 언양현의 향반들은 각 면마다 분포되어 있는데 하북면의 지내리와 산전리, 중북면의 다개리와 지내리, 그리고 상남면의 명촌리와 거리동 및 양등리, 그리고 삼동면의 하잠리와 작동리 및 조일리 등에서 집단 거주하고 있었다.

그러나, 언양현의 향리들은 초기에 남부리에 모여 살았으나 점차 동부리 등에 거주지를 이동하고 있다. 그리고 역리들은 중남면의 덕천고개에서 취락을 형성하여 살다가 점차 인근 평리와 쌍수정리, 그리고 삼동면 작동리와 조일리 등으로 확대하여 거주하며, 장인들은 상남면 석남리와 와피리 그리고 중남면 쌍수정리에 집단 거주하였다.

그러면, 언양현의 주요한 명문 씨족이 거주하는 ① 양반촌과 ② 향리촌, ③ 역리촌 및 ④ 장인촌의 씨족 및 신분배경과 경제력을 분석하여 그 특성을 파악한다.

1) 양반촌

언양현에는 크고 작은 양반가문이 많이 있었다. 이들 양반은 협의로 문·무반 또는 당상관의 3대 자손, 즉 음자제(蔭子弟)[140]가 아니기 때문에 엄격히 말하면 양반은 아니지만 광의로 보면, 양반은 사족 또는 유학을 말하기 때문에 양반이다. 즉 향반이다. 향반은 지

140) 음자제는 공신 및 2품 이상 관원의 자, 손, 사위, 동생, 조카와 3품 관원의 자손으로서 20세 이상이 된 자는 취재(取才)에 의하여 사관할 수 있다. (「경국대전」 및 「대전회통」 이전 취재조)

방에서는 양반 행세를 하지만, 서울의 문무 양반과는 매우 다르다.[141] 향반은 주로 서울의 양반이 사화(士禍) 또는 당쟁(黨爭) 등으로 피신하기 위하여 지방에 내려와서 세거하는 양반이었지만 지방의 향반은 오랫동안 과기 급제니 사관(벼슬)하지 못하고 지방(향교)에서 유학을 숭상하고, 서원, 서당에서 제자들을 키우는 양반을 의미한다.

지방 양반이 비록 품관 소유자일지라도 이들은 유학, 향리, 심지어 역리들이 매관한 납속자[142]이거나 노직자[143] 및 증직자[144]들로

141) 양반의 법제적 개념은 '경국대전'에서는 문·무반을 통칭하지만, '속대전' 편찬 이후에는 문·무반 이외 생원, 진사, 유학 까지를 말하고, 양반의 사회적 개념은 품관과 사대부, 또는 사족을 말한다. 따라서 양반은 반드시 문·무반을 의미하는 것이 아니라 문·무반에 임용될 수 있는 자격이 있는 가문이다. 언양의 양반은 향반이라 하지만 사족인 경우 양반에 임용될 수 있는 문·무반과의 과거시험에 응시할 수 있고, 합격하는 경우 사관할 수 있다.

142) 납속은 조선시대 임란 등으로 재정대책과 재민구호를 위하여 1593년 선조 26년 호조의 건의로 제정된 '납속사목'의 내용은 표 7과 같다. 납속품관은 가선대부(정 2품) 또는 통정대부(정 3품) 및 절충장군(정 3품)으로 용양위 부호군이 가장 많다.

143) 노직은 경국대전에 의하면 80세 이상이 되면 양민, 천민은 불문하고 1품계를 수여하고, 원래 품계가 있는 자는 품계를 더하된 당상관은 왕의 특지가 있어야 임명한다.(「경국대전」, 노인직) 그러나 현종 1년의 납속사목에 의하면 60세 이상자는 3섬을 내면 노직을 받는다. 그리고 육전조례에 의하면 사서인(士庶人)으로 백세가 된 사람은 숭정대부를 주고, 조간 및 중관으로 입사하여 이미 록을 받은 자가 80세가 된 자와 사서인으로 90세가 된 자에게는 가자(加資)한다. 90세가 된 사족의 부녀자와 문무, 사마, 잡과의 합격자가 회방이 된 자에게도 가자한다.(법제처, 「육전조례」(이전 편), 1966, pp.162~163) 그리고 현종 1년의 납속사목에 의하면 60세 이상은 3석이면 통정대부를 준다.

144) 증직은 「경국대전」에 의하면, 종친 및 문무관으로 실직 2품 이상의 요관자는 그의 부모, 조부모, 증조부모(3대조)의 관직을 추증한다. 「육전조례」에 의하면 당상관이 감사, 병사, 부윤에 임명되면 아경(亞卿)의 예에 따라 추증한다. 또한 100세가 된 노인은 중추부 동지사에 부직하고 3대를 증직하며, 효행이 탁이하면 동몽교관이나 호조좌랑을 증직한다.(상게서, pp.99~100) 그리고 현종 2년 납

서, 이들 품관자들은 대부분 납속책에 따른 신분획득과 면역의 특권을 가질수 있다. 이들은 실직에 취임하지 못하고 당대만 유효하다. 그러나 납속품관은 신분상승과 통혼권 형성 및 향권 참여에 도움이 된다.

언양현의 대표적인 양반 가문은 지내리의 동래 정씨와 다개리의 안동 권씨, 명촌리의 경주 김씨, 능산리의 진주 강씨, 하잠리의 영산 신씨, 반송의 연안 송씨로 알려져 있다.

언양에서 손꼽히는 양반가문은 임란 이전에 이미 정착한 명촌의 경주 김씨(현감 김자간의 후손), 못안의 동래 정씨(통덕랑 정택의 후손), 이불의 경수 이씨(이영의 후손), 하잠의 영산 신씨(신을화의 후손)의 4가문과 그 이후의 능산과 향산의 진주 강씨(봉사 강이성과 찰방 강계현의 후손), 길천의 밀양 박씨(증 병조판서 박연복의 후손), 천소의 연안 송씨(송율의 후손), 반곡의 안동 권씨(진사 권명의의 후손)의 4가문이 있다. 이 가운데 흔히 경주 김씨, 동래 정씨, 경주 이씨, 밀양 박씨, 진주 강씨, 연안 송씨를 들어 언양의 6대 성씨(향반)로 통칭하며, 안동 권씨와 영산 신씨를 합하여 북권남신으로 통칭한다. 이는 조선시대의 당색에 의한 사족간의 구분이다. 6대 성씨는 남인을, 북권남신은 노론을 표방한 데서 비롯된 것으로 이해된다. 이들 8대 성씨 가문과 비교하여 기타 다른 성씨의 가문들은 가세가 미약하였으므로 조선 후기 언양사회는 이들 여덟 가문의 주도 아래 운영되었다.[145]

이와 같이 언양의 명문 양반가문은 일반적으로 6개 성씨 또는 8개 성씨를 통칭하고 있는데, 이러한 통설이 어느 정도 타당성이 있는 지를 고찰하여 본다.

일반적으로 명문 양반이 되려면 먼저 씨족의 신분적 배경(과거합

속사목에 의하면 2~8섬이면 직장, 좌랑, 도사, 참의 동지사, 참판 등을 추증직한다.

145) 순숙경 · 이훈상, 전게서, pp.6~7

격과 사관 등)이 높아야 하고, 이러한 씨족들이 종족부락을 형성하여 제사(기제, 묘제, 시향제 등)를 지내면서 조상을 숭배하고 동족간 사회 경제적 협동과 사회적 위세를 과시해야 한다.[146] 따라서 명문 양반은 자손들이 많아야 하고, 또 제사를 지내고 이것을 통하여 혈연적 유대를 강화시키는 경제력이 있어야 하며, 동시에 선영을 가꾸며 족보를 간행한다.

이러한 조건을 갖추고 지속성이 있어야 명문 씨족이 된다. 이러한 조건과 지속성이 어느 정도 있었는지 아직 신분해체가 덜 된 18세기의 호적 분석을 통하여 실증하여 본다.

(1) 지내리의 동래 정씨

못안 정씨는 문반자손들이다.[147] 못안(지내리) 정씨의 입향조는 16대조 鄭擇이다. 정택(통덕랑, 대사헌 조광조 제자)은 서울의 명문 양반집안 출신으로 기묘사화로 인하여 관료를 포기하고 피신하여 그의 자손들과 함께 상북면 지내리에서 세거하였다.[148] 지내리에는 鄭仁孫의 차자인 택(擇)의 자손들이 거주하였고 장자인 홍(泓)의 자손

146) 동족집단의 경제적 기능은 근래에 와서 자녀교육을 위한 향교, 서원 및 학교설립과 장학기금을 마련하는 곳도 있으나 일반적으로 이러한 것보다 관혼상제를 위한 경제적 협동이 많고, 동족 간에 문중계 및 종계를 만들어 상호 협력하고 단결을 강화하고 있다. 또한, 동족집단의 사회적 위력을 과시하기 위하여 제실을 세우거나 묘소를 꾸미기도 하고, 문중답과 선산을 마련 확대하기도 한다. 그리고 가문의 효행을 빛내기 위하여 효자비, 열녀비, 신도비, 그리고 묘비와 같은 물적 시설을 갖추기도 하고 족보를 간행하여 동족의 위세를 표시하기도 한다.(김영모, 「한국사회학」, 법문사, 1972, p.140)

147) 동래 鄭氏의 시조는 고려조 안일호장 출신의 鄭繪文이고, 18대손 穆은 고려 문종시 문과에 급제하여 尙書左僕射攝太府卿을 지냈고 廉은 숭록대부 예부상서를 지냈으며 손자 宏은 가선대부 이조참판, 克皆는 자헌대부 예조판서, 그리고 시향조의 부친인 仁孫은 통정대부 부산첨사, 김천군수를 지냈다.(지내리 時揮(통덕랑)의 묘비문)

148) 기묘사화는 1519년(중종 14년) 남공, 심정, 홍경주 등 훈구재상이 조광조, 김정 등 신진사류들을 죽이고 귀양을 보낸 소위 주초위왕(走肖爲王) 사건이다.

은 산전리에 거주하였다.

鄭擇의 부친(仁孫)은 무과에 급제하여 통정대부, 부산첨사, 해주진관 병마절제사, 김천군수 등을 지냈고, 그의 조부는 문과에 급제하여 자헌대부 예조판서 겸 홍문관 제학, 세자 좌빈객 등을 지냈으며 그의 증조부는 문과에 급제하여 가선대부 이조참판 홍문관 제학, 동래부사, 세자 좌빈객 등을 지냈다. 또한 택의 자손들은 장자(승필)가 주부가 되었고, 그의 손자들은 조산대부, 주부, 부사과, 병절교위, 부호군, 가의대부 중추부사 등을 지냈다.149) 그래서 못안 정씨들은 16세기 부터 언양의 명문 양반씨족으로 간주되었다. 그간 이들 자손들은 하북면에 많이 살고 있지만 오랫 동안 과거급제와 사관을 하지 못하였고, 또 소유한 노비들이 거의 도망가서 가세가 기울어졌다.

1711년 지내리에 거주하는 호구는 모두 84호인데 이 중에서 동래 정씨가 13호(15.5%)로 가장 많고 그 다음은 경주 김씨(8호)와 청주 한씨(7호), 인동 장씨(6호), 김해 김씨(5호) 및 진주 강씨(4호) 등이다. 이들 성씨들은 노비를 소유한 유학(사족)이 많다.150) 이들의 신분배경은 각종 품관소유자들이 많고 노비들을 많이 소유하고 있는 것을 보면 매우 부유한 씨족들이다.

못안 정씨는 삼징(三徵)의 처인 학성 李씨의 조부는 선무원종공신 절충장군 용양위 부호군인 경연(景淵)의 자손들이다. 삼징과 삼결의 4형제 자손들이 17세기, 18세기 지내리의 명문을 유지하고 있다. 정삼징의 처가는 부친이 유학(사족)이지만 조부는 가의대부이고, 그

149) 「東萊鄭氏 滄隱公派家譜」 및 「東萊鄭氏世譜」 참조

150) 청주 韓씨들은 모두 유학(사족)이고 외조는 노직 통정, 선교랑, 조산대부 등이다. 이들은 모두 각각 10여명의 노비들을 소유하고 있는데, 그런데 1861년 까지도 양반집안이다. 흥미로운 것은 당시 충주 安高中(64세, 부는 장사랑, 조는 선교랑)이 노비 48명을 소유하는데 이 중에서 32명이 울산 동면 등지에 이거하고 있다.

의 증조부는 선무원종 공신이다. 선무원종공신의 지위는 비록 낮지만, 원래 공신은 양반(문무관)보다 높고 종중(왕실과 외척 및 처족)의 다음 가는 신분이다.

<도표 2>　　못안 鄭氏 僎의 가계도

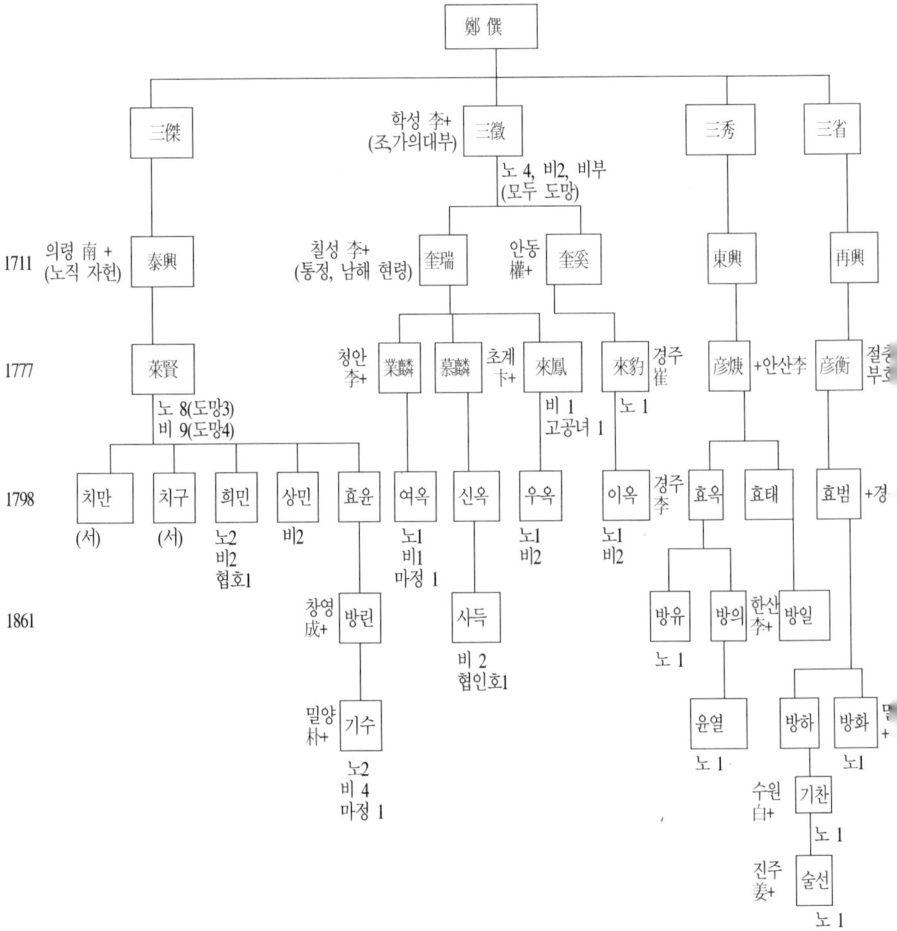

그러면, 정삼징 형제와 자손들의 가계와 그들이 소유한 노비수를

도표 2에서 본다. 자손들의 옆에 신분직역이 없는 경우는 모두 유학이다.

1711년 호적에 나타난 못안 鄭氏 집안은 三徵을 제외하면 부유하지 못한 편이다. 그러나 삼징의 소유 노비들이 모두 도망을 갔기 때문에 가세는 기울게 되었다.

한편, 못안 鄭氏라 하면 대개 지내리의 동래 정씨를 연상하지만 고개 너머 산전리에 거주하는 鄭泓(통덕랑)의 자손들도 명문 집안이다. 홍의 자손들도 통훈대부, 승사랑 부호군, 어모장군 훈련원 주부 등을 지냈다.

1711년 산전리에 鄭宇英 3형제들이 세거하는데 이들은 노직 품관 출신들이다. 도표 3의 이름 옆에 신분직역이 없는 자는 모두 유학 또는 학생이다.

장손인 정우영(절충장군 부호군)은 노비를 17명 소유하고(도망 노비가 10명) 그의 형제들도 각각 약 5명의 노비를 소유하였다. 그의 자손들도 많은 노비를 소유하는 지주부농이다.

한편, 1777년 호적을 분석하여 보면, 못안 정씨의 가세가 기울어지고, 마을의 호주는 동래 정씨가 다수(19.3%)이지만 청주 한씨(15.7%)와 경주 최씨 등의 비율이 많아졌다. 그리고 동래 정씨의 신분직역은 품관이 거의 없고, 또 다른 성씨와 마찬가지로 노비를 1~2명 소유하고 있어서 다른 성씨간 신분차별은 감소되고 있다.

이러한 노비소유는 1884년 갑오개혁(신분개혁)이 있었음에도 불구하고, 1950년 6.25 전쟁시 까지 문중노비가 있었다.[151] 그러나 조상

151) 어릴때 지내리 외가(못안 정씨)에 놀러간 적이 있는데 마침 잔치날이라 마당에 가설된 큰 솥에서 국을 끓이는 문중의 노비를 보았다. 그들은 마당에서 새끼로 둥글게 감은 공으로 축구놀이를 하는 양반집 어린 아이들에게 존대말을 사용하고 노비의 아이는 양반집 아이들에게 서로 하대말을 하였다. 매우 신기해 보였다.

숭배와 숭문사상은 다른 집안에 비하여 매우 강한 것 같다. 그것은 자손들을 위한 서당교육이나 조상들의 선영, 묘비, 문중의 시향제, 제실(大明齊) 등을 보면 이해할 수 있다.

<도표 3> 산전 東萊 鄭氏 台老의 가계도

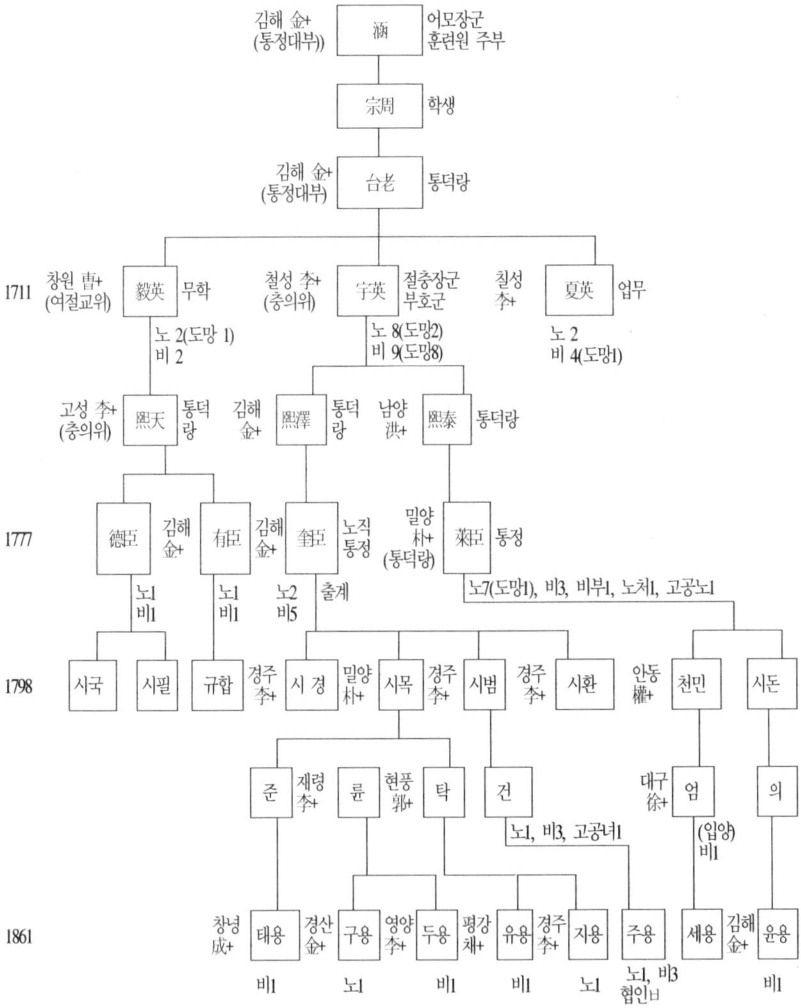

(2) 명촌리의 경주 金氏

명촌 김씨는 여말 선초에는 문반이었으나, 그 후는 무반 출신이다. 명촌 김씨의 11대조인 김차안(金次顔)이 무과에 급제하였고 그 아들 지(志)가 절충장군의 품계를 지니고 용양위 부호군이 되었으며 15대조인 규(圭)가 무과에 급제하였다. 그 밖에 가문에서 무과급제를 하였거나 첨지사를 지낸 경우가 많다.[152]

명촌 김씨는 4대조 金自幹(언양 현감)이 입향조이지만[153] 가문의 재력이 가장 번창하였던 시기는 18세기 중기 이후이다. 18세기 초만 하여도 광주 이씨와 김해 김씨 및 밀양 박씨가 지배적이었던 명촌리(63호)는 양반촌이 아니었다. 주로 상인(33.3%), 장인(20.1%), 천역양인(15.9%) 및 천인(20.1%), 역리(17.5%)들이 많이 거주하였다. 명촌리에는 양반(6.3%)과 준양반(14.3%)은 소수였다.[154] 다시 말하면 소수의 경주 이씨 집안을 제외하면 매우 비천한 동네가 18세기 중엽 이후에 경주 김씨가 다수 거주하는 양반촌이 되었다.

경주 김씨는 1777년 명촌리(30호)에 8호가 거주하지만 김덕정의 자손들이 대가족을 형성하기 때문에 인구수로는 매우 압도적이다. 명촌리에는 김씨 이외도 경주 이씨(6호)와 동래 정씨(4호) 및 김해 김씨(4호)가 살고 있으나, 이들의 신분지위는 속오군(4호), 장인(3호) 등으로 매우 낮은 편이다.

명촌 김씨는 이 곳에서 타인 노동력에 의존하지 않고 많은 노비 노동력으로 영농을 할 수 있는 시주부농(토호)이다. 이들은 가문의

---

152) 「鷄林金氏 府使公派譜」 참조

153) 명촌 김씨는 개국공신인 숭록대부 균(稛)의 3남인 계성(季誠, 산원대령 판사)의 차자인 부사공 종효의 자손들이다. 종효는 연산군의 비정을 반대하여 경주에 피신하였으나 후에 잘된 형이 동생을 찾아 조카 自幹을 언양현감에 임명하였다고 한다.(후손 '김락경'의 전언)

154) 「경상도 언양현 호적대장」, 1711년

위세를 빛내고 숭문사상과 경제적 협력을 도모하기 위하여 선영을 가꾸고 김자간의 사랑채인 명헌정에서 매년 10월 자손들이 아직도 시제를 지내고 있다.

<도표 4> 명촌 金氏 德鼎의 가계도

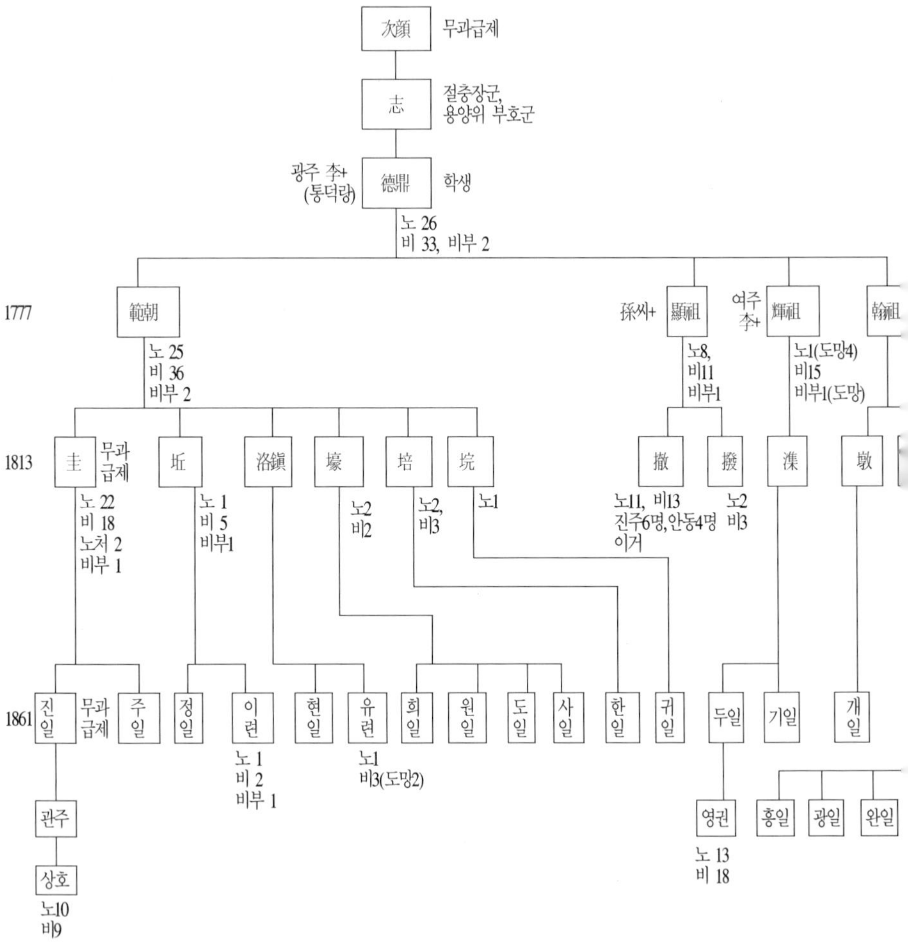

1777년 명촌리의 거주자는 모두 35호인데 이 중에서 22.8%(8호)가 경주 김씨이다. 당시 경주 김씨 거주자 중에 13대조 덕정(德鼎)의 자손(아들 범조, 현조, 희조와 손자 구, 호, 규, 배)들이 1777년과 1813년의 호적대장에서도 가세가 대단히 높고, 지주부농이었음을 그들 자손들이 소유한 노비들이 대단히 많았다는 것에서 알 수 있다. 예컨대 장남 김범조의 소유 노비는 61명이나 된다.155) 더욱이 한 집안인 덕윤(德潤)의 자손들도 많은 노비를 소유하고 있다.(아들 붕조는 1813년에 노비 15명과 노처, 비부 5명을 소유함) 또한 범조와 희조는 많은 친인척(3촌 가족과 처족 등)과 동거하는 대가족(8촌)이다.

이러한 대가족이 1861년에 명촌리의 19호중 경주 김씨는 10호를 차지한다. 이들 조상들이 소유하였던 많은 노비가 잦은 민란, 노비방량, 서얼허통, 도망 등으로 감소되었고, 가족해체(소가족화)가 동시에 일어나고 있다.

이러한 현상은 명촌 김씨의 18대손인 김영권, 김상호 대에 이르러 노비가 많이 감소되었음을 알 수 있다. 도표 3의 성명 옆에 신분직역이 없는 자는 모두 유학이다. 반면에 절중장군으로 용양위 부호군의 품계를 지닌 창원 具씨가 노비를 각각 8명을 소유하여 새로운 양반(무반) 집안으로 등장하고 있다.

(3) 삼동의 영산 辛氏

삼동 辛氏는 고려말 선조에 문반이었으나 조선 중기 이후로 무반이 되었나. 14내조 이후 18내 조 까지 매번 무과에 급제하여 주로 무관직에 종사하였다.

155) 김범조(52세, 유학)의 소유노비는 婢가 36명이다. 이 중에서 소생은 奴가 24명과 婢 18명, 그리고 婢夫가 2명이다. 현조(43세, 유학)의 소유 노비는 奴가 8명, 婢가 11명(도망 3명), 婢夫가 1명이고, 김희조(38세, 유학)의 소유노비는 婢가 4명이고, 그 소생인 奴 3명과 婢 4명, 그리고 婢夫가 2명이 있다.

삼동 신씨의 언양 입향조는 1426년 세종때 경상좌도 수군절도사를 지낸 13세손인 을화(乙和)공이다. 그의 자손인 15대조 석환(碩丸)(무과급제, 정헌대부 도흘부도훌관)은 1498년 연산군때 무오사화로 은둔하여 하잠에 정착하였고,[156] 방기에는 18세손인 휘(菅)이 정착하였으며 둔기에는 20세손인 진웅(震雄)이 정착하였다.[157] 그런데 1711년 언양 호적에서 신상우(27세)와 신만웅(57세) 형제 이외는 인근 동네에서 영산 신씨를 찾아볼 수 없다. 조일리에 거주하는 신상우는 10명 노비를 소유하고 있지만, 신관웅 형제는 대개 2~3명의 노비를 소유한 무과 출신 또는 유학이다.

1777년 언양 호적에는 삼동 신씨가 방기리(22호)에 辛壽天(87세, 자헌대부)외 4호가 거주하고 조일리(77호)에 辛德昇(69세)외 7호가 거주하며 하잠리(30호)에 辛最蕃(66세) 등 4호, 그리고 작동리(41호)에 辛尙番(46세) 등 2호가 거주한다.

이들 집안 중에 방기리의 신수천과 하잠리의 신최번은 많은 노비를 소유하고 있다. 신수천은 노비가 각각 48명과 72명, 그리고 신덕삼의 자손(11명)들은 많은 노비와 고공녀 및 협인들을 각자 약 10명씩 소유하고 있다. 이들 중에서 도망간 노비도 있고 통영, 진해, 김해 등지에 시거(時居)한 경우도 많다.

이와 같이 노비가 많은 집안은 영농을 노비노동에 의존하고 있지만 중소 부농은 신덕승의 경우 처럼 노비(6명) 뿐만 아니라 협인(2명)과 고공(3명)의 노동력에도 의존하고 있다.

삼동 辛氏 들은 18세기 말부터 자손들이 번창해지고 있다. 1798

---

156) 무오사화는 연산군 4년 사관 김일손 등 신진사류들이 비판한 훈구파 유지광(무과, 부윤의 서자)등 의하여 화를 입었고 심지어 사초에 조의제문을 쓴 김종직(무과, 형판)이 김일손의 제자라 하여 무덤 속에 있는 김종직을 부관참시한 사건이다.

157) 「靈山 寧越 辛氏 大同譜」 참조

년 언양호적대장을 보면 하잠리에는 신덕삼(辛德三)의 자손들이 많다. 이들이 소유한 노비, 고공 및 협인을 보면 상당한 경제력(중농 또는 부농)이 있음을 알 수 있다. 신덕삼의 두 아들은 7손자를 두고 동시에 각각 5명 이상의 노비와 고공 및 협인을 두고 있다. 특히 신백조는 30명(10명 도망)의 노비를 소유하여 지주 부농이었음을 짐작할 수 있다. 이러한 자산이 그의 3대 까지 감소되었지만 어느 정도 유지되고 있다.

<도표 5> 하잠 辛氏 德三의 가계도

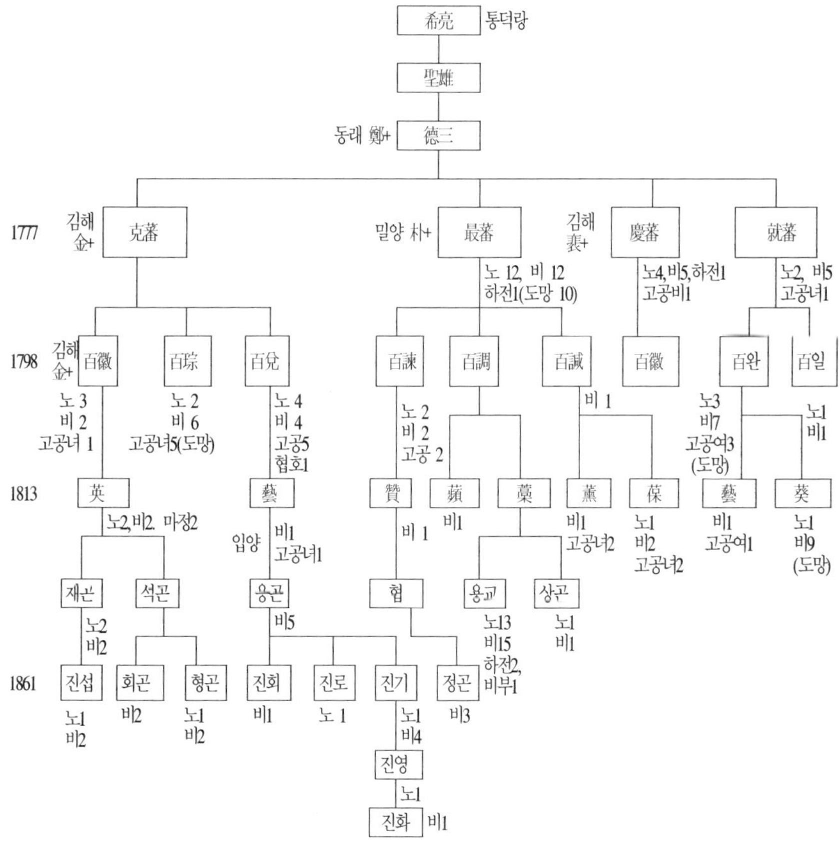

한편, 조일리에는 신덕중(德重, 노직 통정대부 첨지사)의 세 아들과 그 자손들이 다른 집안 사람들과 함께 양반 체면을 유지하기 위한 소수의 노비 및 협인 등을 두고 있다. 이 가문은 노직 양반들이다.

그러면, 삼동면의 하잠리, 조일리, 방기리에 거주하는 영산 신씨의 대표적 가문인 신덕삼의 가계도와 소유노비 등을 본다. 도표상 이름 옆에 신분직역이 없는 자는 모두 유학 또는 학생이다.

도표 5를 보면, 하잠리 신덕삼의 손자들이 1798년에 노비 등을 많이 소유한 것은 그의 자손들에게 상속된 결과인 것 같으며, 그러한 것은 민란 및 노비방량 등으로 신분해체가 심한 1861년대에 많은 손자들이 노비를 소유하고 있는 것은 다른 동네에 비하여 특이한 편이다.

삼동 신씨들이 많이 사는 하잠, 조일, 방기리에는 다른 성씨들도 많이 거주하고 이들 중에 경제력(소유노비)이 상당한 부농들을 많이 볼수 있었다.[158] 마을 주민의 다수가 직역을 가진 산골의 매우 부유한 동네이다.

(4) 반송리의 연안 宋氏

반송 宋氏는 고려 말 공민왕 때 좌명공신을 지낸 문반출신이나[159] 조선 중기에는 증직 양반이었다. 언양 입향조 琛(관정공)은 인조시 문과 초시에 합격하여 덕행으로 증직 통정대부 용양위 부호군이 되었으나, 후에 가선대부, 자헌대부의 증직을 제수 받았다. 그는 천소리와 반송리에서 세거하였다. 언양 입향조의 장자(興廉)는 영조시 통정대부 공조 참의의 증직을 받았고, 그의 큰 손자(必賢)는 조봉

158) 예컨대 조일리에 초계 변지덕은 비(婢)만 11명이 있고 협인 2가족이 있으며, 김해 김치운은 고공녀 3명과 협인(대개 유학) 8명이 있었다.

159) 고려말 공민왕시 문과에 급제하여 대사성, 원주목사 및 좌명공신 판밀직사를 지냈고, 1등훈인 연안부원군이 되었다.(延案 宋氏 觀亭公派世譜)

대부 동몽교관의 증직을 받았으며, 작은 손자(克俊)는 가선대부 한성부 좌윤의 증직을 받았다. 그는 천소리와 반송 양동에 세거하였다.[160] 이때가 반송 송씨의 가문이 비록 증직 양반이지만 가세가 가장 번창하였다. 도표 6에 자손들의 신분직역이 없는 자는 모두 유학 또는 학생이다.

상북면 천소리에는 연안 송씨 이외에도 김해 김씨 등이 2백여년간 대성을 이루고 살았다. 연안 송씨 집안은 1711년 宋處人(유학, 중직 자헌대부 중추부 첨사)의 자손들이 비교적 다수의 노비를 거느리면서 증직 양반 행세를 하였다.그리고 김해 김씨 집안(金斗炳)은 조상들이 통정대부의 노직을 소유하고 본인이 병절교위 용양위 부사과 등 직역을 소유하면서 다수의 노비를 소유하였고, 또 광주 안씨 형제(安時夏, 安時翰)도 많은 노비를 소유한 문무반 집안이었다.[161] 그밖에 전의 이씨 집안(李恒錫)은 부친이 통훈대부로서 현감을 지냈고, 자신도 통덕랑을 지내면서 다수의 노비를 소유하고, 또 경주 李氏(李斗榮)의 집안도 다수의 노비를 소유하고 양반행세를 한 것 같다. 따라서 천소리(54호)는 반촌이었다.

그러나, 1861년 천소리의 호주들은 거의 대부분 유학(사족)이 되었고 연안 송씨 가문에서 극소수의 노비를 소유하고 있는 실정이다.

---

160) 반송리는 반천, 장촌, 천소의 3개 마을(리)로 구성되어 있다. 반천리는 인동 장씨들이 동족촌을 형성하였고, 장촌리에는 곡부인 공씨들이 대성이며 천소리에는 연안 송씨들이 세거하였다.

161) 안시하의 처 민씨(여주)는 부친이 동훈대부로서 사천현감을 지냈고 조부는 승사랑, 증조부는 통덕랑을 지냈다. 안씨의 소유 노비는 각각 23명과 24명으로 노비의 소생도 있지만 울산 등지에서 매득하였다. 이들 노비 중에 상전호가 있는 서울에 14명을 보내고 도망친 경우도 많다. 그리고 안시한은 부친이 학생이지만 조부는 절충장군으로 중추부 첨지사이고 외조는 어매장군으로 훈련원 판관이다. 그의 노비는 각각 9명과 10명이며 도망한 노비는 4명이 된다.

<도표 6> 반송 宋氏 處仁의 가계도

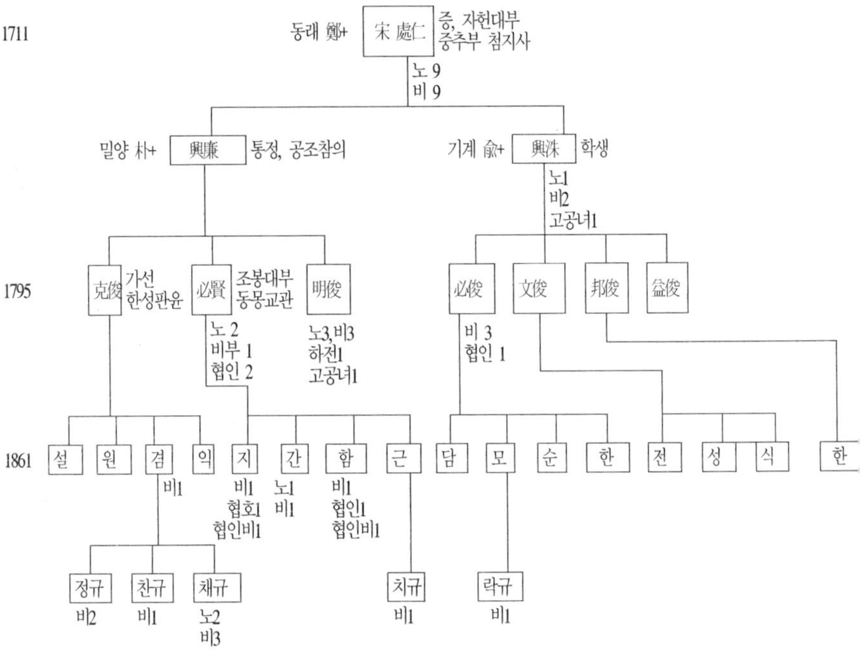

도표 6을 보면 송씨 집안의 자손들이 많지만 과거급제나 사관(벼슬)이나 증직 등이 없고 비록 소유 노비가 많이 있으나 이들의 도망이 대단히 심하였다. 그래서 19세기 중엽 이후는 가세가 기울어 졌다.

(5) 능산리의 진주 姜氏

진주 姜氏는 주로 하북면 능산리와 향산리에 거주하였다. 능산리에는 황보의 7대조 姜以成(종 8품 봉사)의 자손들이 거주하고 향산리에는 주로 문경공의 8세 및 9세손(진사 姜以仁과 찰방 姜啓賢)들이 살고 있었다.162)

<도표 7> 능산 姜氏 弼武의 가계도

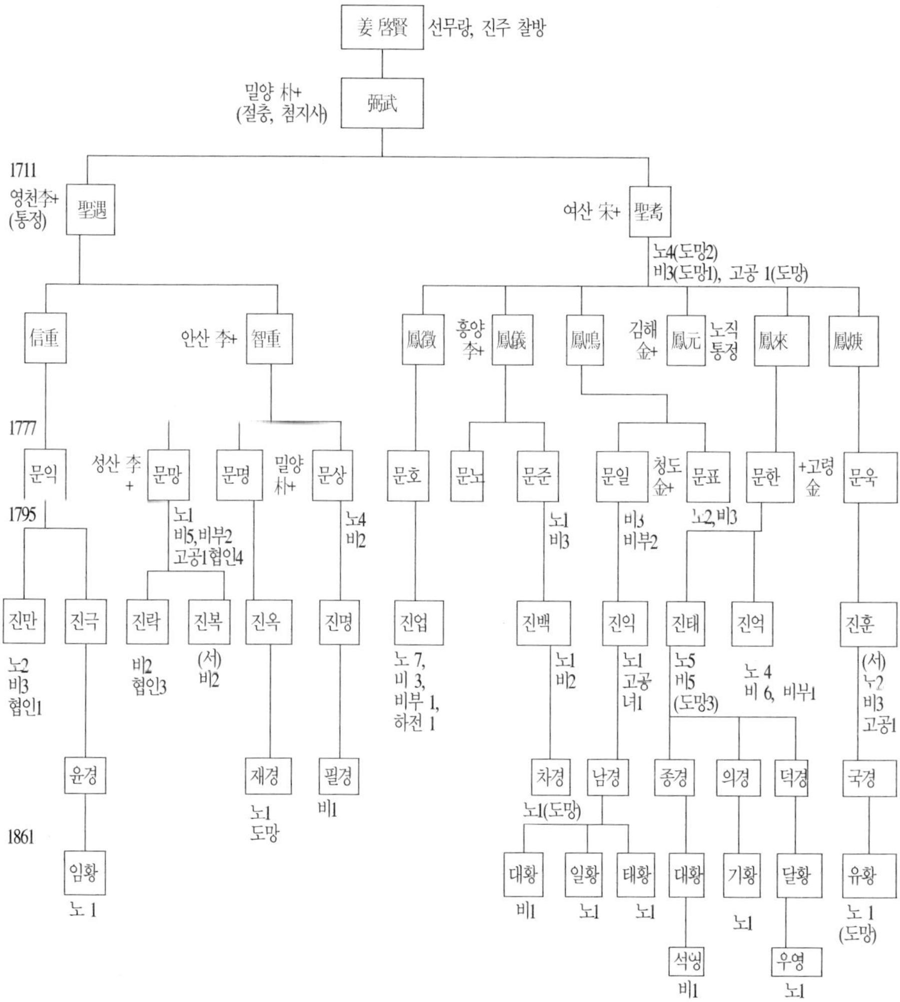

능산 강씨들은 1777년 능산리(또는 향산리) 호적대장에서 처음으

162) 「晋州 姜氏世譜」, 1984 참조.

로 발견되는데 이들은 고개 너머 지내리에서 이사를 왔기 때문이다. 1711년 능산리에는 품관 양반(7호)과 무학(10명)이 많이 있었으나 진주 강씨는 한명도 없었다. 그러나 1711년 근처인 외지내리에 다수 노비를 소유한 진주 강씨 5형제(聖耉, 聖遇, 仁甲의 아들)가 능산리로 집단 이거하였다. 1777년 호적에는 준양반(특히 유학)과 천역양인이 살고 1861년 까지 16호가 거주하였다. 그리고 향산리(21호)에도 17호가 거주하였다.

능산리의 진주 강씨들은 姜弼武(유학)와 姜世衡(노직, 가선대부 용양위부호군)의 자손들이 많다. 전자의 손자들은 도표 7에서 볼 수 있는 바와 같이 1777년에 8명이고 또 증손자들은 10명이다. 이들의 자손들이 18세기 말 19세기에도 모두 노비들을 소유하고 양반 행세를 하였다. 이에 반하여 후자의 자손(4명)들은 많지 않지만 각자 4~5명의 노비를 소유하여 반촌의 위세를 유지하였다.

이것을 보면, 능산 강씨는 오래된 향반은 아니지만 조상들 중에서 노직품관(가선대부 또는 통정대부)을 가진 경우가 더러 있다. 이들은 자손들이 많아 대가족(직계 6촌)의 반촌을 형성하였다. 또한 도표 7에서 볼 수 있는 바와 같이. 노비와 고공 및 협인들이 많아서 상당한 경제력을 소유하고(다수가 부농) 집안의 사회적 지위를 표시하기 위한 노력, 즉 제실을 짓고, 시제를 지내며 족보 등을 발간하였다.

이러한 대가족의 형성과 노비소유도 1861년 호적에는 분가와 더불어 급속히 감소되고 있다.

(6) 다개리의 안동 權氏

다개리의 안동 권씨는 희정(문정공)의 자손들이 세거한다. 안동 권씨는 1795년 언양현 호적대장에서 권명의(權命義)의 자손들이 대곡리(26호)에 6호가 거주하는 것을 발견할 수 있다. 당시 대곡리에는 안동 권씨 이외도 수원 백씨(7호)와 김해 김씨(4호)가 많이 살고, 다개리에는 청수 한씨(8호), 경주 김씨(3호) 등이 살고 있었다. 그런데 권 명의의 자손들은 모두 충익위 등의 직역을 소유하고 부친의 경우는 노직인 가선대부이다. 따라서 다개 권씨는 노직 양반(무반) 가문이라 할 수 있다.

1777년 이전에는 다개리와 대곡리의 호적에는 안동 권씨가 거주한 적이 없고, 당시에는 준양반(특히 유학)과 천직 출신들이 많았다.

<도표 8> 다개 權氏 碩望의 가계도

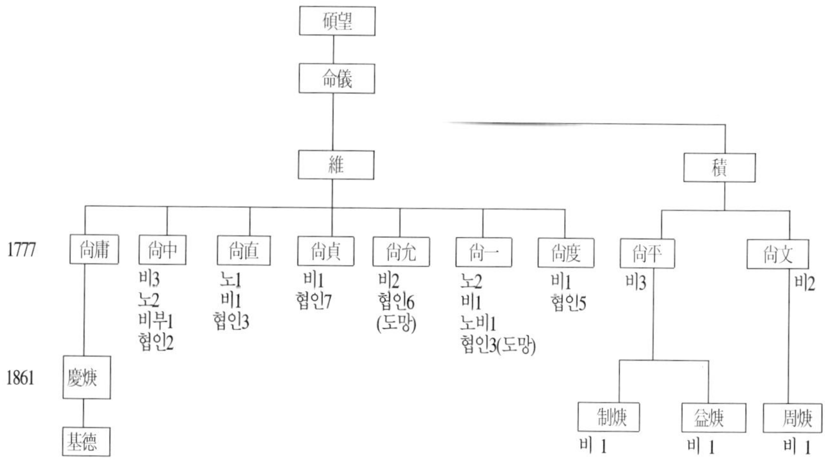

1795년 대곡리 안동 권씨의 가분을 보면, 노표 8과 같이 비교적 노비와 협인들을 많이 소유하고 있다. 이들의 경제적 지위가 중농 이상이 되겠으나, 이러한 신분적 지위로 명문 양반의 신분을 누리기는 어렵다. 도표 8에 자손들의 신분직역이 없는 경우 모두 유학 또는 학생이다.

1795년 이전만 하여도 다개리와 대곡리가 비천한 신분직역의 소유자가 많았으나 전술한 수원 백씨와 김해 김씨 그리고 청주 안씨의 노직 양반들이 다수 거주하면서 그들이 대부분 노비와 협인 등을 많이 소유하여 반촌의 지위를 제고 시킨 것 같다.

(7) 언양 양반촌의 특성

옛날 언양현에는 명문 양반촌이 다수 형성되어 있었다. 오늘날이 양반촌을 향반촌이라고 말하지만 그 당시의 명문 씨족들은 양반(사족)이라고 자부하면서 과거 합격과 사관(벼슬)을 위한 노력을 꾸준히 하였다.

그들이 생각하는 협의의 양반 개념인 문・무반이나 당상관의 3대 자손(음자제)을 의미하는 것이 아니라 응과와 사관할 수 있는 자격, 즉 광의의 개념인 사족을 말한다. 그런데 언양 양반의 시향조와 그 자손들이 서울에서 피신 또는 낙향하는 경우가 많은데 이들은 그 때부터 양반(문・무반)이 되기 어렵다. 왜냐하면 과거시험을 보려 언양에서 서울까지 천리길을 가는데(약 9일 소요) 그에 따른 비용(경제력)과 시간, 그리고 과시 정보와 암기력이 뒷받침해 주지 못하기 때문이다. 더욱이 오랫동안 사관하지 못한 양반은 가계를 위해 자손들이 생업(농업)에 종사해야 한다. 그러다 보면, 언양의 양반 씨족은 조선 말기에 대량으로 뽑은 무과에라도 급제하거나 경제력으로 납속품관(주로 종 2품의 가선대부, 정 3품의 절충장군 용양위 부호군)이나 고령으로 노직품관(주로 가선대부, 절충장군 용양위부호군) 등을 획득해야 양반 행세를 할 수 있다.[163] 그래서 언양 호적대장을 보면, 실질

163) 조선후기에 언양에서 문과 및 무과합격자를 배출한 성씨는 대과에 의령 南氏(길천리)와 창령 成氏(지내리)가 있고, 소과에는 경주 金氏(명촌리), 대구 徐氏(길천리), 경주 崔氏 등이다. 그러나 임진왜란 이전에는 경주 金氏 3명(명촌리), 동래 鄭氏(지내리)와 곡부 孔氏, 금령 全氏, 김해 金氏 등이 각각 1

품관은 거의 없고, 납속품관이나 노직품관의 직역을 소유한 사람들이 대단히 많다. 이러한 사람들은 유학(사족) 뿐만 아니라 향리(아전)와 역리, 심지어 노비출신에서도 볼 수 있다.

그러면 언양현 양반 씨족의 사회적 특성을 지적하여 본다.

첫째, 언양의 양반 씨족은 여말 선초에는 문반출신이 많았으나 시향조 이후는 못안 정씨를 제외하면 대부분 무반 출신이다. 그 후 못안 정씨는 비록 자손은 많으나 가난하여 납속 품관이나 노직 품관은 없다. 못안 정씨는 오랫동안 성리학의 숭문사상이 강하여 서당교육이 발달하였고 조상숭배 사상이 매우 강하였다.

반면, 명촌 김씨와 반송 송씨, 하잠 신씨 및 능산 강씨 등은 자손이 많고, 경제력(노비 소유 등)이 풍부하여 납속 품관이 많다. 이들은 18세기에 많이 형성된 대토지 소유자인 도호들이다. 그 뿐만 아니라 명문 씨족은 조상숭배를 위한 문화(선영과 족보 및 의례 등)가 매우 발달되어 있다. 나머지 명문 씨족은 자손이 적고 경제력도 빈약하여 가세가 기울었으나 양반 행세를 할 수 있는 극소수의 노비(1명 소유주가 90%)와 고공 및 협인(45.5%) 등을 소유하고 있다.(1798년의 경우) 언양현 명문 씨족 자손들이 소유한 노비수를 보면, 자손들에게 균분상속제가 적용되지 않았는 것 같다.164)

둘째, 언양의 양반은 못안 정씨와 삼동 신씨가 17세기 이전 반촌

명씩 합격하였다. 그리고 임란 이전에는 무과합격자는 명촌리의 경주 金氏 6명, 길천리의 밀양 朴氏 2명, 지내리의 동래 鄭氏 1명이 있었나.(남연숙, 조선후기 향반의 거주지 이동과 사회지위의 지속성, -언양 못안골 창녕 成氏 가문을 중심으로-, 발표요지, p.16)

164) 崔在錫 교수는 1600년대 중엽 이전에는 자녀간 재산(토지 및 노비) 및 제사의 상속에 있어서 균분제를 실시하였으나, 1700년대 중엽 까지는 남녀균분상속제가 장남우대, 남녀차별의 장자상속제로 발달하였다고 한다. 그는 차등상속제가 발달한 것은 조상숭배, 동족관념의 강화와 농지의 세분화로 봉사조(40~60% 내외)의 발달에서 찾고 있다.(최재석, 「한국가족제도사 연구」, 일지사, 1983, p.551)

을 형성하였고, 명촌 김씨와 반송 송씨 및 능산 강씨의 경우 18세기 중엽 이후이다. 이 때 반촌이 형성된 것은 그들의 자손과 경제력이 발달하였기 때문이다.

셋째, 언양의 양반가문은 대가족이다. 언양현 상북면의 호주 이외의 가족원 수는 1825년에 평균 4.8명이고, 1861년에는 4.6인이다. 가족형태별로 보면 1861년 직계친(부모, 처자, 손자녀 등)은 전체 가족의 63.0%를 차지하고 방계친(형제내외, 조카, 삼촌내외, 5촌 내외 등)은 10.8%이다. 1861년의 경우 직계친은 57.1%이고 방계친은 21.2%로 더욱 많다.[165] 대부분의 양반 씨족은 18세기에는 6촌 까지의 친인척이 동거한다. 언양현의 호당(평균) 인구는 노비와 고공 및 협인을 소유하고 있어서 그들의 호구수는 더욱 많다.

넷째, 언양의 명문 씨족은(양반, 향리 심지어 천민 까지) 경주지방의 토성이 많다. 특히 경주 김씨, 경주 이씨, 경주 최씨 등이 많고, 나머지도 대부분 동래 정씨, 김해 김씨, 밀양 박씨, 진주 강씨, 언양 김씨, 대구 서씨, 영일 정씨, 창원 황씨, 밀양 박씨, 경산 전씨 등과 같이 경상도의 토성이다. 이것은 옛날 언양현이 신라시대의 속현에서 연유되었기 때문이다.

다섯째, 명문 양반씨족은 많은 노비와 고공(여) 및 협인을 두고 있다. 특히 노비가 많은 명촌 김씨와 삼동 신씨는 주로 노비노동에 의존하여 영농을 하였고, 노(奴)는 대부분 속오군의 직역을 지니고 있다. 그러나 반송 송씨와 삼동 신씨 및 능산 강씨는 영농을 노비노동 뿐만 아니라 동시에 고공(여)과 협인노동에 의존하고 있다. 이들 협인의 신분직역은 대부분 유학이고, 가족단위의 협인이 많다.[166]

---

165) 상북면의 비혈연가구(사역인구, 즉 노비, 고공, 협인)는 1825년에 1.35명이고, 1861년에 1.12명이다.(한영국, 조선후기의 협인, 협호, 「한국사학논총」, 정음문화사)

166) 이영훈은 1798년 언양현의 협인을 전체 인구(10,200명)의 17.2%라고 추측하였는데 박용숙은 전체 인구의 40.5%라고 한다.(박용숙, 전게서, p.44)

이들 명문씨족의 노비가 많은 것은 처음엔 매득이지만 후에 자연증가(출생)의 결과이다.

여섯째, 양반(유학, 사족)의 경제적 기반은 농업이고, 동시에 영농할 수 있는 노동력, 특히 노비와 고공(여) 및 협인을 다수 소유하여야 한다. 노비와 고공의 소유와 그들 주호의 신분적 배경에 대하여서는 전술한 바 있기 때문에 협호 및 협인에 대하여 약술한다.

1798년 언양현의 협호 소유자는 485가구이고, 협호인은 모두 1,758명으로 전체 인구의 17.2%를 차지한다.167) 이 협인은 당시 노비(1,379명) 및 고공수(338명)와 매우 유사하다. 이 많은 협인의 소유주는 상민이 전체의 45.4%로서 가장 많이 차지하고, 그 다음은 양반이 전체의 37.6%를 차지하며, 나머지는 준양반(14.2%)과 중인(1.6%) 및 천민(1.3%)이 소유한다. 이것을 보면, 당시 양반(57.6%)이 상민(28.1%) 보다 협인을 적게 소유하고 있다. 양반들은 협인수와 비슷한, 노동력인 노비와 고공(여)을 소유하고 있기 때문이다. 따라서 명문 양반들은 당시 저렴하고 풍부한 노동력으로 영농을 하고, 대토지 소유자, 즉 지주부농이 될 수 있는 경제적 사회적 여건을 갖추고 있다.

일곱째, 언양의 양반 씨족은 전술한 6대 성씨간에 통혼권을 형성하였다. 특히 못안 정씨는 다른 명문 씨족이 바라는 통혼대상인 것 같다. 그리하여 향반의 신분적 지위를 가졌을 지라도 명문 씨족간의 통혼에서 자위하는 것 같다.

여덟째, 언양의 양반은 대개 조선시대 사화와 당쟁으로 피신 또는 낙향하였고, 비록 반정에 성공하였을지라도 향반이 되어 있어서

167) 상게서, p.43. 해방후에도 언양의 부자집에는 행랑채나 헛간채에 협인가족(처와 자식)이 주로 살았다. 이들은 주인의 영농을 돕거나 이를 일부 소작하는 종속된 노동력이다. 머슴들이 자는 초당에는 잘 가지 않는다.

서울의 양반관료, 특히 중앙정부에 대한 반골정신이 매우 강하다.

아홉째, 언양현 양반 씨족 조사에서 못안 정씨를 제외하면 대체로 18세기에 씨족 공동체가 형성되었던 것 같다. 이 때 6촌 까지 대가족을 형성하여 납속 품관의 신분세탁을 하면서 많은 노비, 고공, 협인의 노동력을 이용하여 지주부농이 된 지방호족이 나타나게 된 것이다. 그러나 19세기에 들어오면서 대가족(친계, 방계가족)의 해체와 소유천민(노비, 고공, 협인)의 도망 등으로 생산노동력이 감소되고 삼정의 문란으로 지방호족이 몰락하게 되고[168] 점차 제사공동체로서 발달하였다.

이와 같이 언양현의 대표적인 양반이 전술한 6개 또는 8개의 명문 성씨라고 반드시 말하기는 어려울 것 같다. 이들의 지위가 시기에 따라 달라지고, 또 다른 지역(리)에서도 신분직역과 경제력이 우수한 명문 씨족이 많이 있기 때문이다. 사실 오랫동안 과거 합격과 사관하지 못한 경우 양반의 지위를 누리기 어려우며 심지어 경제력이 있는 명문 씨족(유학) 중에 납속양반, 노직양반, 증직양반이 속출하고, 동시에 친계 혈족 뿐만 아니라 방계 혈족의 분가와 천민의 도망 등으로 과거 동거하였던 대가족의 붕괴현상이 나타났다.

2) 향리촌

언양현의 현청과 관아는 사방형의 읍성내에 있었다. 그러나 취락은 읍성(현청) 앞에 형성 되었다. 읍성 앞에 형성된 읍내리는 동부리와 남부리가 있었다. 그리하여 향리들은 대부분 읍내리, 특히 가까운 동부리에 모여 살았다.[169]

---

168) 옛날 '부자가 3대 가기 어렵다'는 先妣의 말씀이 타당한 것 같다.

169) 언양현 관직은 현감(무 6품), 좌수 1인, 별감 2인, 군관 13인, 리(吏) 19인, 지인 7인, 사령 12명, 관노 13구 관비 10구가 있고, 또한 리(吏) 24인, 서원 15인, 지인 14인, 관비 11구, 록자비 2구가 있다.(「彦陽本縣誌」, 獻山誌, 1786)

(1) 읍내리의 씨족 및 신분

1711년 언양읍내에 거주하는 성씨는 김해 김씨, 밀양 박씨, 경주 이씨, 경주 최씨 등이 가장 많다. 이들 중에서 납속 품관(가선대부 종2품, 통정대부 정 3품, 용양위 부호군, 6품, 통덕랑(정 5품) 종사랑(정 9품), 장사랑(종 9품) 등)이 많고, 또 향리직을 독점하고 있었다. 예컨대 김해 김씨는 기관이 많고 다른 성씨는 공생을 차지한다. 그러나, 1861년에는 김해 김씨는 약화되고 그 대신 경주 김씨와 해주 오씨가 가장 많아졌다.

<표 13> 읍내리 호주의 씨족별 신분배경

	연도	양반	준양반	중인	양인	천인	미상	합계
경주 김	1777	1	5	7	1	2		16
	1861		3	5				8
경주 이	1777	3	4	4	6	8		25
	1861		15	4	1	1	1	22
경주 최	1777		3	2	2	3		10
	1861		5		1			6
동래 정	1777	1		1	1	2		5
	1861	1	5	1				7
김해 김	1777	2	13	3	5	2	2	27
	1861	1	9		1			11
밀양 박	1777		7	1	8	3	1	20
	1861	1	12					13
해주 오	1777	1	2	3				6
	1861		2	11				13
영산 신	1777		1	3		3		7
	1861		1					1
기타 성	1777	8	26	5	21	16	3	79
	1861	3	36	10	1	1	2	53
합계	1777	16	59	26	27	39	6	173
	1861	7	51	31	4	3	2	102

그러면, 1777년과 1861년 읍내에 거주하는 사람들의 씨족과 신분배경을 표 13에서 본다.

표 13을 보면, 언양 읍내리 거주자가 감소된 것은 분동의 결과인 것 같다. 언양 읍내 거주자는 경주 이씨가 가장 많고(47호) 그 다음은 김해 김씨(38호)와 밀양 박씨(33명)이며, 나머지는 경주 김씨(24명), 해주 오씨(19명) 등이다. 인양 사람들은 경주에 시조(본관)를 둔 경우가 많다.

지난 86년간 경주 김씨와 김해 김씨는 준양반과 중인이 감소되었고, 경주 이씨와 밀양 박씨는 준양반이 증가되고 중인이 감소되었지만 해주 오씨는 오히려 중인이 증가되었다. 경주 김씨와 해주 오씨가 중인의 중심세력인데 1711년 읍내리에 없었던 해주 오씨가 더욱 증가되고 있음을 보여 준다.

언양현 읍내리 거주자(호주)는 다른 동네에 비하여 납속, 노직의 품관 소유자와 중인 및 천민(역리와 관노)들이 많다. 전술한 반촌에는 유학과 같은 양반 직역이 많지만, 이들 성씨족은 언양 향리(특히 아전)와 같은 씨족 배경을 지닌 경우가 많다. 특히 경주 김씨와 이씨들은 언양의 아전들과 매우 가까우면서 향권을 장악한 것 같다.

(2) 향리의 시기별 변화

언양현의 향리는 표 14에서 볼 수 있는 바와 같이 시기별로 약간의 차이는 있으나 일반적으로 증가되었다. 협의의 향리는 안일호장과 기관 및 공생 등을 말할 수 있는데 그들의 호수와 인구가 많이 증가되었고, 넓은 의미의 향리는 장차 기관과 공생이 될 수 있는 가리와 서원 및 유사(작청) 그리고 군관과 사령까지 말한다면 이들의 인구는 크게 증가하고 있다.

일반적으로 향리는 좌수와 별감까지 포함시킬 수 있는데 이들은 각각 1명 또는 2명이다.

이와 같이 언양현의 핵심적 향리는 호장과 기관 및 공생을 말할

수 있다. 이들은 형청(관아)이 있는 읍내리(동부리와 남부리)에 주로 거주하였다.170)

<표 14> 언양현 향리의 호수 및 인구(직) 수

	안일호장		기관		교생		가리		서원		군관		사령		관노비		합계
	호주	인구	호주	인구	호주	인구	호주	인구	호주	인구	호주	인구	호주	인구	호주	인구	
1711		1	1		7	29	2	7			1	2		9			59
1777	3	2	5	6	6	12			3	12	35	83	13	15	9	12	216
1825	7		8		14	23	2	5	1	16	2	99	5	18	10	3	213
1861	5	20	18		8	34		25		5	1	134	1	15	1	25	292

(비고) 1) 1711년의 관직 중 5명의 미상(훼손)이 있음
2) 1825년의 인구별 자료는 1813년의 것임.
(자료) 표 3과 8에서 재작성

읍내리 중에서 특히 동부리에서 집단촌을 형성하였다. 예컨대 19세기 언양현 향리(아전)의 핵심 세력인 해주 오씨의 경우 1777년에는 강변 남부리에 기거하였는데 1861년에는 동부리 제 10통에서 제 16통으로 이거하였다. 동부리 80호중 향리가 28호이고 이들은 모두 이 7개 통(35호)에 거주한다. 즉 향리 명문집안인 해주 오씨(호장 2호, 기관 8호, 유학 1호)와 경주 김씨(호장 1호, 기관 3호, 공생 2호, 유학 2호)가 가장 많이 살고, 그 다음에 경주 이씨(기관 3호)와 경산 김씨(공생 3호, 유학 1호) 및 고령 신씨(호장, 기관, 공생 각각 1호)가 많으며 동래 전씨와 진주 강씨가 각각 1호이다. 나머지는 관노(2호) 등이 거주하였다.

이와 같이 향리들은 신분을 세습하면서171) 집단거주하여 지연공

170) 읍내리 중 동부리는 읍성내 현청의 바로 전면에 위치하고 남부리는 태화강(남천) 변 지역이다. 1950년대에도 동부리 아전 동네 골목길을 지나가면 높은 돌담 너머 넓은 마당에 주로 기와집과 초가집이 보였다.

171) 향리 중에서 문과, 무과, 소과(생원, 진사)에 합격한 자와 일가에서 향리에 복무하는 3인 중에 잡과에 합격하였거나, 서리를 지내다 관직에서 물러난 자는 모두 그 자손은 향리로서 복무할 임무를 면제한다. 그리고 2대가 연속하여 향리의 역에 복무하면 그들이 원래 향리의 자손이 아니더라도

동체를 형성하고 있었다.

(3) 향리의 씨족 및 신분배경

1711년 언양현의 향리들은 김해 김씨가 가장 많고(3명의 기관), 그 다음으로 밀양 박씨, 경주 김씨, 동래 정씨 등이 공생직을 지니고 있다. 그러나 1777년 이후에는 경주 김씨와 해주 오씨가 많아졌다.

언양현 주요 향리들의 姓氏 배경을 보면 표 15와 같다. 표 15를 보면, 1777년 주요 향리들은 해주 오씨와 경주 김씨 및 경산 전씨 등이고, 이들의 세(수)가 분산되어 있으나 1861년에는 해주 오씨와 경주 김씨가 압도적 다수를 차지한다. 따라서 언양 향리의 세력은 이들이 장악하였고, 나머지의 경우 점차 몰락되어 왔다.

<표 15> 언양현 향리의 성씨 배경

		해주 吳	경주 金	경주 李	경산 全	고령 申	기타 姓	합계
安逸戶長	1777		1	1			1	3
	1861	5	1				1	6
記官	1777		1				2	3
	1861	7	3	3		1	1	15
貢生	1777	3			2			5
	1861		2		3	2	2	9
합계	1777	3	2	1	2		3	11
	1861	12	6	3	3	3	4	30

언양지역의 향리사회에서 향리층의 지위를 계속 유지해 온 가문은 해주 오씨 가문 외에도 경주 김씨, 경산 전씨 가문이 있다. 그 밖에 고령 신씨, 경주 이씨 가문도 있는데 이들은 18세기 후반 이후 새로 향리층으로 편입한 가문이다. 이들 외에도 18세기 후반 이후 일시적으로 이서직을 역임한 가문으로 인동 장씨, 경주 최씨, 순천 전씨,

그 복무를 허락하지 않는다.(「경국대전」, 「대전회통」, 이전편 향리조)

나주 임씨 가문 등을 찾아 볼 수 있다. 이처럼 새로운 가문이 이직에 진출해 오는 반면, 18세기 초에 향리직을 수행하던 밀양 박씨, 남원 노씨, 경주 이씨, 완산 이씨 가문들은 이직에서 도태된 것으로 보여진다.

이와 같이 언양지역도 다른 지역과 마찬가지로 후대에 올수록 특정 가문의 향리직 과점 현상이 두드러지며, 오씨 이족이나 김씨 이족은 이렇듯 읍권이족 가문들과 연관지어 비교할 때, 1860년대(철종 말~고종 초)에 언양지역 이족 가운데 가장 큰 세력을 가진 향리집안이었다.[172]

그러면, 1861년 언양 향리의 핵심 세력인 吳漢佑(1795년 기관/1861년 장사랑)와 金昌股(1795년 장사랑/1861년 장사랑)의 자손들이 어떠한 향리 직역에 종사하였는지를 언양현 호적대장에서 찾아 본다.

吳漢佑(1979년 기관, 1861 장사랑)이 부친과 조부 및 증조부가 모두 기관과 안일호장 및 장사랑을 지낸 전형적인 향리집안이다. 1861년 언양현 호적대장을 보면, 오한우의 아들 5명 중 3명이 기관, 공생, 안일호장, 장사랑 등을 지냈고, 손자 15명에 11명이 기관, 공생, 안일호장 등 향리를 지냈다. 또한 그의 4촌 자손들 중에도 향리를 지낸 사람이 5명이나 된다. 이와 같이 이들은 막강한 향리 명문이다.[173]

---

172) 손숙경 · 이훈상 공편, pp.10~13
해주 吳씨 이족가문이 언양에 입향한 것은 오한우의 5대조 오사영(吳士英) 때부터이다. 그는 경주에서 울주군 두동에 이주한 후 언양에 들어왔고, 이어 그의 아들 오윤례(吳胤禮) 때 부터 언양의 읍치에 거주하였다.
경주 金씨 이족가문이 언양에 입향한 시기는 김근용(金謹龍)때 부터이다. 충주에서 살았던 그는 1594년 임진왜란 때 가족과 헤어졌고, 이주 7년 뒤에 청도 운문산에서 아들을 다시 만나 언양면 삼북면 석남촌에 정착하였다. 그 후 18세기 전후 金漢徵이 안일호장직을 맡고 있어서 이 무렵에 읍치에 거주한 것으로 보인다.(전게서, pp.11~12)

173) 옛날 吳씨 향리집안은 소유 재산과 수입이 적기 때문에 5일 마다 열리는 언양장에 울산에서 오는 보부상들을 통행세 명목으로 돈을 갈취하는 집단행패를 부렸다고 한다.

<도표 9 > 해주 吳氏 殷周의 가계도

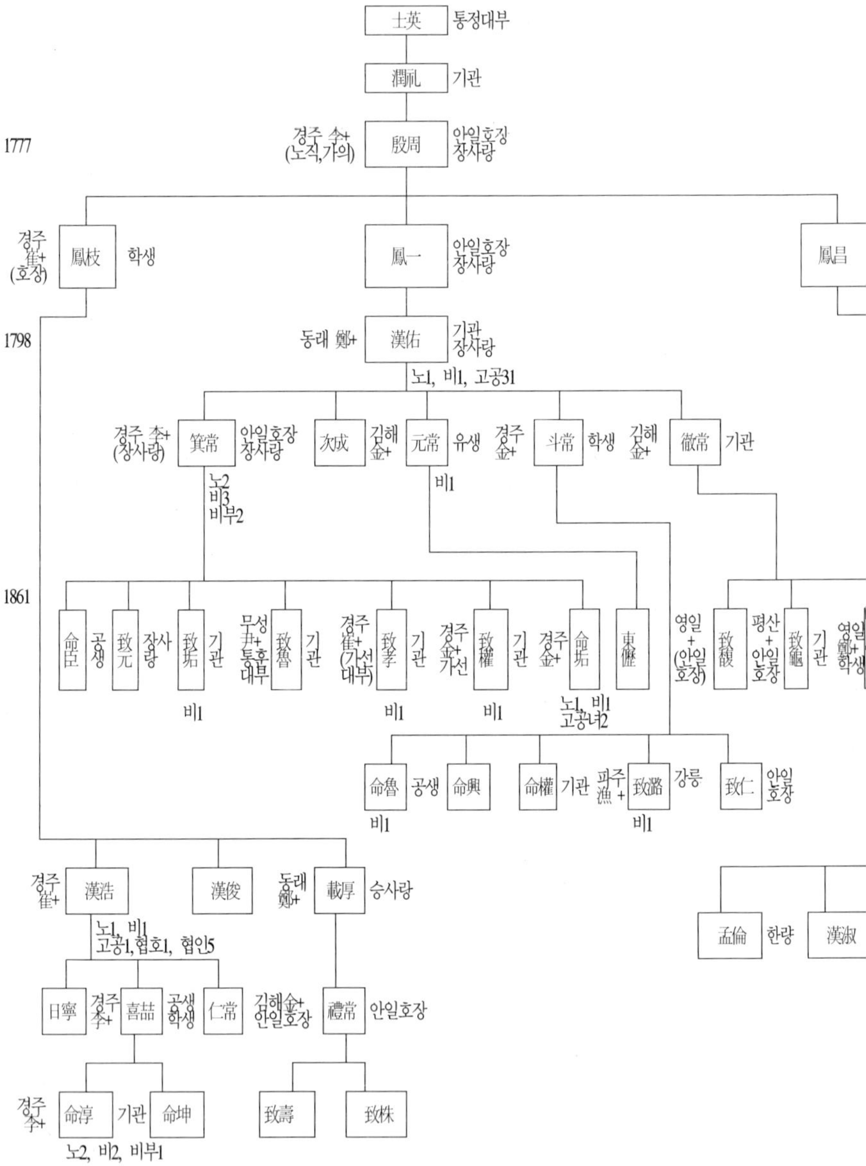

한편, 金昌殷(1795년 장사랑, 1861년 장사랑)의 부친과 조부 및 증조부도 모두 향리인 기관, 통덕랑, 장사랑 등을 지낸 전형적인 향리집안이다. 김창은의 아들 4명 중에 2명이 장사랑과 안일호장을 지냈고, 그의 손자들(9명)도 거의 모두 기관, 공생 또는 안일호장 등을 지냈다.

또한, 명문 향리들의 통혼권(외척과 처족의 4祖)을 호적에서 보면, 향리들간의 신분내혼제가 이루어지고 있음을 확인할 수 있다.

<도표 10 > 경주 金氏 昌殷의 가계도

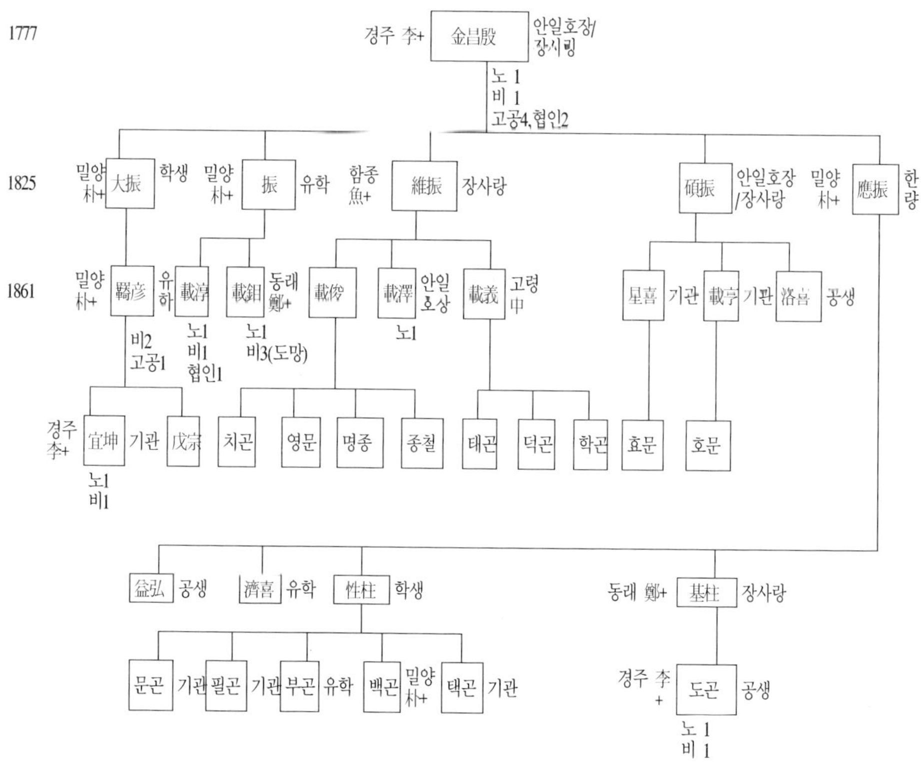

(4) 향리의 신분배경과 경제력

언양 향리 중에서 기관, 공생, 서원의 4祖 신분배경을 보면 표 16과 같이 대단히 높다.

1777년 기관의 신분배경은 부친이 양반(대부분 품관)이거나 준양반(대부분 한량)이 많고 공생의 경우 준양반(대부분 유학)이거나 중인(대부분 기관)이 많다. 그러나, 1861년 기관의 신분배경은 중인(기관 등)과 준양반(유학)이 많다. 그리고 공생의 경우 준양반(대부분 유학)과 양반(장사랑 등)이다. 그러나, 향리 중에 양인 또는 천민 출신은 없다.

<표 16> 언양 향리 4祖의 신분배경

	연도	양반				준양반				중인				양인				천민				합계
		부친	조부	증조	외조	부친	조부	증조	외조	부친	조부	증조	외조	부친	조부	증조	외조	부친	조부	증조	외조	
기관	1777	2		2	2	3		3	3													5
	1861	6	9	12	3	4	6	6	13	7	2		2									18
공생	1777			2	2	2		3	3	4		1	1									6
	1861	2	2	3		4	5	5	8	1	2											8
서원	1777				1					1	1		1									1
	1861			12				6														
합계	1777	2		4	5	5		6	6	5	1	1	2									12
	1861	8	11	15	4	8	11	11	21	8	4		21									26

(자료) 「언양면 호적대장」

이러한 것을 보면, 향리의 신분배경이 대단히 높다. 다시 말하면, 향리 신분의 직업세습성이 나타난다. 향리의 신분세습성은 사령→서원→가리→공생→기관에의 선임 과정에서 친·인척의 혈연 및 예전(禮錢)이 작용할 수 있다.174) 이들은 향리직(기관, 공생)을 지내면 50세 이상은 안일호장직, 즉 퇴직후 급료만 받게 되고, 또한 노직으로

174) 김필동, 조선후기 지방이서집단의 조직구조(하), 「한국학보」, 제 29집, 1882, pp.92~93

서 장사랑(종 9품) 또는 통사랑(정 8품) 등 신분을 지닌다. 이러한 현상은 단성 등 다른 지방 향리에서도 볼 수 있다.[175] 그 뿐만 아니라 이들은 양반 또는 준양반(유학)과 통혼권을 형성하여 사족의 신분을 행세한다. 또한, 이들은 실무적인 행정, 사법권을 지니고 있기 때문에 향교 등에 참여하여 양반과 교우하면서 지방 향권을 장악한다.

한편, 언양 향리들 중에 1명 이상 소유하고 있는 노비 유무를 보면, 1777년에 비하여 1861년에 모두 노비를 두고 있다. 그리고 향리들이 함께 사는 협인 또는 고공의 유무를 보았더니 1777년에는 협인을 대부분 두었으나, 고공은 그렇지 않다.

<표 17> 언양 향리의 소유 천민

	연도	노비	고공	협인	비소유	합계
기관	1777	2		4		6
	1861	18		1		19
공생	1777	4		4	2	10
	1861	7				7
서원	1777		1			
	1861					
합계	1777	6	1	8	2	17
	1861	25		1		26

이것을 보면, 전통적인 사회에 있어서 천민노동력은 경제력을 상징하기 때문에 이들은 향리직이 생업이라서 생산노동(농업 등)에는 관심이 없었던 것 같다.

3) 역리촌

언양현의 역원(驛院)은 큰 역으로 황산도에 덕천역이 있고, 작은 것으로는 5개의 원, 즉 신원, 도촌원, 우천원, 석남원, 보통원이 있

175) 전우철, 조선후기 향촌사회에 있어서의 이서계층연구, 「진단학보」, 제 60호, 1985, pp.65~66

다. 그리고 읍지에는 이 곳에 중마 2필, 복마 6필이 있고, 역리는 153인을 두게 되어 있다.[176]

언양현 호적대장에 의하면, 조선 후기에 역호는 감소되고 역리인구는 많이 증가되고 있다. 즉 역리 호수는 1711년에 111호가 1861년에 38호로 급감하였으나 역리 인구는 270명에서 543명으로 약 2배가 증가 되었다.

이와 같이 역리호의 급속한 감소는 전술한 모칭, 도망 등 신분해체의 결과이지만 아직도 역리 인구가 많은 것은 역리와 통혼한 양녀와 공사천의 자녀는 모두 역리 또는 역녀가 되고[177], 이들은 역둔토를 중심으로 한 생계유지가 가능하기 때문이다.

<표 18> 언양현 역리의 호수와 인구수

연도	호수	인구수
1711	111	270
1777	136	349
1798	103	463
1813	95	
1861	38	543

(비고) 1711년 역리인구는 역보(48명)와 역졸(2명)을 포함.
(자료)「언양현 호적대장」

언양현 역리들은 대부분 큰 역인 덕천역사를 중심으로 집단 거주하고 각 원과 면·리에서도 역리들이 모여 살고 있었다.

표 19를 보면, 언양현 역리들은 주로 덕천역을 중심으로 거주하고 있다. 1777년의 역리들은 덕천리(47호)에서 가장 많이 거주하고,

176) 「彦陽縣 本誌」, 「獻山誌」 1786 참조.
177) 「大典會通」 형전 공천조에 의하면, 역리가 양녀를 취하여 소생한 남자는 역리가 되고 여자는 역녀가 된다. 그리고 역리가 공사천을 취하여 소생한 남녀는 모두 모역을 따르게 하고, 역비가 양부, 천부에게 출가하여 소생한 남녀는 모두 역노비에 속하게 되어 있다.

그 다음으로 인근 마을인 평지리(9호)와 작동리(10호), 조일리(8호) 등에서 많이 거주하며,[178] 또 약 5리 떨어진 읍내리에서도 7호가 거주하고 있다.

<표 19> 언양현 역리의 지역별 거주지

	상북면	중북면	하북면	중남면			삼동면			상남면	합계
				덕천리	평지리	쌍수정 등	조일리	작동리	기타리		
1777	18	4	15	47	9	15	8	10	5	3	134
1861	2		3	20	6		1	4	2		58

(비고) 1777년 하북면 역리는 석남리 9명 포함.

이와 같이 역리들은 비록 역촌을 중심으로 다수 거주하지만 점차 인근 지역(반촌 또는 향리촌)으로 진출하여 신분상승이동을 도모하는 것 같다.

그러면, 1777년 역리촌(덕천리와 평지리)에 거주하는 역리들의 씨족배경을 보기로 한다.

<표 20> 언양현 역리촌의 씨족배경

	경주 金	경주 李	경주 崔	밀양 朴	동래 鄭	김해 金	해주 吳	안동 權	진장 案	함안 趙	기타 姓	합계
덕천민동	2	6	1	1		13			2	3	13	36
덕천역동		8	10	7	3	2					6	41
평지리	1	3			1	1				3	7	16

(자료) 1777년「언양현 호적대장」

표 20에 의하면, 덕천민동에서는 김해 김씨가 가장 많고,(12호)

178) 덕천리는 1711년 덕천 역동과 민동으로 구별하였다. 언양읍내에서 양산 방향의 고갯길로 약 5리 가면 오른쪽 야산아래 민동이 있고, 왼쪽에 역동이 있다. 평지리는 읍내와 덕천고개의 중간 왼쪽 마을이고 삼동면 작동리와 조일리는 동남쪽에 소하천을 건너면 있다.

그 다음은 경주 이씨이다. 이들은 대개 천역양인들이다. 그리고 덕천역동에서는 경주 최씨가 가장 많고,(10호) 그 다음으로 경주 이씨(18호)와 밀양 박씨(7호)이다. 그리고 평지리에서는 함안 조씨와 경주 이씨가 가장 많다. 나미지는 각 성씨에 분산되어 있다.

덕천리에 사는 주민들의 신분배경은 역리촌이라서 역동에서는 거의 모두가 역리들이고, 민동에서는 교노(10명)와 역리(7명)가 가장 많다. 교노가 많은 것은 민동에 언양 향교가 있기 때문이다. 민동의 나머지 거주자도 대개 천역양인들이다.

<표 21> 덕천 역리호의 신분배경

	역리	교노	천역양인	양인	기타	합계
민동	7	10	6	4	9	36
역동	40				1	41
합계	47	10	6	4	10	77

(자료) 1777년「언양현 호적대장」에서 조사

덕천리민은 역촌이라서 대부분 집단 거주하지만 이들은 지연과 혈연에 의한 통혼권이 형성되어 신분내혼제를 강력히 유지하고 있다.

1777년 덕천리의 호적을 분석하여 보면, 도표 1, 2, 3과 같이 역동의 명문씨족이 경주 李氏 廷輯의 가계가 전형적인 역리집안이고, 덕천 민동의 김해 金氏 漢青와 평리의 함양 趙氏 厚一의 가계는 전형적인 천역양인 집안이라는 것을 알 수 있다. 그리고 덕천민동에 김해 김한주 집안 외에도 같은 金粒(납속 통정대부)의, 역리집안이 있고, 또 덕천역동에 함안 趙萬天(납속 절충장군)의 역리 집안이 거주하고 있다.

이들은 역리(천민)이면서 납속 또는 노직 품관(양반)을 소유하고 있다. 이와 같이 대부분의 역리집안은 친가 이외도 외가 및 처가도 모두 역리집안이다.

<도표 11> 역리 경주 李氏 廷揖의 가계도

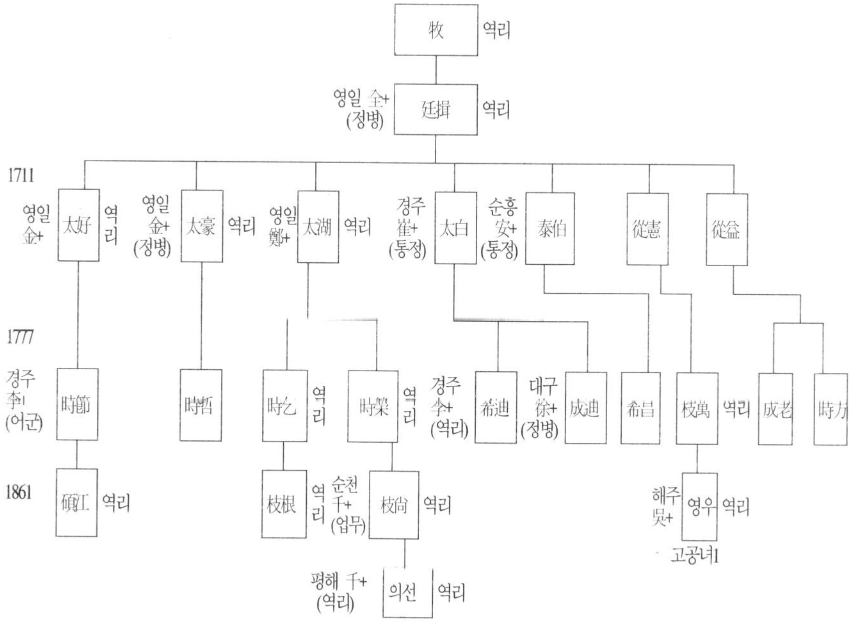

덕천리 호적을 분석하면서 놀라운 것은 역리의 호주 및 심지어 처족 및 외척의 친인척이 거의 모두가 역리들로서 신분내혼제를 통한 신분세습성이 강력히 존재하고 있었다.

한편, 덕천리 47호의 역리 집안을 보면, 부, 조부, 증조부 및 외조가 모두 역리인 경우가 10호가 되고 친계 3조의 경우 15호가 되며 친계 2祖가 역리인 경우 16호이다. 나머지 친계 1祖(부친)가 역리인 경우 6호이고, 또 그들의 자손이 역리가 된 자가 33호가 있다. 그들의 친인척 및 처가의 4조를 보면, 모두 역리 신분(직역)을 지니고 있다. 심지어 역리의 자손들도 자녀가 없는 경우를 제외하면 모두 역리이다. 역리의 四祖 중에서 역리가 아닌 경우 대부분 납속직이나 노직(12명)의 높은 품관(가선대부 및 통정대부 등)을 소유하고, 그렇지 않은 경우(8명) 가계를 조사하면(양반 또는 준양반의 증가로) 모칭 또는 납속 또는 노직인 것 같으며, 또 가계에 모두 역리의 혈족자가 있다.

<도표 12> 역리 김해 金氏 萬秋의 가계도

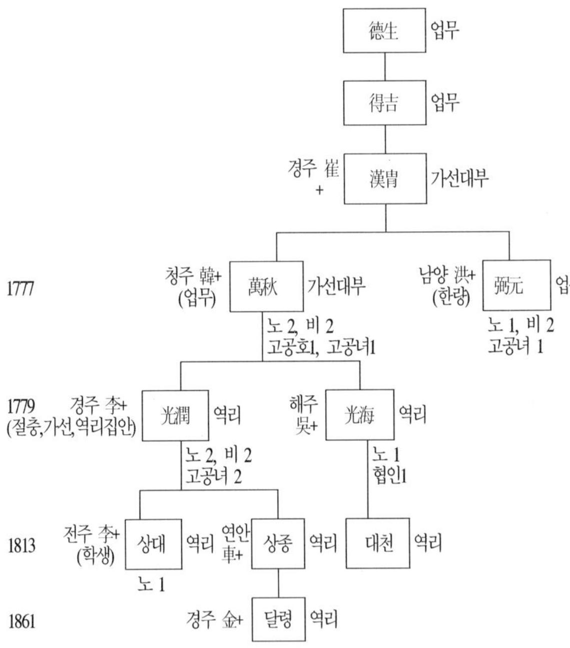

그리고 이들의 경제력을 알 수 있는 노비, 고공 및 협인 소유자는 거의 없다. 다시 말하면 역리들은 가난한 편이다.[179] 4祖의 신분

179) '秋官志'에 의하면, 역리가 공사천에게 장가 들어 낳은 자녀는 모두 모

이 명시되어 있지 않는 경우 대부분 천민 출신이 아닌가 한다. 그리하여 저자는 역리의 통혼권과 신분세습성이 노비의 경우와 다르지 않기 때문에 신분직역의 분류에서 천민으로 간주하였다.180)

<도표 13>　　역리 함안 趙氏 己弘의 가계도

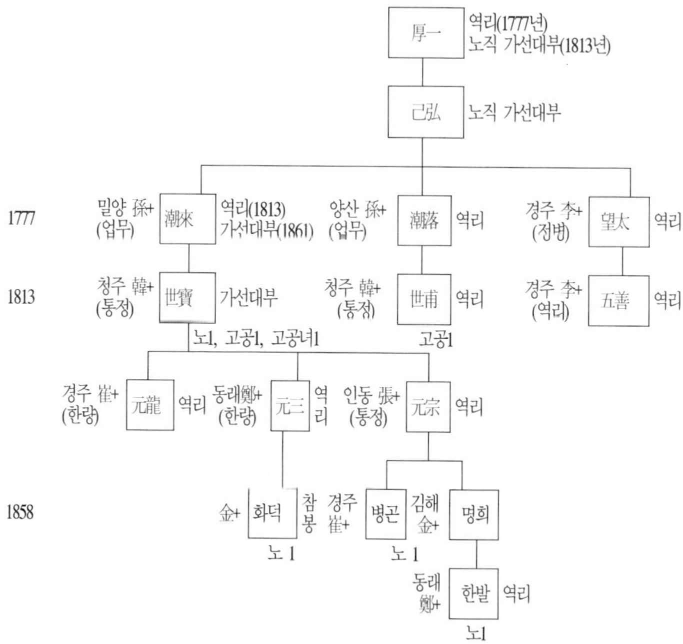

4) 장인촌

언양현에는 각종의 장인(匠人)이 많았다. 이 장인도 시대의 변화

역에 따르게 하고 연노가 공사천에 장가 들어 놓은 것은 아들은 부의 역을 좇고 딸은 모의 역에 좇게 하였다.(법제처,「추관지」, 제 2권, 1975, p.434)

180) 崔虎는 조선 후기 단성현 역촌 호구조사에서 양반 또는 준양반의 증가로 역촌의 신분변화가 일어나고, 역리의 20% 내외의 신분변동을 보이고 있다고 한다.(「조선후기 역촌에 대한 일고찰,「중앙사론」제 4집, 1985, p.164)

에 따라 점차 감소되었다. 1711년 장인 호수가 89호였으나, 1777년에는 17호로 급속히 감소하였고 1798년에는 12호였으나 그 후에는 찾아보기 어렵다. 그러나, 장인 인구는 1711년의 108명이 1861년에는 74호로 감소되고 있으나, 그래도 상당한 수의 장인이 남아 있는 편이다.

1711년의 장인은 야철장인(62인)과 유기장인(27인) 및 수철장인(13인)이 가장 많았으나, 그 동안 감소되고 1861년에는 삿갓 장인(20인)과 옹기장인(13인), 야철장인(9인) 및 목수장인(8인) 등이 많다.[181)]

이러한 장인 중에서 표 25에서 볼 수 있는 바와 같이, 옹기장인, 삿갓장인, 야철장인 및 목수장인 등이 그 명맥을 유지하고 있다. 그러나, 유기장인과 수철장인 등은 몰락하였다.

언양현에서 제조된 옹기와 유기그릇, 삿갓 및 야철(대장간에서 낫, 호미, 도끼 등 제조함)은 주로 언양 장날(5일장)에서 유통되었는데 이것은 1950년대초 까지도 자주 볼 수 있었다. 조선 후기 장날에 옹기와 유기그릇 등이 많이 매매된 것은 이미 시장경제하에 들어갔음을 의미하고, 이것은 일제 상품의 침입에 의하여 몰락되어 갔다.

언양현의 도자기 제조업은 신라시대 부터 발달되어 왔다. 언양현에서 발견된 신라시대의 토기[182)], 고려시대의 고려자기[183)] 등 유물

---

181) 읍지에 의하면, 옛날에 석남산에 철(鐵)이 났으나, 지금은 없다고 한다. 그런데 어릴 때 남천에서 수영하면서 장마에 떠내려온 쇠가루가 모래와 물에 실려 있는 것을 보았고, 또 쇳물기름이 강가 웅덩이에 많이 떠 있는 것을 보았다. 그리고 두동면 은편리의 논두렁에 석탄이 많이 박혀 있는 것을 보고 아쉬워 하였다.

182) 해방후 언양국민학교 6학년 5반 학생들이 담임교사(박영출)의 인솔하에 언양읍성 뒤 화장산 위에 있는 토굴에서 출토된 신라시대의 여러 가지 토기(제기, 사발, 빗살무늬 옹기 등)를 수집하여 교실 뒤에 많이 전시한 것을 보았다.

183) 1965년경 G. Henderson(주한 미대사관 문정관)의 저녁 초대로 이상백 교수 및 이만갑 교수와 함께 참석하였는데 그는 서재에서 언양 반곡리에서 출

에서 그것의 가마터와 제조업이 발달하였음을 알 수 있다.

<표 22> 언양현 장인의 종류

	1711	1777	1798	1813	1858	1861
銀匠人			1	1	4	5
笠子匠人	1	5	14	13	17	20
驄匠人		11	17	11	8	5
冶鐵匠人	62	5	17	11	9	9
水鐵匠人	13	2	8	4	2	3
甕器匠人	5	6	10	18	11	13
木手匠人		5	7	6	10	8
尾匠人		2	4		5	6
竹席匠人		3	4			
鍮匠人	27					
唐鞋匠人		3				
鎖匠人		1		2	6	2
沙器匠人				2	6	
朔鐵匠人				3	7	
埝匠人				1		
瓦匠人				3	5	
巡營巫夫軍牢			1	2	3	3
합계	108	43	83	77	93	74

(자료) 언양현 호적대장

1711년 언양현에서 장인호가 가장 많은 행정리는 하북면의 석남리(33호)와 와피리(13호), 중남면의 쌍수정리와(18호) 그리고 상남면의 명촌리(8호)이다. 석남리의 장인들은 야철장(9호)과 수철장(6호)이 많았고 쌍수정리에는 유기장(10호)이 많았으며 와피리에는 옹기장(3호)이 많았다.

이것을 보면, 석남리 호구의 61.1%가 장인이라서 전형적인 장인

토된 고려청자를 보여 주었다. 조그마한 고려청자 아래에 巘陽(언양)이라 명기된, 아름답고 화려한 제기모양의 고려청자였다. 이 청자는 아마 옹티골에서 출토되었을 것이다. 옹티골에서 지내리로 넘어가면 옛날 고려장터가 있다고 한다.

촌이라 할 수 있지만 와피리와 쌍수정리는 각각 34.3%와 18.6%를 차지하였기 때문에 준장인촌으로 보는 것이 타당하겠다. 더욱이 쌍수정리는 품관 양반(대부분 통정대부)이 전체의 10.3%가 되고, 준양반이 18.6%가 되며, 와피리는 품관 양반이 11.4%이고, 준양반은 11.4%이다. 와피리의 신분 지위는 쌍수정에 비하여 떨어지고 석남리의 경우 보다 높으나 석남리 근처라서 장인 거주의 영향을 받는다.

깊은 산촌인 석남리의 장인은 전체의 90.0%가 부친이 양인(특히 정병) 출신이고 그 다음은 천민 출신이 17.2%이며, 부자간 장인의 신분세습성은 26.9%이다. 그리고 조부의 경우 전체의 65.5%가 양인이고 19.2%가 품관 양반이다. 품관 양반은(통정대부 등) 처가 또는 외가에서 많이 볼 수 있고, 동시에 자손들 중에 장인이 많다. 이것을 보면, 장인들은 대부분 신분의 하락 현상(유민)에서 출현되고 있음을 보여 준다.

5. 신분변화의 요인과 신분정책

1) 신분변화의 요인

18, 19세기 언양현의 신분변동은 호주상으로 역계층화가 급속히 일어났으나 인구상으로 과잉인구의 신분상승이동이 일어났다. 호주의 신분 역계층화는 주로 유학, 한량, 군관, 업무 등 준양반과 중인 신분에서 많이 일어났고, 이들은 중간신분(계층)이라 할 수 있다.

조선후기에 있어서 신분변동의 특성은 일반적으로 양반의 현저한 증가와 상민 및 노비의 현저한 감소이다. 이것을 좀 더 구체적으로 보면 그렇지 않고 오히려 양반의 감소와 준양반(유학 등)의 증가를 볼 수 있으며, 또한 양인의 감소와 중인 및 천역양인의 증가를 알 수 있다. 여기에서 흥미로운 것은 대구부에는 도시의 중인과 천양이 증가하고 농촌에 준양반이 증가한 것을 볼 수 있었는데 울산부에는 도시와 농촌에도 이 모두가 증가하고 있다는 것이다. 다시 말하면 농촌에도 중간신분에의 상승이동이 활발히 전개되고 있다.[184]

그런데 언양현에서는 대구부와 울산부에서 처럼 노비와 역리의 급속한 감소현상은 나타나지 않고 있다. 더욱이 신분분석을 호주가 아닌 인구를 분석 단위로 한다면 지금까지 주장된, 호주 중심의 신분변화는 재론되어야 한다. 따라서 신분 변화의 요인도 기존의 견해와 달라질 수 있다. 이것은 표 3, 6, 9의 비교에서 알수 있다.

첫째는 지난 150년간 품관 양반이 호주 조사에서는 감소 되었으나(97호→14호) 인구조사에서는 오히려 증가하고 있다.(101명→114명) 이것은 일부 사족과 향리 및 역리 중에서 특히 노비노동을 이용하여 자본축적(중농 이상)이 가능하여 납속 및 노직 품관이 증가되었기 때문이다.

둘째는 지난 150년간 유학의 준양반이 호주조사에서 8.2배 증가되었으나 인구조사에서는 5.7배로 증가되었고 그 실수는 엄청난 차이다. 그리고 한량과 군관의 호주는 감소되었으나 이들의 인구는 아주 많이 증가하였다.(한량이 17명→252명) 이것은 납속, 모칭 등으로 인한 신분상승이동이라 볼 수 있다.

셋째는 지난 150년간 업무인 호주가 없어졌으나 인구상으로는 3.4배가 증가되었다.(33명→113명) 이것은 시얼금고법이 폐시되고, 노납속책 등으로 용의하게 서얼허통이 가능하였기 때문이다.

넷째는 지난 150년간 호적조사에서 천역인 역리와 노비가 급감하였으나(각각 128호→38호, 79호→4호) 특히 노비(특히 사노비)는 인구

184) 김영모, 「한국사회계층연구」, 고헌, 2005, p.50

조사에서 1.2배가 증가하였다.(447명→542명)

다섯째 상기 표들에서 알수 없지만 호주에 예속된, 다수의 협인, 협인호 까지 고려한다면 피지배신분(계급)은 더욱 증가할 것이다.

이것은 소수의 품관 양반 호주는 신분관계, 특히 생산관계에서 지배계급화 되고 다수의 인구(양인, 천민, 노비 등)는 피지배계급화 되었음을 의미한다. 따라서 종전의 신분의 역계층화는 호주에서 나타난 현상이고, 그러한 역계층화는 생산관계에 있어서 지배·종속관계를 더욱 강화시켰다.

그러면, 대구부와 울산부의 신분변화의 주요한 요인이 무엇인가를 본다.

신분의 상승이동이 일어나고 있는 것은 무엇 보다도 노비의 감소와 유학 및 아전의 증가가 현저하다. 노비의 감소원인은 속량, 도망, 투탁 등이 있겠으나 무엇 보다도 도망에 의한 신분해방이 기본적인 것이다.[185] 그 밖에도 방면, 납속, 신공, 모량, 양천상혼, 출산율의 감소 등의 원인이 있다. 그리고 유학의 증가 원인은 납속, 신공 등의 합법적인 경우도 있었지만, 그 보다도 모칭, 양적의 가탁 등이 준양반이 되는 기본적인 방법이라 할 수 있다. 모칭의 경우 호적에서 많이 볼 수 있는데 호주(본인)의 시기별 조사에서 사노의 양반화, 또는 양인→중인→준양반(유학)화가 되는 것을 많이 볼 수 있었다. 사실 유학은 종래에는 양반, 즉 사족의 신분이었지만, 조선 후기에 이르러서는 대부분 상층농민의 지위였다 해도 과언이 아니다. 조선시대의 신분 개념 중에서 가장 애매모호한 것이 바로 유학이다. 그리고 아전의 증가 원인은 여러 가지가 있겠으나, 무엇 보다도 신분세습성 때문이다.[186]

---

185) 四方博 李朝人口に 關する 身分階級的 考察, 「朝鮮經濟の 硏究」, 岩波書店, 1938, p.394
정석종, 「조선후기 사회신분변동 연구」, 일조각, p.281
186) 김영모, 전게서, p.44

그런데 호주조사에 의한 신분구조와 그 변화도 조사자에 따라 상당한 차이가 나타나고 있다. 그 차이는 첫째로 신분 분석틀의 차이에서 기인되고, 둘째로 신분 분석의 단위를 호주 또는 호구(인구)로 보느냐의 차이에서 기인되고 있다.

첫째, 김석희의 신분분석틀은 이미 저자가 사용한 바 있는 분석틀과 유사하게 ① 양반, ② 준양반, ③ 중인, ④ 양인, ⑤ 천역양인, ⑥ 천인, ⑦ 노비로 대별하고,[187] 이것에 따라 직역을 나누고 있다. 문제는 신분별 직역구분에 있어서 다수를 차지하는 유학과 역리 및 업무를 처리하는데 그 차이가 있는 것이다. 저자는 유학을 준양반으로 처리하는데 그는 양반으로 분류하였고 역리를 저자는 천민으로 보았지만 그는 상민으로 분류하였으며, 또 업무를 중인으로 보았지만 그는 준양반으로 간주하였다.

아직도 직역의 반·상·천 신분관계를 규정하는데 견해의 차이가 있으나[188] 이러한 신분직역이 조선후기에 있어서 법제적 측면이나 사회적 지위(통념)상으로 어떠한 역할을 하는 가를 동시에 밝혀져야 할 것이다. 사실 당시의 직역이 제도상으로 명시되어 있어도 그 기능을 제대로 수행하지 못하고, 그러한 직역이 사회통념상으로 지역사회에 있어서 권력과 위세를 행세하고 있는 경우가 많다. 특히 유학은 모칭 유학 등으로 대부분 상민의 지위였으며, 아전은 권력을 행사할 수 있는 힘이 있어서 높은 사회적 지위를 차지할 수 있었다.

둘째, 김석희가 주장한 급격한 신분의 역계층화는 호구(인구) 분석의 경우 그렇게 단정하지 못한다. 왜냐하면 150여년간 언양현 호수는 거의 증가하지 않았는데(약 1,224호) 인구의 증가율이 대단히 높다.(80.4%) 그리고 1798년 전국 호구별 평균 인구수가 약 4.2명인데

---

187) 전게서, pp.35~37
188) 이준구, 「조선후기 신분직역 변동연구」, 일조각, 1993, 제 1장

비하여 언양현의 경우 약 2배가 되는 7.9명이다. 평균 가구수가 많은 것은 출산율이나 동거 혈족인구가 많아서라기 보다는 표 7에서 볼 수 있는 바와 같이 노비, 고공 뿐만 아니라 협인이 대단히 많았기 때문이다.

<표 23> 언양현 군관청의 신분별 군역

		1777				1798				1813				1858				1861			
		장	노	약	소계	장	노	약	소계	장	노	약	소계	장	노	약	소계	장	노	약	소계
軍官廳	良人	59	151	312	522	252	135	227	604	184	159	128	471	160	108	120	388	170	185	113	468
	良人雇工	156	47	58	261	115	78	119	472	187	73	141	401	110	110	106	326	129	180	130	439
牧子軍	私奴	256	169	175	600					121	82	125	328	152	105	49	306	157	119	45	321
	私奴雇工					42	25	48	135	38	15	42	95								

(자료) 언양현 호적대장

언양현 군관청의 신분별 군역(표 23)을 보면, 1777년 언양현 양인 고공 261명이 1861년에는 439명으로 증가 되었고, 사노와 사노 고공녀도 상당히 많다. 예컨대 1798년의 경우 양인고공이 전체 호구의 10.5%가 되고 양인 고공녀가 20.1%이며 사노 고공의 경우 전체 호구의 3.1%, 그리고 협인은 17.2%가 된다.

이와 같이 많은 인구(전체 인구의 40.3%)를 신분조사에서 배제하고 다만 호주조사를 통하여 조선 후기의 신분구조의 변동을 파악하는 것은 큰 문제가 있다.

2) 신분정책의 의미

조선후기 신분변화의 특징은 호주조사에 의하면 신분의 역계층화 현상, 즉 사족의 품관 양반화, 양인의 양반 또는 준양반화, 그리고 노비의 양인화이다. 그리고 인구조사에 의하면 양인(상민)과 중인의 신분상승이 있었지만, 그 보다도 더 중요한 것이 천민(천양과 노비, 고공, 협인 등)의 신분상승은 대부분 일어나지 않고 오히려 확대 재생산되었다. 특히 조선 초기에는 '서얼금고법'이 제정되었으나 이를 생산한 양반사족(유생)들이 상소를 통하여 그 모순을 지적하면서 서얼차대의 폐지론을 많이 주장하였다. 그러나 대량으로 생성되는 노비의 방량(허통)이나 노비해방을 주장하는 사람은 없었다. 따라서 이들의 신분해방은 도망이 최선의 길이었다. 그러나 향촌의 사족(유학)은 경제력(노비, 고공, 협인의 소유 등)으로 '납속사목'에 의하여 신분세탁이 가능하였지만 천민들은 경제력이 없어서 종래의 예속적 신분(계급)을 유지할 수 밖에 없었다.

<표 24> 선조 26년의 납속사목

신분		납속액(석)	특전(예시)
사족	무품자	3	참하 영직(影職)
		8	6품 영직
		20	동반 9품 (종사랑, 장사랑)
		25	동반 8품 (통사랑, 승사랑)
		30	동반 7품 (무공랑, 주부)
		40	동반 6품 (선교랑, 선무랑)
		50	동반 5품 (통덕랑)
		60	동반 종 4품 (조산대부)
		80	동반 정 4품 (봉정대부)
		90	동반 종 3품
		100	동반 정 3품 (통정대부, 절충장군)
	유직자	10서단	승품 단, 자궁자 30석 당상관
향리		3	3~14년 면역
		15	면양
		30	면 향수 참하 영직
		40	2자 면역, 참하 영직
		45	상당 군직
		80	동반 실직
서얼		5	겸사복 혹은 서반 군직 6품
		15	허통
		20	소생의 허통
		30	참하 영직
		40	6품 영지
		50	5품 영직
		60	동반 9품
		80	동반 8품
		90	동반 7품
		100	동반 6품

(비고) 특전에 예시된 품관은 호적상 많이 나온 것임.
(자료) 宣祖實錄 35권

이러한 현상은 납속정책이 적극적으로 실시된 임란 이후 18세기에 광범위하게 일어났다. 표 3과 6에서 볼 수 있는 바와 같이 언양현 호주의 납속품관은 1711년의 8.5%가 말기에 올수록 감소되었지만 인구의 경우 1711년의 101명(5.4%)이 1813년에는 173명으로 증가되었다가 1861년에도 114명으로 감소되었다. 이것을 보면, 전국적인 납속품관은 대단히 많았을 것이다.

<표 25> 현종 1년의 납속사목

종류	납속액	특전(품관)	비고
노직첩	5(3)석 3석	통정 통정 (이하 생략)	60세 이상자 70세 이상자
추증첩	5(2)석 6(3)석 7석 8석 9석 10(4)석 15(5)석 17(6)석 20(6)석 22(7)석 25(8)석	별좌 좌랑, 감찰 정랑, 도사 첨정, 경력 부정 통례 판결사 참의 좌우윤, 동지사 참판 지사 (이하 생략)	
가설 실직첩	12(10)석 15(11)석 18(13)석 21(14)석 24(15)석 40(30)석 50(40)석	찰방, 별좌, 주부 판관 첨정 부정 통례 첨지 동지	사족, 양민(단, 양역부담자 제외)에게 서용하되 양민은 사족에 비하여 10석 가납
서얼 허통	(4)석 (6)석		양처자손 천첩자손
면강첩	4~11석 15~20석	10년간 면강 종신 면강	지방별 차이 〃

(비고) ( )은 현종 2년에 조정된 액수

이미 언양현의 명문 양반 씨족 가계도에서 볼 수 있는 바와 같이 가장 경제력(노비소유 등)이 풍부했던 시기가 18세기 이전이며, 그 이후에는 자손 분가와 노비 도망 등으로 급속히 경제력이 약화되고 있다.

이와 같이 향촌사회의 신분(또는 계급) 양극화는 왕권의 확립과 숭유사상과 과거제 등을 통한 직업관료제(양반 관료)의 육성이 필요하였고, 동시에 전쟁과 기근 등으로 부족한 국가재정을 마련하기 위하여 표 23, 24와 같은 '납속사목'에 의하여 신분의 전환과 상승 이동이 가능하였다.

선조 26년에는 사족의 경우 납속액이 3석(섬)이면 참하 영직(통사랑, 승사랑, 종사랑, 장사랑 등)을 수직하였고, 20석 이상이면 문반 9품 이상, 특히 90석 이상이면 정 3품(통훈대부, 어매장군)을 수직하였다. 향리와 서얼은 사족에 비하여 납속액이 더 많아야 하나 호적상 많이 나타나는 종사랑(정 9품)의 납속액은 30석이다. 헌종 1년에는 노직과 증직 및 서얼허통이 더 싸게 살 수 있었다. 60세 이상 노직은 납속액이 3석이면 당상관(정 3품 통정대부)을 수직할 수 있고, 6석 이상이면 좌우윤 또는 동지사, 7섬이면 참판 까지 수직하였다. 그리고 양처자손의 서얼허통은 4석이면 가능하고, 천첩자손의 경우 6석이면 허통되었다. 또한 과거시험 준비생이 4석 이상만 내면 10년 이상 면역되었다.189)

이러한 제도상 신분문란은 조선 후기 삼정의 문란과 심한 민란 등으로 더욱 심해졌고, 마침내 왕조를 몰락시킨 주요한 원인이 되었다.

이와 같이 조선후기의 납속정책은 사족과 향리 및 서얼들에게 한정하였으나, 당시 호적을 보면, 상민, 역리, 노비에게 까지 광범위하게 일어났다.190)

---

189) 한국정신문화연구원, 「한민족대백과사전」, 5권, 1989, p.519
190) 경상도 단성현의 경우 영·정조대에 납속의 상당수를 차지한 한량, 업

사실 왕실은 막대한 토지(궁장토 등)를 소유하였고, 또한 중앙의 당상관료들은 경기도 농지의 6할 이상을 독점하였다. 그럼에도 불구하고 이들로 부터 재정 염출은 구상하지 않고 손쉬운 증직, 노직, 납속책에 의존하여 부유한 항반들의 신분세탁을 행하여 주었다.

그리하여 정부는 양반 사족의 사회적 경제적 지위를 향상시키고, 동시에 많은 노비와 고공 및 협인들을 소유하면서 천민(노비와 역리 등)의 수모법 또는 수부법 등을 만들어 면역을 통제하려 하였지만 이것은 천민들이 자립 능력이 없는 것을 이용하여 오히려 지방 토호의 경제력 향상에 크게 기여하였다. 즉 지주부농이 많이 형성되었다.[191] 여기에다 조선 후기에 민란 등으로 사회가 불안하여 천민들은 도망, 모칭, 속량[192] 등으로 신분해방을 한 자도 있지만 이들은 소수이다. 대부분 신분상 예속된 천민(노비 및 고공)들이었다. 또한 오랜 흉년으로 몰락한 많은 협인(유학, 양민 또는 천민 출신)들이 주호에 기탁하여 면역하였다.

이와 같이 조선 후기의 신분관계를 중심으로 생산관계에 있어서 지배・종속의 계급구조를 말한다면, 1798년의 경우 표 26과 같다.

표 26을 보면, 1798년 언양현 호주의 신분(계급) 관계는 비록 신분

유, 업무 등이 이미 노직 자헌, 가선, 통정, 절충의 품계를 가진 사람까지 포함하면 부민원납자(富民願納者)의 73%를 차지하였다.(서한교, 영・정조대 납속제도의 실시와 납속부민층의 존재, 「조선사연구」, 1992, p.320)

191) 언양현의 솔거노비 소유 호수는 1711년 전체(119호)의 23.0%이고 1789년에는 63.5%이며, 1861년에는 84.8%이다. 그리고 솔거노비 소유자는 양반들이 1711년에는 전체의 65.7%를 차지하고, 1798년에는 87.1%, 1861년에는 90.6%를 차지하였다. 이들은 대부분 1인 노비를 소유하고 2인의 경우 1711년에 22.1%, 1798년에 15.3%, 1861년에 8.4%가 있으며, 5인 이상인 경우 1711년에 50호, 1798년에 37호, 1861년에 16호가 있다.(박용숙, 전게서, p.86) 이들은 지주부농이라 할 수 있다.

192) 사노비의 속량가는 전문 100량을 넘지 못한다.(「대전회통 형전 속량조」) 속대전에는 양곡 15~20섬이면 면천되었다고 한다.

해체기에 있었지만 지배신분(계급)이 전체의 69.6%를 차지하고 피지배신분(계급)이 27.0%이다. 그러나, 언양현 인구의 신분(계급) 관계는 지배신분(계급)이 전체의 26.1%이고 피지배신분(계급)이 73.7%를 차지한다. 만약 제외된 협인수(총인구의 17.2%; 박용숙) 까지 계산한다면 피지배신분(계급)이 전체의 81.1%로 엄청나게 많아지고 지배신분(계급)은 18.9%가 될 것이다. 또한 준양반의 64.9%가 유학이기 때문에 품관양반만 말하면 지배신분(계급)의 비율은 약 3%로 낮아질 것이다.

<표 26> 1798년 언양현의 신분계급관계

신분		호주 실수	호주 %	인구 실수	인구 %
지배신분	양반	44	3.6	137	3.1
	준양반	765	63.4	920	20.5
	중인	44	2.6	110	2.5
피지배신분	양인	138	11.4	1,431	31.9
	천양	58	4.8	810	18.1
	천민	115	9.5	518	11.6
	노비	16	1.3	543	12.1
기타		27	2.2	11	0.2
합계		1,207	100.0	4,480	100.0

(비고) 협호, 협인 1,758명은 제외됨.

이러한 신분계급관계를 토지소유관계의 측면에서 보면, 비록 전형적인 곳은 아니지만 어느 정도 알 수 있다. 1871년 언양현 3개 면의 토지소유는 선제의 22.1%가 공전(公田)이고 사전(민전)은 전체의 73.8%이다. 나머지는 사원, 서원, 학계의 소유와 동답 등이다. 사전은 전체 소유자의 약 8할 이상이 영세한 토지를 소유하고 극소수만이 1결(약 1정보) 이상의 토지(논)를 소유하고 있다.

<표 27> 언양현 3개 면의 소유분화 상황(1871)

토지규모	소유규모율(%)			답만의 소유자(%)		
	하북면	중남면	삼동면	하북면	중남면	삼동면
2결 이상	9.1	7.3	9.9	3		2
1~2결	20.3	10.9	18.2	6	1	4
75~100부	11.7	9.4	11.5	2	3	
50~75부	14.1	14.4	17.7	6	4	9
25~50부	21.8	28.3	21.8	42	56	40
0~25부	23.0	29.7	20.9	232	230	207
합계(소유지)	100.0 (264결)	100.0 (210결)	100.0 (323결)	291	294	260

(비고) 1) 제외된 소유지는 하북면에 서원전이 8결 47부, 둔답이 3결 25부, 동답이 1결 68부, 학계답이 1결 65부, 종계 묘의답이 4결, 무주진(無主陳)이 38결 80부 등이 있고, 중남면에는 사원답 2결 20부, 무주진이 109결 54부, 삼동면에는 사원전이 13결 92부, 둔전이 27결, 동답 3결 68부, 종계답 1결 91부, 서계답이 2결 37부, 군답이 26결 5부, 무주진이 33결 19부 등이 제외됨.

2) 1861년 하북면의 호수는 184호, 중남면은 184호, 삼동면은 211호임.

(자료) 이영훈,「조선후기 사회경제사」, 한길사, 1988, 표 1에서 재작성

표 27을 보면, 언양현 3개면 사전(私田)의 소유규모가 매우 영세하다. 답(畓)만의 소유자를 보면, 25부(4마지기) 이하의 빈농이 전체의 79.2%가 되고 1결(약 15마지기) 이상의 부농은 1.9%에 불과하다. 나머지는 중・소농(18.5%)이다.[193] 영세한 소농은 약 3할이 되는 공전 등을 경작한다. 그리고 조사된 3개 면은 주로 야산지대라서 논의 소유자가 대개 그에 준하여 밭을 소유할 것이다.

193) 언양현의 양안은 1791년(고종 8년) 남3동과 북3동의 전답양안(규장각 소장) 각 1책이 있는데 이영훈 교수는 북3동의 하북면(지내리 등)과 남3동의 중남면(덕천리 등), 삼동면(하잠리 등)의 토지소유 규모를 분석하였다. 그러한 결과 25부의 영세한 소소유자가 70% 전후이고, 만약 25~50부의 소소유자를 함께 고려하면 80~90%에 달한다고 하였다.그리고 3개면의 부재지주가 추정농가의 36%에 달한다고 하였다.(「조선후기 사회경제사」, 한길사, 1988, p.374) 이러한 주장은 재고되어야 할 것이다. 왜냐하면 비록 이웃 면과 군의 영세한 지주토지를 경작한 자가 있겠지만 그 보다도 1861년 총인구가 직역(호주) 수에 비하여 9.3배가 되었고, 이들(협호, 고공, 친척 등)은 주로 주호에 의탁하면서 분록한 경우가 대부분일 것이다.

비록 조사에서 제외되었으나 표 27의 비고에서 볼 수 있는, 3개 면의 대지주는 통도사와 석남사 등과 같은 사찰이고, 그 밖에 중남면의 역촌, 삼동면의 병영 등이 대지주이다.

이러한 토지소유관계는 김용섭 교수가 조사한 조선후기 양안분석에서도 볼 수 있다.[194] 그는 자작농의 다수가 양반·상민이고 소작농의 다수가 천민이라고 하였다. 그는 상주군 중동면(1,216호) 기주(자작농)의 신분구성을 양반이 전체의 18.3%이고 평민이 56.4%이며 천민은 13.6%이라고 한다. 나머지는 승려, 소작이라고 하였다.[195]

조선 후기에는 주로 노비 노동에 의존하였던 주종적 생산관계는 노비도망 등으로 후기에 고공, 협호 등에 의한 준계약적 생산관계로 전환되고 있다.

아직도 강력한 대지주는 국가와 사찰 등이고, 그 다음으로 극소수의 양반토호가 지주부농이며 나머지는 대부분 영세한 소작농들이다. 이들은 주로 외거노비, 고공, 협호들이다. 따라서 조선 후기의 신분계급 관계는 소수 양반출신의 지주부농과 다수의 노비출신 소작빈농으로 구성되었다.

이러한 신분계급 관계는 조선 후기에 양반과 천민들이 이미 생산관계에 있어서 지주와 소작인 및 머슴의 반봉건적 형태로 전환된 상태를 의미한다.[196] 이것이 1894년 갑오개혁으로 과거제와 반상천

---

194) 김용섭, 「조선후기 농업사 연구」, 일조각, 1970, pp.137,181,201,223

195) 그가 말한 신분구성에 있어서 양반의 9.8%는 유학이고, 평민의 10.0%가 천양이며, 천민은 모두 노비(87.8%)를 말한다.

196) 조선 후기의 노비, 고공 및 협인이 갑오개혁 이후 노비와 고공이 주로 머슴이 되었고, 협인, 협호가 주로 소작인(농)이 되었다고 볼 수 있겠다. 참고로 1914년 지주는 전체 농업 인구의 1.8%이고, 순소작농이 41.0%이며, 자소작농 35.2%, 자작농이 22.0%이다. 그리고 1934년에 머슴은 전체 농업인구의 3.4%이며, 화전민이 2.7%이다.(조선총독부, 「조선경제연보」, 1948, pp.1~29) 1960년 농업국세조사에서도 연간 고용 머슴이 240,447명이고, 달머슴이 54,110명이며 날품팔이가 1,181,584명이라고 한다.

의 신분제 및 노비제 등이 폐지되었지만 오늘날 까지 농촌에서는 지주·소작제가 존속하고 있다.

6. 결 론

조선 후기 언양현의 신분변동은 다른 지역사회와 마찬가지로 1876년 개항 이전에 신분의 역계층화 현상이 일어났다. 그러나, 신분의 역계층화 현상은 호주조사에서만 나타난 것이고, 인구조사에서는 다른 지역(대구, 울산, 상주 등)과는 달리 그렇지 않다는 것이다. 인구조사에서는 조선 후기에 오히려 양반(품관)과 중인(향리) 및 천민(역리와 노비)들이 증가하고 있었다. 이러한 현상은 150년간 약 80%가 증가된 인구와 호주조사에서 나타나지 않았던 비혈족인구 때문이다. 호주조사에서 나타난 신분의 역계층화, 즉 준양반의 증가와 천민의 감소는 양반과 준양반이 소유하는 노비, 고공 및 협인이 제외되었기 때문이고, 또한 이들이 대단히 많았다. 따라서 신분의 역계층화 이론은 재검토 되어야 한다.

언양현에서 17세기~18세기 150년간 가장 많은 변화가 있었던 신분직역은 호주조사에서는 유학(幼學)이 8.2배 증가되었지만, 나머지 직역은 감소되었다. 특히 한량과 역리 및 노비에서 나타났다. 그러나 인구조사에서는 유학이 5.7배가 증가되었지만, 한량(14.8배)과 군관(67.1배), 업무(3.4배), 수군(6배), 속오군(3배), 역리(2배), 노비(1.2배) 등이 많이 증가 하였다.

이와 같이 증가한 신분직역 중에서 경제력이 있는 준양반(유학, 한량 등)과 중인(향리, 업무 등) 및 천민(역리 등)은 납속책 등에 의하여 신분세탁이 가능하였다. 납속(매관매직)에 의하여 품관 양반이 된 자는 1711년에 호주의 8.5%가 되었고, 이것이 말기에 올수록 점차 감소되었지만 인구의 경우 1711년의 5.4%(101명)가 1798년에 3.1%(137명), 1813년에 3.8%(173명), 1861년에 2.0%(114명)로 점차 증가되었다. 언양의 명문씨족은 이러한 품관양반이나 향리, 심지어 역리가 대단히 많았다.

그리하여 언양의 명문양반인 6대 씨족은 비록 여말선초에는 문반이었으나, 못안 정씨를 제외한 명문씨족은 그 후 대개 무반 출신의 토호였다. 이들이 명문씨족을 유지하기 위하여 노직 또는 납속에 의한 품관양반이 되었으며 향리들은 해주 오씨와 경주 김씨가 향권을 장악한 명문씨족이 되었다. 그리고 역리촌의 경우 경주 이씨 집안이 전형적인 세습역리였으나 김해 김씨와 함안 조씨의 역리집안은 납속품관 집안의 역리였다.

조선 후기의 신분변동에서 호주의 신분여계층화와 인구의 신분양극화 현상은 정부의 잘못된 신분정책, 즉 납속책과 서얼허통 및 면천, 그리고 유학(사족)과 향리 등의 경제력 성장의 결과에서 초래된 것이다. 특히 부유한 사족(유학)과 향리의 납속은 그간 하락된 양반신분을 격상시켰고 품관양반은 많은 노비와 고공 및 협인을 소유하면서 자본을 축적하여 지주부농이 되었다. 다시 말하면 납속 등 신분정책으로 향촌에서는 봉건적 생산관계(지주부농)를 강화시켰다. 이러한 신분정책은 그간 사회적으로 몰락한 양반을 경제력으로 소위 납속양반, 노직양반, 증직양반화 시켰다. 이들이 향리들과 합작하여 향권을 장악하였다. 향리들은 비록 경제력이 없으나 권력이 있어서 쉽게 하위 품관(총사랑, 장사랑 등)을 획득할 수 있었고, 또한 향리직을 세습하면서 실질적으로 향권을 독점할 수 있었다. 그러나, 천민(천양, 역리, 노비 등)들은 주로 도망에 의하여 신분해방을 추구하였다.

제 1장 한말 · 일제시 지배층의 형성과 이동

1. 서 론

근 · 현대 신분사에 있어서 가장 중요한 역사적 계기는 19세기 후반에 일제의 식민지가 되었다는 것이다. 이 때 책임 있는 권력지배층이 누구였으며, 그들은 어떠한 성격(출신성분)을 지녔는지 궁금하다.

조선왕조 후기에 대량으로 실시된 과거제, 재정을 보충하기 위한 납속책, 문벌중심의 세도정치, 삼정문란과 탐관오리, 그리고 이의 시정을 요구하는 소위 민란과 개화운동 등이 광범위 하게 일어났으며, 동시에 전술한 신분해체가 급속히 전개되었다.

한편, 일제는 1876년 개항 이래 갑신정변, 갑오개혁, 을미사변, 한일협약 등을 일으키면서 조선침략을 강행하여 왔다. 특히 을미사변(민비 시해)으로 조선왕조를 청국으로부터 독립시켜서 청일전쟁과 노일전쟁에서 승리한 후 노골적으로 조선침략정책을 강행하였다. 조선침략정책은 먼저 내정간섭(한일의정서)을 통하여 고문정치와 외교권을 빼앗고, 통감정치(한일협약)를 통하여 인사권을 장악하였으며, 마침내 친일관료로 하여금 고종의 양위까지 협박하여 왕권(국권)을 장악하였다. 이러한 침략정책은 일제의 통감 뿐만 아니라 외상, 수상 및 일황 까지 재가를 받아 식민지화의 합법성을 가장하였다.

이와 같이 내우외환 속에서 일제는 장기간 지속적인 노력으로 조선왕조를 식민지화 시켰는데 그 책임이 누구에게 있고, 그것을 주도한 권력지배층의 출신배경을 밝히려고 한다.

2. 한말 지배층의 성격

1) 충원기회

일제의 침략정책이 가능한 것은 그간 왕실과 외척이 오래토록 세도정치를 하면서 권력지배층이 매관매직을 하고 탐관오리가 되어 버렸고, 이들을 타도하기 위한, 소위 민란과 동학농민을 오히려 외세(청 · 일군)에 의존하여 노벌하였다. 더욱이 친일 관료들은 을사보호조약으로 국권(왕권)의 상실에 대한 의병의 반침략 항쟁 까지 일제의 헌병경찰에 의하여 진압하였다.

동학농민과 의병들의 항쟁은 ① 백성들을 도탄에 빠지게 한 봉건관료에 대한 투쟁이고(반봉건 신분해방운동), ② 주권을 상실시킨 관료지배층에 대한 항쟁(자주적 민족국가의 수립)이며, ③ 동학농민과 의병들의 항쟁을 무력으로 토벌한 일제에 대한 항일 민족독립운동이었다.[1] 그러나 이러한 항쟁은 1904년 2월 23일 외부대신 이지용(고종의 조카)이 체결한 '한일의정서'(일제의 시정개선 충고와 내란시 필요한 조치 등)로 봉건지배층과 일제 침략군의 합동작전에 의하여 실패하였다. 그리고 1907년 7월 24일 총리대신 이완용과 통감 후작 이또 히로부미(伊藤博文)가 체결한 '한일협약'으로 소위 통감정치가 실시되었다.[2] 즉 한국의 대신 및 고등관의 인사권을 장악하였고 한국수비군의 병력을 동원할 수 있었다. 그리하여 한말 관료지배층은 통

1) 김영모, 「한국민족해방운동연구」, 고헌, 2012, 제 1, 2장 참조
2) 김영모, 「일제하 한인지배층연구」, 고헌, 2009, p.90

감의 수중에 들어갔다.

1910년 8월 22일 내각총리 이완용과 통감 자작 데라우찌 마스다께(寺內正毅)가 체결한 '일한 합병조약'의 주역들도 실질적으로 통감이 임명한 친일 인사들이었다. 일제는 무능한 왕권과 관료지배층을 회유하여 치욕적인 일한합방을 성취하였다. 이들은 국권 상실에 대한 대가로 작위와 세비 및 은사금 등을 받았지만, 민족사의 영원한 죄인(매국노)이 되기를 자청한 것이다. 만약 이들이 양심적인 권력지배층이 되려면 의병전쟁의 선봉장이 되어야 할 것이다. 그런데 이들이 일제의 앞잡이가 되어 수 많은 의병장과 의병들을 희생시켰다는 것은 역사의 죄인이라 할 수 있다. 이들은 일한합방의 공로로 수작한 조선귀족(황족과 친인척 및 친일관료)의 신분배경에서 그 특성을 잘 알 수 있다.

한말 각 행정기관의 정부 책임자, 즉 정책결정자였던 칙임관(111명), 고등관(55명), 그리고 조선귀족(69명)을 지낸 정치지배층의 특성을 보면 다음과 같다.[3)]

첫째, 정치지배층의 자질은 칙임관의 76.3%가 1904년 한일의정서가 체결된 후 임관하였고, 이들은 문·무과 합격자가 많다. 특히 1904년 이전 칙임관이 된 자는 무과합격자가 많고 그 후에는 문과출신과 갑오개혁의 전고(銓考) 출신자가 많다. 과시를 거치지 않고, 또 신제학력도 없이 칙임관이 된 자가 약 30%가 되는데 이들은 추천과 음덕에 의하여 가능하였다. 고등관은 칙임관에 비하여 신제학교 출신이 많고, 또 유학자(留學者)의 비율도 고등관은 14.2%이지만 칙임관은 5.4%이다. 그러나 귀족은 과거합격율이 높고 신제학교와 유학의 비율이 가장 낮다.

둘째, 정치지배층 부친의 신분배경은 귀족이 가장 높고 칙임관이

3) 김영모, 「조선지배층연구」, 일조각, 1977, 고헌, 2002, 제 3편 제 2장 참조

가장 낮으나 그들간에 아주 심한 차이가 있는 것은 아니다. 칙임관의 경우 부친의 유관자는 전체의 66.7%가 되고 조부는 50.7%이며, 고등관의 경우도 유관부친이 72.7%가 되고 유관조부는 63.4%이다. 귀족의 경우는 더욱 높다. 전자가 78.5%이고 후자는 69.3%이다.

이것을 보면, 조부의 유관자가 부친에 비하여 약간 낮으나 다른 일반 관료에 비하여 대단히 높다. 특히 조부의 관직은 외직의 지방장관이 많은데 비하여 부친의 경우는 중앙 요직이 많다. 유관의 조·부 중에서 판서가 가장 많고 기타도 많으나 이것도 상당히 높은 관직이라서 정치 지배층의 신분 배경은 대단히 높은 것을 알 수 있다. 정치지배층의 신분 배경이 높다는 것은 명문족보라 할 수 있는 「만성대동보」에서 일반 관료의 부친을 30% 밖에 찾지 못하였는데 반하여 정치지배층의 경우는 거의 2/3를 찾을 수 있는 것으로 미루어 알 수 있다.

셋째, 정치지배층의 씨족배경은 관료지배층의 다수가 전주 이씨와 구명문 씨족이며 합병 당시 고등관의 경우도 마찬가지이다. 그러나 귀족의 경우는 다수가 전주 이씨와 여흥 민씨라는 것이다. 이것은 갑오개혁 이전의 명문세도가이다. 그리고 신진 가문이라 할 수 있는 신흥 명문과 기타 성씨가 칙임관과 고등관의 경우 압도적으로 많다.

넷째, 정치지배층의 직력은, 주사, 참봉, 교원 출신이 대신, 협판, 참의에 상당히 많고, 실제적으로 중요한 역할을 하는 국장은 이들이 대부분이라는 것은 신관제의 실시가 오래 되지 않았다는 것을 고려하면 신제 관료의 급속한 성장을 말한다.

일제는 일한합방을 조선왕조가 스스로 원해서 합법적으로 했다고 한다. 상식적으로 생각해서라도 아무리 무능한 국왕일지라도 절대 왕권을 스스로 포기할 군주가 어디에 있겠는가? 그러나 비난을 받아야 할 일은 국권 상실을 회복하고 부패한 관료를 응징하겠다는 수 많은 동학농민과 의병들이 오히려 희생되었고, 그로 인하여 일제 시대에도 많은 독립투사들이 희생된 것이다. 다시 말하면 동학농민과 의병들의 반침략, 반정부 투쟁에서 봉건적인 신분계급 혁명과 반제국주의 및 자주적 민족주의의 성격을 파악할 수 있다.[4)]

한편, 일제는 한말 관료를 모두 유임시키겠다고 하였지만, 일제 초기에 많이 퇴관하여 벌써 약 5할에 불과하였고 이들은 대부분 하급 관료였다. 중앙의 고등관료는 일인이 모두 차지하고 한인에게는 식민지 통치를 효과적으로 하기 위하여 일부 도지사와 군수직을 주었다. 이들은 대부분 일본에 망명한 조선 말기 친일 관료들(대부분 하급 무관)이고, 또한 합병시 의병토벌 등에 기여한 무관 또는 순검 출신들이었다. 일제는 조선시대에 심한 차별을 받은 무관, 서얼, 중인 및 향리 출신들을 기용하여 친일 관료로 육성하였으며 문관양반 출신들은 조선귀족으로 예우하면서 실권에서 배제하였다.[5)]

일제시 관료 임용을 위하여 '문관임용령'에 고등문관시험이 있었으나, 임용시험 보다 신제 학력(중학 이상 전문학교 출신)과 추천(권력, 금력 등)에 크게 의존하였다. 보통문관시험이나 판임관시험은 추천으로 임용된 임시직(고인, 촉탁, 서기 등)을 구제하기 위하여 실시하였다 해도 과언이 아니다. 이러한 시험과 임용, 심지어 급여에 있어서 일인과 한인의 차별이 약 3:1로 한다는 원칙이 있었던 것 같다. 왜냐하면 실제로 일인과 한인간에 그러한 차별이 있었다.[6)]

이와 같이 관료 세계에 있어서 민족간 차별은 조선인을 무시하고 일본인을 우월시 하는 경향이 생기게 하였다. 관료들의 충원은

---

4) 김영모, 「한국민족해방운동연구」, 고헌, 2012, 제 1장, 제 2장 참조
5) 김영모, 「일제하 한인지배층연구」, 고헌, 2009, pp.120~121
6) 상게서, p.121

문관시험 보다도 신제 학력 및 추천에 의존하였는데 신제 학력도 주로 일어학교와 무관학교의 졸업생 및 일본 유학생이 대부분을 차지하였다.[7] 더욱이 갑신정변이나 을미사변시 국사범으로 일본에 망명간 친일 무관들을 일제는 한말에 군수 또는 관찰사 등 관직을 주었다가 다시금 일제시 도지사 또는 도참여관으로 임용하였다. 그 만큼 한반도 식민지화의 기여도와 충성도에 따라 친일 관료지배층을 육성하였다.

한편, 다수의 하급 관료(판임관 등)는 대부분 신제 학력 또는 추천에 의하여 충원하였는데[8] 이러한 결과는 한국인의 관료에의 출세(관료주의)와 학벌주의를 조성하였다. 더욱이 관료가 되려면 소위 빽(권력, 금력, 혈연 등)과 연줄(지연, 학연 등)이 있어야 가능하다는 의식을 심었다. 그래서 자손 중 한사람 이라도 잘 되면 한 집안의 모든 자손들이 출세할 수 있는 것으로 여겼다. 이 신제 교육은 보수적인 양반, 유생들에게는 부정적이었지만 왕조시대의 중인 및 상민들에게는 사회적 상승이동의 기회가 되었다. 특히 지방의 중인(향리와 좌수 등)과 상민 출신들은 신제 학문과 학교 교육에 적극적으로 참여하여 식민지 관료가 되었다. 이들은 대개 계층상으로 중농 이상 부농 또는 관공리, 회사원 등 화이트 칼라 출신들이었다. 따라서 식민지 시대에 있어서 중간계급 출신의 상승이동이 가능하였다.

이와 같이 식민지시대에 한인 관료층을 형성하였을지라도 이들은 일인 관료에 비하여 문관자격시험이나 입관시 충원기회의 차별(약 1대 3)이 있었고, 또한 한·일인 관료간에 임금차별(약 1대 2)이 심하였다.

---

7) 상게서, 제 3장
김영모, 「조선지배층연구」, 일조각, 1977, 제 3편, 1장과 5장 참조
8) 상게서, 제 3편 제 1장(관료) 참조

3. 일제시 지배층의 성격

일제시 한인지배층은 갑오개혁 이후 일제가 꾸준히 추진한 제도 개혁과 친일세력(소위 개화세력)의 형성, 그리고 데라우찌(寺內正毅) 통감이 제시한 각서에 따라 형성되었다.

이완용 총리대신은 일제 통감으로 부터 받은 전술한 각서, 즉 황족의 예우와 세비, 대신의 예우와 은사금 지급 등을 내각회의에서 심의하고 대신도 참석한 어전회의에서 비준을 받았다. 어전회의에는 각 부 대신 이외 종실대표(대원군의 장남인 이재면)와 원로대신(중추원 의장인 김윤식) 및 시종원경(순종황후의 숙부 윤덕영) 등이 참석하였다. 이들은 문과에 급제하여 대신 등 고위 관료직을 지냈다.

한일합방시 내각회의에 참석한 대신들(소위 을사 5적)의 출신배경은 다음과 같다.9)

첫째, 이들의 평균 연령은 55.2세이고, 씨족 배경이 다양하다.

둘째, 이들은 거의 문과 합격자이나 무과와 역과 출신도 있다.

셋째, 이들은 갑신정변이나 갑오개혁시 거의 참여하지 않았지만 궁내부 특진관을 지낸 경우가 많다.

넷째, 일한합방을 주도한 이완용, 조중응, 고영희 등은 일본을 다녀온 경험(의화군 수원 등)이 있고, 또 일어에 능통하다. 또한 이완용, 박제순, 고영희는 주일전권공사를 지낸 친일 인사들이다.

다섯째, 이들은 갑오개혁 전후 일본에 정치적 망명, 또는 외교관 및 외유의 경험을 가지고 일어에 능통하다.

여섯째, 이들은 갑신정변 이전에 과거 합격자가 많고 갑신정변 당시 개화세력의 사상적 영향을 받았다.

---

9) 김영모, 「일제하 한인지배층연구」, 고헌, 2012, pp.106~107

일곱째, 이들은 대부분 지방관료의 경험이 적고 중앙 관직에 주로 종사하였으며, 대부분 궁내 특진관을 지냈다. 지방관직이라 하더라도 재임 4년의 원칙이 무시되었다.

여덟째, 이들은 모두 일본의 최고 훈장(훈1등)인 욱일장을 받았다.

아홉째, 이들은 일한합방후 자작 등 작위를 받고 조선귀족이 되었다.

1) 조선 귀족

일제는 한일합방으로 인한 민족적 저항을 막기 위하여 조선 왕실과 귀족에게는 매년 세비를 지급하고 귀족에게는 은사공채를 교부하여 그 이자로 생활할 수 있게 하면서 반일 운동을 하지 못하도록 규제하였다. 또한 일제는 왕실, 귀족, 양반, 유생 뿐만 아니라 지방 농민들의 반일운동을 막기 위해 막대한 은사금, 세비, 하사금 등을 뿌리고 지세 감면 등을 하였지만 이것은 결국 식민지 국민의 착취에서 그 재원을 충당하였다.[10)]

그러면, 한일합방의 대가로 세비와 은사금을 받은 조선 귀족들(69명)의 출신배경과 주요한 특징을 보면 다음과 같다.[11)]

첫째, 조선 귀족은 주요한 왕족(고종과 순종의 왕실)과 세도가(여흥 민씨, 풍양 조씨, 안동 김씨 등)인 척족들이 높은 작위(공작과 후작)를 수여 받았다.

둘째, 일한합방에 직접 공헌한 이완용 내각의 대신들은 자작을 수여받았으며 후에 이완용과 송병준은 후작으로 승격되었다.

셋째, 그 밖의 왕실과 척족으로 고위직(전직 대신 등 2품 이상)을 지냈거나 일제와 한국의 행동대원(고위 관료)들에게 남작을 수여하였다.

---

10) 조선총독부는 한국 합병경비로 지출된 금액이 총 19,006,303엔이라고 발표하였다.(「매일신보」, 1910년 12월 25일)

11) 상게서, pp.116~117

넷째, 수작한 조선 귀족은 거의 대부분 문과(44명)와 무과(11명)에 급제하여 왕실과 민비 등에 의하여 급속히 승진한, 전통적인 보수적 관료이다. 그러나 이들 중에 일찍이 일본에 수신사와 그 수원으로 간 경험과 주일 전권공사의 경험을 지닌 친일 관료들이 많다. 보수 관료들은 갑신정변이나 갑오개혁에 참여한 관료가 적지만 친일관료들은 그것에 참여한 경우가 많다.

다섯째, 수작자 76명 중에 노론이 56명이고 소론은 7명이며 북인이 2명이다. 을사 5적과 송병준은 모두 노론에 속한다.

여섯째, 15년전 일제가 배신한 갑신정변 주역들의 자손들에게도 하사금을 준 것이 특징이이다. 갑신정변의 주역은 당대의 명문세족 출신이었으나 그 행동대원들은 그렇지 않다.

일곱째, 조선귀족은 일한합방 후 총독부의 자문기관인 중추원에서 의장, 부의장 및 고문을 지냈거나 이왕직 장관 등을 지냈다.[12] 조선귀족들은 자산가들이 많았다.

일한합방후 10년이 지난 사이에 조선귀족(69명) 중에 사망하거나 몰락한 자가 많았다. 특히 민영찬, 윤택영, 조동윤, 조중응, 박제순, 박기양, 이지용, 조민희, 이기호, 이재곤 등은 파산 몰락하였고, 민영찬, 조민희, 윤택영, 이기용 등은 파산하여 작위까지 상실하였다. 그리고 김윤식과 이용직은 3.1 운동시 독립청원서를 내어 형벌을 받고 작위를 빼앗겼다. 작위를 빼앗긴 수작자는 1930년 개편시에 7명이 되었다.

한편, 조선귀족이 된 한말 관료들의 자손 중에서 일제시 고등교육을 받은 후 고위 관료가 되었거나 부친의 작위를 세습 받은 후 대지주 등 부재지주로서 유한계급 생활을 하거나, 또한 토지자본(대지주)의 수익으로 상공업에 투자하여 자본가로 변신한 경우가 많다.

12) 김윤정, 「조선총독부 중추원 연구」, 경인문화사, 2011, 제 3장 참조

이들 중에 해방 이후 한국사회의 권력지배층이 된 경우가 많다. 예컨대 남작을 받은 윤웅렬(3남)과 장남 윤치호(5남 7녀)의 집안을 들수 있다.[13)]

일제는 일한합방 후 한말 관료의 약 7할을 유임하였지만, 대신(大臣) 이상은 조선귀족이나 중추원의 고문 · 참의직을 주어 권력으로부터 퇴출시켰고, 하급 관료들도 5년 이내 약 2할 이상 그만 두었다. 조선귀족들도 합방후 5년 내지 10여년 만에 사망 등으로 현직에서 대부분 물러났으며, 고위 관료직은 일인들로 충원되었다.

2) 한인 관료지배층

일제 식민지 관료가 된 한말 관료는 과거와는 달리 갑오개혁과 문관임용령 등으로 과시(15.3%) 보다도 신제 학력(44.9%) 또는 추천(41.8%)에 의하여 입관하였다. 이러한 입관제도는 일제시 개정된 '문관임용령'과 매우 유사하여 추천에 의한 관료 충원이 더욱 많았다.

그리하여 1909년 한말 관료(3,624명)의 67.6%인 2천 449명과 1910년 합병 당시 총독부 관리 328명이 일제시대 관료로 유임되었다. 이 중에서 고등관은 565명이다.[14)]

일제시 조선총독은 갑오개혁으로 분리된 3권(행정, 입법, 사법) 뿐만 아니라 군권까지 모두 장악하였고, 그 아래 고등관 이상의 관료지배층은 일인이 독점하였으며 하급관료라도 촉탁 및 고인 등 비정규직도 이들이 다수 차지하였다. 관료지배층 중에 한인이 다수를 차지한 관직은 민심수습용의 행정관인 군수(고등관 대우)와 도지사 및 도참여관이었다.

그러면, 일제시 고등관을 지낸 한인 도지사와 참여관 그리고 군

13) 김영모, 「일제하 한인지배층연구」, 고헌, 2009, p.117
14) 박은경, 「일제하 조선인 관료연구」, 학민사, 1999, pp.10~11

수와 판 · 검사의 출신배경과 그 사회이동을 본다.

(1) 도지사

일제시 13개 도(道)의 한인 도지사는 일제 36년간 모두 32명이었다. 이들은 주로 충청도와 강원도와 같이 산간지대에 배치하였고, 곡창지대인 경기, 경남북, 전남, 황해도에는 1명 이하를 임명하였다.

그러면, 일제시 한인 도지사의 출신배경을 본다.15)

첫째, 한인 도지사들은 대부분 개항 이후에 태어났고, 일제시 초임직으로 참여관을 거쳐 도지사가 되었으며, 퇴직후 중추원 참의가 되어 친일 어용단체의 임원이 되었다.

둘째, 도지사들의 씨족 배경은 매우 다양하고 대부분 무관 및 중인 등 비명문 출신이다.

셋째, 도지사들의 충원요인은 과시 보다도 주로 학력에 의존하고 있다. 과시에 의하여 입관한 경우는 모두 무과급제자(4명)이고, 학력의 경우도 문관임용령, 즉 중학교 또는 전문학교 이상의 학력에 의한 입관(37.5%)보다 일어학교, 보통학교, 견습 등에 의한 입관이 다수이다.(전체의 53.1%) 비록 신제학교 출신자일지라도 일본 육사, 성성학교, 호산학교 등 무관 양성소 출신이 많다.(28.1%) 이들은 경응의숙과 함께 초기 유학생들이 많다. 이것을 보면, 일어를 구사할 수 있는 중학 이상 졸업자나 일어학교 출신 및 일본 유학생이 관료지배층이 되었다.

넷째, 도지사들의 초직은 무관이 8명이 되고, 순검도 1명이며, 교원은 3명이 된다. 따라서 군인출신 일인 통감은 역시 무관을 선호하였다.

15) 박은경, 「일제하 조선인 관료 연구」, 학민사, 1999, 제 5장 참조
김영모, 「일제하 한인지배층 연구」, 고헌, 2009, 제 3장 제 4절 참조

다섯째, 도지사들의 일제시 전직은 대부분 도참여관을 거친 것으로, 그 충성도를 확인하였다.

여섯째, 도지사들 중에서 김옥균, 박영효, 홍영식 등 친일 개화세력이 주도한 갑신정변의 행동대원(유혁로, 신응희)으로서 참여하였다가 일본에 망명하였거나(3명), 을미사변(민비시해)으로 김홍집 내각이 붕괴된 후 일본에 망명한 자(유성준, 이진호, 이규완) 그리고 러일전쟁에 참전한 자(박중양, 윤갑병, 김관현, 이규완)가 많다.16)

이들은 행정관료로서 단계적인 승진을 하지 않고, 망명간지 10여년만에 통감부 시절에 복직(권)하여 관찰사 등으로 고속 승진을 하였다. 이것을 보면, 이미 통감부 시절에 이등박문 통감이 대한제국의 고등관 인사권을 마음데로 행사하였던 것을 알 수 있다.

(2) 참여관

일제시 한인 참여관(45명)은 도지사의 행정 보좌관인 동시에 도지사가 되는 지름길이다. 한인 참여관의 출신배경은 도지사의 경우와 매우 유사하다.17)

첫째, 일제시 참여관들은 대부분 갑신정변 이후에 태어나서 갑신정변 및 갑오개혁시 경력이 없다.

둘째, 참여관은 대개 군수를 역임하였고 도지사로 승진한 후 중추원 참의가 되어 친일 어용단체의 임원이 되었다.

셋째, 참여관들의 씨족 배경은 대부분 중인 등 비명문 집안출신이나.

넷째, 참여관들의 충원 요인은 '문관임용령'에 명시된 문관시험

16) 이규완(강원지사)과 신응희(함남지사)는 박영효 집안의 하인으로 일본 호산학교에 관비유학생으로 다녀 왔다. 그들은 체일시 김옥균, 박영효의 신변보호 책임자였다.

17) 상게서, p.163

참격자는 한명도 없고, 중학 또는 전문학교 이상 출신은 전체의 29.0%이며 나머지는 대부분 일어학교 졸업생(30.1%) 또는 일본 유학생(6.6%) 출신이다. 여기에서 일어를 구사할 수 있는 능력, 즉 친일적 요인을 중요시 하였다.

다섯째, 참여관들의 60.3%는 주사, 군수 등 한말의 판임관 이상을 지낸 자들이다. 참여관 중에 순사, 경부 출신이 5명이고 번역관 출신이 2명인데 이들도 대부분 군수를 거치고 있다.

여섯째, 참여관 중에서 갑신정변시 김홍집 내각이 붕괴된 후 망명하였던 자(정난교, 김창한, 유승흠, 이범래)와 을미사변으로 망명하였던 자(최정덕)들이 일제 통감의 도움으로 한말에 관찰사, 부윤, 경무국장 등으로 임관하였다가 일한합방 후 다시금 고등관이 되었다.

일제는 과거 갑신정변과 을미사변 등에서 국사범이었던 일본 망명자들을 10여년이 지나서 다시금 복권시켜 관료지배층을 만들고 있다. 갑신정변을 남 · 북한에서 높게 평가하고 있는데 일제는 이것을 부정하고 있다. 사실 갑신정변의 주역들(김옥균, 박영효, 홍영식 등)이 초기에는 자주적 개화세력이었지만 그 후 일제에 의하여 변절자가 된 것이 아닌가 의문이 간다.

(3) 군수

일제시 군수(총 1,404명)는 한말 군수 또는 서기 출신이 많았다. 처음부터 군수가 된 자는 전체의 39.5%이고 서기에서 군수로 승진한 자는 41.3%를 차지한다. 처음부터 군수가 된 사람은 이미 한말에 군수직에 있었다는 뜻이다. 고등문관 시험에 합격한 후 바로 군수가 된 사람은 주로 1920년대와 1930년대에 임관한 44명에 불과하였다.

군수가 승진하여 중추원 관료(참의)가 된 자는 모두 73명이다. 중추원의 참의는 한말 관료였던 조선 귀족출신이 대부분이고, 일제 시대에 충원된 자(고등관과 지주부농 및 기업인 등)도 전체의 29.2%가 된다.

일제시 경찰로서 경부보나 경부에서 고등관직에 오른 자는 258명이 되고, 도 경시(오늘날 총경 이상)로 승진한 자는 105명이며, 경찰직 군수를 지낸 자도 84명이 된다. 그리고 도 참여관을 지낸 자는 12명이고 후에 도지사를 역임한 경찰출신은 2명이다.[18)]

경찰이 군수로 승진하려면 일단 경시가 되어야 한다. 경시가 되려면 문관시험에 합격하거나 아니면 순사보나 헌병보조원으로서 신임과 능력이 인정될 때 순사부장 등이 되고, 일정한 기간이 지나면 군수가 될 수 있다.

(4) 판 · 검사

일제시대 판 · 검사로 임용되었던 자들은 모두 221명이었다. 이들 중 81명이 대한제국 관료 출신자들이다. 이들의 경력이동은 다음과 같다.

통감부 시절에 이미 법관은 일본인으로 대치되었고, 1909년에 일본인 판사 192명에 조선인 판사는 88명에 불과하였다. 1910년에는 일본인 판사 183명에 조선인 판사 70명, 일본인 검사 55명에 조선인 검사 6명, 그리고 1912년에는 일본인 판사 161명에 조선인 판사 38명, 일본인 검사 54명에 조선인 검사 3명 밖에 없었다. 따라서 합병 당시 조선인 판 · 검사의 대부분은 대한제국 시절 판 · 검사들이 그대로 유입되었으나, 1912년 조선인 판사의 수가 거의 절반 가까이 준 것에서 알 수 있듯이 병합 후 5년 이내에 사직한 자는 대한제국 판 · 검사 출신의 약 63%에 달한다.

판 · 검사들의 경력이동 유형은 서기에서 판 · 검사가 된 자가 가장

18) 안용식, 일제하 한국인 경찰 간부 930명, 「연합뉴스」, 2008. 8. 23

많고(48.0%), 그 다음은 바로 판 · 검사가 되었는데 이들의 79.4%가 한말의 판 · 검사들이다. 따라서 일제시 바로 판 · 검사된 자는 29명에 불과하다.[19]

일제시 관료지배층(군수, 판검사 등 고등관료)이 되려면 무엇 보다도 고등문관시험(한인 합격자 134명)에 합격하거나 신제학교(경성 전수학교, 경성고보, 동경제대, 경성제대, 기타 일본대학 등)를 이수하여야 한다. 일제시 고등관료 중에 경성전수학교(26.2%), 경성제대(5.0%), 경성고보(10.0%) 및 관립학교(10.0%) 출신이 전체의 51.0%를 차지하고 동경제대(7.9%) 등 일본 유학생 출신이 32.7%를 차지하였다.[20] 이들은 거의 대부분 관공리와 지주부농의 자손들이다. 이들은 해방후 한국사회의 권력지배층이 되었다.

한편, 한국인 경성제대 졸업생(533명)은 해방후 대학교수가 가장 많이 되었고(25.1%), 그 다음은 국회의원(6.2%), 행정관료(장관 등 12.8%), 재계(11.6%), 법조계(8.3%), 중등교장(4.7%), 언론계(2.1%)이며 납북 또는 월북자도 많다(18.8%)[21] 그리고 고등관 출신 졸업생(60명)은 해방후 행정 및 사법의 관료지배층이 가장 많이 되었고(33.3%), 그 다음은 납북(10%) 등의 순이었다.[22]

4. 결 론

일제의 조선침략은 오랫 동안 계획하에 자행되었다. 일제는 특히 친일 개화세력을 앞세워 갑오개혁을 추진하면서, 다른 한편으로 왕

19) 박은경, 전게서, p.120
20) 박은경, p.96
21) 정선이, 「경성제국대학 연구」, 문음사, 2002, p.166
22) 상게서, p.165

실과 봉건 지배층과 야합하여 반정부적이고 반외세적인 동학농민과 한말 의병들의 저항운동을 타도하였다. 이것을 보면, 조선 말기에 보수적인 권력지배층의 반민족적 성격을 엿볼 수 있다.

이러한 반민족적 성격은 조선 말기 정치지배층과 을사 5적 및 일제가 임명한 조선귀족의 출신배경에서 자세히 알 수 있었지만, 매우 이기적이고 기득권에 안주하는 보수적이며, 동시에 친일적 성향을 지니고 있다. 이들은 일제의 세비, 은사금, 작위 등을 받으면서 나라를 팔아 먹었다. 일제시 몰락한 자도 있지만 지주부농 등 식민지 지배층이 되었다.

한편, 일제는 식민지 통치를 위하여 19세기 말 자신들이 추구한 정책에 협력하였거나 그에 따라 정치적 망명을 한 친일인사들을 다시금 도지사, 참여관, 군수 등 식민지 관료지배층으로 육성하고, 신제학교 등을 통하여 조선 후기에 성장한 무관, 중인, 군교 등 중간 신분계층을 육성하여 새로운 관료지배층을 형성하였다.

그리하여 일제 침략에 협력한 조선 후기의 봉건 지배층(조선 귀족, 중추원 찬의 등)과 조선 후기의 신분해체와 갑오개혁으로 성장한 중간신분층(무관, 아전 등)을 새로운 친일지배층(관료, 지주, 자본가 등)으로 양성하였다.

이와 같이 성장한 식민지 한인지배층은 식민지 교육과정(중학교, 전문대학 등) 또는 외국 유학을 통하여 해방후 권력지배층이 되었다.

제 2장 한말 · 일제시 신분 및 계급변동

1. 서 론

조선왕조 후기의 신분해체는 1894년 갑오개혁으로 법제상 신분제도(반 · 상 · 천)의 개혁이 이루어졌다. 그러나, 이러한 신분관계를 지탱한 생산관계, 즉 토지소유관계(지주와 소작관계)는 개혁되지 못하였다. 그리하여 농지를 소유하지 못한, 많은 상민과 천민(노비, 고공, 협인 등)은 종전의 생산관계 또는 변형된 생산관계를 유지할 수 밖에 없었다.

1905년 3월 조사한 '한국토지농산조사보고'에 의하면, 전 경지의 60% 내외가 황실 내지 각 관의 지배 하에 있었고, 극소수의 대지주는 전 경지의 대부분을 차지하면서 대부분 경성이나 다른 도시(도청 또는 군청 소재지)에서 살았다. 그리고 지방민의 8~9할은 소작농민이었고 자작농은 그들의 1~2할에 불과하였다. 그리고 1910년 내부 경무국 조사에 의하면, 양반이 전체 호수의 1.9%이고, 농업에 종사는 상민과 천민은 84.1%이며, 그 밖에 상인(6.2%), 노동자(2.4%), 어민(1.2%), 유생(0.7%), 관공리(0.5%), 무직(1.1%) 등이 있었다.[23)]

이러한 신분계급관계는 1894년 갑오개혁과 광무연간의 '양전사업', 그리고 1960년대의 '토지사업'의 결과로 지주부농과 소작농간의 반봉건적 생산관계가 강화되고, 많은 부랑노동자가 창출되었다.

---

23) 김영모, 「일제하 한인지배층 연구」, 고헌, 2009, pp.179~181

이러한 신분계급관계가 일제의 식민지 약탈과정에서 어떻게 재편성되었는 가를 본다.

2. 한말 신분 및 계급구조

조선 후기에 광범위하게 일어났던 신분해체와 역계층화 현상은 조선 후기에 민란, 동학농민혁명 및 개화세력 등이 일어날 수 있는 사회적 기반이 되었으며, 그것은 문벌타파와 노비혁파 등 신분개혁을 촉구하게 되었다.

이러한 신분개혁이 1894년 갑오개혁으로 법제상 이루어졌지만 한말 일제시에 현실적으로 어느 정도 이루었는지를 보려고 한다.

1910년 5월 내부 경무국이 조사한 자료를 보면, 양반이 전체 호수(2,894,777호)의 1.9%이고, 유생이 0.7%, 관공리가 0.5%이라고 한다. 당시에 양반출신도 농상공의 생업에 종사하였지만, 상민 또는 천민으로 간주되는 84.1%의 농민과 6.2%의 상인, 2.4%의 노동자, 1.2%의 어민, 1.1%의 무직, 그리고 1.3%의 기타가 있었다.[24]

이것을 보면, 갑오개혁 후 15년이 지났음에도 불구하고 아직 전통적 신분구조가 잔존되어 있고, 또 그 많던 유학(사족)의 개념 대신 농민, 상인, 노동자 등 신분계급의 개념으로 많이 전환되고 있음을 알 수 있다.

그러면, 한성부와 지방 농촌의 신분 및 계급변동을 고찰하여 본다.

1) 한성부의 신분구조

24) 내부 경무국, 「민적통계표」, 융희 4년 5월 10일 조사

한성부는 전국 행정의 중심도시인 동시에 전국 상공업의 중심도시이다. 그리하여 한말의 지배계급인 양반관료가 많이 거주하고, 또한 상공인이 많이 거주한다.

한성부 호주의 신분구조는 현 관료가 전체의 13.2%이고, 전 관료가 15.4%이며, 잡직 · 중인이 3.6%이다. 과거 양반의 범주에 들어갔던 유학, 한량, 진사 등이 9.6%이고 상인이 23.8%이며 농민이 6.7%이다. 그 밖에 시민 또는 평민이라고 밝힌 자가 전체의 16.3%이고 나머지는 조이(미망인)가 3.9%, 천민이 2.6%, 공인이 2.7%, 기타가 0.8%이며 아무런 신분(잡직)을 밝히지 않는 불기(무직인 것 같음)가 3.5%이다[25].

이것을 본다면, 한성부의 관료와 양반이 약 4할이 되고 중인잡직이 약 4%가 되며 상인이 24%가 된다는 것을 알 수 있다. 이와 같이 관료와 양반이 많다는 것은 행정도시이고, 상인이 많다는 것은 상업도시임을 의미한다.

그러면, 저자가 조사한 한성부민의 신분구조와 세대간 사회이동의 특성이 무엇인가를 본다.[26]

조선시대의 신분구조는 개항 이전에 이미 거의 해체되었고, 갑오개혁으로 법제상 그것이 소멸되었지만 현실적으로나, 의식상으로 그러한 특성이 강력히 잔존하여 있었다. 한말의 상층신분은 전통적 요소와 근대적 요소가 혼유되어 한성부의 양반, 관료가 전체 호수의 38.2%를 차지하고 있다. 이들은 주로 성내에 거주하고 다수가 부재지주인 것 같다. 이들은 지대(소작료)에 기식하여 사는 유한계급이다. 그 밖에 다수 부민은 23.8%의 상인과 16.3%의 시민(평민) 및 6.7%의 농민이다. 시민의 경우는 도시의 부랑노동자가 다수를 차지하는 것이 아닌가 한다. 왜냐하

25) 김영모, 한말 한성부민의 신분구조와 이동, 「성곡논총」, 제 15권, 1980
26) 김영모, 「한국사회계층연구」, 일조각, 1982, 고헌, 2005, pp.181~182

면 정부자료와 비교하여 보면, 양반 · 관료가 전체의 6.1%이고, 상인이 24.4%이며, 공인이 6.0%이지만 무직이 23.0%나 되는데, 이들 무직이 호적상의 시민 또는 평민의 범주에 다수가 들어갔기 때문이다. 이러한 신분 · 계급이 도시에 많이 거주하였기 때문에 의병전쟁과 3.1 운동과 같은 사회혁명과 민족운동의 세력 기반이 되었던 것이다.

이러한 신분을 고용상태와 관련시켜 보면, 관료의 약 50%가 적어도 1명 이상을 고용하고, 양반 · 중인의 20%가 고용하며, 서민의 5% 이하가 고용하고 있는 실정이다. 또한 주택의 경우도 차가(借家)가 7.7%이고, 초가가 54.9%이며 기와집이 37.5%인데 이것은 지방 수준에 비하면 차가가 많고 지방의 평균 주택의 크기인 3간 이하의 주택소유자는 한성부의 경우 10% 미만이다.

이것을 보면 한성부민의 경제적 지위가 대단히 높은 것이다. 주택소유도 신분에 따라 차별이 있으나 경제적 지위가 낮은 양반, 관료의 경우 3간 이하의 주택소유자가 많다. 이러한 신분은 그들의 거주지에 따라 신분적 경계선을 형성하고 있다.

한성부민이 신분배경을 알 수 있는 4조(四祖)는 3할이다. 부친의 경우 28.2%의 호주신분이 밝혀져 있는데 이것은 13.2%의 유학과 14.9%의 품관 및 0.1%의 중인이 있으며 나머지는 불기(不記)인데 이 중의 다수는 신분배경이 낮은 것이다. 3조(三祖)의 신분이동은 불이동인 경우가 전체의 11.3%이고 20% 정도는 상승 또는 하강이동을 하였으며, 불기(不記)가 72%나 된다. 이와 같이 불기가 많다는 것은 지역이동으로 인한 신분이동이 심하지 않았다는 뜻인데 한성부민의 지역 불이동률은 63.7%이다.

한성부민의 가족수는 평균치가 4명이고, 이 중에서 양반, 관료, 중인, 천민의 경우가 다른 신분에 비하여 약간 많은 편이다. 부민의 가족형태는 핵가족이 61.4%이며 확대가족이 38.2%이다. 그리고 부부간의 연령차이는 동일한 경우가 전체의 5.6%이고 처가 많은 경우는 12.1%이며, 남

편이 많은 경우 전체의 55.6%로이다.

마지막으로 한성부민의 성씨는 金氏와 李氏가 많아서 각각 전체의 21.3%와 17.0%이고 나머지는 朴氏(6.7%), 閔氏(5.9%), 崔氏(5.0%), 鄭氏(4.8%), 徐氏(3.5%), 韓氏(2.8%), 張氏(2.0%)의 순이다. 이 중에서 가장 많은 본관별 성씨는 全州 李氏(9.0%)와 金海 金氏(8.9%)이고 그 다음은 密陽 朴氏(5.2%)이며 다른 명문씨족은 각각 1.6~2.8%를 차지한다.

이러한 성씨는 같은 신분끼리 통혼하는 신분내혼제를 많이 볼 수 있지만 상당한 수가 다른 신분과 통혼하고 있다.

2) 한말 농촌의 신분구조

한말「한국토지농산조사보고서」에 의하면, 전 경지(180만 정보)의 60% 내외는 황실 내지 각 관(官)의 지배 하에 있었고 역둔토와 궁장토는 원칙상 1908년 국유로 이속되었다. 그리고 전 도의 경지는 압도적 부분이 왕실, 관료, 호족의 소유이고 현실적 경작자는 대다수가 생활 자료 이상의 전 경지를 지주에게 수취 당했다. 지주는 왕실과 양반 내지 관료이고 대지주는 수백 내지 수천 정보를 소유하고 있는 대지주가 많은데 대부분 경기, 기타 대도시에 살고 그 밖에는 지방의 읍(군청 소재지)에 살고 있었다. 그리고 극소수의 대지주가 전 경지의 대부분을 차지하고 소작인은 북선지방이 약 70% 내외이고 중부지방은 약 80~90%가 되며, 남선지방도 이와 비슷하다고 한다. 나머지는 자작농이라 한다.[27]

이와 같이 한말 지방민의 약 8~9할은 소작농이었고 자작농은 소수로서 소작농의 1~2할이었다. 그리고 대지주는 다수가 경성에 모여 살고 일부 지주는 도청 또는 군청의 읍내에 거주하였다.[28]

---

27) 상게서, pp.193~194

28) 광무연간 중부지방 양안조사에서도 자작농이 14.1%이고, 자작겸 소작농이 57.7%이며, 소작농이 28.2%라고 한다. 당시의 소작료가 병작 반수이기

한편, 저자가 조사한 전국 7개 지역(면) 주민의 가족・신분 및 계급구조를 알기 위하여 호적 및 양안을 분석하여 보았더니 다음과 같은 특성을 발견하였다.29)

첫째, 농촌가족의 평균 수는 3.97명이고 평균 자녀수는 1.3명이다. 그리고 가족형태는 핵가족이 전체의 55.3%이고 확대가족은 전체의 39.8%이다.

가족구조에 대한 정태적 분석에 의하면 우리나라의 전통가족과 현대가족이 소가족 또는 핵가족의 특성을 지니고 있다고 보겠지만, 가족의 동태적 또는 역사적 이해를 한다면 오히려 대가족 및 대가족제도의 특성이 강하다.

둘째, 농촌 주민의 직업은 거의 9할 이상이 농업이고 그들의 고용수는 진체의 18%이며 주댁구조는 초가 3긴이 보펀적이디.

한말의 신분개념은 전통적인 반상개념으로 파악하기가 어렵고 오히려 생산관계에 의하여 파악하여야 보다 선명해질 것으로 생각한다. 또한 전통사회에 있어서 유학=양반의 개념은 한말에는 유학=농민의 개념으로 전환되고 있는 실정이다.

셋째, 용인군 양안의 분석에 의하면, 모현면과 기내면의 토지소유관계 및 계층구조는 다음과 같다.

토지소유관계

	모현면	기내면
지주	12.5	18.2
자작농	20.7	20.1
소작농	47.4	58.9
무전답	19.3	2.7
합계	99.9	99.9

계급구조

	모현면	기내면
부농	4.6	4.5
중농	8.2	10.6
소농	15.5	18.7
빈농	52.4	63.5
무전답	19.3	2.7
합계	100.0	100.0

때문에 지주 및 자작농은 자본축적이 가능하였을 것이다.

29) 김영모, 「한국사회계층연구」, 일조각(1982, 고헌(2005), pp.205~206

이러한 토지소유 및 계급구조가 정확한 것은 아니다. 지주, 자작농, 소작농의 8할 이상이 25부 이하, 즉 빈농이기 때문에 한말 농민의 빈농과 소농은 위의 표에 나타난 비율보다 많으리라 생각한다. 그리고 무전답자가 모현면의 19.3%와 기내면의 2.7%가 있는데 이것은 반드시 임금노동자를 의미하는 것은 아니지만 빈농과 함께 소작농 또는 머슴인 것 같다.

넷째, 자작농 또는 소작농 중에서 지주 또는 자작농 보다도 많은 토지경작과 소득을 올릴수 있기 때문에 이들의 상승이동이 가능했으리라고 생각한다. 그것의 구체적인 형태가 신분과 토지소유와의 상관성이 매우 높지 않다는 데서도 알 수 있다.

이러한 것을 본다면, 한말 농민의 신분 및 계급적 지위가 대단히 낮으면서 동질성이 높음을 알 수 있다. 이것은 소수의 지주부농이 존재하고 다수의 소작빈농이 존재하고 있음을 의미한다. 동시에 한말 농촌사회는 계급적 신분질서를 재현하기 위한 과도기적 성격이 두드러지게 나타나고 있다.

3. 일제시 직업 및 계급변동

일제시 한국인의 신분 및 계급변동은 기본적으로 식민지 자본주의의 성격을 지닌다.

첫째는 식민지 지배민족은 일본인이고 피지배민족은 한국인이라는 것이다. 따라서 일본인과 한국인간에 민족적 차별성이 존재한다.

둘째는 식민지 자본주의는 일제(일인)가 주인이고 한국(인)이 피지배민족으로서 자본, 노동, 상품의 시장이 된다. 따라서 일제의 착취 대상이 된다.

셋째는 식민지에 있어서 일본인은 행정(관료) 및 전문기술직, 심지어 노동직에 있어서도 임금 등 처우조건이 우월하다.

이러한 조건 하에서 한국인의 신분, 직업 및 계급변동의 차별성과 빈익빈 부익부의 양극화가 일어난다.

1) 직업변동

한일합방이 있었던 1910년 한국인의 직업구성은 전체의 80.1%가 농림업에 종사하였고, 그 다음은 상업(6.2%), 수산업(1.2%), 광공업(0.8%), 공무자유업(0.5%) 등에 종사하였다.

이러한 직업구성이 일제 36년간 커다란 변화를 보여 주었다. 1910년~1942년간 농업종사자의 급격한 감소와 상공업 및 공무자유업자의 상당한 증가현상이 일어났다.[30)]

농업종사자가 전 호수 중에 18.3%가 감소한 반면, 상공업자와 공무자유업자가 12.8% 증가되었다. 나머지는 대부분 기타 유직자에서 증가율을 보여주고 있다. 이것은 해마다 많은 농민이 몰락하여 상공업이나 공무자유업으로 전직하는 것이 아니라, 기타 유직입자처럼 불안한 노동에 종사하거나 공업노동자로 전락되어 가는 것을 의미한다. 특히 공업종사자와 기타 유업자가 1930년 이후에 급격히 증가되고 있는 것은 일제 말기에 갈수록 일제의 경제적 착취가 격심하여지고 동시에 농민 몰락과 이의 노동자화 현상을 보여주고 있다.

농민몰락 현상은 이러한 공업노동자화 또는 부랑노동자화 뿐만 아니라 소작농 및 머슴으로 진락되고 광산 및 해외노동사로 유랑하게 된다. <표 4-17>에서는 소작농으로 전락되는 것이 나타나 있지 않지만, 이의 실수도 농민이촌에 못지 않게 엄청난 것이다. 다시 말하면, 32년 동안 연평균 약 250,000호의 농가가 이농하여, 200,000호가 소작농으로 전

---

30) 조기준 · 김문환 · 유봉규 · 김영모 공저, 「일제하의 민족생활사」,민중서관, 1968
김영모, 「한국사회계층연구」, 일조각, 1982, 고헌, 2005, pp.234~235

락하고, 나머지는 자소작농 또는 전업 이촌하는 것이다. 1924~1925년 간 전업 이촌자는 가장 많은 것이 노동자 및 기타 용인이 된자(46.3%)이고, 그 다음으로 일본으로 도항자(16.8%), 상업으로의 전업자(15.8%), 공업 및 잡직으로의 전업자(11.3%) 및 만주, 시베리아로 간 자(2.7%)도 많다.

이에 반하여 일인의 직업구조와 변동은 한인의 경우와 거의 상반되고 있다. 일인이 가장 많이 종사한 직업은 1942년에 공무자유업(43.8%)이 가장 많고 그 다음은 상업(23.5%)과 광공업분야(23.1%)이다. 나머지는 소수의 농림업(3.6%)과 기타 유직자(4.8%) 및 수산업(1.2%)이다. 이것은 1910년 또는 그 후의 직업구조와 비교하면 심한 변화를 보여 주고 있다. 1910년에는 상업(28.6%)과 기타 유직자(29.7%)가 가장 많았고, 그 다음으로 공무자유업(20.2%)과 광공업종사자(11.0%)였는데, 그 후에는 후자가 급격히 증가되었고, 기타 유업자가 급속히 감소되고 있다. 광공업은 1930년 후에 급증했고, 공무자유업은 꾸준히 증가되었지만, 기타 유직자는 계속 감소되었다.

여기에서 일제 초기의 상업가와 관리 그리고 잡직자들이 일인 이민의 중심세력이었으나, 점차 그것이 변질되어 갔다. 즉, 상업자본가 보다 공업자본가가 증가되었고, 식민지의 철저한 수탈을 위한 관료세력이 구축되어 가며, 일정한 직업에 종사하지 못했던 다수 일인의 기타 유직자가 안정된 직업에 종사해 가고 있다.

농림업종사자는 비록 숫적으로는 극소수이지만 이들이 전 경지의 12%를 차지하고 있었다. 이들은 일제 말기에 갈수록 감소하고, 가장 많았던 때가 토지조사사업이 끝날 즈음인데, 이것은 일제 초기에 토지자본으로서 투자, 또는 소작료의 수익성이 대단히 좋았음을 의미한다. 그리고, 후기일수록 상공업의 투자가 더 유익했음을 의미한다. 상업종사자의 구성비율은 비록 감소하고 있으나, 실수는 오히려 증가하고 있다. 이들은 도매상 또는 잡화상 그리고 고리대를 많이 하고 있다.

그러나, 무엇 보다도 급증한 것이 공무자유업과 광공업인데, 전자는 식민관료로서 상급의 실권 관료로 충원되었고, 후자는 회사와 공장의 발달에서 볼 수 있는 바와 같이 대자본가 또는 대기업가로서 많이 나타나고 있다. 예컨대 회사수가 1910년에 142개이던 것이 1941년에는 3,354로 증가되었다. 또한, 자본금의 증가로 이와 마찬가지로 비약적인 발전을 보여주고 있다.[31]

이와 같이 일제는 식민지 개척으로 1872년~1920년간 약 50년 동안 농업종사자는 25.5% 감소되었으나, 공업종사자가 5.7%, 상업종사자가 4.7%, 공무자유업자가 4.3%, 그리고 교통업종사자가 2.8%가 증가되었다. 상공업자가 증가하였다는 것은 자본가와 노동자가 증가한 것을 의미하는데 지난 50년간 상공업이 약 10% 증가하였으나 한국과 같은 식민지를 개척한 후 1920~1930년간 10년만에 약 7%의 증가율을 보였다. 그러나 한국의 경우 같은 기간에 0.9% 증가하여 일제의 1/10에 미달하였고, 1930~1940년간 0.5% 증가율은 전기에도 미달하였다.

이것을 보면, 일제의 식민시 약탈이 얼마나 심하였는 가를 짐작할 수 있다.

2) 농민분해

전통적인 사회에서는 농민이 계급적 의미를 지니고 있으나 근대사회에서는 농민이 빈농, 중농, 부농으로 계급분화가 이루어진다. 따라서 농민의 계급분석은 자료의 한계가 있어서 주로 토지소유관계, 즉 지주와 자작농 및 소작농 중심으로 하여 파악하여 본다.

일제시 지주와 소작관계는 조선시대에도 있었으나, 1910~1918년까지 실시된, 신고주의에 의한 '토지조사사업'[32]으로 조선에서도 근

31) 김영모, 상게서, p.237
32) 박문규, '농촌사회분화의 기점으로서 토지조사사업에 관하여'(경성제대법문

대적 토지사유권을 확립하였으며, 일제에 의한 토지소유와 반봉건적 생산관계를 합법화 하여 토지를 헐값으로 불하 또는 매수하여 대토지를 사유화 하였다.

그리하여 종래의 사전(私田)점유자를 그 토지의 사유권자로 하고, 공전(公田)은 대체로 국유지에 편입되어야 함에도 불구하고 오히려 농민적 토지소유지를 수조권자인 봉건적 지배층, 즉 관인과 귀족 및 양반의 수중에 들어가게 하였다. 이러한 사실은 권력구조에 참여하지 못한 농민과 법적 지위를 알지 못한 농민, 다시 말하면 권력 없고 무지한 토지점유권자인 농민은 대부분 몰라서 자기 토지를 신고하지 못하고, 대신 수조권자가 강제로 파렴치하게 신고하였으며, 또는 농민들을 회유하여 아주 헐값으로 토지를 매수 · 신고하였다.

이와 같이 토지조사사업의 진행 과정에서 봉건적 지주제를 현실화하고 더욱이 봉건지배층을 식민지배하에서도 계속 지배층으로 잔존시켜 식민지 통치를 효과적으로 수행하려 하였다. 그리하여 지주제는 일제하에서도 사회지배체제의 근간을 이루었고, 대지주는 대체로 ① 일본 상업고리대자본가와 대토지회사 자본가, ② 조선의 수조권자인 관인과 귀족, ③ 지방의 소관인과 부농으로 구성 되었다.

이러한 봉건지배층이 봉건적 신분제의 해체로 사회적 지배세력으로서의 지위가 부정되어야 함에도 불구하고 외세에 의해 재 확립되었고, 농민은 토지의 점유권에서 분리되어 영세소작농으로 전환되었다. 농민의 토지로 부터의 이탈은 직접 농업생산의 자본주의적 방법을 발달시키지 못하였고, 토지를 상실한 대다수의 농민은 도시노동자 또는 농업노동자로 흡수될 수 있는 소지가 없는 당시의 우리나라에서는 다시금 봉건적 사회로 이행하게 되어 영세농적 생산양식하의 소작농으로 재 편성

학회편, 「조선사회경제사연구」, p.530)

신용하, 「조선토지조사사업연구」, 한국연구원, 1979, p.10

되어, 오늘날(일제시) 보는 바와 같이 반봉건적 소작 관계로 들어가게 되었다.

토지조사사업이 진행되고 있는 시기에서도 반봉건적 생산관계가 더욱 강화되고 있었으며, 일제 중기 이후에 비하여 급격한 양극분해가 일어났다. 1914년에 지주는 전농가 호수의 1.8%이고, 자작농은 22.0%이며, 자소작농은 35.2%, 그리고 순소작농 41.0%였는데, 토지조사사업이 종료된 1919년에는 지주가 3.4%, 그리고 소작농이 76.9%가 되었다. 그 후 지주와 소작농은 점차 증가되어 가고 자작농과 자소작농은 점차 감소하였다.

1914년의 1.8%의 지주가 1944년에 2.2%로 증대되어 가는 소수 지주층과 1914년에 76.2%의 소작농이 1944년에는 83.9%로 증가되어 가는 다수 소작농의 양극화 현상이 일어나고 있는 반면에, 자작 및 자작소작농이 몰락되어 가고 있다. 이러한 현상은 토지소유면적에서 파악하여도 동일하다. 논에 있어서는 1914년에 지주 소유지가 전 농지의 65.4%이던 것이 1942년에는 68.3%로 집중되고, 자작농지는 1914년에 34.7%이던 것이 1942년에는 31.7%로 해마다 감소하고 있다. 이러한 경향은 밭에 있어서도 동일하였다.

1940년 말 조사에 의하면 전 경지의 57.8%를 소수 지주가 소유하고, 전 농가의 18.5%의 자작농은 그 나머지인 42.2% 농지를 경작하고 있으며, 지주 농지(57.8%)는 전 농가의 53.1%가 되는 소작인이 경작하고 있다.

이와 같이 소수 지주는 해가 갈수록 누증하고 비대해 지며, 이들 지주는 양적으로는 한인이 많으나 질적으로는 일인이 비대하였다.[33)]

3) 계급양극화

자본주의 발달은 사회계급, 즉 자본가와 노동자를 생성시키고,

33) 상게서, pp.257~258

또 노자간 계급의 양극화를 초래한다. 식민지 시대에 있어서 계급 양극화는 더욱 고통스러운 것이다.

일제 식민지 초기(1910년)에는 한인 상공업 인구가 7.0%였으나 말기(1942년)에는 16.0%로 증가되었다. 일인 상공업자는 같은 기간에 39.5%에서 46.6%로 증가하였다.

이와 같이 증가된 상공업 인구가 종사한 회사와 공장 및 종업원의 성격을 본다.[34)]

일제 30년 동안 한국에 본점을 둔 회사가 20.7배로 증가되었고, 일본 또는 외국에 본점을 둔 회사가 7.9배로 증가하였다. 1911년에 한국에 본점을 둔 152개의 회사 중에 일인의 것이 109개이고, 한인 소유는 27개, 그리고 일한 합동소유가 16개이다. 그리고 한국에 지점을 둔 회사는 일인 소유가 33개이고 외국인 소유는 12개이다. 그러던 것이 일제 말기에는 그 실수와 비율이 더욱 증가를 보였다. 1941년에는 3,352개 중에 94.5%나 차지하였다.

1911년의 회사자본은 한국에 본점이 있는 일인회사가 주로 상공업에 많이 투자하고 그 밖에 운수업에도 상당히 많이 투자하고 있다. 한국에 지점을 둔 회사는 상공업과 은행금융업에 많이 투자를 하였다. 당시 한인은 은행금융업과 상업에 많이 투자하고, 외국인은 광산업에 많이 투자를 하였다. 그러던 것이 1942년에는 주로 공업과 상업에 많이 투자하고, 그 밖에도 운수, 창고업, 농림업, 광산업, 금융업에 많이 투자하였다.

회사수도 상공업 부문이 전체의 64.2%를 차지하고, 나머지도 앞서 지적한 순위이다. 회사자본의 규모를 보면, 1929년만 하여도 한국에 본점을 둔 일인회사의 공칭 자본금이 전체의 58.6%이고, 한인의 것은 6.9%에 불과하며, 한인합동회사의 것이 34.3%가 된다. 여기에다 일본 또

34) 상게서, pp.264~266

는 외국에 본점을 둔 일인회사(지점)의 공칭 자본금이 재한 일인의 자본금 보다 3배 이상이 되고, 외국인도 이와 마찬가지이다.

이것을 보면, 재한 일인 회사수가 지점수보다 12배 이상이 되지만, 자본금은 오히려 3배 이상이나 적다는 것은, 식민자본가가 이민자본가보다 우세하고 식민지 착취를 위한 하청자본가적 성격을 벗어나지 못하고 있다. 외국인의 회사수도 몇 개(6개) 안되지만, 자본금이 많은 것을 보면 전자와 함께 제국주의 지배하에 종속되어 있었다.

이와 같이 식민지의 자본가는 대부분 일인이고, 이들의 투자가 공업과 상업에 집중되었기 때문에 이것을 중심으로 하여 고찰한다.

일제시대의 공장수와 종업원수는 매년 증가하였다. 공장수는 매년 증가하여 1910년을 기준해서 본다면 약 59배나 증가하였다. 1911년의 조사에 의하면, 252개의 공장 중에 한인 소유는 26.2%이고, 일인 소유가 73.4%이며, 나머지는 외국인 소유이다.

또한, 1932년 말에도 4,602개의 공장 중에 한인의 것은 46%이고, 나머지는 일인의 것이다. 비록 한인 소유가 1911년에 전체의 26.2%가 되었지만 자본금은 6.0%에 불과하고 일인의 자본금이 대부뷰(92.4%)을 차지한다. 1940년 말에도 한인의 공장자본금의 비율이 6%이고, 일인자본금은 94%나 된다. 1940년 말의 공장자본금을 분석해 보면, 일인은 화학공업·금속공업, 가스·전기공업, 요업공업을 완전히 지배하고 있으며, 그 밖에 식료품·제림업·방적공업도 거의 지배하고 있다. 다만, 한인은 기계·기구공업과 인쇄·제본에 있어서 일인과 비슷한 자본구성 비율을 보여주고 있을 뿐이다.

이와 같이 영세한 자본을 소유한 한인은 주로 정미업·양조업과 같은 종업원 50명 이하의 원시적 사업체에 불과하고, 일인 소유공장은 대부분 대공장이며 사용노동자 200명 이상의 대기업이다.

일제시대의 상업회사는 1911년에 79개이던 것이 1942년에는 840개로 증가되어 갔다. 상업종사자는 1942년 한인 호수의 8.6%를 차지하고,

일인 중에서도 23.5%를 차지하여 직업계층에 상당한 비중을 차지하고 있다.

1940년 영업 행위를 하는 점포수는 246,688개인데 그 중에서 소매점이 가장 많고(71.68%), 그 다음은 생산소매상(14.77%)과 도소매장(6.51%), 그리고 도매상(3.70%)과 중개업(2.86%)의 순이며, 나머지는 모두 1% 미만이다. 또한 상업종사자도 595,116명인데, 소매점에 가장 많이 종사하고(57.21%), 그 다음으로 생산소매상(17.63%), 도소매상(11.23%) 및 도매상(7.14%)과 중개업(5.14%)이며, 나머지는 모두 1% 미만이다. 이것을 보아서, 다수의 소상업과 소매상의 종사자가 있다는 것은 상업의 영세성을 지적할 수 있고, 소매점은 평균 종업원이 2명이라는 것을 알 수 있다.

그리고 이들의 상업규모는 대단히 영세하고, 대부분 자기 또는 가족노동에 의하여 영업하고 있다. 즉, 2인 종사의 점포수가 가장 많아. 42.46%이고, 그 다음으로 1인 종사(32.61%)와 3인 종사(12.30%)의 점포들이 대부분이다. 경영자와 종업가족도 대부분 2인 종사 점포의 비율이 가장 많고(각각 59.53%와 54.40%), 고용인은 6~10명 점포에 가장 많다.(22.96%)

이와 같이 해가 갈수록 일인 상공업자본가가 양적으로나 질적으로 비대해 가고, 특히 식민독점자본의 지배하에 들어가고 민족자본은 대부분 영세한 자영업적 성격과 토착적 성격에서 벗어나지 못하고 있다. 만약 일제가 조사 기준으로 설정한 5명 이하의 종업원을 가진 회사, 공장, 광산 까지 계산한다면, 소산층이 훨씬 증가하리라 생각한다. 따라서 일인과 한인, 그리고 자본가와 노동자 간의 민족적·계층적 양극분해가 일어나고 있다.

일제 말기 노동자의 산업별 구성을 보면, 전국 노동자(2,122,374명) 중에 공업노동자가 가장 많아서 27.9%이고, 그 다음으로 토목건설업(20.6%)과 광산노동자(16.3%)이며, 나머지는 수산노동자(10.6%), 임업노동자(9.7%), 운수노동자(9.4%), 농업노동자(6.1%)이다.

이러한 노동자 중에서 다수를 차지하는 공업노동자의 사회적 특성을 보면 1911년 14,575명의 공장노동자가 1943년에는 549,751명으로 22배나 증가하였다. 1911년의 공장종업원 중에 한인이 일인의 약 6배이던 것이 1925년에는 약 10배가 되고, 그 후에는 더욱 증가되었다. 공장노동자 중에서 일인의 비율이 낮은 듯하나, 전체 인구 구성에 비하면 일인의 비중은 대단히 높은 것이다. 특히, 일인은 기술자의 거의 대부분을 차지하고 있다. 1944년 말 조사에 의하면 총 기술자 8,476명 중에 80%가 일인이고, 한인은 20%에 불과하다. 또한 일인 공업기술자는 금속공업 · 화학공업, 가스 · 전기업, 요업 · 토목건설업 · 방직업 등에 다수가 종사하고, 한인은 제제목제, 인쇄 · 제조업, 식료품업에 다수가 있을 뿐이다.

한편, 공장종업원은 다수가 직공노동자이고 소수는 사무원과 기타 종업자이다. 1930년의 5명 이상의 공장 조사에 의하면, 종업원의 82.3%가 직공이고 10.1%가 직원이며, 7.7%가 기타 종업자이다. 그러나, 1937년에는 직공이 약간 감소하여 80.5%이고, 직원은 8.6%이다. 이것을 보면 육체노동자의 착취에 의하여 식민지 자본축적이 일어나고 있음을 알 수 있다.

4) 계급갈등

일제시 계급갈등의 표현이라 볼 수 있는 노동쟁위와 소작쟁의를 본다.

일제시 노동쟁의는 몰락농민의 증가와 고용기회의 폐쇄로 실업자가 많아서 노동력을 착취하는데 좋은 노동조건이 되어 있지만, 저임금과 민족적 차별로 더욱 심해졌다.

노동쟁의는 1919~1927년간 보다 1928~1936년 간에 거의 3배나 증가되었고, 1937~1940년 간도 상당히 높은 비율이다. 마지막 기간의 노동쟁의 비율과 참가율이 더욱 증가될 수 있음에도 불구하고, 그렇지 못한 것은 일제 말기의 만주사변, 중·일전쟁, 2차 세계대전을 수행하기 위한 강제적 탄압에서 비롯된 것이다. 노동쟁의의 참가자는 전체 참가지의 1.4%가 일인이고, 나머지는 소수의 외국인(2.0%)을 제외하면 모두 한인이다. 이것은 일제시대의 한인과 일인의 노동자의 구성비율(11대 1)과 비교한다면 엄청난 차이를 보여주고 있다. 일인의 참가율이 낮은 것은 그들이 지배민족으로서 식민정책에 간접적 기여를 위한 사명감에서, 그리고 노임우대에서 비롯된 것이다.

노동쟁의의 원인은 대부분 임금 때문이고(57.2%), 그 다음으로는 대우개선이며, 나머지는 기타로 되어 있다. 이것도 대부분 노동조건(특히 노동시간)과 관련된 것으로 볼 수 있다. 이러한 쟁의의 결과는 다수가 실패했고,(40.3%) 그 다음으로 타협이며(33.8%), 나머지는 성공한 것이다.

노동쟁의의 주요 원인이 임금조건과 대우인데, 일인노동자는 노동성질에 따라 약간의 차이가 있으나, 거의 2배에 가까운 노임을 받고, 중국인도 한인 보다 더 많이 받고 있었다. 이러한 노동조건의 민족별 차이는 해가 갈수록 심해지고, 쟁의의 주요 원인인 노임도 해가 갈수록 실질임금이 하락함에도 불구하고 일제는 임금인하를 시도함으로써 계급행동(쟁의)이 많이 일어나게 되었다.

일제시 소작쟁의는 일제의 토지약탈과 고율 소작료 때문에 지주와 소작농 간에 소작쟁의가 대단히 심하였다.[35)]

일제시 소작쟁의는 1920년에 총 15건이 발생하였지만, 1925년에는 204건, 1930년에는 726건, 그리고 1933년에는 1,975건으로 급격히 증가하였다. 이러한 증가는 당시의 지주와 소작인 간의 계급적 갈등, 즉 일제와 지주의 착취가 격심해지는 것을 의미한다.

소작쟁의의 원인은, 1926년 10월 부터 1932년 12월 까지 총 4,524건 중에 소작지 또는 소작권 때문에 일어난 것이 2,315건으로 가장 많다.

---

35) 상게서, pp.293~297

총 소작쟁의의 51.2%가 소작지 또는 소작권 때문이고, 나머지는 불작(14.4%), 고율 소작료(12.8%), 소작료 체납(6.9%), 소작료 인상 및 증징(6.9%), 그리고 공조 공과 및 비료대의 부담 관계(2.7%)이다. 기타의 대부분 소작조건과 관련되어 있다.

이와 같이 소작쟁의는 대부분 소작료 및 소작권 때문에 일어나고 있는 것을 알 수 있다. 소작권의 대립이 점차 격심해지는 것은, 경지면적은 증가하지 않는 반면에 농가 및 농업인구가 급격하게 증가하기 때문이다.

이러한 소작방법에서 일제시의 평균 소작료는 전체 수익의 50%가 되는데 특히 경기도, 경상도 및 전라도에서는 55% 정도의 고율이다. 일본의 경우 수확물의 30%이며, 유럽에서는 그 이하이다. 이러한 고율은 소작료 이외에도 소작인은 소작지에 대하여 ① 지조 및 제 공과, ② 용수료 및 수리소합비, ③ 토지공사 및 수선, ④ 사음의 보수 및 검구의 수수료, ⑤ 지주, 사음의 접대비 및 조제장사용료, ⑥ 지주 및 사음에의 증물, ⑦ 지주및 사음댁의 수리, 청소, 관혼상제시 노동조건 등의 부담이 있다.

이러한 소작료와 소작료 이외의 잉여노동의 착취는 久間建一이 행한 일인농장의 실태조사에 의하면, 소작인의 총 생산량의 74~76%에 달하고 소작농민이 취득하는 것은 그 나머지인 24~26%에 불과하다고 한다. 이것은 1938년 동양척식주식회사 김포농장에 소속한 소작인 386명의 실제조사에서 얻은 것이지만[36], 이러한 상태는 일반적으로 우리 나라의 일제시 소작관계에서 일어났던 계급이익의 표현이라고 할 수 있다.

이와 같이 일제시 사회갈등(소작쟁의와 노동쟁의)은 바로 민족적 갈등이고, 동시에 계급적 갈등이었다. 따라서 이러한 갈등을 해결하

36) 久間健一, 「朝鮮農業の近代的 樣相」, pp.108~109

기 위하여 많은 민족투사들이 항일 민족독립운동을 전개하였다.

4. 결 론

1910년 5월 통감부의 조사에서는 아직 전통적 불평등(신분)의 개념이 남아 있지만, 근대적 불평등(계급)의 개념으로 전환 되어 가고 있다. 전통적 신분인 양반·유생이 전체의 2.6%가 있고, 또 다수의 농민(84.1%)과 상인(6.2%) 및 노동자(2.4%)로 구성된 직업 또는 계급이 상당히 존재하였다.

저자가 행한 한성부의 호적조사에서도 전·현직 관료가 전체의 15.4%가 되고 잡직·중인이 3.6%가 되며, 과거 양반으로 간주되었던 유학, 한량, 진사가 9.6%나 되었다. 나머지는 시민 또는 평민인 경우 3.9%가 되고, 천민(2.6%)과 공인(2.7%)도 소수 있다. 다시 말하면 갑오개혁이 실시된지 10여년 지난 한말 호적에서 전통적인 신분 직역이 표기되어 있는 것을 볼 수 있고, 그 밖의 직업 종사자를 보아서 한성부가 행정 및 상업 도시라는 것을 알 수 있다. 한성부에 양반관료가 38.2% 거주하고 또 상인과 평민이 각각 23.8%와 16.2%가 존재하는 것은 한성부가 행정 및 상업 도시라는 것을 알 수 있다.

한편, 「한국토지농산조사보고서」를 보면, 한말 농촌은 전체 경지의 60% 내외는 왕족과 관료 및 호족이 소유하고, 이들은 경성 또는 도청 및 군청 소재지에 대지주였다. 그리고 소작인은 북선 및 남선 지방에 각각 70%, 중부지방은 약 80~90%가 되며, 자작농은 소작농의 1~2할이 되었다고 한다. 당시 소작료는 병작반수(竝作半收)이다.

그러나, 1910년 8월 일한합방이 된 후 한국인의 직업 및 계급구성은 일제의 식민지 자본주의정책에 의하여 좌우되었다.

1910년 한국인의 직업구성은 농립업 종사자가 전체의 84.1%가 되고, 그 다음은 상업(6.2%), 수산업(1.2%), 광공업(0.8%), 공무자유업(0.5%)였으나, 32년이 지난 1942년에는 농업의 급속한 감소(66.6%)와 상공업(16.0%) 및 공무자유업(4.3%)이 증가하였다.

일제시 한국인의 직업종사자 중에 그 비율이 가장 높은 농업과 상공업의 발달과 그것의 계급구성을 본다.

먼저 농업종사자는 일제 36년간 토지소유관계를 중심으로 보면, 극소수의 지주와 80% 이상 소작농에로 양극화 되어가고 있다. 1914년 1.8%의 지주가 1944년에 2.2%로 증가되었고, 1914년에 76.2%의 소작농(순소작농은 41.0%)이 1944년에는 83.9%의 소작농(순소작농은 48.6%)으로 증가되었으며 머슴도 1934년의 3.4%가 1943년에 4.3%로 증가되었다. 이러한 양극화 현상은 토지소유 면적에서도 마찬가지이다.

이러한 양극화 현상은 고율의 소작료와 경제외적 강제(전체 수익의 74~76%) 때문이다. 이러한 소작료 보다도 소작쟁의 51.2%가 소작권 때문에 일어났고 소작료의 경우 26.6%에 불과하다. 이것을 보면, 농촌에 과잉노동력이 풍부하였고, 동시에 일본 또는 만주에로 많은 이촌농민이 발생하였다.

한편, 1910년 한인 상공업 인구가 전체의 7.0%였으나 1942년에는 16.0%로 증가하였다. 그러나 일인 상공업자는 같은 기간에 39.5%에서 46.6%로 증가하였다.

일제 30년간 한국에 본점을 둔 회사가 20.7배로 증가하였다. 1911년에 한국에 본점을 회사는 152개인데 일인 소유가 109개이고 한인 소유는 27개이며, 일한 공동소유는 16개이다. 당시 일인 회사는 주로 상공업과 운수업에 투자하고, 한인은 은행금융업과 상업에 많이 투자하였다. 그러나, 1942년에는 주로 공업과 상업에 많이 투자하고 운수창고업, 농림업, 광산업, 금융업에도 투자하였다.

일제시 공장수는 매년 증가하여 1910년에 비하여 59배나 증가하였다. 한인소유는 26.2%이고 나머지는 일인 소유(73.4%)이다. 그러나 1940년 말에는 한인의 공장 자본금이 전체의 6%였으나 일인 자본금은 94%나 되었다. 영세한 자본을 소유한 한인은 주로 정미업이나 양조업과 같은 종업원 50명 이하의 원시적 사업체이고 일인 소유 공장은 대부분 큰 공장이며 사용 노동자도 200명 이상이 된다.

이와 같이 해가 갈수록 일인 상공업자본가가 양적으로나 질적으로 증가하였고, 반면에 한인자본가는 식민지 독점자본의 지배하에 들어가고 민족자본은 영세한 자영업적 및 토착적 성격이었다. 그리하여 일인과 한인간 회사 및 공장의 자본이 양극화 되어 갔다.

한편, 노동자의 산업별 구성을 보면, 공업노동자가 가장 많고(27.9%), 그 다음으로 토목건설 노동자(20.6%)와 광산노동자(16.3%)이며, 나머지는 수산노동자(10.6%), 임업노동자(9.7%), 운수노동자(9.4%) 등이다.

공업노동자는 1911년에 14,575명이 1943년에 549,751명으로 22배가 증가되었다. 이 중에서 한인노동자는 1911년에 일인의 6배이던 것이 1925년에는 10배가 되었다. 그리하여 노동쟁의가 많이 발생되었고, 그것은 주로 노임(57.2%)과 처우개선 때문이다.

이와 같이 일제 36년간 농업 뿐만 아니라 광공업 분야에서 한국인은 일제의 자본과 노동 및 원료의 시장이 되었으며, 또한 민족간 차별이 심하여 양극화가 계급간 및 민족간에도 일어났다. 이러한 계급 양극화와 고율 소작료 때문에 1945년 8월 일제로부터 해방후 토지개혁(북한) 또는 농지개혁(남한)이 민족해방의 주요한 과제가 되었다.

제 1장 해방후 사회계급 연구의 쟁점

1. 서 론

해방후 한국 사회는 오랫동안 일제의 식민지였기 때문에 자주적인 국가발전을 이룩하기가 매우 어려웠다. 당시의 주된 산업은 농업인데, 이것은 반봉건적인 생산관계(지주와 소작농)였고, 상공업 분야는 일제가 남긴 귀속재산과 한국인의 영세한 중소기업 중심으로 자본주의적 생산관계를 유지하였다.[1]

해방후 미군정청과 한민당, 그리고 자유당 정부는 일제의 귀속재산을 불하하였고, 이승만 정권은 농지개혁과 곧 이은 6.25 전쟁, 그리고 외원(대출자금), 은행융자, 농산물 수입, 환율 급등, 심한 인프레, 정경유착 등으로 초기 자본가계급을 육성하였으며, 1960년대 군사혁명 후 정부주도의 중화학공업과 수출중심의 경제개발정책 등은 급속한 한국 자본주의를 발전시켰다.[2]

그리하여 전통적인 계급(지주부농과 소작농 및 자영농민)은 몰락하였고, 새로운 계급(자본가, 노동자 및 화이트 칼라)이 형성되었다. 즉 근대적인 자본주의적 생산관계인 자본가계급과 노동자계급이 대량으로 형성되었다. 자본가계급은 지난 60여년간 공업화와 자본주의의

---

1) 1949년 남자의 직업별 인구는 무직이 전체의 49.6%로서 가장 많고, 그 다음은 농업(36.4%)이며, 나머지는 상업(2.8%), 광공업(2.6%), 자유업(3.8%), 수산업(0.7%), 교통업(0.7%), 기타(2.9%)이다.(「대한민국 통계연보」, 1953)

2) 김영모, 「한국자본가계급연구」, 고헌, 2012, 제 1장~제 4장 참조

발달로 정부의 지원하에 많은 자본을 축적하였지만, 노사간 계급 갈등은 더욱 심화 되었다.

이러한 계급관계가 시대와 산업(기업)의 발달에 따라 매우 다양하고 급속하게 형성되었다. 이러한 계급관계를 파악하기 위하여 사회과학에서는 계급, 계층 또는 신분이라는 개념을 사용하고, 그것을 파악하기 위한 수단으로 계급분석의 틀을 사용한다. 그런데 계급분석틀은 그것의 이념적 이론적 관점(시각)에 따라 상이하고, 따라서 계급의 분석 결과도 상이하였다.

그리하여 먼저 계급 또는 계층의 상이한 분석틀에 대한 쟁점을 소개하고, 이러한 분석틀이 어떠한 이념적 이론적 배경(관점)을 지니고 그러한 틀에 의하여 측정된 계급구조와 그 변화가 어떻게 일어나고 있는 지를 고찰한다.[3)]

지금 까지 전국적 수준의 계급구조와 계급변동에 대한 연구는 표본조사이지만 1980년대에 활발하였고, 그 이후는 매우 저조하였다.[4)] 전국적 수준의 연구는 주로 정부가 실시한 「인구주택총조사보고서」에 기초하여 탐구하고 있다.[5)]

전국적 수준의 계급연구 결과의 주요한 쟁점은 두가지이다.

첫째는 그간 계급변동이 자본가계급과 노동자계급 간의 양극화 현상이 일어나고 있다는 주장과, 이에 대한 반론으로 중간계급 또는

---

3) 계급 및 계층연구는 다양한 개념과 관점 및 방법으로 접근할 수 있으나 본 고에서는 계층개념이나 특정의 표본조사로 연구한 것은 제외하였다.

4) 김영모, 해방후 계급연구의 동향과 과제, 「현대사회계층론」, 한국복지정책연구소 출판부, 1982/1999(개정판) 참조.

______, 마르크스주의 계급론의 비판, 「현대사회계층론」, 한국복지정책연구소 출판부, 1982/1999(개정판) 참조.

홍두승 · 구해근, 「사회계층 계급론」, 다산출판사, 1993 참조

5) 5년마다 실시된 「총인구주택조사보고서」는 15세 이상 65세 미만 경제활동인구 10~20%의 표본조사이지만 현재로는 가장 신뢰성이 있는 자료이다.

중산층화 현상이 일어나고 있다는 것이다.

둘째는 각 계급간에 이질화, 또는 동질화 현상이 일어나고 있다는 견해이다.

이와 같이 상반된 견해가 어떠한 근거에 의하여 주장되고, 그 타당성이 무엇인지 고찰한다.

2. 계급의 양극화와 중산층화

마르크스는 일찍이 자본주의적 생산양식은 자본가와 노동자를 창출하고, 이들의 이해관계에 따라 적대적인 계급, 즉 자본가계급(bourgeosie)과 노동자계급(proletariat)을 형성한다고 하였다.

이러한 적대적인 사회계급은 ① 수입과 수입원의 동일성, 그리고 ② 계급이익과 계급투쟁에서 형성된다고 하였다.[6] 계급의 형성이 수입원천, 즉 자본 또는 임금의 차이에 따라 일어난다는 것은 생산관계에 있어서 자본으로 부터 이윤과 노동으로 부터 임금은 서로 모순되어 갈등이 일어난다는 것이며, 이러한 갈등이 조직화 되어 투쟁하지 않으면 잉여노동가치가 착취되어 부익부 빈익빈의 계급양극화가 심화된다는 것이다. 다시 말하면 노동자의 빈곤화는 자본주의가 고도로 발달하면 자본의 유기적 구성의 고도화, 즉 공장의 기계화와 자동화로 노동소외 현상이 일어나서 노동자는 궁극적으로 실업화, 궁핍화 된다는 것이다.[7]

이와 같이 마르크스는 자본주의의 발달은 부르조아지와 프로레

---

6) K. Marx, *Das Kapital III.* Berlin, 1953, pp.421~422

7) Ralf Dahrendorf, *Class and Class Conflict in an Industrial Society,* Routledge & Kegan Paul, London, 1959
김영모, 「현대사회계층론」, 한국복지정책연구소 출판부, 1982, 1999(개정판), p.33

타리아로 사회계급이 양극화 되고, 또 두 개의 계급은 내적으로 동질화 된다고 하였다.

그러나, 다렌돌프 등 사회학자들은 후기 산업사회에 있어서 기업은 소유와 경영이 분리되어 새로운 중간계급(화이트 칼라 등)이 대량으로 형성되었기 때문에 마르크스의 계급이론, 즉 양극화와 동질화의 계급이론을 비판하였다.8) 또한 신마르크스주의자도 사회계급의 양극화와 동질화 이론을 비판하고, 육체적 노동자 보다도 많은 특권을 누리고 고용주의 수중에 있으면서 고용주의 통제에 종속되어 있는 중간적 지위, 즉 중간계급을 인정하였다.9)

그러면, 지난 60여년간 한국자본주의의 발달에 따라 한국사회의 계급변화가 마르크스의 견해, 또는 사회학자들의 견해 중에 어느 것이 더욱 타당한가를 본다.

우리나라 계급연구에 있어서 가장 큰 쟁점은 지금까지 계급변동이 노자간 양극화 현상이 일어나고 있다는 견해와, 반면에 오히려 중간계급 또는 중산층화 현상이 일어나고 있다는 견해이다.10)

이러한 주장은 계급분석에 있어서 이론적 관점과 분석틀에 따라 매우 다르다.

일반적으로 그간 계급변동에 있어서 양극화가 일어났다는 주장은 마르크스주의적 관점(서관모)이나 신갈등론적 관점(김영모)에서 주장되었고, 반면에 중산층화 되었다는 것은 기능론적 관점(홍두승, 구해근)에서 주장되었다.

---

8) 상게서, pp.53~58

9) 상게서, pp.34~38

10) 이들의 이론적 관점(시각)과 분석 모형은 다음의 책을 참고하기 바람.
김영모, 「현대사회계층론」, 한국복지정책연구소, 1982/1999(개정판), 제 1편 제 3장과 제 5편 제 1장 제 3절
홍두승 · 구해근, 「사회계층 · 계급론」, 다산출판사, 1993, 제 3부 제 9장 제 2절

그런데 우리나라의 계급연구가들은 상기한 이론적 관점에 따른 분석방법(틀)을 사용하지 않고, 대개 저자가 처음 시도한 인구센서스 보고서의 자료에 나타난 직업분류(역할관계)와 종사상 지위(생산관계)의 교차분석에서 파악한다. 그러한 경우 이론적 모순을 스스로 자초한다. 그 대표적인 예로 서관모와 김석준의 연구에서 찾아볼 수 있다.[11] 즉 이론적 관점과 분석틀이 모순되어 있다.

그러면, 해방후 우리나라 계급변동을 이론적 관점과 분석틀에 따라 어떠한 차이가 있는 지를 저자가 이미 발표한 것을 보완하여 다음에 재인용한다.[12]

신갈등주의적 관점의 계급모형은 생산관계와 역할관계를 교차분석한 통합모형이라 할 수 있다. 이러한 계급모형에 따른 분석결과는 저자의 연구에서 일찍이 찾아 볼 수 있다.

지난 35년간 우리나라 계급구조의 변화는 자본가계급이 3.3% 증가되었고 구중산층이 34.2% 감소되었으며, 노동자계급이 19.9% 증가되었고 또한 신중산층은 11.1%가 증가되었다.

이것을 보면, 우리나라의 계급구조의 변화는 지난 35년간 중산층이 23.1% 감소되는 노자간의 양극 분해가 일어나고 있다. 우리나라 구중산층의 계급적 의미는 1인 자영업자가 대부분이어서 소산층이라고 볼 수 있고, 이들은 역할과 권력이 통합되어 있다.

그러나, 1990년대 이후의 계급변동은 다음과 같이 양극화 보다도 오히려 중산층화가 일어나고, 또한 계급구조내 이질화 및 동질화 현상이 나타나고 있다.

---

11) 서관모, 「현대한국사회의 계급구성과 계급분화」, 1984, p.22
김석준, 부산시의 계급구조분석시론, 「사회조사연구」, 부산대 사회조사연구소, 1985, p.227

12) 김영모, 상게서, 제 5편 제 1장 참조

2000년도 계급구조는 이론적 분석틀에 따라 상이하게 나타난다.[13)]

마르크스 모델에 의하면 노동자계급이 전체 경제활동 인구의 62.6%를 차지하지만, 신갈등모델에 의하면 41.3%에 불과하고, 자본가계급의 경우 전자는 7.4%, 후자는 6.2%이다. 그리고 구중산층은 마르크스 모델에 의하면 24.0%이고, 신갈등 모델에 의하면 20.0%이다. 마르크스 모델의 경우 노동자계급이 더욱 많은 것은 신갈등모델의 신중산층(사무직 등 32.1%)이 많이 포함되었기 때문이다.

한편, 우리나라 계급구조의 지역별, 성별 분석에서 해가 갈수록, 그리고 도시일수록 신중산층이 많고, 농촌일수록 노동자계급이 많아지고 있으며, 또한 신중산층의 남녀별 양극화 현상이 나타나고 있다.

우리나라 경제가 비록 외국자본의 종속상태에 있을지라도[14)] 자본주의적 계급분화가 최근에 와서는 느리긴 하지만 일어나고 있다. 특히 신중산층의 증가는 관료제와 기술 및 서비스산업이 발달하였음을 의미한다.

2005년도 계급구성과 그 변화는 이론적 관점에 따라 큰 차이가 있다.[15)] 마르크스 이론에 의하면 노동자계급이 전체 경제활동인구의 70.2%를 차지하지만, 신갈등이론에 의하면 노동자계급이 40.9%를 차지한다. 그리고 중산층은 마르크스 이론에 의하면 전체의 22.6%를 차지하지만 신갈등이론에 의하면 52.2%이다.

이러한 계급구성은 1980년 까지 사회계급의 양극화가 그 특징이었으나 1995년 이후에는 그 변화가 일어나고 있다. 즉 마르크스 모델에 따르면, 2005년 까지도 계급의 양극화, 즉 중산층의 감소와 노동자계급

---

13) 김영모, 2000년 한국사회의 계급분석, 「사회정책연구」, 제 28집, 2004, pp.13~14

14) 우리나라 주식시장의 약 43%가 외국자본이 지배하고 있다. 증권거래소에 의하면, 국내 10대 그룹에 대한 외국인 투자자의 시가 총액이 전체의 49.1%(104조 6,590억원)에 이르고, 이것은 1년 전에 비하여 11.0%가 증가한 것이다.(「한겨레 신문」, 2004. 4. 13일자)

15) 김영모, 2010년 한국사회의 계급분석, 「사회정책연구」, 제 35집, 2007, pp.20~21

의 증가가 지속적으로 일어났지만, 신갈등모델에 따르면 신중산층의 증가로 오히려 노동자계급의 비율이 약간 감소되고 구중산층은 계속 감소되고 있다. 신갈등모델에 의한 계급분석에서 자영업이 몰락하면서 화이트 칼라가 대량으로 나타나고 있는데, 이것은 후기산업사회로 진입한 것을 의미한다.

2010년 10월 실시한 전국 인구주택 총조사 보고서의 분석에서 우리나라의 계급구성은 자본가계급이 전체의 6.4%이고, 노동자계급은 37.6%이며 신중산층은 40.6%, 그리고 구중산층은 15.0%로 나타났다.[16)]

이러한 계급구성은 지역간 차이가 있다. 대도시에는 농촌 보다도 신중산층과 노동자계급이 많고 중소도시에는 노동자계급, 그리고 농촌에는 구중산층이 상대적으로 많나.

한편, 지난 50년간 계급변동은 구중산층이 대량으로 몰락하면서 자본가계급과 노동자계급 및 신중산층이 급속히 증가하였다. 다시 말하면 1960년 이후 공업화의 결과 노자간 계급양극화가 심화되면서 자본가계급은 대기업(소위 재벌) 중심의 자본집중이 일어났고, 동시에 후기 산업사회의 특징인 신중산층이 대량으로 형성되어 이들 중에 수득격차 등이 심화 되면서 자본가의 이익을 보호하고 대변하는 신부르조아지가 대량으로 형성되었다.

이러한 계급변동은 그간 경제위기를 맞으면서 시장개방, 경쟁력, 노동유연성 등 세계화로 계급 내부의 양극화가 일어나게 되었다. 이러한 양극화는 기업의 구조조정과 공장의 기계화 및 자동화 그리고 기술산업(IT 등)의 발달로 계급간 임금격차를 심화 시켰다. 더욱이 저임금의 외국 노동자를 다수 고용하면서 노동유연성 등으로 국내 실업을 더욱 가중시켜서 노동자계급의 감소와 비숙련화에 영향을 미치고 있다.

기능주의적 관점의 계급모형은 역할관계, 즉 직업구조를 중심으

16) 김영모, 2010년 한국사회의 계급분석, 「사회정책연구」, 제 44집, pp.106~107

로 파악할 수 있다. 사실 현대사회에 있어서 직업은 그 차이에 의하여 소득, 권력, 위세의 차이가 나타나기 때문에 직업간 차별성이 존재한다. 이러한 차별성에 근거한 계급모형은 다양한 구조적 특성을 지닐 수 있다.

그러면, 계급을 하나의 계층변수로 간주하는 홍두승의 연구결과에서 그 특징을 본다.[17)]

첫째로 농촌의 독립 자영농과 농촌 하류계급(영세농, 농업노동자, 농촌 실직자 등)을 구성하는 인구는 전체적으로 감소하였는데, 특히 농촌 하류 계급의 감소는 두드러졌다.

둘째로, 도시 하류계급(행상, 단순노동자, 도시 실업자 등)의 인구도 1970년 이후 그 비율이 점차 감소하였다.

셋째로 신중간계급(화이트 칼라)과 노동계급(블루 칼라)의 구성 비율은 계속 증가하여 왔다.

넷째로 구중간계급의 인구도 조직부문의 계급들에 비해 증가의 폭은 작으나마 지속적으로 늘어나고 있는 추세이다.

이러한 계급현상은 구해근의 연구결과에서도 찾아볼 수 있다. 그는 지난 15년간 가장 현저한 변화는 노동계급의 실수가 4배 이상 증가되었고, 특히 여성노동자의 실수가 크게 증가하였다. 즉 전체 남성 노동력이 이 시기에 1.5배 증가한 반면에 또한 여성노동력은 2.5배 증가하였다. 신중간계급은 2배 증가하였지만, 서구의 산업화 과정에 비하면 기대치 보다는 낮고 쁘띠 부르조아지도 오히려 증가되었으며 주변계급의 실수는 2배로 증가되었다고 한다. 그러나 농민의 경우 그 실수는 감소되지 않았으나 그 비율은 약 16%가 감소되

17) 홍두승 · 구해근, 「사회계층 · 계급론」, 다산출판사, 1993, pp.199~200

었다. 여기에서 신중간계급과 쁘띠부르조아지가 증가되고, 또한 노동계급 및 주변계급도 증가했다고 한다.18)

마르크스주의적 관점의 계급모형은 생산관계, 즉 생산수단의 소유와 비소유의 개념에서 파악할 수 있다. 이와 같이 단순화 시켜 파악할 수 있는 것은 아니지만 기존의 자료와 통계적 분석에서는 불가피하게 생산관계 또는 고용관계를 중심으로 볼 수 밖에 없다.

서관모는 지난 20년간 가장 빨리 성장한 것은 임금취득 중간층 및 인텔리층이라고 한다. 노동자계급은 1980년에 44.7%이고 자영업자층 전체의 크기에 육박하고 노동자계급 내에서 사무노동자와 산업노동자중 공업노동자의 비중이 가장 높다고 한다. 그리고 비록 비농자영업자층이 일관되게 증가하였으나 농어민 자영업자층이 많이 감소하였기 때문에 전체 자영업자층의 비중은 하락되었다고 한다. 따라서 계급구조에는 자본가계급과 노동자 계급으로의 양극 분화가 뚜렷이 나타나고 있다고 하였다. 그는 1984년과 1985년의 논문에서 전체 계급 구조가 빠른 속도로 자본주의적 양극분해과정을 주장하였다.19)

그러나, 서관모는 1990년에 분석한, 지난 25년간 계급구성 변화를 보면, 1985년 분석에 비하여 큰 변화가 없으나 노동자계급의 증가와 주변적 무산자층의 감소가 나타나고, 1984년의 분석에 비하면 중간 제계층(신중간 제계층과 비농자영업자층)의 성장은 마르크스 계급이론의 특성인 자본가계급과 노동자계급에의 양극화를 부정하고 있다.

우리나라의 사회계급에 관한 연구는 80년대 급속히 발전되었다.

18) 상게서, pp.198~199
19) 서관모, 「한국사회의 계급구성과 계급분화」, 한울, 1984
_____, 한국사회계급구성의 사회통계적 연구, 「산업사회연구」, 제 1집, 1985

그러한 발전은 사회계급의 구조적 분석 뿐만 아니라 특정 계급의 연구에서도 나타나고 있다. 이러한 발전이 이루어지게 된 것은 무엇보다도 기존의 기능주의적 학풍에서 탈피하여 갈등주의적 관점 또는 마르크스주의적 관짐, 특히 사회구성체론[20]에 입각한 계급분석에서 비롯되었다. 그 밖에도 계급분석의 보완 자료로서 센서스 이외 노동, 사업체 및 사회조사의 결과를 이용함으로써 우리나라 계급분석에 기여하고 있다. 그러나 이러한 급진적 관점에서 사용하고 있는 계급분석의 틀과 계급식별이 이론적 관점과 모순되는 것이 가장 큰 결점이다. 즉 마르크스주의적 관점이나 기능주의적 관점의 계급분석이 신갈등주의적 관점의 계급 분석의 방식을 도입하고 있는 것이다. 그리고 또한 계급분석이 지나치게 의도적 전략적 의도에 의하여 이루어지고 있다.

비록 계급분석이 상술한 자료와 관점에서 아무리 면밀하고 과학적인 분석을 행하였다고 할지라도 현재 주로 사용되고 있는 인구센서스의 기본자료에 의존하여 계급분석을 하는 한 그 한계는 매우 높다고 하지 않을 수 없다.[21] 또한 계급분석의 단위가 과거에 호주(또는 가장) 중심의 경제활동이 있는 시기에도 가족이 아니라 개인(즉 인구) 단위로 조사된 자료를 이용한 것은 그 한계가 있다.

3. 계급의 동질화와 이질화

마르크스는 자본주의의 발달은 공장의 기계화와 자동화가 일어나서 노동소외 현상이 일어난다고 하였다. 노동소외는 기계가 노동자의 역할을 대신하기 때문에 노동자는 실업화 또는 단순노무자가

20) 김영모, 상게서, pp.430~431
21) 김영모, 「현대사회계층론」, 한국복지정책연구소 출판부, 1982, 1999(개정판), pp.412~414

되며, 따라서 빈곤하게 된다는 것이다. 이러한 견해에 대하여 다렌돌프는 후기 산업사회에 있어서 역할분화로 오히려 숙련공, 반숙련공 및 비숙련공이 대량으로 나타난다고 하여 계급의 동질화를 비판하였다.

그런데 우리나라의 경우 지속적인 공업화 경제개발로 공장의 기계화 및 자동화 현상이 일어났지만, 그로 인한 노동소외 현상이 심각하지 않았고, 오히려 저임금정책에 의한 잉여노동가치의 착취가 과거에 심하였으나, 최근에는 외국인 노동력에 크게 의존하고 있다. 그러나, 1990년대 후기 산업사회에 접어든 한국사회의 계급구조와 변동은 신중산층이 대량으로 나타난 것이 그 특징이다.

2005년 국세조사에 의한 계급분석을 보면, 매우 흥미로운 특징이 나타나고 있다.[22]

첫째는 이윤을 창출할 수 있는 자본가계급은 전체 경제활동인구의 2.7%에 불과하고, 자본가계급내 양극화가 일어나고 있다.

둘째, 중산층의 양극화는 신·구중산층간에 나타나고 있다. 그리고 신·구중산층내 양극화로 구중산층의 심한 부침이 일어나고 있다.

셋째는 중산층내 화이트 칼라 자영업자가 대량으로 나타나고 있다. 예컨대 독자적으로 개업한 세무사, 회계사, 변호사, 의사 등이다.

넷째는 신중산층은 직종별로 평준화가 나타나고, 다만 소득의 격차(양극화)가 나타나고 있다.

다섯째는 노동자계급의 양극화가 생산직과 비생산직간, 숙련직과 비숙련직간, 정규직과 비정규직간에 나타나고 있다.

여섯째는 성별 양극화는 임금의 격차에서 볼 수 있지만, 오히려 취업률과 직위는 평준화 되어가고 있다. 다만 직종간 취업률의 격차가 성

22) 김영모, 현대 한국사회계급 분석과 그 의미, 「사회정책연구」, 제 35집, 2007, pp.21~22

별 양극화를 의미하게 될 것 같다. 성별 양극화는 여성이 주로 하층 사무직, 남성은 주로 상층 관리직에 종사하고, 화이트 칼라의 사회이동이 차별화 되어 있으며, 동시에 이들간 보수의 차별화가 나타나고 있다. 따라서 노동자 계급내와 화이트 칼라내 신분별, 성별 격차가 심하다.

일반적으로 계급의 양극화는 과거 소수의 부르조아지와 다수의 프롤레타리아로 계급의 양극 분해를 의미하였지만, 오늘날 우리나라에는 이러한 현상이 비율상으로 나타나지 않고, 오히려 계급내 질적인 양극분해가 IMF사태 이후에 심하게 일어나고 있다.

이와 같이 자본가계급과 중산층 및 노동계급의 이질화 및 양극화는 최근 기업간 또는 기업내 노동자들의 소득차이에서 뚜렷이 나타나고 있다. 따라서 우리나라의 경우 계급의 동질화 이론이 오히려 역행되고 있는 경향이다. 자본가계급의 경우 자본집중과 특혜 등으로 독점화가 심화되어 중소기업간 양극화가 매우 심화되었으며,[23] 중간계급과 노동자계급의 경우도 소득 등의 차별이 심하여 계급내 양극화 또는 불평등화가 심화 되고 있다.[24][25]

4. 결 론

해방후 사회계급의 변동은 한국 자본주의의 발달과정에 따라 달라질 수 있고, 또 이것을 분석하는 이론적 관점에 따라 상이할 수 있다.

한국 자본주의는 50~60년대 상업 및 산업자본주의, 70~80년대의

23) 김영모, 「한국자본가계급연구」, 고헌, 2012
24) 김영모, 「한국중산층연구」, 중앙대학교 출판부, 1997, 제 1장 2장 참조
25) 김형기는 오늘날 노동자계급의 동질화를 주장하였는데 저자는 오히려 이질화를 주장한다.(김영모, 「현대사회계층론」, 한복연 출판부, 1982, 1999(개정판, p.455)

중화학공업 및 수출 중심의 금융 독점자본주의 시기를 거치면서 마르크스가 예언한 바와 같이 계급양극화가 나타났고, 1990년대 독점자본주의 시기에 다렌돌프 등 사회학자와 신마르크스주의자가 주장한 중간계급, 또는 신중산층이 급속히 증가하였다.

우리나라의 계급 변동은 이론적 관점에 따라 매우 상이하였다. 그러나 마르크스주의 시각과 신갈등론적 시각에서 보면, 지난 50년간 사회계급의 양극화가 일어났다. 즉 전자의 경우 자본가계급이 1970년대 전체 경제활동인구의 1.8%에서 2010년에 7.7%로 증가하였고, 노동자계급은 1960년의 22.0%에서 2010년에 68.4%로 급증하였으며, 중산층은 1960년의 22.0%에서 2010년에 17.0%로 급감하였다. 그러나, 후자의 경우 자본가 계급이 전체 경제활동인구 중에 1955년의 0.4%가 2010년에 6.1%로 증가되었고, 노동자계급은 1955년의 23.4%에서 2010년에 37.6%로 증가하였으며, 구중산층(농민 등)은 1055년의 70.0%에서 2010년에 15.0%로 급감하였으며, 신중산층은 1955년의 6.2%에서 2010년에 40.6%로 급증하였다.

그런데 1995년에는 신중산층이 급증하여 비록 구중산층(주로 자영업자)은 1995년 부터 급감하였지만, 2010년에는 노동자계급의 구성비율을 능가하였다. 다시 말하면 2010년에는 '중산층 사회'가 온 것이다. 비록 계급구조상 중산층 사회가 왔지만 각 계급 내부의 직업, 직종, 학력 및 소득 등의 이질화가 심하여 계층간 양극화가 일어나고 있다.[26]

이와 같이 우리나라의 계급변동이 서구처럼 후기 산업사회의 계급현상이 나타나고 있으나, 이것은 서구 중산층 사회의 성격과는 매우 다르다. 왜냐하면 한국의 자본주의는 정부주도의 관치 자본주의에다가 IMF 사태 등을 겪으면서 자본, 노동, 상품의 시장이 개방되

26) 김영모, 「한국중산층연구」, 중앙대학교 출판부, 1997, 제 2, 3, 5장 참조.

고, 노동의 유연성, 규제개혁 등 급격히 세계시장(소위 globalism)에 편입되어 기형적인 외국의존적 자본주의가 발달되어 가고 있다. 다시 말하면 우리나라 자본시장의 약 58%가 외국자본이 지배하고[27] 국내 기업의 해외의존도가 82%가 되며, 노동시장의 약 10%를 외국노동자가 차지하고 있다. 따라서 우리나라의 계급구성은 실질적으로 자본가계급은 외국인과 한국인이 반분하고 중산층은 대부분 한국인이나 노동자계급은 다수의 한국인과 소수의 외국인으로 구성되어 있다. 마치 아시아(동남아) 또는 아프리카 지역의 2중사회(dual society) 또는 복합사회(plural society)를 연상케 한다.

저자가 한국사회 계급구조와 변동을 이론적 관점에 따라 파악하였지만, 사실 이러한 계급구성이 생산수단의 소유관계와 종사자의 역할의 교차분석에서 제대로 자본가계급, 중산층, 노동자계급을 파악하였다고 보기는 어렵다. 이러한 개념이 시대와 산업 및 지역에 따라 차이가 나타날 수 있고, 더욱이 계급의식과 계급행동이 없는 계급구성을 판단한다는 것은 여러 가지 한계가 있다.

27) 2013년 대기업집단(43개 재벌)의 지분율은 총수 일가의 경우 4.36%이고 계열회사의 경우 48.15%이다.(공정거래위원회 기업집단과) 그리고 외국인의 주식소유율은 2000년 중반에 약 6할을 차지하였으나, 2010년 경에는 약 3~4할이 된다.(김영모, 상게서, p.269)

제 2장 현대 한국사회의 계급구조와 변동

Ⅰ. 2000년 한국의 계급분석

1. 서 론

1) 연구목적

2000년 「총인구주택조사보고서」에 의하면 경제활동인구(취업자)가 약 1천 845만명이 되고, 이것은 20년전에 비하여 약 45.5%가 증가되었다. 생산관계에 있어서 고용주와 피용자는 증가되었고, 영세자영업자는 급속히 감소되었다. 또한 역할관계에 있어서도 농민이 감소되었고 전문·기술직이 증가되었으며 소유와 경영의 분리 및 노동의 분화 현상이 급속히 일어났다.[28]

이러한 현상이 최근 5년 동안 어떻게 일어나고 있는지 궁금하지 않을 수 없다. 특히 IMF사태[29]로 구조조정의 결과 많은 실업자와 비정규직 노동자들이 대량으로 발생되었는데[30] 이러한 결과 우리나

28) 김영모, 「현대사회계층론」, 한복연 출판부, 1999, p.329.
29) 김영모, 「한국사회의 이해」, 한복연 출판부, 1999, 제 7장 참조.
30) 노동부는 2003년 말 현재 비 정규직 노동자가 전체 노동자(1321만 6천명)의 32.4%라 하고 노동계는 55.7%라고 한다. 즉 한시적 근로자(13.9%), 파견, 용역 등 비전형 근로자(13.6%), 주당 36시간 미만의 시간제 근로자(6.6%)이나(모두 34.1%) 장기 임시근로자를 합치면 55.7%라고 한다. 이들은 1주일 내지 2년 단위로 재계약을 하고 주로 하청업체 직원이며 임금은 정규직의 59.0%에 불과하다. 인구주

라의 계급구조가 어떻게 나타났는가를 파악하여 보려고 한다.

2) 연구방법

2000년의 계급 분석은 최근 간행된 「인구주택 총조사보고서」의 자료를 재분석하려고 한다.31) 이 자료는 2000년 11월 1일 조사한 인구주택총조사 10% 표본집계의 결과(1,048,694명)이다.

이러한 자료에 대한 분석은 사회계급의 이론적 모델에 기초하여 주로 지역별 성별 재분석을 시도할 것이다. 이론적 계급모델은 주로 마르크스이론(생산관계), 기능이론(역할관계) 및 신갈등이론(통합모델)에 기초한다.32)

2. 마르크스 계급모델

마르크스의 계급모델은 생산관계의 측면에서 분석하는 마르크스주의 또는 신마르크스주의의 계급이론에 근거해 있다. 마르크스이론에 의하면 계급분석은 생산수단의 소유권자는 부르조아지(자본가계급)가 될 것이고 비소유권자는 프로레타리아(노동자계급)가 되며 비록 생산수단을 소유하지만 잉여가치를 창출하지 못하는 경우 쁘디 부르조아지(중산층)가 될 것이다.

이러한 고전적 마르크스의 계급 모델에 따르면, 2000년의 계급구조는 표 1과 같이 노동자계급이 전체의 62.6%이고 구중산층이 24.0%이며 자본가계급은 7.4%이다. 이것은 1995년 계급구조에 비하

택 총조사에서는 비정규직 노동자의 실수는 파악되지 않는다. 인구주택 총조사시 취업(일을 한사람)의 개념을 지난 1주일 동안 1시간이상 돈벌이 또는 생업에 종사한 사람을 말한다.

31) 통계청, 「2000 인구주택 총조사보고서」, 제 6권 산업 · 직업편, 2002년 12월.

32) 김영모, 「현대사회계층론」 한복연 출판부, 1999, 제 1편 3장 과 제 4편 2장을 참고할 것.

면 노동자 계급이 5.3%로 감소되었고 구중산층은 0.1% 증가되었으나 자본가계급은 0.6%로 증가되었다.

1) 지역별 계급구성

사회계급의 지역별 분석은 광역자치단체(시 · 도)와 말단 행정조직(동 · 읍 · 면)으로 구별하여 본다.

우리나라 경제활동인구의 지역별 계급분석을 하여 보면 지역간 뚜렷한 차이가 나타나고 있다.

<표 1> 시 · 도별 계급구조

	노동자계급	구중산층	자본가계급	합계
전 국	62.6	24.0	7.4	100.0
서울시	74.3	16.6	9.1	100.0
부산시	72.6	19.5	7.9	100.0
대구시	70.3	21.4	8.3	100.0
인천시	75.2	17.0	7.8	100.0
광주시	71.5	19.9	8.7	100.0
대전시	72.6	19.5	7.9	100.0
울산시	77.5	16.8	5.6	99.9
경기도	74.1	18.3	7.6	100.0
강원도	61.9	31.7	6.5	100.1
충북도	62.7	31.6	5.8	100.1
충남도	54.9	40.0	5.0	99.9
전북도	56.8	37.2	6.0	100.0
전남도	47.0	48.0	5.0	100.0
경북도	56.6	38.4	5.0	100.0
경남도	63.1	31.2	5.7	100.0
제주도	59.7	33.1	7.2	100.0

표 1을 보면, 광역시의 경우 노동자 계급과 자본가 계급이 전국의 평균치를 상회하고 구중산층은 오히려 하회한다. 그리고 서울시, 부산시, 울산시, 인천시, 경기도의 경우 다른 시 · 도에 비하여 노동자 계급이 더욱 많고 전남과 충남의 경우 구중산층이 약간 더 많다. 특히 경기도에 노동자 계급이 많은 것은 서울 중심의 위성도시와

산업공단의 발달에 기인되고 있다.

이러한 현상은 대도시 중심의 산업공단이 많이 설치되어 농촌인구의 도시 집중의 결과라고 할 수 있다. 도·농간 계급구성의 차이는 표 2에서 농촌(면부)일수록 구중산층이 많고 대도시(동부)일수록 노동자계급이 더욱 많다.

<표 2> 지역별 계급구조

	노동자계급	구중산층	자본가계급	합계
전 국	62.6	24.0	7.4	100.0
동 부	74.0	17.9	8.1	100.0
읍 부	61.8	32.3	5.9	100.0
면 부	40.3	56.1	3.6	100.0

2) 산업별 계급 구성

우리나라의 계급구조를 산업별로 분석하여 보면 표 3과 같이 전통적인 1차 산업(농업 등)에는 구중산층이 많고 2차(제조업 등) 및 3차 산업(서비스업 등)에는 노동자 계급이 많다. 그리고 구중산층과 무급 가족종사자는 농·어업에 가장 많다.

<표 3> 산업별 계급구조

	노동자계급	구중산층	자본가계급	가족종사자	합계
전국	62.6	21.9	6.7	8.8	100.0
농업	4.1	57.4	0.7	37.8	100.0
어업	30.5	43.3	6.5	19.7	100.0
광업	82.3	7.8	8.2	1.7	100.0
제조업	83.3	6.9	6.8	2.9	100.0
전기·가스·수도업	97.2	1.1	1.4	0.3	100.0
건설업	74.3	15.6	8.7	1.3	100.0
도소매업	46.9	33.2	10.0	10.0	100.0
숙박음식점업	45.0	26.3	14.8	13.9	100.0
운수업	67.9	27.9	3.5	0.7	100.0

	노동자계급	구중산층	자본가계급	가족종사자	합계
통신업	91.6	4.3	3.5	0.6	100.0
음융보험업	92.8	5.5	1.4	0.2	100.0
부동산 · 임대업	62.0	27.8	7.3	2.9	100.0
사업서비스업	82.4	7.8	8.6	1.2	100.0
공공행정 · 국방사회보장행정	99.5	0.3	0.1	0.1	100.0
보건 · 사회복지사업	87.8	6.2	4.7	1.3	100.0
오락 · 문화 · 운동 관련서비스업	87.0	2.6	9.5	0.9	100.0
기타 공공수리 · 개인서비스업	57.9	26.3	9.7	6.2	100.0
가사서비스업	56.6	28.9	8.1	6.4	100.0
국제서비스업	83.9	14.4	0.3	11.4	100.0
국제 · 외국기관	98.8	0.9	0.3	0.1	100.1
미상	75.9	13.0	3.3	2.2	100.0

(비고) 미상의 노동자계급에는 5.6%의 이상이 포함됨.

3. 기능주의 계급모델

기능주의적 사회계층론은 사회계층의 기능적 필요성에 기초하여 있다. 사회계층의 기능적 필요성은 인간의 사회경세적 활동, 즉 직업에 잘 투영되어 있다. 따라서 직업을 통하여 역할관계가 이루어져 있고 이 역할관계가 바로 계층관계라 할 수 있다.[33]

한편, 사회계층을 귀속의식에 의한 주관적 평가의 결과라고 보는 낙인주의적 관점도 있다. 이러한 계층론은 인구주택 총조사 보고서에서는 파악할 수 없다.

그러나, 인구수택 총조사 보고서에는 직업 및 산업에 관한 조사결과가 있어서 역할 즉 직업에 의한 사회계층을 판별하여 볼 수 있다. 왜냐하면 동일한 직업은 동일한 소득과 위세 및 권력을 지닐 수

---

33) 덴마크의 Svalastog교수는 일찍이 사회분화 즉 역할분화를 사회계층이라 하였다.

있기 때문이다.[34)]

1) 직업 구성

경제활동인구의 종사상 지위별 직업구성은 표 4와 같다.

표 4를 보면, 경제활동인구 중에 가장 많은 비율을 차지하는 직업은 기능공(21.6%)이고 그 다음은 사무직(13.6%), 농어민(12.8%), 판매직(12.5%), 서비스직(9.5%), 전문직(9.1%), 단순노무직(7.5%), 준전문직(5.7%), 관리직(5.3%)의 순이다.

<표 4> 종사상 지위별 직업구조

	전국	임금근로자	자영자	고용주	무급가족종사자
관리직	5.3	4.0	2.0	34.0	0.5
전문직	9.1	12.6	2.6	9.3	0.9
기술직	2.0	3.1	0.4	0.7	0.08
준전문직	5.7	7.2	3.8	5.0	0.9
사무직	13.6	19.9	1.6	3.9	6.0
서비스직	9.5	7.7	12.1	14.5	11.9
판매직	12.5	8.0	22.6	15.6	16.6
농어민	12.8	0.8	33.6	1.7	54.5
기능공	21.6	26.0	17.9	13.5	5.9
단순노무자	7.5	10.2	3.4	1.8	2.7
기타	0.4	0.6	0.0	0.0	0.0
합계	100.0	100.1	100.0	100.0	100.0

34) 영국의 중앙등기소장(Registrar General)은 사회계급을 산업과 노동의 경제적 분화로 본다. 사회계급은 유사한 거주 및 노동의 조건을 가지고 유사한 사회적 입장과 문화 및 생활양식을 지니고 있는 가족적 가구로 보기 때문이다. 그리하여 계급분류를 기본적으로 3개의 계급, 즉 상층 및 중간계급, 숙련노동자, 그리고 비숙련노동자로 본다. 이러한 계급분류에 속하지 않는 2개의 중간범주가 있다고 한다. 따라서 5개의 계급으로 분류한다. 즉 I계급은 전문직, II 중간직(교사, 간호사, 경찰 등), III 숙련・비육체직(사무원)과 숙련・육체직(운전사, 요리사, 전기기사 등), IV 부분숙련직(농업노동자, 우체부, 교환원 등), V 비숙련직(노동자 등) 이다.(J. Fulcher & J. Scott, *Sociology*, Oxford University Press, 1999, pp.97-98)

그리고 임금노동자는 기능공, 사무직, 전문직, 단순노무직에서 각각 9할 이상을 차지하고 자영업자는 농어민과 판매직 및 기능공에서 각각 1~3할을 차지하며 고용주는 관리직과 판매직에서 서비스직 및 기능공에서 각각 1할 이상을 차지한다. 그리고 무급가사종사자는 농·어민이 가장 많아 54.5%를 차지하고 나머지 판매직 서비스직 등에서 많은 편이다.

2) 지역별 계층구조

기능이론이나 낙인이론에 의한 사회계층론은 B. Barber가 말한 바와 같이 사회적 역할, 즉 직업에 대한 사회적 평가의 결과라고 볼 수 있다. 다시 말하면 사회구성원들이 직업에 대한 우열의 서열을 매긴 것이 사회계층이라 할 수 있다

우리나라에 있어서 직업에 대한 평가는 시대에 따라 많은 변화가 일어나고 있지만 아직도 전통적인 평가[35]가 주류를 이루고 있는 것 같다. 왜냐하면 아직도 주요한 계층변수는 소득, 학력, 직업 등을 말하기 때문이다. 일반석으로 전문직과 관리직은 상층이고 노동자와 농민은 하층이며 판매·서비스 및 서비스직은 중간층이라고 볼 수 있다.[36]

이러한 직업 평가 기준에 따라 우리나라의 경제활동 인구의 계층적 지위를 보면 상층은 전체의 15.1%이고 중간층은 43.4%이며 하층은 41.2%이다.

표 5를 보면, 상층과 중간층은 농촌보다 대도시에 많이 거주하고

35) 전통적인 士農工商의 의미가 아니라 해방이후 계층변수(예, 소득, 직업, 학력 등)를 말한다.

36) J.H.Golthorpe는 계급분류를 ① 서비스계급(전문직, 관리직), ② 중간계급(사무직, 자영인), ③ 노동계급(저기술 및 지도감독노동자, 숙련 비육체노동자, 반·비숙련공)으로 구별한다.(Social Strafication in Industrial Society, *Sociological Review Monogragh*, 8, 1964.)

하층은 농촌이나 소도시에 많이 거주한다.

<표 5> 읍 · 면 · 동별 계층구성

	전국	읍	면	동
상 층	15.1	10.8	5.1	17.6
중상층	22.8	17.5	8.2	26.4
중하층	20.6	19.0	10.4	22.9
하상층	10.3	9.2	5.4	11.4
하하층	30.9	42.5	70.4	21.4
기 타	0.4	1.0	0.5	0.3
합 계	100.0	100.0	100.0	100.0

한편, 시도별 계층구성을 보면, 표 6과 같이 상층과 중간층은 다른 지역에 비하여 서울시, 대전시, 광주시, 경기도에 상대적으로 많고 하층은 전남, 경북, 충남, 전북과 같이 광역도에 많다.

<표 6> 시 · 도별 계층구성

	상층	중상층	중하층	하상층	하하층	기타	합계
서울	21.1	30.0	23.1	11.8	13.9	0.1	100.0
부산	13.9	23.9	25.2	13.6	23.3	0.1	100.0
인천	14.8	25.0	20.9	13.0	26.1	0.2	100.0
대전	20.2	25.5	24.8	9.7	19.0	0.8	100.0
경기	17.1	25.6	19.3	10.5	26.9	0.6	100.0
대구	16.1	22.4	24.4	11.4	25.5	0.3	100.0
광주	18.4	24.9	24.7	9.4	22.4	0.3	100.0
울산	10.3	25.9	19.1	14.3	30.4	0.0	100.0
충남	9.7	14.3	16.0	6.9	52.5	0.6	100.0
전남	8.2	11.7	15.3	7.0	57.6	0.2	100.0
경북	8.5	15.0	16.4	7.4	52.5	0.2	100.0
제주	10.5	18.1	21.1	7.1	43.1	0.1	100.0
강원	10.7	17.4	22.8	8.4	38.4	2.3	100.0
충북	11.3	17.6	18.7	7.9	43.9	0.6	100.0
전북	11.3	15.7	17.9	7.6	47.3	0.2	100.0
경남	11.3	17.6	18.1	9.8	42.6	0.6	100.0

이러한 것을 보면, 대도시와 소도시 및 농어촌간에는 계층적 격차, 즉 사회적 불평등이 대단히 심함을 알 수 있다.

4. 갈등론적 계급모델

갈등론적 계급모델은 신갈등이론에 기초하여 있다. 신갈등이론은 사회관계 또는 사회질서(구조)를 생산관계로만 보지 않고 역할관계를 고려하여야 올바르게 이해할 수 있다는 것이다.[37] 과거에는 생산관계가 주요한 사회적 역할을 하였지만 오늘날에는 역할관계가 주요하다는 것이다. 그러나 아직도 이 두가지가 시대와 사회에 따라 비록 그 중요성이 다르게 나타나지만 최근 우리나라의 경우 이것이 고려되어야 올바른 계급분석이 된다고 본다.

2000년 신갈등이론에 의한 계급분석 결과는 자본가계급은 전체의 6.2%이고 구중산층은 20.0%, 신중산층은 32.1%, 그리고 노동자계급은 41.3%이다. 만약 무급가사종사자를 포함하면 자본가계급은 전체의 5.7%, 구중산층은 25.5%, 신중산층은 30.0%, 노동자계급은 38.4%이다. 무급가사종사자의 계급분석은 그들의 역할을 고려하여 계산하였다.

이러한 계급구조는 IMF사태 이전인 1995년의 경우에 비하면 자본가계급과 구중산층이 감소되고 신중산층과 노동자계급이 증가되었다. 이것은 지난 5년간 우리나라 공업화에 따른 계급분화의 추세를 그대로 나타나고 있다. 특히 신중산층과 노동자계급이 약간 증가하고 있으나 이들의 계층적 지위는 비정규직 노동 등으로 많이 하락하였을 것이다.[38]

---

37) 상게서, pp. 52~59, 411~412.

38) 국세청은 2002년 '종합소득세 신고'에서 연간 소득이 5억원이 넘는 납세자(자본가)는 전년도에 비하여 22.7%가 증가하였고(현재 3,081명), 4천만~1

<표 7> 2000년 전국의 계급구조

	자본가 계급	구중산층	신중산층	노동자 계급	기타 (미상)	합계
무급자 제외	6.2	20.0	32.1	41.3	0.4	100.0
무급자 포함	5.7	25.5	30.0	38.4	0.4	100.0

계급분석에 있어서 무급가족 종사자를 배제하는 것이 과거에 저자는 옳다고 보았다. 왜냐하면 계급분석의 단위는 가족이 되어야 하고 개인이 되어서는 안된다는 것이다.[39] 그러나 인구주택 총조사는 경제활동을 하는 15세 이상 개인을 대상으로 하였고, 또 오늘날 여권신장(경제활동 등)으로 점차 계급분석의 단위로서 개인이 더욱 중요성을 지니게 된다. 따라서 비록 소득이 없는 가족종사자라도 계급분석에 포함시켜야 한다는 논리도 그 타당성을 지닐 수 있다. 이렇게 되면 약 3할의 유급 가족성원이 있는데 이들 가족(가구)이 그렇지 않는 가족에 비하여 2중으로 계산될 수 있다.

1) 지역별 계급구성

사회계급의 지역별 분석은 시·도별과 읍·면·동별로 분석하여 본다. 시·도별 계급분석의 결과는 자본가계급이 전국 평균치 보다 높은 지역은 광역시이고 구중산층의 경우 경기도를 제외한 광역도이며 신중산층의 경우 서울시와 광주시, 대전시, 경기도의 순이다. 그리고 노동자계급의 경우 울산시와 인천시, 대구시, 경기도의 순이다. 특히 자본가계급은 다른 광역단체에 비하여 서울시와 광주시에

억원의 중산층은 13%가 증가하였으며(현재 13만 604명), 1천만~4천만원의 하층은 약 10% 증가하였다고 한다.(현재 46만 9998명) 그리고 통계청은 '2003년 도시근로자 가계수지 동향'에서 지난해 500만 도시근로자가구 중 최하위계층 10%(약 50만 가구)의 월평균소득이 78만 1889원으로 전년도에 비하여 6% 감소되었다고 한다.(「조선일보」, 2004. 3. 22, 27일자)

39) 상게서, p. 413.

많고 구중산층은 전남, 충남, 전북, 경북, 그리고 노동자계급은 부산시와 울산시, 그 밖에 인천시, 대구시, 경기도에 많다. 이러한 현상은 공단의 발달과 상관성이 많은 것 같고, 과거 사회운동, 노동운동이 활발하였던 지역과 상관성이 높은 편이다.

<표 8> 시·도별 계급구조

	자본가계급	구중산층	신중산층	노동자계급	기 타	합 계
전국	6.2	20.0	32.1	41.3	0.4	100.0
서울	7.9	12.7	41.4	37.9	0.1	100.0
부산	6.3	14.4	24.2	55.0	0.1	100.0
대구	6.9	15.9	30.6	46.5	0.1	100.0
인천	6.4	13.1	32.1	48.1	0.2	99.9
광주	7.3	15.5	35.7	41.5	-	100.0
대전	6.3	14.3	35.8	37.7	5.9	100.0
울산	4.9	13.6	30.8	50.7	-	100.0
강원	5.3	27.9	24.5	39.7	2.6	100.0
경기	6.4	14.8	34.9	43.3	0.6	100.0
충남	4.2	36.8	22.4	36.5	0.1	100.0
충북	5.0	27.3	26.0	41.0	0.7	100.0
경남	4.9	27.9	25.7	41.5	0.7	100.0
경북	4.2	34.7	22.3	38.8	-	100.0
전남	4.3	44.1	19.6	32.0	-	100.0
전북	5.0	32.8	25.0	37.2	0.1	100.0
제주	6.2	29.1	25.1	39.5	0.1	100.0

(비고) 무급가족종사자는 제외함.

한편, 읍·면·동별 계급분석의 결과는 표 9와 같이 대도시(동)에 노동자계급과 신중산층이 많고 농촌(면)의 경우 구중산층이 매우 많다. 구중산층은 소도시에 많고 자본가계급은 대도시에 많은 편이다. 그리고 무급가족종사자를 포함시키면 계급구성은 자본가계급과 구중산층이 증가되고 그것을 제외하면 노동자계급과 신중산층계급이 증가한다. 그러면 읍·면·동별 계급구성이 전국적 인구 구성비에 따라 어떻게 분포되어 있는가를 표 9에서 본다.

<표 9> 읍 · 면 · 동별 계급구성

구 분	전국		읍		면		동	
	무급자 제외	무급자 포함	무급자 제외	무급자 포함	무급자 제외	무급자 포함	무급자 제외	무급자 포함
자본가계급	6.2	5.7	4.9	4.3	2.9	2.2	6.9	6.6
구중산층	20.0	25.5	27.8	35.6	53.1	64.1	13.9	16.4
신중산층	32.1	30.0	24.9	22.4	13.3	10.3	35.8	34.9
노동자계급	41.3	38.4	41.3	36.7	30.1	22.9	43.1	41.8
기 타	0.4	0.4	1.1	1.0	0.6	0.5	0.3	0.3
합 계	100.0	100.0	100.0	100.0	100.0	100.0	100.0	100.0

표 10를 보면, 모든 계급이 동(대도시)에 편재되어 있는데 이것은 대도시 인구가 소도시(읍)와 농촌(면)에 비하여 매우 많기 때문이다.

<표 10> 계급구성의 지역별 분포

	전국		읍		면		동	
	무급자 제외	무급자 포함	무급자 제외	무급자 포함	무급자 제외	무급자 포함	무급자 제외	무급자 포함
자본가계급	6.2	5.7	0.4	0.4	0.14	0.3	5.5	5.0
구중산층	20.01	25.5	2.3	3.0	6.8	10.1	11.0	12.4
신중산층	32.1	30.0	2.0	1.9	1.7	1.6	28.34	26.5
노동자계급	41.3	38.4	3.3	3.1	3.9	3.6	34.1	38.4
미 상	0.4	0.4	0.1	0.1	0.1	0.1	0.3	0.2
합 계	100.0	100.0	0.1	8.5	12.8	15.7	79.1	75.8

2) 성별 계급구성

최근 사회계급의 성별 분석에서 그 차별성이 심하다고 많이 지적한다. 우리나라에서도 이러한 특성은 나타나고 있다. 즉 자본가계급은 남성이 많고 노동자계급은 여성이 약간 적으나 신중산층은 여자가 더욱 많다. 이것은 화이트 칼라의 성별 양극화를 의미한다. 즉 남성은 주로 상층 화이트 칼라(예, 관리직)에 종사하고 여성은 하층 화이트 칼라(예, 사무직)에 많다는 것이다. 동일한 신중산층일지라도 지배·종속의 차별적 특성(즉 통제)이 있다.

<표 11> 성별 계급구조

	전국		남자		여자	
	무급 제외	무급 포함	무급 제외	무급 포함	무급 제외	무급 포함
자본가계급	6.2	5.7	7.4	7.3	3.7	3.0
구중산층	20.0	25.5	20.7	21.6	18.7	32.1
신중산층	32.1	30.0	29.8	29.4	36.7	30.9
노동자계급	41.3	38.4	41.5	41.0	40.8	34.0
기 타	0.4	0.4	0.6	0.6	0.02	0.02
합 계	100.0	100.0	100.0	100.0	100.0	100.0

<표 12> 지역별 성별 계급구조

	읍		면		동	
	남자	여자	남자	여자	남자	여자
자본가계급	5.7	3.3	3.2	2.4	8.4	4.0
구중산층	28.6	26.1	55.6	46.7	13.8	14.0
신중산층	23.2	28.5	11.4	18.0	33.7	40.2
노동자계급	40.9	42.1	28.9	32.9	43.7	41.9
기타	1.6	0.0	1.0	0.0	0.4	0.0
합계	100.0	100.0	100.0	100.0	100.0	100.0

(비고) 무급가사종사는 제외된 수치임.

한편, 이것을 지역별로 분석하면 여성들의 계급적 지위가 낮음을 알 수 있다. 대도시의 경우 자본가계급은 남성이 더욱 많고 신중산층은 여성이 약간 많으나 이것은 신중산층의 성별 양극화를 의미하는 것 같다. 그리고 농촌의 경우 자본가계급과 구중산층은 남성이 약간 많고 여성은 오히려 노동자와 신중산층이 더욱 많다. 이것은 여성들이 농공단지와 하급사무직에 종사하기 때문이다.

5. 결 론

2000년도 우리나라의 계급구조는 이론적 계급분석틀에 따라 상이하게 나타나고 있다. 마르크스주의 모델에 의하면 노동자계급이 전체 경제활동인구의 62.6%를 차지하지만, 갈등론적 모델에 의하면 41.3%에 불과하고, 자본가계급의 경우 전자는 7.4%, 후자는 6.2%이다. 그리고 구중산층은 마르크스주의 모델에 의하면 24.0%이고 갈등론적 모델에 의하면 20.0%이다. 마르크스주의 모델의 경우 노동자계급이 더욱 많은 것은 갈등론적 모델의 신중산층(32.1%)이 많이 포함되었기 때문이다. 그러나 현대 한국사회에 있어서 사회변화와 계급(계층)구조를 설명하는데 있어서 신중산층(화이트 칼라)의 증가율을 파악할 수 있는 것은 갈등론적 모델의 장점이라 할 수 있다.

한편, 우리나라 계급구조의 지역별, 성별 분석에서 해가 갈수록, 그리고 도시일수록 신중산층이 많고 농촌일수록 노동자계급이 많아지고, 또한 신중산층의 남여별 양극화 현상이 나타나고 있다.

그러나, 인구주택 총조사시 취업의 개념이 잘못되어 거의 실업의 상태에 있는 자도 대부분 노동자계급에 포함된다는 것은 시정되어야 할 것이다.

우리나라 경제가 비록 외국자본의 종속상태에 있을지라도[40] 자본주의적 계급분화가 최근에 와서는 느리긴 하지만 일어나고 있다. 특히 신중산층의 증가는 관료제와 기술 및 서비스산업이 발달되어 가고 있음을 의미한다.

---

40) 우리나라 주식시장의 약 43%가 외국자본이 지배하고 있다. 증권거래소에 의하면, 국내 10대 그룹에 대한 외국인 투자자의 시가 총액이 전체의 49.1%(104조 6590억원)에 이르고, 이것은 1년 전에 비하여 11.0%가 증가한 것이다.(「한겨레신문」, 2004. 4. 13일자)

Ⅱ. 2005년 한국사회 계급분석

1. 서 론

1) 연구목적

1990년대 YS와 DJ가 집권하면서 소위 세계화(globalization)를 자추하여 마침내 IMF의 관리지배체제를 경험하게 되었다. IMF의 지배체제로 우리나라는 더욱 시장개방과 민영화, 규제 철폐 및 노동 유연성 등을 지향하게 되었고, 모든 경제사회체제는 소위 경쟁적 신자유주의 세계화, 즉 미국화의 가치가 지배하게 되었다. 그러한 결과 일반적으로 빈부의 격차, 재벌 해체, 산업 및 지역간의 불균형 등이 더욱 심화 되었다. 이러한 결과는 2005년 인구주택 총조사결과 및 한국사회의 계급분석에 나타나리라고 생각한다.

한편, 이러한 문제를 해결하기 위하여 노무현 정부는 소위 양극화와 불균형을 시정하기 위한 국정 방향을 제시하였다. 정부는 고용, 조세, 주택, 복지 등의 분야에서 개혁정책을 실시하였지만 그것에 대한 평가는 엇갈리고 있다.

자본주의 사회는 기본적으로 양극화가 심화될 수 밖에 없고, 이것을 개혁정책으로 해결하겠다는 것은 서구의 경험에서 알 수 있듯이 거의 불가능하다. 더욱이 상술한 세계화를 지향하면서 양극화의 극복은 더욱 불가능한 것이다. 왜냐하면 세계화는 미국화 및 서구화의 가치와 논리이고 아직도 후진국인 한국이 이들과 자유로운 경쟁

(예컨대 자유무역협정, FTA)을 하였을 때, 상대적으로 낙후될 수 밖에 없다. 사실 이 두 개념은 상호 모순된 것이다.

또한, 세계화 과정에 있어서 국내적으로 빈부의 격차, 계급 및 계층의 양극화는 불가피 하다. 더욱이 참여정부의 개혁정책으로는 양극화 극복이 거의 불가능한 것이다.41) 현대사회에 있어서 사회불평등 또는 양극화의 핵심은 소득불평등과 조세정책인데 이것을 조장하는 과세 및 사회보험의 비형평성, 특히 과세율의 상한선과 보험료율의 상한선을 먼저 시정해야 한다.42)

지난 10여년간 정부는 세계화 정책과 양극화 극복정책을 강구한다고 하였다. 이러한 정책으로 어느 정도 선진사회가 이룩되었고 양극화가 극복되었는 가를 정부가 2005년 10월에 실시한 총인구주택조사결과에서 나타난 계급분석을 통하여 고찰하여 본다. 특히 지난 15년간 계급분석에서 마르크스가 주장한 사회계급의 양극화, 즉 자본가계급의 질적 비대화와 노동자계급의 양적 증가 그리고 중산층의 몰락이 과연 일어나고 있는지, 그리고 후기산업사회의 계급이론으로 주장되고 있는 노동자계급의 양극화가 우리나라에서도 나타나고 있는지를 알아 보며, 나아가 우리나라에 나타나고 있는 계급분화의 특징이 무엇인지를 규명하려고 한다.

2) 연구방법

우리나라의 계급분석은 1990년~2005년간 총인구조사결과의 계급

---

41) 참여정부의 조세개혁정책은 종부세 등으로 세수입을 확대하고 복지정책은 최저생계비도 안되는 국민연금개혁, 긴급복지지원법, 기초노령연금 등 구빈정책을 실시하였다.

42) 2007년 현재 소득과세율의 상한선은 연간 소득 8,000만원이고 국민연금보험부과 상한선은 현재 월 360만원이며, 건강보험료의 경우 6,579만원이다. 이 상한선은 도시근로자의 평균 소득수준에 불과하기 때문에 고소득자는 그만큼 이익을 본다.

분석을 비교하여 보고,[1] 2005년 총인구주택 표본조사결과에 대한 지역별 성별 계급을 분석하여 보며, 나아가 우리나라 계급구조의 계층적 성격을 고용, 소득, 임금 등을 통하여 파악하여 본다.

사실 세계화 정책과 양극화 극복정책이 총인구주택조사 결과에 그대로 나타난다고 보기는 어렵지만 계급분석에서 그 정책 효과의 일단을 엿볼 수 있을 것 같다. 그리고 국세조사에서 알 수 없는 자료는 관련된 산업, 노동, 조세 등의 조사결과의 재분석에서 보완하여 본다.

2. 이론적 관점에서 본 계급구성

사회계급은 이론적 관점에 따라 다양하게 분석할 수 있다. 고전적 계급분석은 마르크스 이론에 따라 접근할 수 있고, 현대적 계급분석은 주로 신갈등이론에 따라 접근할 수 있다. 전자는 주로 생산수단(또는 재산)의 소유 유무에 따라 보는, 계급분석의 대립모델이고 후자는 주로 생산관계와 역할분화의 교차에 따라 보는 계급분석의 통합모델 또는 갈등론적 모델이라 할 수 있다.[2]

1) 마르크스 모델

본고에 사용된 계급분석의 마르크스 모델은 우리나라 경제활동인구의 종사상 지위에 있어서 임금근로자는 노동자 계급으로 간주하고, 고용원이 없는 자영자는 구중산층, 그리고 고용원을 둔 사업주는 자본가 계급으로 간주하였다. 사실 계급분석의 대립 모델은 종사상의 지위에서만 찾아 보기 어렵다. 마르크스가 지적한대로 계급

1) 통계청, 「총인구주택조사보고서」, 경제활동 및 산업 · 직업편, 각 연도
2) 김영모, 「현대사회계층론」, 1999, 제 V편, 제 1장 참조

의식이 있어야 참된 계급, 즉 대자적 계급이 될 수 있다. 그리고 1인 자영자라고 해서 모두 구중산층, 그리고 1인 고용주라 해도 이윤이 창출되지 않는다면 사실 자본가계급으로 보기는 어렵다. 그러나 경제활동인구의 생산관계(특히 고용관계)에서 우리나라 계급관계를 어느정도 파악할 수 있을 것 같다.

2005년 우리나라의 취업자는 모두 1천 9백 27만 7천 370명이다. 이 중에서 무급가족종사자(7.4%)를 제외한 취업자(17,846,649명)의 종사상 지위에 따른 계급분석 결과는 자본가계급이 전체의 7.2%이고, 중산층은 22.6%이며 노동자계급은 70.2%이다. 무급가족종사자는 표 2에서 볼 수 있는 바와 같이 상당한 비중을 차지하지만, 주로 농업(48.9%)과 숙박, 음식점(14.2%) 및 제조업(7.2%)에 종사하고 이들은 대개 가구주의 지위에 따라 신분(계급)이 귀속되는 경우가 많다. 이들은 임금을 받지 않기 때문에 엄격히 말하면 노동자계급으로 간주하기 어렵다.

<표 1> 마르크스 모델에 의한 계급구조의 변화

(단위 : %)

	1990	1995	2000	2005
자본가계급	6.0	8.0	7.4	7.2
중산층	27.1	24.1	24.0	22.6
노동자계급	66.9	67.9	68.6	70.2
합 계	100.0	100.0	100.0	100.0

우리나라의 산업별 계급관계를 알수 있는 종사자의 지위는 표 2와 같이 산업에 따라 매우 다양하다. 특히 임금노동자의 비율이 많은 산업은 역시 제조업(25.5%)과 도매 및 소매업(11.7%)이고 자영업자의 경우 농업 · 임업(29.6%)과 도소매업(21.9%) 및 운수업(6.9%)이며 고용주의 경우 제조업(19.5%)과 도소매업(22.2%) 및 음식숙박업(16.4%) 등이다.

이것을 보면, 우리나라 산업구조가 매우 영세하고 비록 고용주라 할지라도 대부분 5인 미만 자영업자의 수준이다.

<표 2> 산업별 종사자의 지위

(단위 : %)

	전국	임금근로자	자영자	고용주	무급가족종사자
농업 및 임업	10.4	0.7	29.6	1.2	48.9
어업	0.5	0.2	1.2	0.5	1.5
광업	0.1	0.1	0.1	0.1	0.1
제조업	19.7	25.5	6.5	19.5	7.2
전기,가스및수도사업	0.4	0.7	0.0	0.1	0
건설업	7.5	8.3	6.5	9.7	1.4
도매및 소매업	15.0	11.7	21.9	22.2	18.0
숙박 및 음식점업	7.7	5.8	8.8	16.4	14.2
운수업	4.6	4.6	6.9	2.2	0.4
통신업	1.2	1.6	0.4	0.5	0.2
금융 및 보험업	3.3	4.6	1.2	0.8	0.1
부동산 및 임대업	2.4	2.3	3.1	2.8	0.9
사업서비스업	5.8	7.5	2.2	6.5	0.7
공공행정,국방및사회	3.8	5.9	0.0	0.1	0.1
교육서비스업	6.8	9.0	2.7	4.3	1.0
보건및 사회복지사업	3.6	4.8	0.3	5.2	0.4
오락,문화 및 운동관련	2.1	2.0	2.3	2.8	1.2
기타공공, 수리 및개인	4.4	3.9	6.0	4.9	3.5
가사서비스업	0.3	0.3	0.2	0.0	0.1
국제 및 외국기관	0.1	0.1	0.0	0.0	0.0
미 상	0.3	0.4	0.2	0.2	0.1
합 계	100.0	100.0	100.0	100.0	100.0

(자료) 통계청, 「인구주택 총조사보고서」, 2005

지난 15년간 우리나라의 계급변화는 마르크스가 말한 바와 같이 양극화 현상이 나타나고 있다. 표 1에서 볼 수 있는 바와 같이 자본가계급과 중산층이 감소되고, 반면에 노동자계급은 증가하고 있다.

2) 신갈등모델

신갈등이론에 의한 계급분석은 역할분화(직업)와 생산관계(종사상 지위)의 교차 분석에서 파악할 수 있다. 이러한 교차 분석에 의한 계급구성은 총인구주택의 표본조사결과(경제활동인구의 10%)에서 알 수 있다. 여기에서 재 분석한 계급구성은 무급가족종사자를 제외한 것이다. 그러한 결과 전체 경제활동인구의 6.1%는 자본가 계급이고 구중산층이 17.8%, 신중산층이 34.4%이며, 노동자계급은 40.9%이다.

이러한 계급구성이 전국의 도농, 즉 읍·면·동별로 어떻게 분포되어 있는 가를 본다.

<표 3> 계급구성의 지역별 분포

(단위 : %)

	대도시(동)	중소도시(읍)	농어촌(면)
자본가계급	5.0	3.7	0.3
구중산층	9.4	1.9	5.2
신중산층	29.1	2.1	1.4
노동자계급	34.1	4.2	6.1
미 상	0.6	1.0	0.1
합 계	78.2	12.9	13.1

표 3을 보면, 우리나라의 취업자의 78.2%가 대도시(동)에 거주하고 중소도시(읍)와 농촌(면)에는 각각 12.9%와 13.1%가 거주하고 있다. 그리고 대도시에 거주하는 취업자는 대부분 노동자계급(34.1%)과 신중산층(29.1%)이다. 이들이 취업자의 대부분을 차지한다.(62.3%) 또한 구중산층일지라도 대도시에 많은 것은 그들의 대부분이 상공업에 종사하고 농촌의 경우 대부분 농어업에 종사한다. 그리고 노동자계급도 농촌과 중소도시에도 상당한 비율이 거주하고 있다.

지난 15년간 우리나라 계급분석의 결과를 비교하여 보면, 표 4에서 계급구조의 변화 특징을 발견할 수 있다. 가장 큰 특징은 구중산층이 약 2배 감소되었고 신중산층이 약 2배 증가되었으며 노동자계급은 오히려 약간 감소되고 있다는 것이다.

이러한 계급구성의 변화는 우리나라에 역할분화가 급속히 지속적으로 일어나고, 1990년대 이후 도시 중심의 후기 산업사회로 진입하고 있음을 의미한다. 비록 노동자계급의 구성비는 외국 이주노동자의 고용 등으로 약간 감소되고 있지만 전문·기술직과 사무직이 중심인 화이트 칼라가 해마다 대량으로 창출되고 있다.

<표 4> 신갈등 모델에 의한 계급구조

(단위 : %)

	1990	1995	2000	2005
자본가계급	3.7	6.6	6.2	6.1
구중산층	35.8	20.9	20.0	17.8
신중산층	17.3	32.9	32.1	34.4
노동자계급	43.3	41.6	41.3	40.9
기타·미상			0.4	0.8
합 계	100.0	100.0	100.0	100.0

지난 15년간 우리나라의 계급변화는 1990년 이전처럼 사회계급의 양극분해를 보여주지는 않는다. 비록 신중산층이 증가하고 있지만 전체 중산층은 오히려 감소되고 있다. 지난 15년간 취업률이 1.2배(약 342만명) 증가하였지만 이들은 대개 노동자계급과 신중산층으로 편입되었다. 그 비율은 표 7과 같이 신중산층만 증가 되었고(약 1.5배) 다른 계급은 모두 감소되고 있다.(0.7%) 그러나 그 실수는 증가하였다. 따라서 1990년대 이후 우리나라의 계급 양극화는 과거와 같이 나타나지 않고 있다.[3)]

3) 1980년 까지는 마르크스이론이나 신갈등이론의 계급분석 결과는 계급양극화가 나타났다.(김영모, 상게서, p.416)

3. 계급구조의 지역 및 성별 분석

1) 지역별 계급분석

자본주의 사회의 발달로 도농간 격차와 지역간 불균형이 일어나는 것은 불가피 하다. 그것은 도시 및 상공업의 효율성과 사회서비스의 발달로 도시는 발달하고 농촌은 희생되며 자본가 계급과 중산층이 대도시에 많이 거주하기 때문이다.

그런데 정부는 지역간 불균형을 시정하기 위하여 지방분권, 혁신도시, 신도시 등을 계획하고 있다. 그간 이러한 정책의 효과가 있는지를 계급구성을 통하여 간접적으로 평가하여 본다.

(1) 시도별 계급구성

우리나라의 시도별 계급구성은 아직도 대도시(광역시)에 근대적인 자본가계급과 신중산층 및 노동자계급이 많이 존재하고, 농촌(광역도)에는 오히려 구중산층이 대도시에 비하여 상대적으로 많음을 알 수 있다. 이러한 계급구성은 과거에 비하면, 지역간 격차가 많이 축소되었다. 다시 말하면 우리나라 계급분화가 시 · 도별 지역간 차별화가 급속히 감소되고 있다.

이러한 계급구성은 1995년 인구주택 총조사결과에 비하면 상당한 차이가 나타난다.

표 5를 보면, 우리나라 자본가계급이 5년전에 비하여 약간 감소하고 있지만, 부산시와 경기도의 경우는 감소되지 않고 있다. 그리고 신중산층(화이트 칼라)과 노동자계급은 5년전에 비하여 증가하였다. 광역시의 경우 특히 지방에는 약간 증가하고(부산, 대전, 대구 등) 지방도는 약간 감소하였다. 반면 노동자계급은 지방(광역도)에는 대

부분 많이 증가하고 부산을 제외한 대도시에는 오히려 약간 감소하고 있다.

이러한 변화율을 본다면, 정부의 지역간 불균형 개발정책으로 지방과 농촌에 구중산층(특히 농어민)이 몰락해서 임금노동자화 되어가고 있음을 말한다.

<표 5> 2005년 시 · 도별 계급구조

(단위 : %)

	자본가계급	구중산층	신중산층	노동자계급	기 타	합 계
전국	5.6	16.5	32.7	44.4	0.8	100.0
서울	7.0	11.6	42.7	37.8	0.9	100.0
부산	6.4	12.6	33.1	47.5	0.4	100.0
대구	6.6	13.6	32.0	47.2	0.6	100.0
인천	5.4	11.8	32.6	49.5	0.7	100.0
광주	6.7	13.3	35.8	43.8	0.4	100.0
대전	5.9	12.4	39.6	41.4	0.7	100.0
울산	4.5	10.9	30.5	53.8	0.3	100.0
강원	4.6	22.6	25.2	45.5	2.1	100.0
경기	6.4	12.7	36.7	43.2	1.0	100.0
충남	3.5	25.9	21.4	48.4	0.8	100.0
충북	4.3	22.2	25.4	47.4	0.7	100.0
경남	4.4	21.0	26.0	47.8	0.8	100.0
경북	3.5	26.2	21.0	48.8	0.5	100.0
전남	3.3	32.6	18.6	45.2	0.3	100.0
전북	4.1	26.4	24.8	44.3	0.4	100.0
제주	5.7	23.6	23.9	46.5	0.3	100.0

(자료) 통계청, 「인구주택 총조사보고서」, 2005의 재분석

(2) 도농별 계급구성

2005년 시도별 계급구성은 큰 차이를 보기 어려웠으나 도농간 계급구성은 특히 노동자계급이 대도시(동)와 중소도시(읍) 및 농촌(면) 간에 큰 차이가 나타나고 있다.

표 6을 보면, 대도시(광역시)의 계급구성은 노동자계급이 전체의 43.6%로서 가장 많고 그 다음은 신중산층이 37.3%이며 나머지는 구중산층(12.0%)과 자본가계급(6.4%)이다. 그러나 중소도시의 계급구성은 내도시에 비하여 구중산층이 약 2배가 되고 노동자 계급은 약간 많으며(4.9%) 신중산층은 상당히 적은 편이다.(12.9%) 그런데 농촌의 경우 대도시에 비하여 구중산층이 약 3배가 넘는다.

<표 6> 읍 · 면 · 동별 계급구성(2005년)

(단위 : %)

구 분	대도시(동)	중소도시(읍)	농어촌(면)
자본가계급	6.4	4.3	2.1
구중산층	12.0	21.7	39.9
신중산층	37.3	24.4	10.9
노동자계급	43.6	48.5	46.3
기 타	0.7	1.1	0.8
합 계	100.0	100.0	100.0

이러한 계급구성을 보면, 대도시에 자본가계급과 신중산층이 많아서 다른 지역(중소도시와 농어촌)에 대한 지배적 지위(소득격차와 기회 불평등 등)를 지니게 된다.

2) 성별 계급구성

우리나라 여성들의 사회참여는 최근 급속히 증가하였다. 이러한 증가는 도시화와 공업화로 인한 가정과 직장의 분리, 아파트 생활, 맞벌이 부부, 부모부양의 감소, 교육기회의 증가, 가치관의 변화, 생활양식의 변화 등에 기인하고 있다.

우리나라 경제활동인구(취업자)는 남녀의 구성비가 61.7% : 38.3%이다. 지난 15년간 변화를 보면, 특히 화이트 칼라에서 높은 여성의 취업률을 보여주고 있다. 여성의 취업률이 남성에 비하여 낮은 직종은 관리직(10.7%), 기능직(16.4%), 기술직(31.5%), 단순노무직(34.5%) 등이고 높은 직종은 서비스(63.1%) 등이며, 나머지는 거의 유사한 취업률을 보여주고 있다. 아직도 여성의 사회참여가 소극적인 편이나 그들의 교육수준은 최근 남녀간에 큰 차이가 없다.

<표 7> 15년간 성별 직종별 취업률

(단위 : 명, %)

	1990			1995			2000			2005		
	남	여	계	남	여	계	남	여	계	남	여	계
관리직	316,111 (96.4)	11,676 (3.6)	327,787 (100.0)	724,714 (94.9)	38,854 (5.1)	763,568 (100.0)	898,138 (92.2)	75,715 (7.8)	973,853 (100.0)	618,846 (89.3)	73,887 (10.7)	692,733 (100.0)
전문직	730,034 (62.3)	441,507 (37.7)	1,171,541 (100.0)	661,659 (64.4)	366,227 (35.6)	1,027,886 (100.0)	945,756 (56.0)	742,594 (44.0)	1,688,350 (100.0)	972,561 (50.9)	939,704 (49.1)	1,912,265 (100.0)
기술직				1,443,537 (71.8)	567,724 (28.2)	2,011,261 (100.0)	1,033,469 (71.9)	404,188 (28.1)	1,437,657 (100.0)	1,186,587 (68.5)	545,659 (31.5)	1,732,246 (100.0)
사무직	1,590,872 (66.0)	821,075 (34.0)	2,411,947 (100.0)	1,136,517 (54.4)	953,133 (45.6)	2,089,650 (100.0)	1,394,175 (55.6)	1,114,434 (44.4)	2,508,609 (100.0)	1,799,453 (57.2)	1,344,966 (42.8)	3,144,419 (100.0)
서비스직	668,271 (48.7)	704,918 (51.3)	1,373,189 (100.0)	1,771,069 (50.0)	1,767,678 (50.0)	3,538,747 (100.0)	651,316 (37.2)	1,101,533 (62.8)	1,752,849 (100.0)	686,499 (36.8)	1,177,977 (63.1)	1,864,476 (100.0)
판매직	1,413,748 (64.8)	773,051 (35.4)	2,186,799 (100.0)				1,156,253 (50.2)	1,146,078 (49.8)	2,302,331 (100.0)	1,086,546 (51.4)	1,029,321 (48.6)	2,115,867 (100.0)
농업, 임업	1,817,470 (57.7)	1,430,103 (44.0)	3,247,573 (100.0)	1,463,956 (52.4)	1,329,572 (47.6)	2,793,528 (100.0)	1,243,895 (52.8)	1,112,927 (47.2)	2,356,822 (100.0)	1,075,580 (52.4)	977,304 (47.6)	2,052,884 (100.0)
기능직				1,975,472 (79.8)	499,059 (20.2)	2,474,531 (100.0)	1,554,556 (80.8)	369,123 (19.2)	1,923,679 (100.0)	1,612,214 (83.6)	316,122 (16.4)	1,928,336 (100.0)
장치 기조작	3,840,871 (77.5)	1,113,747 (22.5)	4,954,618 (100.0)	1,652,148 (82.7)	346,044 (17.3)	1,998,192 (100.0)	1,689,279 (82.0)	369,896 (18.0)	2,059,175 (100.0)	1,787,599 (79.8)	451,200 (20.2)	2,238,799 (100.0)
단순 노무직				751,018 (61.8)	464,788 (37.2)	1,215,806 (100.0)	901,747 (65.3)	478,479 (34.7)	1,380,226 (100.0)	947,882 (65.5)	498,827 (34.5)	1,446,709 (100.0)
기타 미상	76,758 (99.4)	479 (0.6)	77,237 (100.0)	74,079 (98.6)	1,038 (1.4)	75,117 (100.0)	71,334 (98.3)	1,262 (1.7)	72,596 (100.0)	128,216 (86.3)	20,420 (13.7)	148,636 (100.0)
합계	10,454,135 (66.4)	5,296,556 (33.6)	15,750,691 (100.0)	11,654,169 (64.8)	6,334,117 (35.2)	17,988,286 (100.0)	11,539,918 (62.5)	6,916,229 (37.2)	18,456,147 (100.0)	11,901,983 (61.7)	7,375,387 (38.3)	19,277,370 (100.0)

(자료) 통계청, 「인구주택 총조사보고서」, 각 연도

또한, 여성의 사회참여는 여성의 취업률과 무급가족종사자의 감소 등에서 찾아볼 수 있다. 여성의 취업률은 전체 미혼자의 24.7%이고 유배우자의 63.5%이며 사별, 이혼자의 11.8%가 된다.[4] 그리고 무

4) 통계청, 「경제활동인구연보」, 2003

급가족종사자는 대부분 주부와 자녀들인데 이들은 해마다 감소되어 전체 경제활동 인구의 7.4%이다.

<표 8> 무급가족종사자와 취업증가율

(단위 : %)

	1990	1995	2000	2005
무급 가족종사자	10.7	10.5	8.8	7.4
5년간 취업증가율	0	14.2	2.6	4.4

(자료) 통계청, 「인구주택 총조사보고서」, 각 연도의 재분석

2005년 총인구 표본조사 결과에 나타난 성별 계급구성은 자본가계급과 구중산층이 더 많고 여자는 신중산층과 노동자계급이 더 많다.

<표 9> 성별 계급구조

(단위 : %)

	전국	남자	여자
자본가계급	6.1	7.2	3.1
구중산층	17.8	18.2	13.8
신중산층	34.4	30.8	35.7
노동자계급	40.9	42.7	47.1
기 타	0.8	1.1	0.3
합 계	100.0	100.0	100.0

표 9를 보면, 자본가는 남성이 약 2배 많고 구중산층의 경우 4.4%가 더 많으며, 신중산층은 여성이 남성에 비하여 4.9%가 더 많고 노동자계급의 경우 4.4%가 더 많다.

한편, 2005년 취업자의 성별 직업분포를 보면, 남성은 여성에 비하여 상대적으로 관리직, 기술직 그리고 기능직 등에 많이 종사하지만 여성의 경우는 전문직, 사무직, 서비스직, 판매직, 농업 등에 많이 종사하고 있다. 특히 여성이 많이 종사하는 전문직은 교사가 많

이 차지한다.

이것을 보면, 여성들이 상대적으로 화이트 칼라와 노동자가 더 많지만 이들의 사회경제적 지위는 오히려 남성에 비하여 매우 낮다.

4. 계급구조의 계층적 성격

지난 15년간 계급분석에서 소수의 자본가와 다수의 노동자에로 양극화가 일어나지 않고, 계급내 양극화와 성별 양극화가 일어나고 있음을 지적하였다. 이러한 계급현상은 양적 분석의 결과이지만 과연 질적 내용은 어떻게 전개되고 있는지 궁금하다. 통계청은 외환위기 이후 지난 10년간 하위 10%의 월 평균 실질소득은 4.0% 감소하였고 상위 10% 계층은 14.0% 증가하였다고 한다.(국감자료, 2007. 10. 25)

한편, 계급의 양극화를 극복하는 방안으로서 정부와 경제계, 심지어 일부 학자들은 일자리 창출이 최선의 길이라고 주장(기능주의론) 하는데 괴연 그러한 주장의 타당성이 있는지 궁금하지 않을 수 없다. 또한 정부는 현행 주택문제(무주택, 고가의 아파트 등)를 해결하기 위하여 종합부동산세 등을 실시하고 있다. 이러한 노력이 자본주의 사회에 있어서 계급의 양극화를 어느 정도 약화시킬 수 있을지 궁금하지 않을 수 없다.

그리하여 이러한 문제를 규명하기 위하여 특히, 중산층 및 노동자계급의 계층적 성격을 파악하려고 한다. 이것은 주로 고용, 소득, 임금 등을 중심으로 고찰하여 본다.[5] 사실 사회계급의 성격을 제대로 규명하려면 전술한 4대 계급의 계급의식을 동시에 고찰하여야

5) 우리나라 사회불평등을 구조화 시키는 요인과 그것에 대한 정부의 해결방안을 고찰한 바 있다. 김영모, 현대 한국사회불평등 구조론, 「사회정책연구」, 제 32집, 2006, pp.1~66

하겠지만 본고에서는 생략한다.[6)]

1) 자본가계급

사본가는 생산수단 또는 재산의 소유자를 말한다. 여기에서 말하는 자본가계급은 피용자를 고용하면서 이윤을 창출하는 경우를 말한다. 다시 말하면 사용자와 피용자간의 생산관계가 성립된 경우이다.[7)] 그러나 총인구조사에서 나타난 고용주는 1인 이상 피용자만 있어도 가능하기 때문에 재산의 정도와 계급의식 등을 고려하면 모두 자본가 또는 자본가계급이라고 말하기 어려울지도 모른다.

2005년 총 인구조사에서 나타난 고용주, 즉 자본가계급은 전체 취업자의 6.7%(1,086,406명)이다. 이들의 대부분은 관리직(32.9%), 상인(17.8%), 서비스직(17.0%) 및 전문직(12.7%) 등이다. 다시 말하면, 극소수인을 고용한 화이트 칼라가 가장 많은데 이들을 전형적인 자본가계급으로 보기는 어렵다. 만약 이윤 창출이 어려운 5인 미만 사업주를 제외한다면 고용주는 극소수일 것이다.

---

6) 우리나라의 계급의식은 매우 약한 편이다. 노동자와 농민의 계급귀속의식은 8할 이상이 되고 화이트 칼라와 전문기술자의 경우 약 65% 내외이며, 고용주의 자본가 계급의식 10% 미만이다.(김영모, 「한국사회계층연구」, 일조각, 1982, 제 6장 참조.)

7) 사실 자본가와 부자의 개념은 다르다. 전자는 이윤을 획득하지만 후자는 많은 재산의 소유자를 말한다. 일반적으로 우리나라에서는 자본가 또는 부자를 평가 하는 주요한 기준이 주로 비생산적인 토지와 주택의 소유를 말하기 때문에 자본가와 부자를 동일시 하기는 매우 어렵다. (김영모, 현대 한국사회불평등구조론「사회정책연구」, 제 32집, 2006을 참조)

최근 하나금융경영연구소는 연간 금융소득이 10억원 이상 부자는 15만 6천명(전체 인구의 0.3%)이고, 이들의 월 평균 소득은 3천 911만원이며 소비수준은 1천 14만원이라고 한다. 이들의 수입원은 재산소득이 38.7%, 사업소득 28.9%, 근로소득이 26.1%이며, 재산은 부동산보다 금융자산이 더 많고(45%대 55%) 금융자산은 주로 예금(41.7%), 펀드(24.5%), 사보험(19.8%), 주식(13.8%)이다.(「중앙일보」, 2013년 3월 27일)

우리나라 총 사업체는 2005년 현재 3백 20만 4천 809개이다. 이 중에서 5인 미만 사업체는 전체의 83.6%이고 5인 이상 사업체는 526,153개이다.(표 10 참조) 이 사업체의 소유자는 전체 경제활동인구의 2.7%에 불과하다. 다시 말하면 기업이윤을 창출할 수 있는 자본가계급은 전체 경제활동인구의 2.7%에 불과하고, 이것은 2005년 자본가계급(6.1%)의 31.8%에 불과함을 의미한다.

<표 10> 종사자 규모별 사업체 수

(단위 : 개수)

종업원수	2001	2002	2003	2004	2005
1~4	2,576,681	2,635,372	2,680,171	2,694,469	2,678,656
5~9	264,706	281,609	293,350	282,485	299,104
10~19	112,664	119,272	117,426	115,707	124,705
20~49	62,668	65,799	66,213	65,115	68,794
50~99	18,502	18,926	19,378	20,406	21,737
100~299	8,859	8,811	8,909	3,154	9,441
300~499	1,324	1,365	1,355	1,339	1,247
500~999	809	739	755	847	775
1000명 이상	341	370	359	368	350
합 계	3,046,554	3,131,963	3,187,916	3,189,890	3,204,809

그리고 이러한 기업체는 비록 흥망이 있지만 지난 5년간 수적으로 감소하지 않고 오히려 증가하고 있다. 이러한 증가는 계급분석에서 자본가계급이 크게 감소되지 않고 있음을 말한다.

우리나라 고용주는 소기업일수록 자기 자본의 소유율이 높으나 주식시장에 상장된 대기업의 자기 자본(주식)의 비율은 대단히 낮다.

2005년 현재 상장된 회사(659개)의 시가 총액은 약 505조원이고 주식은 약 234억주이다. 이 주식의 99.3%가 개인 소유이고 나머지는 외국인(0.5%), 법인(0.3%), 기관 투자자(0.1%)이다. 비록 외국인이 투자한 주식은 적을지라도 주식의 시가 총액의 약 4할을 차지하고 이들은 대기업 주식의 50% 이상을 차지한다.

우리나라 대기업의 총수는 2%도 안되는 주식지분으로 수십개의 계열사를 지배하고 있다.[8] 그러나 이들의 주식 총액은 1천억원 이상의 대자본가이고 큰 부자라고 말할 수 있다.[9]

이러한 자본가들이 한국 자본주의를 지배하고, 자본가의 계급조직인 한국경제인연합회, 한국경영자총연합회, 대한상공회의소, 한국중소기업연합회 등이 그것을 지탱하고 있다.

근래 우리나라는 유한계급이 많이 나타나고 있다. 이들은 아직 대부분 노령퇴직후 연금소득으로 생활하지 못하고, 주로 대기업에 종사하였거나 기업을 운영한 자로서 건물임대료와 주식 및 금융소득 등으로 생활한다.

2005년 금융기관 예금액이 5천만원을 초과한 예금자가 약 123만명이고, 5천만원 이상의 초과 예금액은 전체 은행예금의 약 50%가 된다. 그런데 2003년 금융이자와 배당소득이 4천만원 이상인 자가 모두 1만 9천 357명이고 1억 2천만원 이상인 자는 5천 250명이다.[10]

이러한 주식이윤과 금융소득이 해마다 증가되고 있다. 2005년 자본가계급이 2000년 총인구조사시에 비하여 감소된 것은 자본가계급 중에서도 영세한 자본가는 몰락하고 대기업 자본가만이 상승함을

---

8) 공정거래위원회는 2007년 4월 1일 현재 대규모 기업집단 소유지분구조 분석에서 2조원 이상인 상호출자제한 기업집단 62개 중에 43개 총수가 있다. 총수 일가의 소유 지분은 평균 9.52%이고 의결 지분은 40.8%라고 한다. 43개 기업 집단의 의결권 승수는 6.68배이다.(예컨대 삼성은 8.1배, 동양은 15.8배, SK는 15.6배, 한화는 10.8배, 두산은 9.4배 등)

9) 2007년 종합부동산세의 납세인원이 약 50만 5천세대(명)이고 이 중에서 개인주택분은 약 38만 1천 세대이다. 이들은 전국 세대 수의 2.1%이고, 전국 주택보유세대의 3.9%이다. 그리고 2주택 이상 보유자는 63.5%이다.(국세청 보도자료, 2007.3.15) 최근 부촌으로 불리우는 분당 정자동 주상복합단지 거주자를 분석하였더니 이들의 74%가 1억~10억원의 담보대출을 받았으며 이곳에 실제 거주자는 59%에 불과하다고 한다.(「매일경제」, 2007년 5월 26일)

10) 각주 1 참조.

의미한다.

2) 구중산층

일반적으로 구중산층(petty bourgeois)은 중소 상공업자와 자영업자를 말하고 있으나 여기에서는 고용원(임금노동자)이 없는 자영업자를 구중산층이라고 말한다. 이러한 구중산층은 2005년 총 인구조사에서 17.8%가 된다. 이들은 주로 농민(38.8%)과 상인(24.8%) 및 서비스직(14.7%)에 종사한다. 다시 말하면 구중산층은 가족노동에 의존하는, 경영과 소유가 통합된 자영업자이다. 만약 5인 미만 사업체(2,678,656개)의 고용주를 구중산층에 포함시키면 전체 취업자의 약 31.7%가 된다.

해방 이후 우리나라의 구중산층은 급속한 공업화와 도시화로 해마다 급감하였는데 그 중에서 가장 많이 몰락한 것은 농민들이었다. 그 만큼 수익성이 저하되었기 때문이다. 해방 후 농업종사자가 전체 인구의 약 8할 이상이었는데 오늘날 그들은 8%가 되지 못한다. 그러나 도시 상공업에 종사하는 자영업자와 특히 전문직(화이트 칼라) 자영업자는 오히려 증가하고 있다.[11] 그 만큼 수익성이 보장되기 때문이다. 2006년 50인 이상 자본금 3억원 이상인 기업(1만 786개) 활동 실태 조사에 의하면 영업 이익이 2005년에 비하여 가장 낮은 업종의 증감율은 농림어업이고(-151.0%), 그 다음은 운수업(-37.0%), 전기가스업(-12.9%), 광업 제조업(-8.9%), 통신업(-5.3%), 건설업(-0.7%)의 순이며, 가장 높은 업종은 부동산 및 임대업(21.5%), 숙박 음식점업(19.9%), 도소매업(16.2%), 서비스업(9.2%)의 순이다.(통계청)

도시 자영업자 중에서 탈세 등으로 재산 증식을 하는 경우가 많다.

---

11) 김영모, 「한국중산층연구」, 중앙대 출판부, 1997, 제 5장 및 제 6장 참조

이들은 주로 ① 개인과 거래가 많은 변호사, 법무사, 건축사, 성형외과, 치과, 피부과 등 비보험 진료가 많은 병의원, 한의원 등 전문직 사업가, ② 유흥업소, 사우나, 웨딩관련업, 학원 등 현금수입업종, ③ 집단상가, 의류, 사태업 등 유통사업자, ④ 고가 해외 부동산 취득, 부동산 임대, 주택, 상가 등 분양업체 등이다.12)

이와 같이 자영업자 중에서 소수의 고소득 자영업자는 탈세 등으로 재산을 증식하였지만 대부분의 자영업자는 생계비 또는 생계보조수단이 되어 있다. 따라서 구중산층(자영업자) 일지라도 그 직종에 따라 소득격차, 소위 계층양극화 현상이 나타나고, 심지어 자영중소업체의 부침이 심하게 일어난다.13)

3) 신중산층

신중산층은 사무직, 관리직, 전문기술직 등에 종사하는 정신적

---

12) 국세청이 고소득 자영업자 312명에 대한 세무조사를 하여 2,096억원의 탈루 세금을 추징하였다고 한다. 소득탈루율이 47.1%(1인당 6억 천만원)라고 한다.(「머니 투데이」, 2007. 2. 26)
2003년 국세청에 수입금액을 신고한 고소득 전문직 연간 수입금액은 다음 표와 같다.

직종	인원(명)	수입금액(억원)	1인당 평균수입(만원)
변호사	2,600	8,842	34,007
변리사	376	2,068	55,000
법무사	4,420	5,992	13,556
회계사	1,021	2,523	24,711
세무사	4,932	10,530	24,350
관세사	496	1,802	36,330
평가사	6,373	7,048	11,059
건축사	166	110	6,626
의 사*	53,788	158,277	29,426

(비고) *는 부가가치세 면세사업자. (자료) 국세청

13) 1996년 75만 1,620개로 추산되었던 중소유통업소(무점포, 슈퍼마켇, 편의점 제외)는 2004년에 61만 1,741개로 감소되었다. 반면에 대형 마트는 동 기간에 28개에서 276개로 증가하였다. 한편 소매점의 판매 지수는 2000년 기준으로 2005년 943으로 떨어졌지만 대형마트의 경우 1996~2005년간에 약 8.5배 증가하였다.

노동자, 즉 화이트 칼라를 말한다. 이들은 생산수단이 없는 임금노동자이면서 주로 관료조직의 통제권을 행사하는 것이 그 특징이다.

2005년 우리나라의 신중산층은 전체 취업자의 34.4%(6백 13만 8천명)를 차지한다. 신중산층의 대부분은 사무직이고(45.9%) 나머지는 전문직(26.7%), 기술공 및 준전문직(22.0%) 등이다.

이들 중산층은 후기 산업사회의 지배적인 사회세력으로 사회 안전판의 역할을 하고 있다. 우리나라에서는 1990년대 초 후기 산업사회에 진입하면서 신중산층이 급속히 증가하고 있다. 오늘날 선진국가에서는 신중산층의 급속한 증가로 계급양극화론을 부정하고 있는데 우리나라의 경우 신중산층이 아직 취업자의 50% 미만이고 노동자계급이 대량으로 존재하기 때문에 현재 '중산층 사회론'을 단정하기는 어렵다.

앞에서 우리나라 중산층의 양극화론 즉 직종간, 성별 격차 및 양극화를 주장하였는데 그것이 어느 정도인 가를 본다.

<표 11> 신중산증의 남녀 구성비율

	1990	1995	2000	2005
남	67.4	67.3	64.6	61.2
여	32.6	32.7	35.4	38.8
계	100.0	100.0	100.0	100.0

(자료) 통계청, 「인구주택 총조사보고서」의 재분석

표 7과 11에서 볼 수 있는 바와 같이 여성의 화이트 칼러 취업률이 증가하고, 심지어 남성에 대한 성비도 급속히 증가하고 있다. 그러한 증가율은 전문직, 관리직, 서비스직에서 두드러지게 나타난다. 과거처럼 여성은 하위 화이트 칼라직, 남성은 상위 화이트 칼라직으로 성별 양극화가 심하게 나타나고 있지 않다.

한편, 표 12의 직종별 평균 월 급여액을 보면, 관리직과 전문직의 임금이 기술공 및 준전문직과 사무직에 비하여 급속히 증가하고 있다. 그리고 2005년 노동부 자료에 의하면 여성의 평균 임금액은 남성에 비하여 약 66%에 불과하고 이것은 10년전 약 60%에 비하면 약간 개선되고 있다. 이것은 직종간 소득(임금) 격차, 나아가 계층간 양극화를 의미한다. 또한, 임금격차는 같은 직종이라도 성별 차이가 대단히 심하다.

4) 노동자계급

노동자계급은 생산수단의 비소유자이면서 자기 노동에 대한 보상을 받는 신체적 임금노동자를 말한다.

이러한 노동자계급은 2005년 총 인구조사의 결과 40.9%(7백 29만 3천 36명)가 된다. 노동자계급 중에서 가장 많이 차지하는 임금노동자는 장치, 기계조작 및 조립공이고(23.7%), 그 다음은 기능원(18.4%)과 단순노무직(16.8%) 및 서비스직(14.1%) 등에 종사한다. 이들은 생산직 임금노동자로서 2005년 전체 임금노동자의 58.9%를 차지한다.

<표 12> 생산직 임금노동자의 변화

(단위 : 구성비)

	1990	1995	2000	2005
숙련공(기능공)		31.7	23.0	18.4
반숙련공(장치,기계조작,조립공)	72.3	37.9	26.3	23.7
비숙련공(단순노무직)		17.7	19.3	16.8
비생산직	21.7	22.7	31.4	41.1
합 계	100.0	100.0	100.0	100.0

(자료) 통계청, 「인구주택 총조사보고서」의 재분석

표 12를 보면, 지난 15년간 임금노동자는 1백 38만 8천 552명이 증가하였다. 이들은 생산직 보다도 비생산직(서비스 및 판매직)에 종사하는 임금노동자가 많고, 생산직 임금노동자는 그 절대수 뿐만 아

니라 증가율도 오히려 감소하고 있다. 그리고 비숙련 노동자는 약간 감소하는데 비하여 숙련노동자들은 급감하고 있다.

이것을 보면, 우리나라 노동자계급이 생산직과 비생산직간에 양극화 현상이 나타나고 있음을 알 수 있다. 그리고 이들의 임금수준을 표 16에서 보면 직종간 약간의 차이가 있으나 상당히 평준화 되어가고 있다.

<표 13> 직종별, 연도별 평균 월 임금액

(단위 : 원)

직종별	2000	2001	2002	2003	2004	2005
전 직종	1,313,910	1,393,059	1,532,750	1,651,100	1,750,421	1,887,507
관리직	2,312,210	2,456,280	2,641,750	2,926,731	3,191,186	3,439,977
전문직	1,786,017	1,920,172	2,052,085	2,230,152	2,309,839	2,511,125
기술공 및 준전문가	1,491,265	1,598,285	1,766,506	1,892,107	2,027,964	2,071,720
사무종사자	1,170,980	1,223,283	1,429,125	1,529,637	1,693,474	1,875,354
서비스종사자	1,011,927	1,053,515	1,101,971	1,181,811	1,256,499	1,332,076
판매종사자	998,856	1,028,279	1,310,968	1,388,254	1,420,244	1,483,376
농업,어업종사자	1,079,768	1,129,236	1,317,577	1,456,094	1,548,129	1,732,367
기능원 및 관련기능종사자	1,203,855	1,279,732	1,397,597	1,477,112	1,564,628	1,691,257
장치기계조작 및 조립종사자	1,169,523	1,228,260	1,356,223	1,425,276	1,521,809	1,632,728
단순 노무종사자	810,260	818,587	918,251	970,234	1,022,201	1,107,778

(비고) 연간 특별급여액은 제외됨.
(자료) 노동부

한편, 노동자계급의 고용형태는 1960년대와 1970년대는 비정규직으로 일고, 임시고가 대단히 많았고, 1980년대는 상용고가 지배적이었으나 1998년 IMF 이후에는 실업과 비정규직이 양산되었다.

우리나라 비정규직 노동자는 통계청은 2003년 8월 전체 근로자의 32.6%라 하고 임시직과 일용직은 49.5%라 하며, 노동계는 비정규직이 56.3%라고 한다.

이러한 비정규직 노동자는 정규직 노동자에 비하여 2006년 8월 현재 임금격차가 심하고(약 62.8%) 사회보험 가입율은 국민연금의 경

우 29.7%, 건강보험의 경우 32.7%, 그리고 고용보험의 경우 29.2%이다.[14)]

이에 대하여 정부는 정규직과 비정규직 노동자간에 차별을 없애고, 2년 이상 고용된 비정규직은 정규직화 한다('비정규직 노동법')고 하지만 노동계는 이 법이 오히려 비정규직을 양산시킨다고 주장한다. 다시 말하면 비정규직법은 단순 노무자(비숙련노동자)를 양산시켜 노동자계급의 양극화를 조장할 가능성이 크다.

5. 결 론

2005년 우리나라의 계급구성과 그 변화는 이론적 관점에 따라 큰 차이가 있다. 마르크스 이론에 의하면 노동자계급이 전체 경제활동인구의 70.2%를 차지하지만, 신갈등이론에 의하면 노동자계급이 40.9%를 차지한다. 그리고 중산층은 마르크스 이론에 의하면 전체의 22.6%를 차지하고 신갈등이론에 의하면 52.2%이다.

이러한 계급구성은 1980년까지 사회계급의 양극화가 그 특징이었으나 1994년 이후에는 변화가 나타나고 있다. 즉 마르크스 모델에 따르면 2005년 까지도 계급의 양극화, 즉 중산층의 감소와 노동자계급의 증가가 지속적으로 일어나고, 신갈등모델에 따르면 신중산층의 증가로 오히려 그 비율상 노동자계급이 약간 감소되고 구중산층은 계속 감소되고 있다. 신갈등모델에 의한 계급변화에서 자영업이 몰락하면서 화이트 칼라가 대량으로 나타나고 이것은 후기산업사회로 진입한 것을 의미한다.

한편, 계급구조의 계층적 성격분석에 흥미로운 특징이 다음과 같이 나타나고 있다.

14) 노동부, 「노동백서」, 2005, pp.282~288와 「노동백서」, 2007, pp.125~128

첫째는 이윤을 창출할 수 있는 자본가계급은 전체 경제활동인구의 2.7%에 불과하고, 자본가계급내 양극화가 일어나고 있다.

둘째, 중산층의 양극화는 신·구중산층간에 나타나고 있다. 그리고 신·구 중산층내 양극화로 구중산층의 심한 부침이 일어나고 있다.

셋째는 중산층내 화이트 칼라 자영업자가 대량으로 나타나고 있다. 예컨대. 독자적으로 개업한 세무사, 회계사, 변호사, 의사 등이다.

넷째는 신중산층은 직종별로 평준화가 나타나고 있지만, 다만 소득의 격차(양극화)가 나타나고 있다.

다섯째는 노동자계급의 양극화가 생산직과 비생산직간, 숙련직과 비숙련직간, 정규직과 비정규직간에 나타나고 있다.

여섯째는 성별 양극화는 임금의 격차에서 볼 수 있지만 오히려 취업률과 직위는 평준화 되어가고 있다. 다만 직종간 취업률의 격차가 성별 양극화를 의미하게 될 것 같다. 성별 양극화는 여성은 주로 하층 사무직, 남성은 주로 상층 관리직에 종사하고 화이트 칼라의 사회이동이 차별화 되어 있으며, 동시에 이들간 보수의 차별화가 나타나고 있다. 따라서 노동자 계급내, 화이트 칼라내 신분별, 성별 격차가 심하다.

일반적으로 계급의 양극화는 과거 소수의 부르조아지와 다수의 프로레타리아로 계급의 양극분해가 일어난다고 하였지만, 오늘날 우리나라에는 이러한 현상이 비율상으로 거의 나타나지 않고 오히려 계급내 질적인 양극분해가 IMF 이후에 심하게 일어나고 있다.

Ⅲ. 2010년 한국사회 계급분석

1. 서 론

1) 연구목적

우리나라는 60~80년대 공업화에 의한 경제개발정책으로 도·농간 심한 격차를 초래하였고, 대기업 중심의 경제성장을 이룩하였다. 그리고 지난 10여년간 두차례의 경제위기를 겪으면서 많은 경제적·사회적 변화가 일어났다. 무엇 보다 1997년 말 닥친 외환위기는 IMF 지배관리를 초래하여 시장개방과 구조조정, 민영화, 노동유연성 등을 촉구하여 서구 중심의 신자유주의 세계시장에 편입하였다. 또한, 2008년 금융위기로 막대한 공적 자금이 다시금 금융기관에 투입되었다.

그러한 결과 정부는 대기업 지원정책(공적 자금 투입, 고환율과 저금리 정책, 회사채 인수, 법인세 감소 등 친기업 정책)을 강화시켰고, 노동분야에서는 구조조정 등으로 많은 실업자와 비정규직이 발생하였다. 지난 10여년간 대기업은 구조조정과 공적 자금 지원으로 급속한 자본을 축적을 하였고 종업원(특히 관리직)의 소득은 향상되었지만, 서민과 중산층(자영업자와 화이트 칼라 및 노동자계급)은 가계 부채와 물가 상승 등으로 시달리고 있다.

이와 같이 급변하는 경제사회 현상(양극화 등)이 그간 우리나라 국민들의 계급적 상황과 변동은 어떻게 일어나고 있는지 궁금하지 않을 수 없다.

2) 연구 방법

최근 정부는 2010년 10월에 실시한 인구 및 주택에 관한 총조사 보고서(산업·직업 및 경제활동인구인구 2천 5백만여명의 20% 표본조사)를 발간하였다. 저자는 이 보고서를 이론적 계급분석틀에 따라 재분석하여 그간 계급변동을 파악하여 보고, 나아가 2010년 우리나라의 계급별 상황과 그 내용을 고찰하려고 한다.[15)]

오늘날 사회계급 또는 사회불평등 현상이 일어나는 주요한 요인이 일반적으로 직업, 소득, 교육 및 주택이기 때문에 특히 산업, 직업, 학력, 지역성을 중심으로 계급현상을 파악하여 본다. 그리고 지난 50여년간 계급변동을 파악하고 그것의 구조적 특성이 무엇인지를 고찰한다.

2. 계급구성과 그 특성

1) 계급분석 틀에 따른 계급구성

사회계급 분석은 이론적 관점에 따라 달라질 수 있다. 일반적으로 사용되는 계급분석 틀은 전술한 바와 같이 이론적 관점, 즉 마르크스이론, 신갈등이론 및 기능이론에 기초하여 제작되고 있다.

(1) 마르크스이론

마르크스주이론은 사회계급을 생산관계에서 파악하기 때문에 생산수단이 있는 자본가계급과 그것이 없는 노동자계급, 그리고 생산

15) 통계청의 「인구주택 총조사보고서」(경제활동, 산업·직업 편)에서 계급현상을 분석, 파악하는 것은 문제가 있다. 예컨대 표본조사에 사용한 '종사상 지위'의 분류 개념(특히 고용원이 있는 또는 없는 자영업자)으로 계급을 분류한다는 것이다. 그러나, 가장 신뢰성이 있는 이만한 조사결과를 찾아 보기는 어렵다.

수단을 자영하는 구중산층으로 구별한다.

2010년 인구주택 총조사에서는 생산관계를 알 수 있는 것은 종사상 지위의 개념으로서 고용원이 있는 자영업자와 고용원이 없는 자영자 및 임금·봉급 근로자이다. 여기에서 임금·봉급 근로자는 노동자계급이 될 수 있고, 고용원이 없는 자영업자는 구중산층이 될 수 있지만, 고용원이 있는 자영업자를 모두 자본가계급으로 간주하는 것은 문제가 있다.[16)]

그러나, 본 고에서 편의상 고용원이 있는 자영업자는 자본가계급으로, 고용원이 없는 자영업자는 구중산층, 그리고 임금·봉급 근로자는 노동자계급으로 간주한다. 그러한 결과, 생산관계에서 본, 2010년의 계급구성은 표 1과 같다.

<표 1> 생산관계에서 본 계급구성

(단위 : %)

	전국	동부	읍부	면부
자본가계급	7.6	18.3	6.3	3.9
구중산층	17.0	14.3	21.0	38.8
노동자계급	68.4	73.1	62.3	38.5
무급가족 종사자	7.0	4.3	10.3	23.8
합계	100.0	100.0	100.0	99.9

(자료) 통계청, 「인구주택총조사보고」(2012)에서 분석

표 1을 보면, 노동자계급이 전체의 68.4%로서 가장 많고, 그 다음은 구중산층(자영업자)이 17.6%이며, 자본가계급은 7.6%이다. 이 자본가계급 중에 구중산층으로 간주할 수 있는 자가 상당수 있을 것이다.

오늘날 임금 노동자는 대도시(동부) 및 중소도시(읍부)에 가장 많이 거주하고 농촌(면부)에는 자영업자인 구중산층이 많이 거주한다.

16) 일반적으로 피용자가 5인 미만의 사업주를 자영업자 또는 구중산층으로 간주하는데, 이들을 모두 잉여가치(이윤)를 창출할 수 없는 자영업자, 즉 구중산층으로 보는 것은 문제가 있다.

그리고 무급가족 종사자들도 농촌이 도시에 비하여 많은 편이다. 자본가계급은 농촌 보다도 대도시에 많이 거주하고 있다.

(2) 신갈등이론

신갈등론적 관점의 계급분석은 생산관계(종사상 지위)와 역할관계(직업구조)의 교차분석에서 파악한다.[17] 그 분석결과는 표 2와 같다.

<표 2> 신갈등론에서 본 계급구성

	전국		동부		읍부		면부	
	실수	%	실수	%	실수	%	실수	%
자본가계급	1,312,504	6.4	1,151,092	6.7	90,563	5.2	70,849	3.9
구중산층	3,098,892	15.0	2,009,937	11.8	342,335	19.5	746,620	40.6
신중산층	8,395,598	40.6	7,439,949	43.6	579,795	32.9	375,854	20.4
노동자계급	7,764,068	37.6	6,402,455	37.5	732,572	41.6	629,041	34.2
기타 · 미상	84,391	0.4	53,707	0.3	14,514	0.8	16,170	0.9
합계	20,655,453	100.0	17,057,140	100.0	1,759,779	100.0	1,838,534	100.0

(자료) 통계청, 「인구주택총조사보고」 (2012)에서 분석

표 2에 의하면, 2010년 우리나라 자본가계급은 전체 경제활동 인구의 6.4%이고, 노동자계급은 전체의 37.6%이다. 그리고 구중산층은 전체의 15.0%이고, 신중산층은 40.6%이다. 즉 신중산층과 노동자계급이 다수인 봉급생활자의 사회이다.

이러한 계급구성은 도농간에 큰 차이가 있다. 자본가계급은 대도시에 많고, 농촌의 경우 3.9%에 불과하다. 그리고 노동자계급과 신중산층은 대도시의 경우 절대적으로 다수를 차지한다. 다만 지역별 구성비에 있어서 신중산층은 대도시, 그리고 노동자계급은 중소도시에 많다. 그러나 구중산층은 그 절대수가 대도시에 많지만 그 구성비는 농촌의 경우 40.6%를 차지한다.

---

17) 김영모, 「한국사회계층연구」, 일조각, 1982, p.328
김영모, 「현대사회계층론」, 한복연 출판부, 1982, 1999, p.412

표 2를 보면, 우리나라의 지역간 계급구성이 많이 변화되고 있다. 우리나라 경제활동 인구의 82.6%가 대도시에 집중되어 있지만 신중산층이 대도시에 가장 많고(전체의 43.6%) 오히려 중소도시에 노동자계급이 상대적으로 많다.(41.6%) 그리고 농촌에 구중산층(자영 농민 등)이 가장 많지만(40.6%) 노동자계급도 34.2%가 된다는 것은 중소도시 뿐만 아니라 농촌에서도 공업화가 상당히 진척되었음을 의미한다.

<표 3> 신갈등론에 의한 시도별 계급구성

(단위 : %)

	자본가 계급	구중산층	신중산층	노동자 계급	기타 · 미상	합계(실수)
전국	6.4	15.0	40.	37.6	0.4	100.0 (20,655,453)
서울시	7.5	11.2	49.7	31.3	0.2	100.0 (4,440,271)
부산	6.7	12.6	39.1	41.5	0.2	100.0 (1,391,809)
대구	6.9	13.5	38.1	41.2	0.4	100.0 (982,494)
인천	5.8	11.8	39.4	42.8	0.2	100.0 (1,161,103)
광주	7.4	13.0	42.2	37.1	0.2	100.0 (592,478)
대전	6.4	12.0	46.6	34.7	0.4	100.0 (618,617)
울산	4.8	10.6	36.0	48.5	0.03	100.0 (464,629)
경기	6.7	12.1	43.1	37.7	0.5	100.0 (4,928,264)
강원	5.7	21.1	34.7	36.2	2.2	100.0 (587,824)
충북	5.8	21.1	37.8	34.7	0.6	100.0 (566,802)
충남	4.8	23.1	31.0	40.5	0.6	100.0 (860,727)
전북	5.6	23.0	34.5	36.7	0.2	100.0 (695,125)
전남	4.6	30.3	29.1	35.7	0.3	100.0 (691,545)
경북	4.4	24.7	30.0	40.6	0.3	100.0 (1.073.539)
경남	5.7	18.0	33.9	41.8	0.6	100.0 (1,309,442)
제주	6.8	20.5	37.7	34.8	0.2	100.0 (236,640)

(자료) 통계청,「인구주택총조사보고」(2012)의 분석

한편, 2010년 시 · 도별 계급구성을 분석한 결과는 표 3과 같다. 표 3을 보면, 우리나라 계급구성이 시 · 도간에 약간 차이가 있음을 알 수 있다.

인구가 많은 서울시와 경기도가 다른 지방에 비하여 자본가계급과 신중산층이 더 많고, 노동자계급과 구중산층은 그 구성비가 더 적은 편이다. 특히 서울시는 자본가계급(7.5%)과 신중산층(49.7%)이 가장 많다. 그러나 각 도의 계급구성은 광역시에 비하여 구중산층의 구성비가 많고, 신중산층과 노동자의 경우 더 적다.

2) 계급별 특성

2010년 경제활동인구 표본조사에 의하면, 전체 인구의 40.6%의 신중산층과 37.6%의 노동자계급이 절대 다수를 차지하고 있다. 이들

<표 4> 계급별 종사하는 산업

(단위 : %)

산 업	노동자	자영자	자본가	무급 가족 종사자	계
농업,임업 및 어업	0.8	23.4	2.1	44.5	7.8
광업	0.1	0.05	0.1	0.04	0.08
제조업	21.6	8.8	16.4	6.9	17.6
전기,가스,증기 및 수도사업	0.6	0.03	0.08	0.01	0.4
하수폐기물처리,원료재생 및 환경복원업	0.4	0.1	0.4	0.08	0.3
건설업	7.5	6.7	8.4	1.9	7.0
도매 및 소매업	11.5	20.1	21.5	16.8	14.1
운수업	4.4	9.1	3.2	0.8	4.8
숙박 및 음식점업	5.9	8.9	16.2	14.0	7.8
출판,영상,방송통신 및 정보서비스업	3.5	1.0	1.7	0.3	2.7
금융 및 보험업	4.3	2.5	1.7	0.3	3.6
부동산업 및 임대업	2.1	3.3	2.8	2.0	2.3
전문,과학 및 기술서비스업	4.7	1.8	4.7	0.7	3.9
사업시설관리 및 사업지원 서비스업	5.1	1.4	2.0	1.3	3.9
공공행정,국방 및 사회보장 행정	5.9	0.2	0.3	0.4	4.1
교육서비스업	8.9	4.8	5.2	2.1	7.4
보건업 및 사회복지서비스업	6.8	0.4	6.2	0.8	5.3
예술,스포츠 및 여가관련 서비스업	1.4	2.3	1.9	1.3	1.6
협회 및 단체, 수리및 기타개인서비스업	3.9	7.3	4.8	5.4	4.6
가구내고용활동및달리분류되지않은..	0.7	0.2	0.1	0.3	0.5
국제 및 외국기관	0.07	0.001	0.003	0.02	0.005
미상	0.03	0.007	0.004	0.004	0.03
합 계	100.0	100.0	100.0	100.0	100.0

(자료)「2010년 인구주택총조사보고」(2012)의 분석

은 임금노동자들이다. 비록 소수의 자본가계급(6.4%)이 존재하지만, 임금노동자들은 자본주의사회에 있어서 막강한 역할을 하고 있다.

그러면, 우리나라 사회계급이 어떠한 사회경제적 특성을 지니고 있는지 주로 산업 및 학력별로 분석하여 본다.

(1) 자본가

자본가는 피용자가 있는 고용주를 말한다. 이러한 자본가는 각 산업에 있어서 이윤(잉여노동가치)을 창출하지 못하는 자본가가 대부분일 것이다. 그래서 이들은 자본가라기 보다는 오히려 구중산층이 대다수를 차지한다.

2010년 인구주택 총조사에서 자본가가 가장 많이 종사하는 산업은 도・소매업(21.5%)이고, 그 다음은 제조업(16.4%), 숙박・음식점업(16.2%), 건설업(8.4%), 보건복지서비스업(6.2%), 교육서비스업(5.2%) 등의 순이다.[18]

<표 5> 계급별 교육수준

(단위 :%)

	노동자	자영자	자본가	무급 가족종사자	합 계
초등학교	4.4	14.8	3.5	25.2	7.5
중학교	6.6	13.6	6.4	15.7	8.4
고등학교	34.1	39.8	38.2	33.7	35.3
대학(4년제미만)	18.1	9.9	14.5	7.6	15.7
대학교(4년제이상)	29.1	15.4	29.7	9.4	25.5
대학원석사과정	5.5	2.1	5.4	1.0	4.6
대학원박사과정	1.6	0.4	2.0	0.2	1.3
안받았음	0.7	4.1	0.4	7.2	1.7
합계	100.0	100.0	100.0	100.0	100.0

(자료) 「2010년 인구주택총조사보고」 2012의 분석

18) 통계청의 보고서에 따르면 2010년 국내 5인 미만 사업체는 256만 3천개로 전체의 76.4%(335만 5천개)를 차지하고 이외 종사자는 전체(1천 764만 7천명)의 25.7%이다. 개인사업체의 연간 매출액은 270조 5천 411억원으로 전체 사업체 연간 매출액(4천 332조 2천 930억원)의 6.2%이다.(「연합뉴스」, 2011. 6. 20)

이것을 보면, 우리나라의 자본가는 수적으로는 제조업, 건설업 보다 각종 서비스 산업에 많이 종사한다는 것을 알 수 있다.

한편, 표 5에서 자본가의 교육수준을 보면, 대졸 이상이 전체의 51.6%가 되고, 자영자의 경우 27.8%이며, 임금노동자의 경우 54.8%가 된다. 임금노동자의 학력이 오히려 자본가 보다 약간 높다. 그러나 자영자는 고교 이하 졸업자가 전체의 68.2%가 된다.

이와 같이 자본가(고용주)의 학력이 노동자(피용자)와 비슷하다는 것은 그들의 계층적 지위도 매우 유사하다는 것을 의미한다. 따라서 임금노동자 중에 준자본가적 특성을 지닌 경우가 많을 것이고, 동시에 자본가에 1인 자영자일 가능성이 많을 것이다.

(2) 자영업자

자영자는 피용자 없이 주로 본인 및 가족 노동에 의존하여 산업활동을 한다.

2010년 인구주택 총조사에서 자영업자가 가장 많은 산업이 농·어업(23.4%)과 도·소매업(20.1%)이고, 또 무급가족 종사자가 농어업의 44.5%를 차지하고, 도·소매업의 16.8%를 차지하는 것을 보면 잘 알 수 있다.

한편, 5인 미만 개인사업체(약 256만개)의 연 매출액이 5천만원 이하가 전체의 51.2%(131만 3천개)이고 1천만원 이하의 경우도 7.6%가 된다. 나머지는 대개 5천만원~1억원이 17.8%를 차지하고 1억원~5억원이 19.7%를 차지한다.[19] 그리고 자영자가 제조업과 운수업 및 건설업 분야에서 전체의 절반 이상이 된다는 것은 우리나라 산업 및 직업의 영세성이 심한 것을 알 수 있으며 자영업의 생존기간은 평균 3.4년이라고 한다. 즉 자영업자의 47%는 3년내에 퇴출하고 10

19) 통계청 자료(「조선일보」, 2012. 6. 21)

년 이상의 경우 25%에 불과하다. 지난 10년간 연평균 37만명이 신규 창업에 나섰지만 34만명이 휴업하거나 폐업하였다고 한다.[20] 또한 자영업자의 교육수준을 보면, 자본가와 임금노동자 보다도 낮다는 것은 그들의 계층적 지위가 상대적으로 낮고, 동시에 농어업 및 서비스업 등에 많이 종사함을 의미한다.

(3) 임금노동자

임금노동자는 제공된 노동에 대한 보상을 받는 피용자를 말한다. 임금노동자들이 가장 많은 산업은 제조업이 전체 21.6%를 차지하고 그 다음이 도·소매업(11.5%)과 건설업(7.5%)이며, 나머지는 대부분 다양한 서비스산업에 종사하고 있다.

임금노동자의 교육수준이 자본가의 경우와 매우 유사한데 이것은 임금노동자들의 14.9%가 전문직 또는 기술직에 많이 종사하고 있기 때문이다. 생산직 임금노동자는 전체 직업인구의 31.5%이고, 이들 중에 기능공은 8.8%, 기계공은 12.2%, 그리고 단순노무자는 10.5%이다. 이것을 보면, 생산직 노동자 중에 숙련공은 취업자의 21.0%가 되고 숙련공과 비숙련공의 비율은 약 2:1이다. 또한, 주요한 산업별 종사자의 계급구성비는 제조업에 있어서 임금노동자(피용자)와 자본가(고용주) 및 자영자의 구성비가 21.6% : 16.4% : 8.8%이다. 이것은 산업(자본)구성의 고도화, 즉 기계화와 관료제가 발달되어 있는 편이 아니다. 또한, 도·소매업의 경우 5.9% : 16.2% : 8.9%인 것을 보면, 극소수의 종업원을 둔 자본가이거나 자영업자임을 알 수 있다. 그 밖에 서비스산업의 경우는 자영자는 적지만 고용주에 비하여 피용자가 많은 편이다.

20) KB금융지주 경영연구소, 「개인사업자 창업 및 폐업 특성 및 현황분석」 2012 (「조선일보」, 2012. 10. 16)

그런데 임금노동자의 소득은 산업별 및 직종에 따라 심한 차이가 있다. 1996년 부터 2010년 까지 근로소득 상위 20%(5분위)의 1인당 연 평균 근로소득은 41.3% 증가한 6천 856만원인데(상위 0.1%는 155%) 전체 근로자의 경우 1996년의 2천 194만원에서 2010년의 2천 523만원으로 15% 증가하였다. 그러나 같은 기간에 하위 20%(5분위 중 1분위)의 근로소득은 오히려 24% 이상 감소되었고, 2~3분위도 수축되었다고 한다.[21]

3) 계급별 종사산업

지난 50여년간 우리나라의 사회계급이 소수의 고용자본가와 다수의 임금노동자로 양극 분해가 일어나고, 동시에 구중산층(자영업자)이 몰락하고 신중산층(화이트 칼라)이 대량으로 창출되었다. 이러한 계급분해는 특히 1960년대 부터 시작한 공업화 중심의 경제개발정책의 산물이라고 할 수 있다.

이러한 계급의 양극화가 2000년 부터 점차 생산직 노동자와 자본가들이 약간 감소되어 가고 신중산층이 급속히 증가되어 후기산업사회의 계급 및 계층현상이 나타나고 있다.

그러면, 이러한 계급분해 현상이 지난 40년간 산업별로 어떻게 일어나고 있는 지를 본다.

표 6을 보면, 총인구조사시 산업분류가 상이함을 알 수 있는데 이것은 사회변화에 따라 신종 산업 또는 직업이 생기거나 그 비중이 커서 다양해 진 것을 의미한다. 특히 후기산업사회에서 볼 수 있는 지식 및 서비스산업이 발달하고 있다.

자본가(고용주)가 많은 산업은 제조업과 도·소매업 및 농어업

21) 김낙연, 한국의 소득불평등; 1963~2010, 근로소득을 중심으로(「한겨레」, 2012. 10. 25)

등이다.

<표 6> 40년간 계급별 종사산업의 변화

(단위 : %)

산 업	자본가(고용주)					구중산층(자영자)					노동자(임금근로자)					무급가족 종사자				
	1970	1980	1990	2000	2010	1970	1980	1990	2000	2010	1970	1980	1990	2000	2010	1970	1980	1990	2000	20
농업,임업/어업	14.1	6.5	3.3	2.0	2.1	67.4	57.2	49.3	33.9	23.4	14.0	3.1	1.4	1.1	0.8	88.3	86.4	73.7	54.8	[illegible]
광업	0.9	0.6	0.3	0.2	0.1	0.2	0.05	0.02	0.05	0.05	2.3	1.5	0.6	0.2	0.1	0.07	0.01	0.02	0.03	[illegible]
제조업	31.1	31.0	27.5	21.6	16.4	5.4	4.8	5.4	6.7	8.8	28.2	43.2	40.5	28.3	21.6	3.7	2.3	4.3	7.1	[illegible]
전기,가스,증기/수도사업	0.3		0.03	0.1	0.1	0.03		0.003	0.02	0.03	0.7	0.7	0.6	0.7	0.6	0.004		0.02	0.01	[illegible]
하수폐기물처리					0.4					0.1					0.4					[illegible]
건설업	6.3	5.7	7.6	9.5	8.4	1.3	5.3	2.8	5.2	6.7	10.1	7.6	10.0	8.7	7.5	0.3	0.2	0.3	1.1	[illegible]
도매 및 소매업	24.8	39.1	41.4	23.3	21.5	21.0	25.2	30.4	23.8	20.1	8.9	10.6	12.7	11.8	11.5	6.9	10.1		17.8	[illegible]
운수업	7.2	3.6	2.5	2.5	3.2	0.8	1.8	3.6	6.1	9.1	7.3	8.3	6.9	5.2	4.4	0.06	0.08	19.4	0.4	[illegible]
숙박 및 음식점업				16.5	16.2				9.0	8.9				5.7	5.9			0.1	11.8	[illegible]
출판,영상,방송통신서비스				0.6	1.7				0.2	1.0				1.8	3.5				0.08	[illegible]
금융 및 보험업	1.3	3.4	5.5	0.8	1.7	0.7	1.3	1.9	0.9	2.5	1.7	3.9	7.5	5.5	4.3	0.03	0.06	0.2	0.1	[illegible]
부동산업 및 임대업				2.0	2.8				2.3	3.3				1.8	2.1				0.6	[illegible]
전문,과학 및 기술서비스					4.7					1.8					4.7					[illegible]
시설관리 및 사업지원				5.6	2.0				1.6	1.4				5.7	5.1				0.6	[illegible]
공공행정,국방/사회보장				4.3	0.3				1.7	0.2				6.0	5.9				0.9	[illegible]
교육서비스업				0.0	5.2				0.05	4.8				8.5	8.9				0.04	[illegible]
보건/사회복지서비스				3.3	6.2				0.3	0.4				3.2	6.8				0.2	[illegible]
예술,스포츠/여가서비스				2.6	1.9				2.2	2.3				1.7	1.4				1.3	[illegible]
협회 /개인서비스업	13.9	10.1	11.9	5.1	4.8	3.2	4.4	6.5	5.6	7.3	26.8	20.9	18.8	3.9	3.9	0.7	0.9	2.0	3.1	[illegible]
가구내고용활동 등				0.01	0.1				0.3	0.2				0.5	0.7				0.06	[illegible]
국제 및 외국기관				0.002	0.0				0.002	0.001				0.1	0.07				0.0	[illegible]
미상				0.004	0.0				0.004	0.007				0.009	0.03				0.002	[illegible]
기타	0.06					0.01	0.002				0.07	0.001	0.8			0.01				
합 계	100.0	100.0	100.0	100.0	100.0	100.0	100.0	100.0	100.0	100.0	100.0	100.0	100.0	100.0	100.0	100.0	100.0	100.0	100.0	[illegible]

(자료) 통계청,「인구주택총조사보고」, 각 년도에서 작성

1970년대 제조업 자본가는 전체의 31.1%인데, 이것이 해마다 감소되어 2010년에는 16.4%가 되었다. 이것은 자본가계급이 양적으로 감소되었지만, 질적으로는 비대하였다는 것을 의미한다. 오늘날 자산 총액 상위 10대 재벌의 시가 총액은 737조 1천억원으로 증권 시장의 59%를 차지한다. 그 만큼 대기업에의 자본 및 수익의 집중이

일어났다.[22)]

도 · 소매업 자본가는 1970년대에 24.8%였으나 2010년에는 약간 감소하여 21.5%를 차지하고, 가장 많이 감소된 산업은 농어업 자본가인데 1970년대의 14.1%가 2010년에는 2.1%로 급감하였다. 그 만큼 농업과 농민의 몰락을 의미한다. 그런데 건설업과 금융 · 보험업의 자본가는 약간 증가하였다.

자영업자는 농업분야에서 급속히 감소하였는데 1970년대의 67.4%가 2010년에 23.4%가 되었다. 그러나 주로 도시의 도소매 자영업자와 제조업 및 개인서비스 자영업자는 해마다 약간씩 증가되었다.

임금노동자가 가장 많이 종사한 산업은 제조업과 개인서비스업 및 농어업 그리고 건설업, 도 · 소매업 등이다. 제조업에 종사한 임금노동자는 1970년의 28.2%가 공업화(5개년계획)가 한창 진행 중이던 1980년과 1990년에 40% 이상 증가되었다가 2010년에 21.6%로 감소되었다. 그리고 개인서비스업과 농어업에 종사한 임금노동자도 지난 40년간 급속히 감소되었고, 금융 · 보험업에 종사하는 임금노동자는 급속히 증가하였다. 그러나 건설업과 도 · 소매업의 경우는 거의 현상을 유지하고 있다.

이와 같이 산업변화에 따라 계급구성의 부침이 일어나고 있으나 지난 50여년간 공업화와 경제개발정책은 소수의 대기업자본가를 육성하였고,[23)] 농업분야와 자영업자는 급속히 몰락하였으며, 반면에 임금노동자는 제조기업과 금융보험 및 서비스 산업에서 대량으로 창출되었다. 동시에 무급가족종사자들도 지난 40년간 88.3%를 차지하였던 농어업 분야가 44.5%로 감소되었고, 제조업과 도 · 소매업의

22) 김영모, 「한국자본가계급 연구」, 고헌, 2012, p.
23) 상게서, 제 2, 3, 4장 참조

경우 각각 2배 이상 증가하였다.

3. 계급변동과 그 특성

1) 해방후 계급변동

칼 마르크스는 자본주의 사회에 있어서 사회계급의 양극화와 동질화 현상이 일어난다고 하였다. 전자는 잉여노동가치의 착취와 노동소외 현상으로 자본가계급은 양적으로 소수화 되지만 질적으로 비대하여지고, 노동자계급은 양적으로 다수화 되지만, 질적으로 단순노동자화 되어 빈곤해진다는 것이다. 그리고 중산층은 몰락한다고 하였다. 그러나, 제임스 번햄과 랄프 다렌돌프 등 많은 사회학자들은 후기자본주의 사회에 있어서 계급변동은 소유와 경영이 분리되어 경영자 혁명이 일어나서 화이트 칼라 또는 기술관료가 대량으로 형성되어 신중산층이 지배하는 사회가 된다는 것이다.

이러한 양 견해가 우리나라의 계급변동에서 어느 것이 더욱 타당한가를 보기로 한다.

신갈등론적 관점에서 본 계급변동은 표 6과 같이 마르크스가 예언한 대로 지난 50년간 사회계급(노사간)의 양극화 현상이 나타나고 있으나 2000년대 들어와서 해마다 증가되어 오던 노동자계급이 오히려 감소되어 가고 신중산층은 더욱 증가되어 가고 있다. 또한, 그간 구중산층이 급속히 감소되었으나, 자본가계급이 완만히 증가되어 가고, 노자간 계급양극화가 부정되고 있는 것이 마르크스의 예언과는 차별성이 나타나고 있다는 것이다.

한편, 마르크스주의 관점, 즉 생산관계에서 본 우리나라 계급변동은 표 5와 같이 지난 50년간 사회계급의 양극화 현상이 일어나고 있다. 즉 자본가계급은 양적으로 약간 증가되었으나, 소수의 대기업 중심으로 비대하였고, 중산층(자영자)과 가족종사자는 대량으로 몰락하여 주로 임금노동자화 되었다.

<표 7> 생산관계에서 본 계급변동

	1960	1966	1970	1980	1990	2000	2010
자본가계급			1.8	4.0	5.4	6.7	7.7
중산층	46.7	40.5	32.9	31.4	24.2	21.9	17.0
노동자계급	22.0	27.3	38.8	43.4	59.7	62.6	68.4
가족종사자	30.4	32.2	26.1	21.1	10.6	8.8	7.0
미 상	0.8		0.5	0.001			
합 계	99.9	100.0	100.0	100.0	100.0	100.0	100.0

(자료) 통계청,「인구주택총조사보고」(각연도)에서 분석

<표 8> 신갈등론에서 본 계급의 변화

	1955	1960	1966	1970	1975	1980	1995	2000	2005	2010
자본가계급	0.4	1.7	0.7	2.4	2.9	3.7	6.6	6.2	6.1	6.4
구중산층	70.0	65.6	55.4	47.9	39.1	35.8	20.9	20.0	17.8	15.0
신중산층	6.2	6.8	9.3	13.5	14.5	17.3	30.9	32.1	34.4	40.6
노동자계급	23.4	24.7	34.6	35.5	43.4	43.3	41.6	41.3	40.9	37.6
기타・비상		1.2		0.7				0.4	0.8	0.4
합계	100.0	100.0	100.0	100.0	100.0	100.0	100.0	100.0	100.0	100.0

(자료) 김영모,「한국사회계층연구」, 일조각(1982), 고헌(2005)
김영모, 현대 한국사회계급 분석과 그 의미,「사회정책연구」, 제 35집, 2007

2) 계급변동의 구조적 특징

해방 이후 계급변동은 노자간 계급양극화가 급속히 일어났고, 동시에 구중산층(자영업자)이 대량으로 몰락하였으며, 또한 신중산층이 대량으로 형성되었다. 그 구체적인 내용을 계급별로 고찰한다.

(1) 자본가계급

자본가계급은 광의로 피용자를 둔 고용주를 말한다. 이러한 자본

가계급은 1955년 경제활동 인구의 0.4%가 55년이 지난, 2010년에는 7.7%(신갈등론은 6.4%)로 증가하였다. 사실 그 실수는 10배 이상 증가하였고, 오늘날 자본가는 질적으로 엄청나게 성장하였다.

우리나라의 기업자본가는 2009년 말 현재 모두 329만 4,283명(전체 가구의 19.2%)이다. 이들의 82.8%가 1~4명을 고용한 사업체이고, 5~99명을 고용한 사업체는 전체의 16.8%, 100~300명의 경우 0.4%, 그리고 300인 이상 고용한 사업체는 0.1%(3,129개)이다. 그리고 우리나라의 사업체의 대부분이 도・소매업 및 음식・숙박업이고(45.3%), 제조업은 전체의 9.6%에 불과하다. 따라서 우리나라의 기업자본가는 매우 영세하고 전통적인 자영업이 지배적이다.

그러나, 대기업(45개 집단) 중심의 경제력 집중 현상(제 4장 3절 참조)을 보면, 지난 10년간 약 45.6배의 경영성과(약 33조원)를 내었다. 그리고 2010년 말 대기업집단의 매출액(756조원)이 전체 제조업체 매출액의 41%를 차지하고, 한국 증시의 52%를 차지한다. 따라서 우리나라 자본가계급이 주로 기업집단(재벌) 중심으로 형성되고 있다.[24)]

이러한 대기업자본가는 해방후 귀속재산 불하, 외화융자, 인프레이션 등 1960년대 이후 경제개발정책으로 중화학공업과 해외 건설, 수출산업 진흥 및 부동산 투기 등, 그리고 1997년 IMF 지배관리하 시장개방정책과 경제위기시 구조조정과 공적자금 투입, 회사채 인수 등 정부의 정책지원과 특혜 및 재벌의 자본독점과 비리 등으로 급성장하였다.

한편, 대기업의 자본축적 기반은 1960~1980년대 부터 많이 이루어졌던, 타 기업체의 인수・합병・확장 및 기술개발로 많은 계열회사를 두

---

24) 김영모, 「한국자본가계급연구」, 고헌, 2012, p.46

었고(1,220여개), 정부의 친기업정책으로 지난 10년간 자본축적(경영성과)은 약 339조원에 달하였다. 이들의 자본 축적방법은 ① 타인자본(평균 3배 이상의 금융부채와 약 50%의 외국인 주식지분)과 ② 80% 이상 무역의존도 및 ③ 노사간 임금격차(약 7:3 등)에서 가능하였을 뿐만 아니라 정부의 경기부양책, 그리고 저금리와 고환율 및 저임금 등의 정책지원으로 영업이익, 즉 경쟁력을 확보하였다.

이러한 것을 보면, 대기업의 자본축적이 해방후 각 시기에 따라 차이가 있으나 생산관계 보다도 경영 외적 환경요인, 즉 권력에 크게 의존하였음을 알 수 있다.[25)]

우리나라의 자본가계급(부르조아지)은 협의로 2010년 경제활동인구의 7.6%이지만 만약 1인 자영업자(구중산층) 까지 합치면 2010년에 전술한 바와 같이 25.6%가 된다. 그리고 자본가계급의 이익을 옹호 및 대변하는 신중산층 까지 합치면 전체의 60.0%가 된다. 그러나, 우리나라 신중산층의 17.5%, 그리고 구중산층의 23.9%가 중산층(쁘띠 부르조아지)에의 귀속의식, 즉 계급의식을 지니고 있다. 따라서 넓게 보면 2010년 전체 경제활동인구의 약 18.4%가 자본가계급(부르조아지)으로 추계할 수 있고[26)] 이윤을 창출할 수 있는 자본가계급은 전술한 바와 같이 약 2%에 불과하다.

(2) 중산층

오늘날 중산층을 구중산층(자영업자)과 신중산층(화이트 칼라)으로 구분한다. 신중산층은 생산수단의 소유와 관리의 분리로 특히 후기 산업사회에서 대량으로 형성되었다.

우리나라의 구중산층은 1955년 전체 경제활동인구의 70.0%(주로

25) 상게서, p.466
26) 상게서, p.14

자영농민)를 차지하였으나 2010년에는 17.0%로 감소되었다. 반면에 신중산층의 경우 6.2%에서 40.6%로 급증하였다. 다시 말하면 자영업자 중심의 산업 및 직업구조가 반세기 동안 신중산층 중심이 된 후기 산업사회로 이행되었다. 신중산층이 급증한 것은 그간 공업·기술화 경제개발정책으로 발달한 산업관료제와 행정관료제의 산물이라 할 수 있다. 동시에 이러한 관료를 육성하기 위한 도시화와 교육기회가 확대된 결과라고 볼 수 있다.

이러한 신중산층의 형성은 관리직과 전문직 및 기술·준전문직의 증가에서 찾아 볼 수 있다. 관리직은 지난 50년간 경제활동인구의 약 8%가 성장하였고 전문직의 경우 약 9.9%, 기술·준전문직의 경우 약 9%가 성장하였다. 이러한 신중산층은 오늘날 자본의 소유권자(7.6%) 보다도 다수이나, 이들의 소득 및 교육수준이 일반 사무직 또는 생산직 노동자에 비하여 높고, 동시에 자본의 통제권을 행사하면서 부르조아 의식을 지닌다.[27] 따라서 대기업의 관리직, 심지어 사무직 종사자까지 신부르조아지를 형성한다.

한편, 구중산층은 대부분 자영업자들이다. 농촌 자영업자들은 대부분 농민들인데 이들이 해방후 농산물의 대량 수입으로 몰락하게 되었다. 몰락한 농민들은 대부분 대도시로 이촌하여 다수가 산업노동자가 되었지만, 동시에 도시의 영세한 자영업자 또는 서비스업에 종사하게 되었다.

3) 노동자계급

27) 우리나라 대기업 노동자의 평균 임금은 기업간에 약간 차이가 있으나, 대개 평균 연봉이 6천만원이 된다. 이것은 중소기업의 상용 노동자에 비하여 약 2배의 차이가 있고, 비정규직에 비하여 5배의 차이가 있다. 그리고 노동조건이나 복지후생비도 심한 차별이 있다. 더욱이 기업의 임원들은 직원들에 비하여 10배 이상 급여의 차이가 있다.(상게서, pp.14, 382)

여기에서 노동자계급은 협의의 생산직 근로자를 말한다. 생산직 근로자는 1955년 전체 경제활동인구의 23.4%였으나 2010년에는 37.6%로 급증하였다. 생산직 근로자가 많이 증가하기 시작한 것은 공업화 경제개발 5개년계획이 시작된 1960년대 부터이고 이들이 가장 많았던 시기는 1975년에서 2000년 까지이다.

이 시기는 몰락농민의 향도이촌과 도시공업의 발달 시기이며 동시에 정부는 저곡가 및 저임금정책을 실시하였다. 저곡가 정책은 오랫 동안 농산물의 가격을 생산비 이하로 유지하였고, 저임금 정책은 기업자본가의 생산경쟁력, 즉 이윤을 보장하기 위한 것이었다. 그리하여 고용형태에 있어서 상용고(정규직) 보다도 임시고 및 일고(소위 비정규직)가 많아서 불안한 고용구조를 보였다.

먼저 우리나라 임금노동자의 고용형태를 본다.

<표 9> 임금노동자의 고용형태

	1966	1975	2010	비고
상용고 임시고 일고	68.2 14.0 17.8	61.8 17.4 20.8	48.1 51.9	2010년 고용안정부는 34.9%라 함
합계	100.0	100.0	100.0	

(자료) 통계청

표 9를 보면, 우리나라 임금근로자의 고용형태가 과거에는 정규직이 약 6할이 되었으나, 오늘날은 약 5~7할로 악화되었다. 이것은 1987년 말 경제위기로 들어온 IMF가 요청한 노동유연성 때문이다. 과거에는 불안한 고용상태는 임시고와 일고를 말하였으나 오늘날에는 비정규직이라 한다. 이러한 비정규직이 아직도 4할 이상이 되고, 비정규직을 정규직화 하는 것이 주요한 정책과제가 되어 있다.

한편, 우리나라 임금노동자들의 노동조건을 보면 표 10과 같다.

표 10을 보면, 우리나라 노동자들의 고용형태가 매우 다양하고, 그것에 따라 임금수준과 사회보험 적용율의 차별이 대단히 심하다는 것을 알 수 있다.

이들의 노동조건을 보면, 그간 많이 개선되었다고 하지만 아직도 상당한 차별이 있다. 그리고 근로자의 임금상태를 보면, 정규직과 비정규직의 근로일수는 큰 차이가 없으나 비정규직의 급여액은 약 50%에 불과하고, 상여금과 퇴직금의 급여액은 정규직의 약 3할에 불과하며, 공적 사회보험의 적용율도 약 50%에 불과하다.[28)]

<표 10> 고용형태별 임금 및 공적 보험 적용

	총근로일수	시간	임금(천원)				상여금(%)	퇴직금(%)	사회보험 적용율(%)			
			월급여액	정액급여	초과급여	연간특별급여			고용보험	건강보험	국민연금	산재보험
전체 근로자	22.2	10.8	2,023	1,904	119	3,630	62.3	76.1	80.0	87.5	87.5	96.8
정규직	22.9	12.9	2,285	2,139	145	4,712	75.8	88.7	95.7	96.8	96.6	97.6
비정규직	20.0	4.4	1,219	1,181	3/8	306	20.9	37.5	52.0	49.5	46.9	93.1
재택/가내근로자	18.7	2.4	817	806	11	198	12.6	17.7	15.9	19.0	20.5	73.0
파견(용역)근로자	20.4	10.3	1,306	1,224	82	308	32.0	82.1	88.0	87.7	87.9	96.3
일일근로자	17.	1.5	1,255	1,238	17	12	4.2	6.8	38.6	12.3	10.5	93.9
단시간근로자	19.3	1.0	653	645	7	53	9.5	23.8	27.4	25.5	24.2	82.7
기간제근로자	21.9	8.7	1,585	1,510	75	944	47.2	72.8	82.2	86.3	83.2	97.7
한시적근로자	21.7	2.4	1,319	1,299	20	71	12.6	12.5	25.7	16.9	16.1	84.7

(출처) 고용노동부 고용정책실, 2012년

그리고 생산직 노동자의 숙련화를 알기 위하여 인구주택총조사에서 그들의 직업을 비교하여 보면, 표 11과 같이 그 숙련화가 매우 느리다.

표 11을 보면, 우리나라 생산직 노동자들이 1955년에는 대부분

28) 2011년 「고용노동백서」(고용노동부)의 사업체 노동력 조사결과를 보면, 2010년 근로자의 명목임금이 2,781천원이고, 실질 임금은 2,395천원이다. 임시 · 일용 근로자의 임금은 상용근로자의 31.4%에 불과하다.

단순노무직, 즉 비숙련공이었으나, 40년이 지난 1995년 중화학공업 단계에 진입해서는 기능공이 전체 생산직 근로자의 13.8%이고 기계공은 11.1%가 되었으며 비숙련동은 3.8%에 불과하였다. 이러한 숙련공들은 2010년에는 기능공이 감소되고 기계공과 단순노무직자가 많이 증가되고 있다.

<표 11> 생산직 노동자의 숙련도

	1955	1995	2000	2005	2010
기능공	3.6	13.8	10.4	10.0	8.8
기계공		11.1	11.2	11.6	12.2
단순노무직	0.4	3.8	7.5	7.5	10.5
전국	100.0	100.0	100.0	100.0	100.0

(자료) 통계청, 「인구주택총조사보고」, 각 년도

4. 결 론

2010년 10월 실시한 전국 인구주택 총조사 결과의 분석에서 우리나라의 계급구성은 자본가계급이 전체의 6.4%이고, 노동자계급은 37.6%이며 신중산층은 40.6%, 그리고 구중산층은 15.0%로 나타났다.

이러한 계급구성은 지역간 차이가 있다. 대도시에는 농촌 보다도 신중산층과 노동자계급이 많고 중소도시에는 노동자계급, 그리고 농촌에는 구중산층이 상대적으로 많다.

한편, 지난 50년간 계급변동은 구중산층이 대량으로 몰락하면서 자본가계급과 노동자계급 및 신중산층이 급속히 증가하였다. 다시 말하면 1960년 이후 공업화의 결과 노자간 계급양극화가 심화되면서 자본가계급은 대기업(소위 재벌) 중심의 자본집중이 일어났고, 또한 1990년대 부터 후기산업사회의 특징인 신중산층이 대량으로 형성되어 우리나라 계급변동의 양극화 현상 보다도 중산층 비대화 현상이 나타나면서 동시에 계급내 양극화가 일어나고 있다. 양극화된 상층 중산층은 하층 중산층에 비하여 소득격차와 대우 등 차별이 심하여 대기업자본가의 이익을 보호하고 대변하는 신부르조아지가 대량으로 형성되었다.

이러한 계급변동은 그간 경제위기를 맞으면서 계급 내부의 양극화가 일어났다. 이러한 양극화는 기업의 구조조정과 산업의 기계 및 자동화 그리고 정보기술산업(IT 등)의 발달로 계급간 임금 격차를 심화 시켰다. 더욱이 저임금의 외국노동자를 다수 고용하면서 노동유연성 등으로 국내 실업을 더욱 가중시켜서 노동자계급의 감소와 비숙련화에 영향을 미치고 있다.

제 3장 해방후 권력지배층의 형성과 이동

1. 서 론

해방후 한국 지배층에 관한 연구는 1960년대와 1970년대에 활발히 이루어졌다.[29] 그리고 2000년대에 와서 청와대 비서관, 내각의 장차관 및 국회의원 등 권력지배층의 이력서 등을 분석하여 논문 또는 저서들이 많이 발표되었다.[30]

---

29) 정치인, 기업인, 고위관료 및 지식인(교수, 언론인)의 출신배경을 다룬 주요 논저는 다음과 같다.
한승조, 한국 정치엘리트의 충원유형, 「아세아연구」, 통권 54호, 1957
김영모, 한국사회 경제적 엘리트의 형성과정, 서울대 석사학위논문, 1962
Bae-ho Hahn & Kyu-taek Kim, Korea Political Leaders, *Asian Survey*, Vol.3, No.7, 1963
유훈, 한국 고급공무원의 사회적 배경, 「행정논총」, 1968
이상백 · 김채윤, 「한국사회계층연구」, 민조사, 1966, 제 2편
박동서, 한국 행정부의 고급관리자의 자격조사, 「김재원 회갑기념 논총」, 을유문화사, 1969
황인정, 「행정과 경제개발」, 서울대 출판부, 1970, 제 4장
김규택, 「한국정치 동태론」, 일조각, 1971, 제 5장
한정일, 「한국정치행정론」, 박영사, 1969, 제 2편
김영모, 권력지배층의 사회적 배경, 「진단학보」, 제 33집, 1972
박동서, 「한국 행정의 발전」, 법문사, 1980, 제 4편

30) 윤형섭, 「미군정의 정치적 충원에 관한 연구」, 연세대 박사학위 논문, 1973
진덕규, 「한국 정치사회의 권력구조에 관한 연구」, 연세대 박사학위논문, 1978
김영모, 「한국지배층연구」, 일조각, 1982
이영회, 「한국 정책엘리트 충원에 관한 연구」, 경원대 박사학위논문, 1993
함성득, 「대통령학」, 나남 출판, 1999

한국 권력지배층에 관한 연구는 그간 발표된 연구결과와, 또 저자가 조사한 자료를 중심으로 그들의 형성과 이동을 파악하여 본다. 이러한 연구는 대부분 권력지배층의 출신성분을 통하여 밝히려고 한다.

해방후 한국의 권력지배층은 주로 미군정청(하지 중장과 아놀드 소장)과 한국 민주당(김성수) 및 이승만 정권이 형성하였지만, 그들은 대부분 일제시 한인지배층과 그 자손들이었다.

미군정과 한국 보수세력은 해방후 건준의 인민위원회(여운형)와 남노당(박헌영)을 불법화 시키고, 1948년 8월 15일 제헌국회에서 대한민국 정부를 수립하여 새로운 국가의 권력을 창출하였다.

대한민국의 대통령이 된 이승만(국회의장)은 정부 수립후 내각과 안보기관(군경)을 조직하면서 친미 및 친일 세력 중심으로 권력지배층을 형성하였다. 그 후 교육(대학)과 군부 및 기업을 통한 신진 제도권 세력이 육성되어 4.19 혁명, 5.16, 5.18 군사쿠데타, 6.10 민주항쟁, 5.17 광주사태를 통한 새로운 권력지배층을 탄생시켰다.

이와 같이 형성된 권력지배층은 해방후 이 땅에 이식된 서구식 민주주의(보통선거)와 교육제도 및 국가자본주의에 의하여 충원되었다. 그러면 이러한 충원이 시기와 정권에 따라 어떠한 성격을 지니

이시원, 우리나라 역대 정부의 장관 임용 실태 분석, 한국행정학회, 하계 세미나 발표, 2002

이용재, 「역대 정부 행정엘리트 충원에 관한 연구」, 장차관을 중심으로, 국민대 박사학위논문, 2002

박동서, 함성득, 정광호, 「장관론」, 나남 출판, 2003

함성득, 「대통령 비서실장론」, 나남 출판, 2002

청와대 인사비서관실, 「장차관 인사관련 통계」, 2008

김영모, 「한국권력지배층연구」, 고헌, 2009

중앙선거관리위원회, 「대한민국 선거사」 및 각종 선거자료,

행정안전부, 「2010년 고위 공무원 현황」

대한민국 국회사무처, 「국회의원 이력서철」, 1948~2008

게 되었는 지를 고찰하여 본다.

해방후 한국의 권력지배층은 주로 세 시기를 통하여 형성되었고, 또 큰 변화가 일어났다. 첫째는 해방후 미군정과 이승만 정권이 자유민주주의 반공국가 수립을 위한 권력형성기이고, 둘째는 4.19 혁명과 5.16 쿠테타에 의하여 집권한 군사정권기이며, 셋째는 부마항쟁 및 광주시민항쟁 그리고 6.29 민주화 선언 이후 탄생된 문민정권기이다.

이러한 3시기에 있어서 정치적 권력은 큰 변화를 이루었지만, 이들을 충원한 기업, 관료, 법조, 대학 및 언론계의 권력은 지속성이 매우 높았다.

그러면, 이러한 권력지배층을 형성한 3시기의 주요한 정치적 메카니즘은 무엇이고, 그들의 주요한 충원요인이 무엇이며 어떻게 변화(이동) 되었지를 고찰한다.

2. 권력형성기

1) 미군정시

권력지배층은 국가(정부) 수립의 초기에 어떻게 형성되었는가 하는 것이 매우 중요하다. 이 때 국가권력을 장악한 집권자의 성향에 따라 권력지배층이 형성된다. 따라서 해방후 미군정시와 이승만 정권 조기 집권자들이 누구인가를 밝히는 것이 매우 중요하다. 이들이 권력지배층을 충원시키는데 결정적 역할을 하고, 나아가 이후 지배층의 형성과 이동 향방을 설정 하기 때문이다.

1945년 9월 7일 미 극동군사령부(재일 맥아더 사령관)는 남한에 미군정을 선포하고, 미군정청 장관에 미 제 24군단 사령관인 하지(John

R. Hodge) 중장을 임명하였다. 하지장관은 1945년 10월 5일 한국인 11명의 고문(위원장 김성수)과 미군 이외 16명의 한인 국장(부장)을 임명하여 군정체제를 확립하였다. 한인 고문과 한인 국장은 한민당 출신이 대부분인 친일, 친미 보수세력이다. 이들이 미군정 3년간 미국식의 정치, 경제, 군사, 교육 등 모든 질서를 이식하는데 큰 기여를 하였다. 심지어 일제시 자주독립운동을 전개한 상해 임정과 건준(인민위원회)의 정치활동(건국사업 등)을 부인하였다. 특히 한민당원인 미군정 경무부장 조병옥이 하지 중장과 아놀드 군정장관에게 진언하여 인민공화국의 불법화와 인민위원회의 해체를 선포하도록 요구하였다. 그리하여 미군정 장관은 1945년 10월 10일 인민위원회(위원장 여운형)의 조선인민공화국을 불법화 하고 탄압하였다. 불법화된 좌익세력은 지하운동을 장기간 전개하거나 박헌영을 비롯한 남조선노동당 은 북한으로 피신하여 남한 빨치산 운동을 전개하였다.[31]

이러한 상황에서 남한의 정치세력, 즉 권력지배층은 친미 반공 보수화 되기 마련이다.

그러면, 미군정 장관의 한국인 고문(11명)과 한국인 국장(16명)의 출신배경을 보자.[32]

미군정청은 군정장관 명령(제 16호)에 따라 초기에는 일제의 일인 관리들을 행정고문으로 그대로 사용하였지만, 1945년 10월 5일 미군정 장관(하지 중장)의 고문위원회가 구성되었다. 한국인 고문위원회의 위원장은 김성수(전북 고창, 와세다대, 대지주부농 출신, 동아일보 사주)가 맡게 되었는데 그는 한국의 전형적인 보수세력을 대변하는 인물이고 한민당의 중심 인물이었다. 행정고문을 사퇴한 여운형(중농출신, 중국유학, 독립

31) 김영모, 「한국민족해방운동연구」, 고헌, 2012, 제 5장 참조
32) 김영모, 「한국권력지배층연구」, 고헌, 2009, pp.31~35

운동가, 건준부위원장)과 불참한 조만식(일본유학, 평남 강서, 명치대 출신, 독립운동가, 전 조선일보사장)을 제외하면 9명 중에서 기독교인이 4명이고 한민당원이 7명이며, 이들은 호남 및 기호 출신의 대지주와 일제 관료출신들이었다. 그 밖에 관서지방 숭실학교 출신과 동아일보 사장 출신이 많다.

이것을 본다면, 미군정청 고문위원회는 한국의 전형적인 보수세력인 한민당이 주도하였으며, 따라서 한민당 출신의 미군정 관료가 다수 충원되었다. 미군정청은 일제 동척 등의 재산을 신한공사에 귀속시켰는데, 이 귀속재산(남한 총 재산의 80%)의 약 61%를 1953년 말까지 행정관료, 관리인, 한민당원들에게 불하하였다. 불하받은 이들이 오늘날 한국자본가계급(재벌)의 사회적 기원이 되었다.

한편, 미군정시 한인 행정부장의 출신배경을 보면 다음과 같은 특성이 있다.

첫째, 행정부장의 평균 연령은 약 50세이다.

둘째, 행정부장의 출신지는 평남 출신과 충남 출신이 가장 많아서 각각 30.7%를 차지한다. 나머지는 서울(15.4%), 전남, 평북, 경북 출신이다. 관서(평안도) 출신은 기독교도가 많은데 이러한 지역적, 종교적 배경이 미군정시 권력지배층의 특성이 되었다.

셋째, 행정부장의 최종 학력은 일본 유학생과 미국 유학생이 각각 전체의 41.2%로서 가장 많고, 나머지는 국내 전문학교 출신이다. 이것을 보면, 그들의 대부분은 상당한 재력을 지닌 부르조아지 출신이다.

넷째, 행정부장의 일제시 직업은 전체의 52.9%가 교수 또는 교장 출신이고, 그 다음은 관료와 은행원이 각각 11.8%이며, 나머지는 기업인, 언론인 등이다.

다섯째, 행정부장은 정부 수립후 장관(4명), 국회의원(3명)을 지낸 분이 많고, 그 밖에도 대법원장, 은행장, 외교관 등을 지냈다.

여섯째, 행정부장 중에 기독교도와 한민당 출신이 가장 많다. 이들은 일반적으로 ① 한국민주당 계열의 인사들과 ② 일제시 관료 및 교수, ③ 이른바 지방의 유지로 통칭되었던 지주부농들과 ④ 언론문화기관에 종사하였던 보수적 인사들이었다. 이들은 사회계층상으로 세습적인 부르조아 출신이고 이데올로기상으로는 모두가 당시의 사회구조를 그대로 지속시킬 것을 바라는 보수주의자들이다.

2) 이승만 정권

해방후 대한민국의 탄생은 미군정과 이승만 및 한민당이 주도하였다. 이들은 남한의 단독 정부를 세우기 위하여 1948년 5월 10일 제헌의원을 선출하였고, 제헌국회에서 대한민국 헌법을 비롯한 정부조직법을 제정하였다. 또한 대한민국의 초대 대통령으로 이승만 박사를 선출하였다.

이승만은 그간 모든 경쟁적인 정치지도자가 제거되었기 때문에 개인적 명망과 한민당의 초기 지원이 있었지만, 지지기반이 매우 약하였다. 그것은 제헌국회와 2대 국회의원 선거에서 그를 지지하는 정당소속 국회의원이 3할 미만 당선되었고, 무소속 의원이 전체의 42.5%(제헌국회) 또는 61.0%(2대 국회)였다는 데서도 잘 알 수 있다. 그리고 무소속 의원이 많이 당선된 것은 국민회, 국민당과 한민당 등 집권세력에 대한 불신이다. 즉 해방후 좌우익 갈등(즉 탄압)으로 나타난 민심이반 현상을 의미한다.

한민당의 핵심세력은 지역(전남 고창), 학연(일본 와세다대), 혼맥(결혼 등) 심지어 직연(동아일보, 보전 등)에 의하여 형성되어 있지만 이승만은 그러한 것이 없었다.

그리하여 그는 자기의 지지세력인 국민회 소속의원을 많이 배출한 지역(충남, 경북, 강원, 경기)과 토착세력(읍면장, 지방관료, 청년단체 등) 및 신흥 상공인을 중심으로 자유당을 창당하였다.[33]

이러한 정치세력은 한민당의 친일보수세력과는 그 성격이 매우 다르다. 특히 지방에서 좌익계를 타도하는데 기여한 지방의 친일 부르조아지들이 그 핵심이다. 이승만 정부의 내각이 제헌의원을 중심으로 구성된 것은 이러한 신흥 부르조아지 중심의 새로운 정치세력을 형성함을 의미한다. 이들은 대부분 친일적인 행정관료(면장 포함)와 회사경영자 및 교수, 교원 중심의 신흥 보수세력(우익)이었다. 또한 이들의 약 4할 이상이 일본 유학생이고 나머지 1할도 미국과 중국의 유학생이며 국내에서도 대부분 높은 교육을 받은 것을 보면 2대 국회의원의 약 68.6%가 부르조아 집안 출신임을 의미한다. 이들은 한민당의 전통적인 부르조아지의 성격과는 상이하다.

3. 군사정권기

1960년대 초 우리나라 권력지배층의 교체가 대단히 심하였다. 권력지배층의 교체가 심하였던 것은 4.19 학생혁명, 민주당 집권, 5.16 군사쿠데타 등으로 빈번한 성변이 일어났기 때문이다.

5.16 군사혁명으로 집권한 박정희 육군소장(군수사령관)과 육사 8기생을 중심으로 겨우 1년 집권한 내각책임제의 민주당 정권(대통령 윤보선, 국무총리 장면)의 보수세력을 축출하고 해방 후 성장한 군부세력이 새로운 정치적 지배층을 형성하여 18년간 집권하였다. 그 후 전두환 육군소장(보안사령관)이 하극상 쿠데타(계엄사령관 정승화 육참총장을 구속)를 일으켜 8년간 집권하였다. 그리하여 우리나라 권력지배층은 오랫 동안 육사와 군 출신이 장악하였다.

1) 박정희 정권

33) 상게서, p.94

1960년 초 자유당 정권의 부정선거로 4.19 학생혁명이 일어났고, 학생들의 요구(민주주의, 민족통일 등)를 구현하기 위하여 총선을 통하여 민주당이 집권하였다. 새로 집권한 민주당이 4.19 혁명후 사회혼란이 심하고 그간 군부와 정경유착으로 부정부패가 심하다 하여 박정희 소장을 중심으로 영관급 장교들은 ① 빈곤해방, ② 무질서와 부정부패, ③ 반공태세, ④ 조국근대화(경제개발계획)을 추진한다는 명분으로, 1961년 5월 16일 군사쿠데타를 성공시켜 집권하였다.

그러면, 민주당 정권과 군사정권의 지도자간 출신배경에 있어서 어떠한 성격의 차이가 있는 가를 본다.[34)35)]

첫째, 민주당 정권과 군사정권 지도자간에 거의 1세대의 차이가 있다. 전자는 주로 일제시 사회화 되었고, 후자는 미군정, 6.25전쟁 등 군대 경험에서 사회화 되었다.

둘째, 장면 총리를 제외한 모든 지도자는 농촌 출신으로 개척적인 농민적 성격을 지니고 있다.

셋째, 박정희 대통령을 제외한 지도자는 모두 기독교인이고, 특히 장면 총리는 천주교 집안에서 자란 독실한 신앙인이었다. 그래서 정치적 위기를 신앙심으로 해결하려고 하였다.

넷째, 윤보선 대통령과 장면 총리는 양반관료 집안 출신이지만 박정희 대통령은 반골 기질이 있는 소작 빈농의 집안 출신이다. 특히 윤보

34) 민주당의 권력지배층은 미군정과 이승만 정권의 핵심 정치지배층이었으며, 이들은 호남의 지주부농과 관서지방의 관료출신들로 주류를 형성하였다. 전자는 토지자본에 기초한 전통적 보수세력이지만 후자는 친일·친미의 관료세력이라 할 수 있다. 그리하여 4월 학생혁명이나 5월 군사혁명의 주도세력은 이념상으로 동일한 자유민주주의자들이다. 다만 이들의 출신배경에 따라 차이가 있는데 전자가 자주적 평화통일론을 주장하고 후자는 반공국시론을 주장하였다.

35) 김영모, 상게서, pp.117~130

선은 조선 말기 무관대신인 윤웅열의 손자이고 충남 아산의 대지주(만석군)였다.

다섯째, 윤보선과 장면의 취임 직전 직업은 민의원(민주당 공천)이고 장도영 의장과 박대통령은 현역 군장성(참모총장과 2군 부사령관)이었다.

여섯째, 민주당 정권의 지도자는 일제시 영미에 유학하였고, 군사혁명의 지도자는 일본에 유학하였다. 특히 박정희는 일제시 만주 군관학교와 일본 육사 출신이다. 다시 말하면 전자는 부르조아 출신이라서 서구식 사비 교육을 받았지만, 후자는 가난해서 관비에 의한 사범교육과 군사교육을 받았다.

일곱째, 일제시 직업은 윤대통령은 독립운동(임정 의정원)을 하느라고 해외에서 보냈고, 장총리는 천주교 계통의 학교(동성고)에서 교사 및 교장을 하였다. 그러나, 박대통령은 만주(일본)군과 광복군 생활을 하였다. 그리고 이들은 정치인과 군인생활을 통하여 친미와 반공주의자가 된 것 같다.

여덟째, 미군정시에 민주당 정권의 지도자는 영어와 기독교(천주교)인으로 미군정청의 고문 또는 자문 역할을 하였지만 군사혁명 지도자는 당시 국방경비대에 입대하여 하급 장교생활을 시작하였다.

아홉째, 정부 수립후에는 윤보선은 서울시장, 상공부장관, 민의원을 지냈고 장면 총리는 주미대사, 국무총리, 부통령을 지냈다. 그러나 군사혁명 지도자는 사단장, 참모장, 군단장, 군사령관 등을 지냈다.

이러한 것을 보면, 민주당 정권 지도자들은 부유한 가정에서 태어나 일찍 서구식 교육을 받았고, 미군정청의 덕택으로 고위 관료와 정치인이 될 수 있었다. 그러나, 군사혁명 지도자들은 가난한 가정에서 태어나 소위 입신양명을 위하여 사관교육을 받고 군장성을 지냈으며 그러한 과정에서 강인한 성격으로 구국, 즉 권력추구를 하였던 것 같다.[36)]

36) 상게서, pp.117~119

5.16 군사혁명 후 박정희 의장(국가재건 최고회의)은 약 2년간 군정을 종식하고 민정이양을 하였다. 그는 군복을 벗고 육군대장으로 예편하여 대통령 직선제(1963.10)를 통하여 당선되었다. 그는 1963년 12월 13일 새로운 내각(제 3공화국)을 구성하였다. 새로운 내각은 최두선 국무총리를 비롯하여 18명을 임명하였는데, 그들 출신 배경의 특성은 다음과 같다.[37)]

첫째, 초대 각료의 평균 연령은 52세이다.

둘째, 초대 각료의 출신지는 영남 출신이 가장 많아 3할이 되고(6명), 그 다음은 서울(3명)과 충청(3명) 출신이며 북한 출신은 4명에 불과하다. 이것은 군정시 장도영 내각의 7할 이상이 북한 출신인데 비하면 많이 감소되었다.[38)]

셋째, 초대 각료의 학력은 일본에 유학(대학)한 각료가 전체의 44.4%(8명)로 가장 많고, 그 다음은 경성제대(22.2%)와 육사(11.1%)출신이다. 육사 출신은 대부분 재직시 미국에서 참모대학 등 단기 군사교육의 경험을 지니고 있다.

넷째, 초대 각료들의 전공 학문은 법학이 가장 많고(27.5%), 이공계 분야도 22.2%나 된다.

다섯째, 초대 각료들이 지닌 자격은 일본 고등문관시험 합격자(행정과 3명, 사법과 2명)가 전체의 27.8%(5명)이다.

여섯째, 초대 각료의 종교는 기독교도와 불교도가 각각 1명이고, 나머지는 비신자가 많은 것 같다.

---

37) 박정희 정권시 장관(142명)은 영남(33.8%)과 서울(17.6%) 및 이북(18.3%) 출신이 가장 많고, 출신 학교는 미국 또는 일본 유학생이 가장 많으며(전체의 43.7%) 이들의 전직은 장차관들이다.(전체의 27.5%)

38) 해방후 2000년 까지 북한 출신 예비역 장성은 510명(육군 373명, 해군 85명, 공군 52명)이다. 이 중에서 대장 이상은 12명이고 육군참모 총장은 7명이 배출되었다. 평남 출신(이응준, 채병덕, 백선엽, 김형보, 장도영)이 가장 많다.

일곱째, 초대 각료의 일제시 직업은 관료가 가장 많고(27.7%), 그 다음은 금융조합 이사(11.1%)와 군 장교(11.1%)이며, 나머지는 교장, 또는 교수가 각각 1명이다. 내각에 친일관료 출신이 많은 편이다.

여덟째, 초대 각료의 전직은 장, 차관 출신이 가장 많고(33.3%), 그 다음은 장성과 단체장 출신이며(각각 22.2%), 나머지는 교수, 또는 관료 출신이다.

아홉째, 초대 각료의 종직은 장차관이 된 경우가 가장 많고(44.4%), 그 다음은 고위 관료, 대학교수, 단체장이 된 경우가 각각 2명이 된다. 이것은 각료의 재기용율이 높은 것을 말한다.

이와 같이 박정희 정권 초대 내각이 출신 배경을 보면, 민정이양 이후 초대 각료들은 영남과 북한 출신이 많고, 이들은 일제시 일본과 국내의 대학에서 법학 교육을 이수하였으며, 동시에 일제시 행정 관료와 장, 차관, 장성 및 사회 단체장을 지낸 분들이 대단히 많았다.

이러한 것을 보면, 군정 각료들은 친일 관료출신과 북한출신이 많으며 이들의 대부분은 부유한 가정의 출신이라는 것을 알 수 있다. 박정희 의장은 다수의 북한출신 군장성을 반혁명세력으로 몰아 거세하였다.

2) 전두환 정권

전두환 보안사령관은 박정희 대통령의 시해 사건에 연루된 계엄사령관 정승화 육참총장을 구속하여 그가 국가보위비상대책위원장이 되었다. 그는 대통령의 유고로 승계한 최규하 대통령이 사임함으로써 박정희 대통령이 만든 유신헌법에 따라 대통령으로 선출되었다가 헌법개정으로 1981년 1월 대통령 선거인단(5,277명)에 의하여 제 5공화국 대통령으로 다시 선출되었다. 새로 개정된 헌법(제 5공화국)은 ① 대통령 중심제, ② 선거인단에 의한 대통령 선거, ③ 대통령

7년 단임제, ④ 국회의원 비례대표제, ⑤ 국회에 국정조사권 부여 등이 명시되었다.

전두환 대통령은 주로 1980년 9월 2일 구성된 내각을 그대로 유지하였다. 전두환 정권 각료들(17명)의 출신배경은 다음과 같은 특성을 지적할 수 있다.[39)]

첫째, 각료들의 평균 연령은 50세이다.

둘째, 각료들의 출신지는 서울, 경남, 경북 출신이 각각 전체의 17.6%(3명)로 가장 많고, 나머지는 평남과 황해 출신이 각 11.8%(2명)이며, 나머지는 충남 출신이 1명이며, 호남 출신은 전무하다.

셋째, 각료들의 학력은 서울대 출신이 전체의 47.1%(8명)로 가장 많고(2명은 군위탁생) 그 다음은 사관학교(3명), 고대(2명) 및 기타 대학(3명) 출신이다. 그리고 미국 또는 독일에서 석박사 학위를 취득한 분은 47.1%(4명)이고 국내의 경우도 3명이 된다. 과거와는 달리 국내 대학 특히 서울대 출신이 많고, 또한 박사학위 취득자도 많다.

넷째, 각료들의 전직은 관료들이 가장 많고(전체의 70.6%) 그 다음은 군장교, 교수, 국회의원의 순이다. 특히 각료로 임명되기 직전은 장차관 출신이 12명이 되어 전체의 52.6%를 차지하고, 나머지는 군 참모총장(2명), 교수(1명), 국회의원(1명) 등이다.

다섯째, 각료들이 해직된 후에 다시금 장차관으로 임명된 경우가 9명으로 전체의 52.9%를 차지하며, 나머지는 관련 단체장이나 국회의원 및 교수직을 유지한다.

이것을 보면, 과거 박정희 정권시 일제하 대학교육을 받은 보수적 관료지배층은 그간 점차 퇴출되고, 전두환 정권부터 미국에서 재

39) 전두환 정권의 장관은 모두 103명인데 이 중에서 영남 출신이 가장 많고(전체의 39.8%) 또한, 서울대 출신이 가장 많으며(전체의 51.5%), 그들의 전직은 장차관이 가장 많다.(전체의 48.3%)

직시 군사교육을 받은 군장성 출신과 해방후 대학교육을 받은 근대적 관료지배층이 등장되고 있다. 이러한 권력지배층은 미국의 지원하에 권력(국가)을 유지할 수 있는, 친미적 성향을 지녔다.

해방후 이승만 정권의 권력지배층은 일제시 호남의 지주부농과 평안도의 친일 관료가 그 주류를 형성하였지만 군사혁명 이후에는 함경도의 만주 군관학교 출신의 부패한 군벌들은 제거되고 일제시 육사 출신들이 새로운 권력지배층이 되었다. 이들도 결국 박정희 중심의 영남세력이 정치권력의 핵심이 되었다.

이와 같이 지역배경이 한국 권력지배층의 주요한 창출요인이 되었다. 이러한 특징은 민주당과 군사정권하 대통령의 출신배경에서 단적으로 볼 수 있다. 또한 장도영 내각이나 박정희 내각, 심지어 1973년 유신내각에서도 그 특징을 찾이 볼 수 있다. 즉, 일본의 육사와 유학 출신 및 고등문관시험 합격자가 많았다.

1961년 장도영 내각의 각료는 이북 출신이 많았지만(전체의 53.8%), 그것은 1963년 이후 박정희 내각에서는 영남 출신으로 대체하였으며, 1980년대 전두환 내각에서는 영남 출신이 지배적이었다. 그리하여 영·호남의 지역차별이 심하게 되었다. 다시 말하면 1980년 이후 남한 출신과 해방후 국내파 출신이 권력지배층을 주로 형성한 것이 그 특징이다.

이러한 것은 우리나라 권력지배층이 비록 군사정권하이지만, 전통적인 성격(지주 부농과 친일 관료 등)을 탈피하고, 해방 이후 신교육과 신제도, 특히 관료제도와 전문직에 의하여 새로 형성된 신중산층(화이트 칼라) 출신이 권력지배층의 주류를 형성하였다.

4. 민주정권기

지난 20년전 군사독재정권에 맞서서 민주화 투쟁(1987년 6.10 시민항쟁과 6.29선언, 부마민주항쟁, 광주민주항쟁 등)으로 민주정권이 탄생하였다.

일반적으로 1961년 5 · 16 군사혁명으로 영남 출신의 정치지배층이 등장하여 그 후 30여년간 지역격차, 지역감정이 심화 되었고, 동시에 반공을 국시로 하여 경제개발계획으로 산업화(경제성장)가 이룩되었으며, 또한 대립적인 남북관계 및 종속적인 한미관계가 형성되었다. 그로 인하여 많은 정치적, 경제적, 사회적 심지어 문화적 문제를 창출하였다. 특히 지난 10년간 남북협력과 재벌해체, 차별철폐 등을 주장한 소위 진보 좌파정권(김대중, 노무현)이 나타났고, 2008년에는 다시금 보수 우파정권(이명박, 박근혜)이 나타나게 되었다.

지난 20년간 민주혁명 및 선거혁명이 이루어졌다고 하지만 그것은 혁명의 고전적 개념에서 볼 수 있는 지배계급의 교체가 일어나지 않았고, 심지어 구질서(자본주의 시장경제)가 새롭게 변화되지 않았다. 그러나 지난 10년간 권력지배층의 계층적 변화는 있었고, 개혁과 반개혁의 정책변화가 나타났다. 특히 대통령의 출신배경에는 큰 차이가 없지만 그들의 성장과정(경력)의 차이, 즉 계층적 성격 차이, 그리고 그들이 탄생된 시대적 요구와 사명감이 국정을 좌우하였다.

김영삼 대통령은 지난 반민주적 군사쿠데타로 정권을 잡은 전두환, 노태우 전직 대통령을 군사반란죄와 뇌물죄로 투옥하였고, 김대중 대통령은 남북 화해와 협력사업(이산가족상봉, 금강산 관광, 개성공단)을 시작하였으며, 노무현 대통령은 경제개발로 인한 양극화 문제를 해소하기 위한 노력(종부세 등)을 하였다. 그러나, 이명박 대통령은 친기업정책(소위 부자감세)을 실시하여 빈부간 불평등이 심화되어 여야간 복지논쟁을 격화시켰다. 그리고 최근 박근혜 대통령은 소위 전두환 추징법을 만들어 전두환, 노태우의 뇌물 추징금 각각 2,205

억원과 2,628억원을 징수하였다.[40)]

이와 같이 역대 대통령이 주요한 국정을 펴면서도 경제정책과 복지정책은 1960~70년대의 경제개발정책의 논리와 경제관료들이 주도하였다. 이들은 신자유주의에 의한 경제성장론자이기 때문에 정권이 바뀌어도 대기업(재벌) 육성과 일자리 창출론이 국정의 기조가 되었다. 최근 박근혜 대통령은 대선시에 경제민주화와 복지정책을 주장하였지만 점차 경제활성화와 선택적 복지정책으로 후퇴하고, 오히려 70년대의 유신시대(공안정국)으로 되돌아 간다고 야권은 비판한다.

최근 5명 대통령의 신분배경에서 그들은 대부분 빈농 출신이시만 높은 학력과 오랜 상위 직력을 통하여 높은 사회적 지위와 고소득자가 되었고, 보수적인 종교생활을 하면서 한국사회의 상위 지배계층이 되었다.

모든 정권의 각료와 대통령실 수석비서관 및 인수위원의 신분배경도 높은 학력(일류대)과 직력 및 많은 재산을 소유하고, 그들은 대부분 대학 교수와 고위 관료 및 국회의원 출신이었기 때문에 그들의 사회계층적 지위는 매우 높았다. 더욱이 대통령 비서관이나 장차관의 출신배경에서 영남과 서울대 및 고위관료 출신이 각각 약 절반을 차지하였다. 이들은 대부분 상급 화이트 칼라이면서 구중산층의 지위를 지니고 있는 신부르조아계급(관료적 부르조아지)이다.[41)] 따라서 이들은 비록 개혁적 정책을 추진하였지민 좌파정부를 탄생시

40) 전두환 추징법은 '범죄수익은닉의 규제 및 처벌 등에 관한 법률'에서 추징 시효를 현 3년에서 10년으로 연장하고, 추징 대상을 당사자 뿐만 아니라 그 재산을 가진 제 3자까지 확대하였다. (「조선일보」, 2013년 9월 11일)

41) 해방후 명문대학 및 서울대생의 출신배경은 다음의 책을 참고할 것.
김영모, 「한국권력지배층연구」, 고헌, 2009, 제 14장
김영모, 「한국자본가계급연구」, 고헌, 2012, 제 9장

키기는 매우 어렵다.

그러면, 이러한 좌우의 민주정권 권력지배층의 충원요인이 무엇이고, 지난 20년간 어떠한 변화가 있었는 가를 고찰한다.42)

1) 충원요인

권력지배층이 되는 것은 본 고에서 다루는 개인적 자질과 가족배경, 그리고 시대적 상황 보다도 더 중요한 것은 임명권자에게 영향력을 행사하는 사람이다. 이들은 공식적인 인사 채널 이외에 최측근들이 있다.

일반적으로 대통령직 인수위원이나 참모(수석비서관)들은 전문적 식견을 더욱 요구하고, 내각구성은 지역 안배, 출신 대학, 성별 등을 고려하지만 실제로 그것이 크게 고려되지 않고 있다. 다시 말하면 대선 과정에서 도와 주었거나 대통령 및 측근의 지연, 학연, 직연 등 연고성에 기초하여 충원되고 있다.

첫째, 지난 20년간 선출된 대통령은 대부분 영남출신이라서 영남출신의 권력지배층이 가장 많고, 그 다음은 호남 출신이다.(영남출신의 인수위원은 전체의 33.3%이고 수석 비서관의 36.8%이며, 국무위원은 전체의 27.6%이다.) 호남 출신이 가장 많았던 정권은 김대중 집권시이다.

둘째, 권력지배층의 학벌은 서울대 출신이 가장 많다.(인수위원의 41.3%, 수석비서관의 61.4%, 국무위원의 65.7%) 그 다음은 고·연대 출신이고 나머지는 각 대학에 분포되어 있다. 서울대 출신이 상대적으로 적었던 정권은 김대중 집권시이다. 이들의 전공을 보면, 법학과 경제학이 가장 많은데 과거 노태우와 김영삼, 김대중 집권시에는 법학 전공자가 더욱 많으나 노무현과 이명박 집권시에는 오히려 경제학 전공자가 많

---

42) 이에 대한 고찰은 저자가 쓴, 「한국권력지배층연구」, 고헌, 2009, 제 1편 제 5장 제 5절을 주로 재인용함.

다. 법학 전공자가 많았던 것은 고급관료가 될 수 있는 지름길인 사법고시 또는 행정고시 합격자가 많기 때문이다.(각각 14.0%) 그리고 이들 중에 해외 유학, 특히 미국박사 출신(24.6%)이 점차 증가되고 있다. 이러한 학력 소유는 무엇보다도 가족배경, 즉 부모의 경제적 지원으로 가능하다.

셋째, 권력지배층 중에 고등고시나 행시 및 사시 합격자의 비율이 인수위원의 17.2%, 수석비서관의 28.1%, 국무위원의 29.5%가 된다. 이러한 비율은 정권 교체시 마다 비슷하게 나타나고 있다.

넷째, 권력지배층의 종교는 기독교도가 가장 많고(인수위원의 32.2%, 수석비서관의 28.1%, 국무위원의 31.4%) 그 다음은 천주교도이다. 기독교도는 모든 정권에서도 가장 큰 비율을 차지하고 있으나, 특히 노태우 정권의 수석비서관에는 천주교도가 가장 많고(55.5%) 노무현 정권 인수위원의 경우에는 없다.

다섯째, 권력지배층의 재산은 최초로 공개한 김영삼 정부에 비하여 그 후에 올수록 재산이 더욱 많다. 그것은 부모의 유산과 개인적 투자 등으로 형성되었지만 특히 재산신고가 주루 표준지 공시지가[43]를 기준으로 하였기 때문에 나타난 현상이다. 부모의 상속과 투기, 불법, 탈법으로 재산이 형성된 권력지배층은 이명박 정권에서 두드러지게 나타났다. 예컨대 수석 비서관 중에 부친으로 부터 물려 받은 재산이 많거나 절대 농지에 대한 투기 등으로 재산 형성이 가능하였다. 그리고 많은 장관들도 불법, 탈법 등으로 강남지역에 2채 이상의 아파트를 소유하고, 오피스텔 및 골프 회원권을 2개 이상 소유하며, 이중 국적, 표절 문제 등을 일으키고 있다.

그리하여 이명박 정권 수석비서관(15명)의 평균 재산이 35억 5천625만원이고 장관의 경우 33억 2천 925만원이다. 이러한 재산은 같은

---

43) 부동산 공시지가가 현실가의 약 50%이지만 노무현 정부시에는 지난 3년간(2004~2006년) 누적상승율이 61.8%가 된다. 표준지 공시지가는 재산세 등 부동산 관련 세금과 택지개발사업의 토지보상 기준이 된다.

해 노무현 정권의 수석 비서관에 비하면 약 2.7배가 많고, 장관에 비하면 약 1.5배 더 많다.

이것을 보면, 노무현 정권은 중산층 정권이지만 이명박 정권은 자산층(부르조아지) 정권이라 할 수 있다. 따라서 전자는 개혁적, 진보적 성향을 지니지만 후자는 반개혁적 보수적 친기업적 성향을 지닌다.

여섯째, 권력지배층의 전직은 인수위원의 경우 국회의원이 가장 많고(전체의 47.1%) 그 다음은 대학교수(31.0%)와 고위 관료[44](12.6%)이다. 수석비서관의 전직은 교수·연구원 출신이 가장 많고(전체의 24.6%) 그 다음은 고위관료(21.0%)와 국회의원(14.0%)이다. 그리고 국무위원의 전직은 고위 관료가 가장 많고(전체의 37.1%) 그 다음은 국회의원(21.9%)과 대학교수(19.0%)이다.

인수위원과 수석비서관의 전직이 교수·연구원이 가장 많은 것은 신정권이 참신한 전문가의 창의성과 전문성을 필요로 하기 때문이라 할 수 있지만 국무위원의 경우 직업관료들의 안정성과 전문성이 필요하여 이들이 가장 큰 비중을 차지하고 있다. 그런데 이러한 전문성은 인수위와 비서실 뿐만 아니라 내각에 있어서 경제와 국방·외교 등 소수 부처에서만 유지되었고 나머지 대다수의 부처는 오히려 지역 및 대학 등의 안배 원칙에 의하여 충원 되었다.

그리하여 전술한 바와 같이 내각에 법학이나 경제학 전공자가 많았고, 또 경제 부처의 관료출신이 국무위원을 독점하는 현상이 나타났다. 경제 관료의 독점적 지위는 지난 반세기간 소위 '선성장 후분배', 또는 경제 제일주의 원칙에 의한 국정개발이 존재하였기 때문이다. 반면에 복지와 노동 등 다수의 부처에서는 그 분야의 정책이 발전되지 못하였다. 그리하여 경제분야는 소위 선진국 모델(소위 신자유주의 세계화)을 추종하고 복지분야는 오히려 낙후 되었다.

44) 고위 관료는 장차관 또는 이에 상당하는 정부위원(비서실장, 대사, 처장 등)을 말한다. 1급 이하 공무원은 대개 인수위의 전문위원이나 비서실의 비서관 또는 행정관이 될 수 있다.

일곱째, 권력지배층의 종직을 보면, 한번 인수위원이나 수석 비서관이 된 사람은 대개 장차관을 지내고 이들은 퇴직 후에도 장차관이나 국회의원 또는 사회단체의 회장(이사장)[45] 등을 지내고 있다. 과거 인수위원들의 40.3%는 퇴임 후 장·차관에 임명되었고, 그 다음은 국회의원(14.9%)을 지냈으며, 수석비서관들의 40.4%는 퇴임 후 장차관에 임명되었고 그 다음은 국회의원이 되었다.(12.3%) 그리고 국무위원이 퇴임 후 다시금 장관이 된 사람이 전체의 25.7%가 되고 국회의원과 사회단체장이 된 사람이 각각 15.2%와 17.1%가 된다.

이러한 것을 보면, 대통령직 인수위원 출신이 대부분 청와대 수석비서관이 되고, 또한 내각에 입각하였으며, 퇴직 후에도 장관이나 공기업 및 사회단체장이 되어 소위 사회의 명사가 된다. 다시 말하면 정권이 교체되어도 권력지배층의 지속성은 유지되고 있다.

2) 이동 경로

권력지배층의 핵심은 대통령이지만 그 권한의 행사는 주로 내각의 각료(총리와 장관)들이다.

지난 20년간 국무총리를 지낸 사람은 서리직을 제외하면 모두 19명이다. 이들의 전직을 보면, 대학 총장과 교수 출신이 전체의 42.1%이고 그 다음은 관료 출신(21.1%)과 군 출신(15.8%)이다. 대학교수와 관료 출신이 총리가 된 사람이 가장 많다. 그리고 지난 20년간 총리와 장관직을 지낸 사람이 모두 112명인데 이들도 고위 관료출신이 전체의 31.1%를 차지하고, 그 다음은 교수 출신(17.9%)과 국회의원 출신(18.8%)이다.

이러한 것을 보면, 우리나라의 권력지배층이 되는 길은 고위 관

45) 사회단체장은 정부 산하 공단의 이사장 또는 공기업의 사장(이사장) 등을 말한다.

료와 대학교수 및 국회의원이 먼저 되어야 한다는 것을 알 수 있다. 이러한 신분을 획득한다고 해서 모두 권력지배층이 될 수 있는 것은 아니다. 권력지배층이 된다는 것은 무엇보다도 최고 권력자로 부터 선택되어야 하고, 그러한 선택을 받기 위하여 자기의 자질(학력, 경력 등)과 인맥 등을 지속적으로 관리해야 한다. 소위 신분추구자로서의 성취 동기와 노력이 있어야 한다. 다시 말하면 개인적 자질도 있어야 하지만 최고 권력자와의 인맥(인간관계와 사회관계 등)을 형성해야 하고, 소위 때(시대와 기회)를 잘 만나야 한다. 이러한 조건은 권력지배층의 이력서를 보면 여실히 알 수 있다.

대학교수와 직업관료가 권력지배층(총리와 장관)이 되는 길은 매우 다양하기 때문에 이것을 일반화 시키기는 매우 어렵다. 그러나 조선시대 양반들의 윷놀이판인 조선종정도(朝鮮從政圖)와 같이 우리나라 관료지배층의 이동경로를 어느 정도 유형화 할 수 있을 것 같다.

첫째, 권력지배층의 주요한 산실은 대통령직 인수위원회(인수위원, 자문위원, 전문위원 등)와 대통령 비서실(수석비서관, 비서관, 행정관 등) 심지어 국무총리 비서실(비서관, 조정관, 행정관 등)이다.

둘째, 권력지배층이 되려면 일반적으로 50대 초가 되어야 하고, 최고 권력지배층과의 연고성(지연, 학연, 직연, 종연 등)에 기초한 인맥이 형성되어야 한다.

셋째, 대학교수가 권력지배층이 되려면, 대통령 선거대책위원회 또는 사조직(연구소나 포럼 등)에 참여한다. 그 후 대통령직 인수위원이나 수석 비서관이 되어 내각에 입각한다. 이러한 조직에 참여할 수 있는 교수는 주로 경제학이나 사회과학을 전공하면서 자기 전공 분야의 연구업적 보다는 학외 활동에 전념하는 소위 정치교수이다.

넷째, 직업관료가 권력지배층이 되는 길은 우선 행정고시에 합격한 후 소속 부처에서 관리관(1~2급)이 되어야 하고, 그 후 대통령직 인수위원회나 비서실의 경력을 쌓고, 다시금 소속 부처로 상승 이동한다. 이러한 경우 대개 차관직 까지 오를 수 있다. 경제부처의 장관이 되려면 경제부처의 관료가 되어 이들이 대통령 비서실의 경력을 가진 경우 소속 부처나 타 부처의 고위직(차관 등)으로 이동하였다가 다시금 소속 부처의 장·차관이 된다. 경제부처의 장차관이나 고위 관료는 타 부처 출신이 되는 경우는 거의 없다. 이러한 이동경로는 보건복지부와 노동부 등의 장차관이 대부분 경제관료 출신이고 건설교통부의 장관은 국세청장 출신이 되는 것에서 알 수 있다. 그리고 교육부 장관은 대개 교육학 전공 교수출신이 많이 되었다.

다섯째, 대학 총장과 교수, 그리고 국회의원이 바로 권력지배층(총리 및 장관)이 되는 경우이다. 이들의 다수는 전직 장관이나 대학총장 등의 비서관 출신이 많다. 소위 권력 선호적인 교수가 총장이나 장관 또는 총리가 되려고 한다.

여섯째, 정부 부처의 장·차관은 퇴임 후 유관한 공기업이나 사회단체의 장이 된다. 그리하여 지배권력의 문화를 조성한다.

이와 같이 권력지배층이 되기 위해서는 변신을 통한 자기관리 능력이나 조직력이 뛰어나야 한다. 특히 고위 관료들은 앞서 지적한 경력 관리 뿐만 아니라 재직시 해외 수학(단기 연수 또는 학위 취득)과 국내 수학(석·박사 학위 취득)을 하여 학력 관리에 충실한다. 그러한 노력의 결과는 퇴임 후에도 고위 관료 출신들은 대학교수 또는 총장 등을 지내면서 다시금 권력지배층(장관)이 될 수 있다.

5. 결 론

저자는 해방후 한국 지배층의 형성과 이동에 관한 연구를 주로 문헌조사와 이력서조사를 통하여 행하였다. 문헌조사를 중심으로 한 연구는 1960년대 우리나라의 다양한 지배층(정치지도자, 장관, 기업지도자, 대자본가, 고급공무원, 법관, 변호사, 대학교수, 작가)의 출신배경에 대하여 주로 정치학사, 행정학자, 사회학자들이 조사한 것을 재분석한 것이고,[46] 이력서 조사의 경우 최근 해방후 대통령, 청와대 비서관, 장차관, 국회의원들의 출신배경을 저자가 직접 조사한 자료와 다른 학자들의 조사결과를 이용하여 지배층 이동을 다루었다.

이러한 두가지 연구결과에서 도출한 결론이 매우 유사하여 본고에서는 후자의 결론 요지만 소개한다.[47]

해방후 30여년간 부모(지주부농)의 경제적 지원으로 국내 대학이나 일본 유학생 출신이 권력지배층이 되었으나, 1980년 이후는 국내 대학과 미국유학생 출신이 권력지배층이 되었다. 그것은 초기에는 권력자와의 연고성에 기초하여 있지만 점차 제도적 성장으로 중산층 출신이 권력지배층이 되고 있다.

해방후 권력지배층의 형성은 대지주의 3분화에서 찾아볼 수 있다. 일제시 대지주는 토지자본의 수익(지대)을 상공업자본에 투자하여 기업인으로 전신하였고, 그 자손들은 갑오개혁 후 도입된 신학문을 국내외에서 이수하여 관료와 교수 등이 되었으며 해방후 농지개혁으로 시골민심(보은)을 얻어 정치인이 된 경우가 많았다. 그리고 6.25 전쟁으로 군부지배층이 형성되어 그들은 무력(총구)으로 권력지배층이 되었다. 이러한 지배층의 분화과정에서 정치인(국회의원 등) 및 관료지배층과의 정경유착 또는 관경유착으로 대기업가(재벌)가 육성되었다.

이와 같이 한국의 권력지배층은 초기에는 총구 또는 선거로 정치계급을 형성하였으나 후에 고위 관료 및 전문직(대학교수, 변호사, 언론인)

46) 김영모, 「한국지배층연구」, 일조각, 1982, pp.203~205
47) 김영모, 「한국권력지배층연구」, 고헌, 2009, pp.502

을 권력지배층에 보충하고 있다. 권력지배층은 대통령의 개인적 연고성에 기초한 전문직업인으로서 정치계급과 교육 및 군사제도에 의하여 육성된 신중간계급의 상층 출신들이었다.[48)]

지난 5개 정권의 권력지배층은 전체 국민에 비하여 높은 학력(일류대)과 경력 및 많은 재산을 소유하고 있다. 이들은 거의 대부분 ① 고위관료와 ② 대학교수 및 ③ 국회의원 출신이다. 이러한 정치계급은 현행 지방자체제도의 발달로 더욱 증가할 것이다. 이들은 학력과 직력 및 소유재산 등으로 보아 지배계급 내에서도 극소수인 신부르조아지의 성격이 매우 강하다. 신부르조아지는 생산수단이 없거나 비록 있다 하더라도 계급적 이익이 거의 없으면서 많은 권력을 소유 및 행사하는 사람(집단)을 말한다. 이러한 신부르조아지(신자산계급)는 정치인과 상층의 신중간계급(신중산층)을 말한다. 그리고 신부르조아지는 자본가계급의 성격(현상유지의 보수성과 특권의식)과 신중산층의 이념적 특징(반자본가, 개혁성, 개인주의, 권력애착심, 승진)을 동시에 지닌다.

한국의 정치계급은 국회의원, 장관 등 정치인 뿐만 아니라 독립운동, 사회운동(청년운동 등) 및 정당활동을 한 사람을 말한다. 그리고 오늘날 신중간계급 또는 신중산층은 관료 및 전문직 등 기술관료(화이트 칼라)를 말한다. 그런데 해방후 특히 1960년대 경제개발정책과 교육기회 확대로 신중산층이 대량으로 증가되어 권력지배층의 충원기반이 확대되었다. 그리하여 권력지배층의 성격이 부르조아지와 중간계급의 혼합형태를 지니면서 점차 전통적 부르조아지에서 근대적 중간계급에로 전환되었다.

---

48) 과거 군사독재정권의 핵심 관료는 육법당(陸法党)이라고 하였는데 박근혜정권에서도 이것이 재현되고 있다. 현재 육사출신은 국회의장(강창희), 국가안보실장(김장수), 경호실장(박흥렬), 국정원장(남재준) 등이고, 법대 출신은 현국무총리(정홍원), 대통령 비서실장(김기춘), 민정수석(홍경식), 법무장관(황교안) 등으로서 이들은 대부분 선후배간이며 육참총장 또는 공안검사 출신이다.

한국의 권력지배층은 대부분 원초적으로 국민의 여망과는 달리 총구와 탄압에서 형성되었기 때문에[49] 민족 자주성은 배제되고 친일 또는 친미성향이 강하며, 이들은 대부분 지연, 학연, 직연 심지어 혼맥 등 연고성에 기초하여 권력공동체를 형성하였다. 또한 권위주의적인 군사문화와 관료문화로 이들은 신분추구자이고 기득권을 유지하려고 하기 때문에 보수성이 매우 강하고 개혁성이 매우 약하다.

49) 미군정시 미 정보기관의 조사에 의하면 국민의 대다수가 좌익을 지지하였고 농민의 대부분이 소작제도의 폐지를 요구하였는데도 이들을 무시하고 무력으로 탄압하였다. 그리고 1960년대와 1980년대의 군사정권도 총구에서 권력이 창출되었다.

제 4장 18대 대선후보의 출신배경과 정책공약

1. 서 론

대선은 국가의 최고 권력을 쟁취하기 위한 정치적 투쟁이다. 이러한 투쟁은 선거에서 지난 집권세력의 정책에 대한 비판과 정사 누가 국민의 이익을 대변할 것이냐에 대한 정치적, 정책적 의제를 공약하여 선택 받는 과정이다. 따라서 대선공약은 정권유지나 정권교체를 위한 것이다. 정권유지는 여당의 과제이지만, 정권교체는 야당의 과제이다.

지난 17대 대선에서는 야당(한나라당)은 '잃어버린 10년'과 '북한 퍼주기'라는 정치적 슬로간으로 정권교체에 성공하였고, 이번 18대 대선에서는 야당(통합민주당)의 '정권교체'와 '새정치'라는 슬로건에 맞서 새누리당(박근혜 후보)은 야당후보(문재인 후보)를 '실패한 친노세력'과 '종북좌파'라 규정하면서 '국민대통합' 및 '민생대통령'이라는 슬로건으로 승리를 하였다.50)

여당은 야당이 주장한 이명박 정권의 실정을 인정하면서 새로 분장한 새누리당의 재집권이 가능하였던 것은 무엇 보다도 박정희 전대통령의 후광을 업고 야권의 주요한 선거 공약을 수용하여 선심

---

50) 새누리당의 박근혜 후보는 총 투표수(3천 72만 2천 912표)의 51.55%(약 1천 577만표)를 획득하여 당선되었고, 통합민주당의 문재인 후보는 총 투표의 48.02%(약 1천 469만표)로 낙선되었다.

성 정책공약을 펴서 사회적 약자(요보호자)의 표심을 장악하였으며, 보수언론, 특히 종편방송은 허가를 반대하였던 야권을 '종북좌파'라 매도하면서 네가티브 여론을 조성하였기 때문이다. 반면에 야권은 당대표 등 소위 친노세력의 사퇴 등으로 선거의 전략 전술이 부재하였다.

우리나라의 대표적인 여·야당은 보수우파와 진보좌파로 일반화시키는 것은 어폐가 있지만, 이번 선거과정에서 여권은 새누리당 뿐만 아니라 기존 보수세력이 통합되었고, 야권은 통합민주당 뿐만 아니라 일부 진보세력과 시민단체 및 과거 민주세력이 통합되어 선거전을 치렀다.

그리하여 대선전은 ① 유신독재, ② 정치개혁, ③ 국민통합, ④ 중산층 재건, ⑤ 경제민주화; 재벌해체, ⑥ 보편적 복지, ⑦ 비정규직 등 정치적, 경제적, 사회적 잇슈를 중심으로 공약을 전개하였다. 이러한 잇슈는 여·야당의 당헌과 정강정책에 명시한 복지국가 건설의 주요한 과제들이다. 따라서 '복지국가 건설'이 이번 대선의 시대정신이 되었다. 이러한 시대정신을 이번 대선 후보자들이 주장한 정책 공약에서 어느 정도 찾아 볼 수 있는지, 그리고 그들이 주장한 경제민주화와 복지국가의 구현이 가능한지를 검토하려고 한다.

한편, 18대 대선전에서 제시된 선거공약이 소속 정당의 당헌 뿐만 아니라 대선 후보자의 출신배경 및 이념적 성향을 검토하여 어느 정도 타당성이 있는지, 또한 박후보가 주장한 국민대통합, 국민행복, 정치쇄신, 안보 및 민생 대통령, 문후보가 주장하는 정권교체, 새정치, 일자리 창출, 평화체제를 추구하는 인권대통령, 그리고 이후보가 추구하는 세력교체, 무상복지, 노동자 및 통일을 위한 대통령이 될 수 있는지 고찰하여 본다.

이러한 주제에 대한 분석은 주로 저자가 사용한 한국사회의 계급 및 계층의 분석틀과 그 성격에 따라 고찰하고, 나아가 유권자의 소득, 지역 및 연령에 따른 투표성향에서 검증하려고 한다. 저자의 계급 및 계층분석틀에 따른 이념적 정책적 성향을 도식화 하면 표 1과 같다.

이러한 분석틀에 따른 각 정당 및 대선 후보자의 이념과 정책공약을 분석하여 보면, 그 차별성(인물론과 정책론 등)을 알 수 있을 것이고, 만약 그렇지 못하면 대선을 이기기 위한 선거 수단(거짓말)에 불과할 것이다.

<표 1> 사회계급의 이념적 정책적 성향

	사본가계급	구중산층	신중산층	노동자계급
이념	보수우파	중도우파	중도좌파	좌파
시장론	자본주의	수정자본주의	사회민주주의	사회주의
변화론	현상유지	쇄신론	개혁론	혁명론
정책론	자유시장	소극적 국가개입	적극적 국가개입	국가운영

이러한 주제에 대한 분석 자료는 주로 중앙선거관리위원회(선거공보 등), 각 정낭의 대선공약, 그리고 언론사들의 보도자료를 이용한다.

2. 18대 대선 투표결과; 지지율과 득표율

1) 대선후보 지지율

제 18대 대선후보는 새누리당 박근혜 후보가 당내 경선을 통하여 2012년 8월 20일 일찍이 확정되었고,[51] 문재인 후보는 국민경선을 통하여 동년 9월 16일에 확정되었으며,[52] 무소속 안철수 후보와

51) 박근혜 후보는 김문수(8.7%), 김태호(3.2%), 임태희(2.6%), 안상수(1.6%)와 경선하여 총 투표수의 84.0%를 획득하였다.

통합진보당 이정희 후보는 그 후에 출마를 선언하였다.

그간 대선후보로 거론된 세 후보의 여론 지지율은 박 후보가 항상 약 40%를 앞섰으나, 한때 안철수 후보가 박 후보를 앞선 경우도 있었으며(2011년 11월 23일경) 문재인 후보와 이정희 후보는 10% 미만이었다. 문후보는 19대 총선에 당선된 후 비로서 10%대를 유지하기 시작하였다.

지난 1년간 대선후보의 여론 지지율이 많은 변화가 있었으나, 2012년 8월 20일 새누리당 박 후보가 대선후보로 확정될 당시 세 후보의 지지율은 각각 39.4%, 36.6%, 13.8%였다.(표 2 참조)

<표 2> 18대 대선후보의 여론 및 출구조사

후보	2011. 9. 7	2011. 11. 23	2012.9.20	2012.11.8	2012.12.12
박근혜(새누리당)	29.8	27.3	39.9	40.2	47.1
문재인(민주통합당)	5.0	6.5	19.6	21.0	43.4
안철수(무소속)	13.2	29.4	28.8	25.5	
기타 무응답	52.0	36.8	11.7	13.3	9.5

(자료) 2011년 조사 결과는 동아일보 코리아리서치 또는 리서치앤리서치가, 그리고 2012년의 경우는 조선일보와 리서치앤리서치가 실시함.

민주통합당 문 후보와 무소속 안 후보가 대선후보가 되면서 문 후보의 지지율이 20%대로 급상승하였다. 이 세 후보가 각축전을 벌이면서 야권후보의 단일화가 실현되어 대선 직전 박근혜와 문재인 양 후보의 지지율은 비록 오차 범위내이지만 전자가 약간 우세하였다. 공중파 방송 3사가 공동조사한 결과 박후보의 지지율이 영남권에서 6할 이상이 되고, 호남권에서는 문후보가 7할 이상이 되었으며, 수도권에서는 문 후보가 약간 앞서고, 20~30대에서 약 6할의 지지율을 획득하였으나 박 후보는 50대 이상에서 6할 이상의 지지율

52) 문재인 후보는 손학규(22.2%), 김두관(14.3%), 정세균(7.0%) 후보와의 경선결과 총 유효투표수 61만 4,257표 중에서 56.5%를 획득하였다.

을 획득하는 것으로 나타났다.

그리하여 이번 대선에서 여·야 후보 중에 누가 될 것인지를 예측하기 매우 어려웠다.

2) 득표율과 투표성향

18대 대선 결과는 총유권자(전 인구 5천 99만 7779명의 79.4%)의 75.8%가 투표하였다. 이 중에서 51.55%(1천 577민 3,128표)를 획득한 새누리당 박근혜 후보가 당선되었고, 민주통합당 문재인 후보가 48.02%(1천 469만 2,632표)를 획득하여 차점자가 되었으며, 나머지는 무소속(4명)이 차지하였다.

<표 3> 전국 시·도별 투표율과 후보별 득표율

지역	선거인수	투표인수	투표율(%)	박근혜 득표	%	문재인 득표	%	무소속 득표율
서울	8,393,847	6,309,611	75.2	2,446,515	48.2	2,633,608	51.4	0.3
부산	2,911,700	2,219,981	76.2	1,318,229	59.8	876,743	39.9	0.4
대구	1,990,746	1,586,702	79.7	1,267,789	80.1	309,034	19.5	0.4
인천	2,241,366	1,657,753	74.0	852,600	51.6	794,213	48.0	0.2
광주	1,117,781	898,481	80.4	69,574	7.8	823,737	92.0	0.3
댇전	1,182,321	904,790	76.5	450,576	50.0	448,310	49.7	0.4
울산	886,061	695,145	78.5	413,977	59.8	275,451	39.8	0.5
경기	9,364,077	7,015,827	74.9	3,528,915	50.4	3,442,084	49.2	0.4
강원	1,235,647	912,038	73.8	562,876	62.0	340,870	37.5	0.5
충북	1,234,832	925,829	75.0	518,442	56.2	398,907	43.3	0.5
충남	1,601,751	1,168,205	72.9	658,928	56.7	497,630	42.8	0.5
세종	87,707	64,994	74.1	33,587	51.9	30,787	47.6	0.5
전북	1,483,402	1,142,216	77.0	150,315	13.2	980,322	86.3	0.5
전남	1,530,012	1,171,230	76.6	116,296	10.0	1,038,347	89.3	0.7
경북	2,185,987	1,710,245	78.2	1,375,164	80.8	316,659	18.6	0.6
경남	2,608,874	2,008,921	77.0	1,214,957	63.1	692,355	36.3	0.6
제주	451,731	330,944	73.3	166,184	50.5	161,235	49.0	0.5
합계	40,507,842	30,722,912	75.8	15,144,924	51.6	14,060,292	47.9	0.4

(자료) 중앙선거관리위원회, 「선거관리보」, 2012. 12. 20

박근혜 후보는 표 3에서 볼 수 있는 바와 같이 유권자가 가장 많은 서울에서 문재인 후보에게 3.2% 졌으나 경기에서는 오히려 1.2% 이겼다. 그 밖에 박후보가 영남에서 60% 이상 득표하였고, 문재인 후보는 호남에서 80% 이상의 득표를 히였으며, 나머지 지역은 박 후보가 50% 이상 득표를 하여 전체 유권자 3.5%의 표차로 신승하였다.

이러한 투표결과는 총선 직전 언론사와 여론사가 실시한 여론조사 및 출구조사 결과와 매우 유사하였다. 여론조사에서 나타난 투표성향이 매우 적중하였다. 즉 유권자의 연령층이 20~30대는 문후보를 선호하고 50대 이상은 박 후보를 선호하며, 지역별로는 영남에서 박 후보를, 그리고 호남에서 문 후보는 훨씬 많이 선호하여 수도권에서는 서로 박빙세를 나타날 것이라고 예측하였다.

그리하여 대선 결과는 당일 투표율이 결정할 것이라고 모두 말하였다. 즉, 투표율이 70% 이상이면 문 후보가 유리하고 그 이하이면 박 후보가 유리할 것이라고 말하였다. 그런데 당일 투표율이 총유권자의 75.8%가 되었으나 박 후보가 오히려 3.5%를 더 득표하여 당선되었다. 그 뿐만 아니라 지금까지 정설이다 시피한 다음과 같은 가설이 모두 수정하게 되었다.

① 투표율이 높으면 보수후보가 진다.
② 서울에서 이겨야 대선서 이긴다.
③ 야권 후보는 단일화 되면 이긴다.
④ 직전 총선때 이기면 진다.
⑤ 40대 유권자의 득표에서 지면 떨어진다.

그런데 이러한 가설의 검증 보다도 유권자들의 투표성향이 무엇이었는지를 고찰할 필요가 있다.

일반적으로 20~30대가 진보적이라서 문 후보(야권)를 많이 지지하고, 50대 이상이 보수적이라서 박 후보를 많이 지지하며, 또한 영남 유권자는 보수적이라서 박 후보를 많이 지지하고 호남 유권자는 진보적이라서 문후보를 많이 지지한다고 말한다. 환언하면 박 후보(인물)와 그가 제시한 정책공약이 보수적이고 문 후보(인물)와 그가 제시한 정책공약이 진보적이라고 말할 수 있다. 따라서 대선후보의 정책공약에서 과연 그러한 이념적 투표성향이 있는지를 고찰하여 본다. 다시 말하면 18대 대선결과의 이념적 성향을 과연 세대갈등이나 지역갈등으로만 해석할 것이 아니라 그간 한국사회의 사회적 변동과 사회계급 및 계층론에서 접근할 필요가 있다.

3. 대선후보의 인물론과 출신배경

1) 출신배경

제 18대 대선후보는 7명이었으나, 정당 공천자는 새누리당의 박근혜(朴槿惠)와 민주통합당의 문재인(文在寅), 그리고 통합진보당의 이정희(李貞姬)였다. 비록 정당 공천자는 아니었지만 무소속의 안철수 후보가 강력한 여론의 지지를 받았다.

이 네 후보가 18대 대선판을 달구었기 때문에 이들의 학력과 경력 및 재산 등을 중심으로 그들의 인물과 성장배경, 그리고 이념 성향을 파악해 본다.

이들 중에 박근혜와 이정희는 서울에서 모두 초·중·고 및 대학교육을 이수하였지만 문재인과 안철수는 부산에서 초·중·고 교육을 모두 이수하였으며, 대학교육은 모두 서울에서 받았다. 다만 그들의 대학교육의 전공이 각각 상이하다. 박근혜는 전자공학, 안철수는 의학, 그리고 문재인과 이정희는 법학이다. 이들의 전공 차이에서 진학의 동기와 인생관을 엿볼 수 있다. 즉 전자는 안전한 생활(교원)을 추구하였고, 후자는 불의에 대한 개혁의 꿈(변호사)을 가졌을 것이다.

<표 4> 18대 대선후보의 출신배경

	朴槿惠(새누리당)	文在寅(민주통합당)	安哲秀(무소속)	李貞姬(통합진보당)
연령 본적 주소	60세(1952년생) 경북 구미시(대구출생) 서울시 강남구	59세(1953년생) 부산시 영도구(거제출생) 서울시 종로구	51세(1962년생) 경남 양산군 서울시	44세(1969년생) 서울시 서울시 관악구
부친학력 부친직업	대구사범,일본 육사 육군소장, 대통령		서울대 의대 군의관, 개업의사	
학력	장충초등 서울성심여중고 서강대 전자공학과	부산 남항초 경남중고 경희대 법학과	부산고 서울대 의대	서문여고 서울대 공법학과 서울대 총여학생회장
경력	대졸후 박대통령 영부인 대행 영남대 이사장 정수장학회 이사장 한나라당 입당 국회의원(15~19대) 한나라당 대표(20대) 새누리당 대표 새느리당 대선 경선후보 새누리당 대통령후보	대재시 유신반대시위 주도 (집시법 위반) 변호사(부산법무법인) 인권운동 노무현대통령(부산선거본부장) 민정수석/대통령 비서실장 국회의원(19대 부산 사하구) 민주통합당 대통령 후보	안철수연구소 설립 (PC 백신개발) 단국대 의대 전강 미국펜실베니아대 수학 (경영학) 대통령 정책기획자문위원 (교육분과, 2001) KAIST 대학원 석좌교수 포스코이사회 의장(2010) 청춘콘서트 강연(2012) 서울대 융합과학대학원장	사법시험 합격 변호사 민변 여성복지위원 국회의원(18대) 민노당 정책위원장 민주노동당 대표 통합진보당 공동대표 통합진보당대통령 후보
재산	총액; 21억 8,104만원 부동산; 자택(20억원) 예금; 7,800만원 차량; 6,300만원(2대)	총액; 12억 5,466만원 부동산; 자택 등(3억원) 예금; 6억 2,600만원 법무법인; 8,300만원(지분)		총액 ; 5억 7,874만원
종교 병역 납세	없음(천주교, 불교 입문) 비해당 1억 168만원(5년간)	천주교 육군병장 1억 2,327만원(5년간)	군의관	비해당 1억 3천 9만원
대선	당선	패배	예비후보 사퇴	후보 사퇴

이러한 인생관과 사회관의 차이는 그들 가정환경, 특히 부모의 직업에서도 찾아 볼 수 있다. 박 후보의 부친이 군장성 출신과 군사쿠데타로 대통령을 장기 집권하였으며, 안 후보의 부친은 군의관과 개업의를 오래하였기 때문에 둘 다 상층관료 또는 전문직의 부르조아 출신이라고 볼 수 있다. 그러나, 문 후보와 이 후보는 편모슬하의 가난한 생활환경에서 자랐기 때문에 기존 사회에 대한 불만과 비판의식이 잠재되어 있었을 것이다. 이들은 대학 재학시 유신독재 또는 군사독재에 대한 항거로 투옥되었고, 그 후 둘다 사법시험에 합격하여 변호사로서 직접 인권 및 노동운동에 투신하였다. 그리하여 전자는 그들의 사회관 및 정치관이 비교적 긍정적이었으나 후자는 매우 비판적이었다고 볼 수 있다.

한편, 주요 대선 후보자들의 부친의 학력과 직업, 그리고 그들의 경력을 보면, 문재인과 이정희 후보는 가난하였지만, 박근혜와 안철수 후보는 모두 부르조아지 또는 정치지배층 출신이라 볼 수 있다. 특히 당내 경선을 거쳐서 공식적인 대선 후보가 된 박근혜와 문재인의 경우 전자는 부친이 오랫 동안 국가 최고 통수권자(대통령)를 지냈고 후자는 부모가 비록 가난한 피난민 출신이었지만 그는 대통령의 비서실장과 국회의원이 된 권력지배층이다. 그런데 문 후보는 박 후보를 유신독재의 성에서 자란 공주, 귀족 출신이라고 하고 자기는 민주화 운동과 인권변호를 한 서민후보라 한다. 그러나 박후보는 문 후보를 실패한 친노세력이라 하고 부모를 모두 흉탄에 잃어버린 고아 출신이었다고 한다. 그래서 많은 유권자들은 박 후보에 대한 동정심과 박정희 대통령에 대한 향수, 즉 경제개발로 잘살게 해 주었다고 생각한다. 이들은 상층(기득권자)이지만 그렇지 못한 농어민과 도시 자영업자 등 하층민(서민)들에서 그러한 동정적인 생각을 많이 찾아 볼 수 있다. 후자는 대부분 즉자적 정치의식(신민의식)

을 지니고 있다.

이와 같이 문 후보는 박 후보가 귀족출신이고, 자기는 서민출신으로 유신독재에 저항하여 투옥한 경력으로 법관에 임용되지 못하고, 약자를 위한 인권변호사가 되었다고 한다. 그런데 이들의 출신성분은 모두 최고의 권력지배층이다. 따라서 양 후보의 선거전은 유신세력과 민주세력간의 투쟁이라고 볼 수 있다. 그러나 문 후보는 대립각을 제대로 세우지 못하고, 박 후보는 중산층 육성과 국민대통령이라 하여 유신독재의 이미지를 희석시켰다. 또한 문 후보는 중산층과 서민(노동자, 농민)을 대변한다면서 그들이 왜 사회양극화로 왜 못살게 되었는지를 제대로 설명하지 못하였다.

2) 정치적 배경

대선 후보의 주요한 정치세력은 크게 세가지로 구별하여 고찰할 수 있다. 하나는 대선 후보의 출신배경과 경력에서 찾아볼 수 있고, 둘째는 대선 과정에서 여야가 각 보수연합과 진보대연합에서 볼 수 있는 정치세력이며, 셋째는 각 후보의 대선캠프를 구성한 인맥이다.

(1) 정치세력 기반

이미 대선후보의 출신배경에서 그들의 정치적 세력기반을 어느 정도 짐작할 수 있다. 박후보는 부친(박정희 전 대통령)의 후광을 크게 받고 있다. 그녀는 부친이 5.16 군사쿠데타에 의하여 집권하였고, 18년간 집권기간에 모친 피살후 약 5년간 퍼스트 레이디 역할을 하였으며, 그 후 10여년간 주로 재야에 있었지만 부친이 키운 전두환 군사정권에 의하여 정치기반이 형성되었다. 특히 박정희 대통령이 장기간 집권하면서 육성한, 다수의 권력지배층(수많은 군장성, 각료, 고위 관료 및 정치인 등)과 7차 5개년 경제개발계획으로 성장한 대기업(재벌)의 부르조아지들이 가장 중요한 정치적 자산이다. 그리고 제

17대 대선후보 경선에서 졌지만, 그의 추종세력과 그 후 국가미래연구원, 박사모 및 각종 후원포럼이 그의 정치세력 기반이 되었다.

그러나, 박 후보가 박정희 시대에 일어난 5.16 및 유신독재, 그리고 그 후 5.18 광주사태에서 벌어진 비극의 악몽에서 벗어나지 못하고, 그 피해자들의 주장을 피하기 어려웠다. 이러한 불행한 시대를 근본적으로 청산하기 어렵겠지만 그는 재빨리 민주화를 촉진시킨 유신과 부마사태의 피해자 보상법을 제정하겠다는 것은 매우 현명한 조치(선거전략)이다.

이에 반하여 문 후보는 경희대 재학시 유신 독재에 항거한 반대시위를 주도하다가 투옥되었고, 그후 사법시험에 합격하여 사법연수원을 졸업하였으나 판사에 임용되지 못하였다. 그 후 그는 부산에서 노무현 전대통령과 함께 부산합동법률사무소를 차려 변호사 생활, 특히 부산 민변과 인권운동을 하였다. 그리고 17대 노무현 대통령이 당선된 후 청와대 민정수석과 비서실장 등을 역임하면서 친노세력의 중심이 되었다.

이러한 과정에서 민변(민주화를 위한 변호사 모임) 회원들과 노무현 정권의 비서관 출신들 및 담쟁이 포럼이 그의 주요한 인맥이 되었다.[53]

그리하여 문 후보는 유신세력과 박 후보를 타도하기 위한 민주세력임을 자처하고, 또한 후보단일화 과정에서 보여준 안철수 교수와 재야 시민단체의 원로로 구성된 국민연대세력이 가장 큰 정치적 기반세력이 되었다. 그러나 이러한 유신시대와 민주화 운동이 오래되어 일반 시민들의 동정심을 얻기가 어려웠다.

(2) 정치세력의 대연합

53) 이러한 정치세력은 한국의 전형적인 권력지배층이고 전형적인 신부르조아지이다.

대선 후보의 경선이 끝나고 등록일이 다가오면서 여·야의 정치 세력은 소위 보수와 진보 세력이 각각 대연합을 형성하였다.

여당(새누리당)의 대선후보는 당내 경선을 통하여 박근혜 후보가 선출되었다. 당내 경선은 5명의 후보(박근혜, 이재오, 정몽준, 김태호, 임태희, 안상수) 중에서 박근혜 후보가 압도적인 표차(84% 획득)로 선출되었다. 야당(민주통합당)의 경우 문재인 후보가 전국 경선 참여자의 56.5%를 받아 선출되었다. 야권의 후보 단일화는 유권자의 정치 의식이 낮고 정부와 언론의 교차압력이 심한 사회에 있어서 불가피한 것이다.[54][55] 특히 18대 대선의 경우 여권 후보 박근혜가 언론사의 여론조사에서 항상 선두를 달렸고 야권 후보 문재인은 민주통합당의 국민경선을 치르면서 지지율이 상승되었으며 무소속 안철수 후보는 컴퓨터 백신개발(무료개인서비스)과 청춘콘서트를 통하여 높은 지지율을 얻게 되었다. 한 때 안 후보의 지지율이 박 후보를 앞

---

54) 우리나라 정치사에 있어서 야권은 후보 단일화 또는 연대를 통해서 집권이 가능하였다. 1998년 민주화 이후 DJP의 3당 합동으로 김영삼 후보가 당선되었고, 1996년 소위 DJP(민주정의당의 노태우 대표, 통일민주당의 김영삼 총재, 민주공화당의 김종필 총재)가 합당(민주자유당)한 후 YS가 대통령이 되었고, 1997년에는 새정치국민회의 김대중 총재와 자유민주연합의 김종필 총재가 '내각제 개헌 추진 조건'으로 합당하여 DJ가 대통령이 되었으며, 2002년에는 민주당의 노무현 후보가 대기업 총수인 정몽준 무소속 후보와 단일화 하여 MH가 당선되었다.

55) 후보 단일화 7개 합의사항은 ① 시대상황에 대한 인식공유, ② 기득권을 내려 놓는 정치혁신, ③ 정권교체를 위한 단일화, ④ 유불리를 따지지 않는 단일화 추진, ⑤ 후보등록 이전 단일화, ⑥ 국민연대의 필요와 새정치 공동선언의 발표, ⑦ 투표시간 연장 촉구의 공동 캠페인이다. 그리고 '새정치공동선언'의 주요 내용은 ① 여야정국정협의회의 상설화, ② 의원정수의 조정, ③ 중앙당 권한과 기구의 축소, ④ 정당국고 보조금의 축소, ⑤ 국무총리의 국무위원 인사제청권의 보장, ⑥ 대검중수부의 폐지와 고위공직자 비리수사처의 설치, ⑦ 영리목적의 국회의원 겸직 금지, ⑧ 국회의원연금 폐지, ⑨ 민간인 중심의 선거구 획정의원회와 세비심의회 구성, ⑩ 기초의원의 정당공천제 폐지 등이다.

선 경우도 있었지만, 문·안 두 후보의 합산 지지율이 박 후보의 경우를 겨우 초과하였다.

그리하여 문·안 양 후보는 정권교체와 새정치를 위하여 불가피하게 후보 단일화를 선언하고, 7개의 합의사항과 '새정치공동선언문'을 발표하였다.

그러나, 문·안 양후보측은 단일화 방식으로 여론조사 결과에 합의하였지만, 구체적인 방식에 이견을 보이다가 결국 안철수 후보는 문재인 후보에 대한 국민의 성원을 바라면서 극적인 사퇴(양보)를 하였다.[56]

새누리당은 정권 연장을 위하여 보수우파세력의 대통합에 나섰다. 새누리당은 먼저 충청권의 선진통일당(대표 이인제)과 합당하였고, 또 전 자유선진당 이회창 대표와 전자유민주연합 김종필 총재 등이 합류하였으며, 동시에 친이계 이재오 의원, 정몽준 의원, 박세일 이사장(한반도선진화재단) 그리고 새천년민주당 대표(동교동계)를 지내고 총선에서 낙선된 한화갑(평화민주당)과 한광옥(통일민주당), 김경재 전의원이 박후보 캠프에 참여하였다.[57] 그리하여 한국의 보수세력이 박근혜 후보를 대통령 만들기 위

---

56) 여론조사에 의한 단일화 방식으로 문후보측은 재야인사들의 절충안(양자 가상 대결 50%+적합도 여론조사 50%)의 여론조사를 수용하고 안후보측은 가상대결 실제조사 50%+지지도 50%의 여론조사를 제안하였다. 그 결과 지지율이 오차범위내인 경우 협상팀에서 결정하자고 하였다. 그런데 여론조사시 안후보측이 민주당 대의원을 포함시키자 하는데서 문후보측이 거부하였다. 양자는 여론조사방식을 서로 거부하였다.

57) 민주통합당에서 요직을 하였던 한화갑(전남 신안, 목포고, 서울대 외교학과, 전 의원, 평화민주당대표), 한광옥(전주, 중동고, 서울대 영문과, DJ 비서실장, 4선의원), 강봉균(전북 군산, 군산사범, 서울대 상과, 경제수석, 재경부 장관, 당 정책위의장, 진전재정포럼대표), 김경재(전남 순천, 서울대 정치학과, 3선의원) 등이 총선 공천에 탈락한 후 새누리당 대선 캠프의 요직을 맡거나 지지하고, 심지어 민주당 정책을 비판한데 대해서 민주당 동교동계(권노갑, 설훈 의원 등)는 정치적 배신이라고 한다.

하여 총집결 하였다.

한편, 민주통합당 문재인 후보는 정권교체와 새정치를 위하여 먼저 다수 국민의 지지를 받는 무소속의 안철수와의 후보 단일화를 겨우 성시시켰다. 나아가 시민단체와 진보세력의 대통합을 위하여 국민연대(상임대표 노회찬 의원)를 형성하여 소위 국민후보가 되었다. 문후보는 당의 국민경선에 참여하던 손학규, 정동영, 정세균 민주통합당 전대표와 김두관 전 경남지사의 지원유세를 받았고, 진보정의당의 심상정 대표의 대선후보 사퇴와 문 후보 지지 선언이 있었다. 또한 대선후보 TV토론과정에서 통합진보당 이정희 후보가 사퇴함으로서 야권연대의 대선 후보가 실질적으로 탄생하게 되었다.

(3) 선거참모

대선후보의 선거참모는 주로 당직자들로 구성되었다. 당직자 이외 외부인사들을 충원하는 경우 그들의 정치적 상징성으로 득표 효과를 노린다.

(1) 새누리당

새누리당(대표 황우여, 사무총장 서병수)의 대선캠프는 총괄선대본부장(김무성), 상황실장(권영세), 비서실장 및 대선기획단(11명), 국민행복추진위원회(21명), 정치쇄신위원회(9명), 공보단(12명), 분실장 등 모두 56명으로 구성되었다. 이들중 구친박 인사는 18명(31%)이고, 나머지는 신친박 또는 중립・쇄신파 인사들이다.

박후보는 3개 특별위원회를 설치하였다. 첫째는 경제민주화를 주장한 김종인(전북, 중앙고, 한국외대, 독일뮌스타대, 서강대 교수, 국회의원 청와대 수석, 보건사회부 장관)을 국민행복위원장에, 이회창의 차떼기 부정대선자금을 수사했던 안대희(경남 함안, 경기고, 서울 법대, 대검중

수부장, 대법관)를 정치쇄신위원장에, 그리고 김대중 대통령의 비서실장을 지낸 한광옥(전북, 중동고, 서울대 영문과, 국회의원, DJ비서실장)을 국민통합위원장에 초빙, 임명하였다. 그리고 새누리당의 정책위의장인 진영 의원(전북 고창, 경기고, 서울대 법학과, 법관, 3선 의원, 정책위의장)을 국민행복위원회 부위원장에 임명하고, 대선기획단장에 이주영 의원(경남 마산, 경기고, 서울대 법대, 4선의원, 정책위의장), 공보단장에 김병호 의원(부산, 경남고, 고려대 정외과, KBS 보도본부장, 재선의원), 후보비서실장에 최경환 의원(경북 경산, 대구고, 연세대 경제학과, 3선의원), 부실장에 이학제 의원(인천, 부평고, 서울대 축산학과, 재선의원)을 임명하였다.

한편, 대선캠프의 정책 분야는 15년간 박후보의 실세 참모인 이재만 의원 보좌관과 최우출 기획조정특보(영남대 교수)가 있고, 최 특보와 함께 후보 비서실로 옮긴 안종범 의원(대구 계성고, 성균관대 경제과 교수)과 강석훈 의원(서라벌고, 서울대 경제학과)이 박 후보의 공약 초안을 작성하였다. 이 초안은 김종인 위원장과 김광두 국가미래연구원장(전남 나주, 서강대 경제학과, 하와이대 박사, 서강대 교수)이 최종 자문, 결정하는 역할을 하였다.

이번 대선에서 여론전에 승리한 이정현 공보단장과 보좌관 4인방(이재만, 이춘상, 정호성, 안봉근)의 역할이 대단히 컸다.[58]

58) 이재만 보좌관은 박후보의 공약·정책 구상을 지원하며, 각 분야의 전문가와 박후보를 연결하는 고리 역할을 하였다. 박후보의 싱크탱크인 국가미래연구원을 설립하는 데도 깊이 관여했다. 이춘상 보좌관은 박후보의 온라인 홍보와 SNS활동, 팬클럽 관리 등을 담당한다. 정호성 비서관은 연설문 작성과 정무기획 분야를 맡고, 안봉근 비서관은 14년간 박 후보의 그림자 수행을 맡아오다 최근 후임에게 넘겼다. 지금은 박후보의 스케줄 관리를 하고 있다. 박후보에게 여러 루트로 각종 보고서가 전달되지만, 박후보는 이들 보좌진의 보고서를 판단의 기초자료로 삼는 편이다. 당 비대위원이나 공천심사위원 선정 때도 이들이 박 후보의 지시를 받아 활동했다고 한다.

이와 같은 선거참모들은 한국 사회의 기득권 세력인 권력지배층 출신이고 신부르조아들로서 매우 보수적 성향을 지닌다.

한편, 박 후보의 지원단체(사조직)는 강창희 의원 등이 주도하는 '국민희망포럼'(2만 3천명), 정책 싱크탱크인 '국가미래연구원'(200명), '박사모'(전국 조직화, 수만명), 상청회(정수장학생 2만 5천명), 근혜사랑 등 7개가 있고, 서청원 전대표가 이끄는 산악회 청산회(7만명), 함승희 전의원이 맡은 '포럼 오래', 정갑윤 의원의 '대한국 포럼' 등 해외 조직 5개를 포함하면 박 후보의 지지단체는 모두 15개에 20여만 명의 회원이 된다.[59] 이러한 후원세력은 대부분 신중산층 출신들로 개혁적인 성향을 지닌다.

(2) 민주통합당

민주통합당(대표 이해찬, 사무총장 신계륜)의 대선캠프는 국민경선과 후보단일화 및 국민연대를 형성하면서 대선캠프의 인맥을 형성될 수 있었고, 또 김대중 정권과 노무현 정권시 참여하였던 청와대 비서관 및 내각의 각료들이 다수 후원세력이 될 수 있었다. 대선 캠프에는 김부겸의원(전현직 의원으로 구성된 민주캠프좌장), 이학영(YMCA 총장 출신), 안도현 시인, 권기홍 전 노동부장관, 이석현 의원(5선) 등이고, 대선후보가 된 후에는 공동선대위원장에 박영선 의원(전북, 이화여대, MBC 앵커, 대변인), 참여정부시 관여하였던 경제민주화 위원장에 이정우 경북대 교수(서울대 경제학과, 하버드대, 청와대 정책실장), 복지국가위원장에 이혜경 연세대 교수(서울대 영문과, 버클리대, 연세대 교수, 빈부차별시정위원장)가 임명되었다. 그리고 공동선거대책본부장

박근혜계 핵심 의원들도 박후보의 의중을 이들에게 물어보는 경우가 있다. 그래서 이들을 '숨은 실세'라고 한다.(「중앙일보」, 2012. 8. 22)

59) 「조선일보」, 2012. 10. 26

은 민평련 출신의 노영민 의원(전남, 언론홍보), 우윤근 의원(지역조직), 이목희 의원(기획본부장), 자유선진당 출신의 이상민 의원(정책 총괄)이었고, 비서실장에 윤후덕 의원, 공보단장에 우상호 의원, 메시지 팀장에 양정철, 그리고 후원회장에 김창국 전 국가인원위원장, 고영구 전 국정원장 등이 있었다.

그 밖에 외부 전문가 집단으로 담쟁이 포럼(한완상 교육 및 통일부 총리, 김만복 전 국가정보원장, 김창호 국정홍보처장 등 3백여 회원) 등이 있었다. 이들은 대부분 권력지배층 출신들로 권력지향적인 보수세력이다.

한편, 문 후보의 지원단체(사조직)는 '노무현 재단'(3만 9천명)이 가장 크고, 참여정부시 청와대 보좌진 출신이 참여한 '담쟁이 포럼'(300명) 등 4개 단체 소속의 약 5만명이 된다. 이들은 대부분 권력지향적인 신중산층 출신들이다.

이러한 것을 보면, 18대 대선을 오래 전에 준비한 박후보의 선거참모와 지원단체에 비하면 문 후보의 경우는 매우 빈약하였다.

4. 정책공약과 양극화 과제

최근 많은 정치인과 전문가들은 한국사회의 최대 과제가 양극화 해소와 일자리 창출 및 민생(복지) 문제라고 한다. 이러한 문제를 해결하기 위하여 대선 후보자들이 한국사회에 대한 올바른 인식을 하고, 그것을 해결하기 위한 정책 공약의 타당성이 있는 지를 검토하여 본다.

1) 양극화 과제

한국사회에 대한 올바른 인식은 아직도 현 생존세대(유권자)가 경험한 역사적인 정치적 사건(6.25, 5.16, 유신, 5.18, 6.10 등)이 있고, 이것으로 피해(투옥, 사형, 연좌제 등)를 입은 사람과 그 유가족들이 대단히 많다. 이들의 한을 풀어주는 보상이 제대로 이루어지지 않고 있다. 그래서 최근 박 후보가 '부마사태 유족보상법'을 입법 제의한 것은 득표를 위한 매우 적절한 조치이다.

이러한 사건 이외도 50년대 대기업의 비료 및 농산물 수입 등으로 농민이 급속히 몰락하였고, 60년대 이후 경제개발정책으로 많은 농민은 몰락하여 도시의 영세민촌을 형성하고, 이들은 천민노동 또는 공업노동자화 되었다. 그리하여 지난 반세기 동안 한국사회의 계급 및 계층구조의 양극화 현상이 표 5와 같이 나타났으며, 1990년대 이후 중산층 사회가 나타나기 시작하였다.

<표 5> 한국사회의 계급 변동

	1955	1960	1966	1970	1975	1980	1995	2000	2005	2010
자본가계급	0.4	1.7	0.7	2.4	2.9	3.7	6.6	6.2	6.1	6.4
구중산층	70.0	65.6	55.4	47.9	39.1	35.8	20.9	20.0	17.8	15.0
신중산층	6.2	6.8	9.3	13.5	14.5	17.3	30.9	32.1	34.4	40.6
노동자계급	23.4	24.7	34.6	35.5	43.4	43.3	41.6	41.3	40.9	37.6
기타・미상		1.2		0.7				0.4	0.8	0.4
합계	100.0	100.0	100.0	100.0	100.0	100.0	100.0	100.0	100.0	100.0

(자료) 김영모, 2010년 한국사회의 계급분석,「사회정책연구」제 44집, 2012. 9

표 5를 보면, 우리나라의 계급구조는 해방 이후 1995년 까지 급속히 중산층이 몰락하여 자본가계급과 노동자계급으로 양극화 되었다. 즉 구중산층(자영자)은 몰락하였지만, 신중산층이 대량으로 형성되는 소위 기술 관료지배의 후기 산업사회가 도래하였다. 더욱이 노동자계급도 소득 양극화 현상이 나타나서 중간계급이 지배하는 사회가 되어 가고 있다.[60] 따라서 2010년에는 보수적인 자본가계급

60) 그러나 생산관계에서 보면 노사간 계급양극화가 일어나고 있다. 1970년

(6.4%)과 진보적인 노동자계급(37.6%) 보다도 개혁적인 중산층(55.6%)이 지배하는 사회가 되었다.61)

한편, 유권자들의 정치이념과 투표성향을 결정하는 주요한 계층변수, 즉 연령, 지역, 학력, 직업, 소득에 따라 어떠한 사회변동이 있는 가를 약술한다.

첫째는 세대간 출산율 감소와 수명 연장으로 투표 성향이 다르게 나타났다.

1960년대 후반부터 20여년간 정부의 산아제한 정책으로 출산력이 감소되어 20~30년대의 청년층이 많이 감소되었고, 반면에 평균수명의 연장으로 50대 이상의 노령층이 많이 증가하였다. 지난 10년간 20~30대의 청년층이 48.3%에서 38.2%로 약 10%가 감소되었고, 50대 이상의 경우 29.3%에서 40.0%로 약 10%가 증가하였다. 전자는 대학 진학률이 대단히 높지만(78.2%) 실업 등 여러 가지 어려움이 많다. 이들은 정치적 사회적 의식이 매우 높아서 현 정권의 실정으로 정권교체의 열망이 높다. 반면, 50대의 노령층은 기득권층으로 박정희 대통령의 경제개발정책과 새마을운동으로 잘살게 되었다는 향수에 젖어 있다.

둘째는 수도권의 인구집중으로 투표성향이 출신지방(고향)에 따라 달라졌다.

지난 50년간 공업화에 의한 경제개발정책으로 다수의 농민이 대도시, 특히 수도권으로 이촌하였고, 또 아파트촌의 형성으로 서울, 인천, 경기 등 수도권의 유권자가 매년 증가되어 현재 전체 인구의 49.3%가 되었다. 반면, 영남권(26.0%)과 호남권(10.3%), 충청권(10.1%)

에 노자가 1.8%대 38.8%가 2010년에는 7.7%대 68.4%로 되었다.

61) 2012년 리서치앤리서치(R&R)가 조사한 이념성향은 보수가 전체의 24.0%이고, 진보가 23.9%이며, 중도는 42.6%라고 한다.

및 강원권(3.1%)의 유권자는 약간 감소되었다. 비교적 교육수준이 높은 수도권 유권자의 투표 향방에서 대권이 좌우된다고 볼 수 있다. 이들은 대부분 영·호남권 출신들이 많아서 그 지역의 민심에 따라 좌우되는 경향이 있었다. 그것은 호남이 영남 출신 박정희 대통령의 경제개발정책으로 푸대접(손해)을 받았고, 특히 1980년 신군부의 광주사태로 지역감정이 매우 악화되어 있다.

셋째는 유권자의 교육수준이 급속히 증가하여 매우 진보적이다.

<표 6> 연령별 교육수준

연령 (세)	2005년						2010년					
	초등	중학	고교	대학	미취학	합계 (실수,천명)	초등	중학	고교	대학	미취학	합계 (실수,천명)
6~9	82.1	-	-		17.9	100.0(2,551)	80.9	-	-		19.1	100.0(1,971)
10~14	54.3	45.3	0.3		0.1	100.0(3,434)	53.0	46.8	0.2	0.001	0.01	100.0(3,1,72)
15~19	0.1	14.1	6.5	21.2	0.1	100.0(3,100)	0.1	14.7	64.2	21.0	0.1	100.0(3,438)
20~24	0.2	1.0	21.7	77.3	0.1	100.0(3,662)	0.1	0.6	14.3	85.0	0.1	100.0(3,055)
25~29	0.2	1.1	30.1	68.4	0.2	100.0(3,671)	0.1	0.9	20.6	72.8	0.1	100.0(3,538)
30~34	0.4	1.9	42.9	54.6	0.2	100.0(4,096)	0.2	10.3	28.3	70.3	0.2	100.0(3,695)
35~39	1.0	4.0	49.0	45.8	0.2	100.0(4,112)	0.4	1.9	41.4	56.1	0.2	100.0(4,099)
40~44	3.6	10.1	49.0	36.9	0.4	100.0(4,123)	1.1	4.3	48.2	46.0	0.3	100.0(4,131)
45~49	8.8	18.5	45.9	23.0	0.8	100.0(3,900)	4.5	10.9	47.8	36.3	0.5	100.0(4,073)
50~54	17.4	23.7	38.4	18.9	1.7	100.0(2,855)	10.8	19.3	43.9	25.0	0.9	100.0(3,798)
55~59	26.9	23.8	30.4	15.1	3.9	100.0(2,278)	20.1	23.6	36.4	18.1	1.8	100.0(2,766)
60~64	36.3	20.2	21.7	11.9	10.0	100.0(1,888)	29.7	22.9	28.6	14.3	1.7	100.0(2,182)
65~69	40.6	15.1	16.1	9.5	18.7	100.0(1,680)	37.8	19.4	20.4	11.3	11.1	100.0(1,812)
70~74	39.4	10.7	11.8	7.6	30.5	100.0(1,252)	40.9	14.3	15.3	9.2	20.3	100.0(1,566)
75~79	35.1	7.9	7.0	4.7	44.9	100.0(766)	39.4	10.4	11.2	7.4	31.6	100.0(1,084)
80~84	28.3	5.2	4.3	3.4	58.8	100.0(432)	34.7	7.7	7.0	5.0	45.7	100.0(595)
85이상	21.1	3.2	2.7	2.1	70.9	100.0(233)	26.8	4.9	4.3	3.3	60.7	100.0(366)
합계 (천명)	18.0 (7,936)	12.5 (5,520)	32.2 (14,195)	31.9 (14,063)	5.3 (2,325)	100.0 (44,041)	15.9 (7,214)	11.9 (5,413)	31.2 (14,150)	36.6 (16,599)	4.3 (1,971)	100.0 (45,348)

(자료) 통계청,「인구주택 총조사보고서」

표 6을 보면, 2010년 현재 전체 국민의 36.6%가 대학교육을 이수하였지만, 55세~70세의 경우 약 15%가 되고, 70세 이상은 10% 미

만이다. 그러나, 65세~70세의 경우 약 4할이 초등교육을 이수하였고 미취학율도 20~60%가 된다. 2005년의 경우 저학력 및 미취학이 더욱 많다. 따라서 유권자의 교육수준이 노소간 양극화 되어 그 만큼 소득격차[62]와 빈부의 차이가 나타나서 그에 따라 여·야 또는 보수·진보의 투표성향이 나타난다.

이와 같이 40세 이하의 청년들은 대부분 교육수준이 높아 정부 정책에 대한 비판적 개혁적 성향을 지닐 수 있고 50세 이상의 노인층은 현상유지의 보수적 성향을 지니고 있다.

넷째는 소득의 양극화 현상이 투표성향을 결정한다.

2009년 우리나라 취업자 중에서 근로소득 납세자는 전체 36.6%이고, 연간 1천만원 이하의 근로자는 57.1%이다.[63] 면세자들은 대부분 영세민 또는 하층민이다. 납세자 중에서 가구당 월 평균 소득 이상자[64]는 전체의 약 30%가 되고 나머지 약 15%는 평균 월소득이 130만 이하인 저소득층이다.[65]

지난 10년간 상위 20% 고소득자는 1인당 연간 5천 8백만원에서 9천만원으로 55.2%가 증가되었지만, 하위 20%의 저소득자는 지난 10년간 3천 6백만원에서 1천 99만원으로 53.8% 감소하였다.

또한 2011년 소득 상위 20% 가구의 평균 자산이 6억 756만원으로 작년 보다 14.1% 증가하였지만 소득 하위 20% 가구의 평균 순

---

62) 학력별 임금지수는 고교 졸업자의 경우 100이면 대학 이상 학력자의 경우 1998년에 147이고, 2010년에는 167로 벌어졌다. 그리고 중학 이하 졸업자는 1988년에 78이 2010년에 69로 감소되었다.(OECD, 「*Education at a Glance*」)

63) 국세청, 「한 눈에 보는 국세통계」, 2011, p.28

64) 가구당 월 평균 소득은 2009년에 343만원이고, 2011년의 경우 384만원이다.(한국은행, 「경제통계연보」, 통계청, 「가계동향조사」, 각 년도, 2012)

65) 국세청, 전게서, p. 22, 31
통계청은 20%간 소득격차가 지난 5년간 5.6배에서 6.8%로 소득격차가 벌어졌다고 한다.(「가계금융·복지조사」, 2012)

자산은 8천 917만원으로 오히려 5.1% 감소되었다.[66]

이와 같이 우리나라의 자산과 소득은 상층과 하층간, 또는 빈부간 격차가 대단히 심하고, 동시에 매년 소득양극화가 진행되고 있다.

이러한 소득구조와 과세자료를 본다면, 저소득층인 7할 이상이 정치적 사회적 불만을 지니고, 따라서 이들은 현행 자본주의제도와 현 정권을 불신하고 개혁해야겠다는 사회세력이 된다. 그러나 투표성향은 즉자적 계급이 많아서 반드시 일치하는 것은 아니다.

다섯째, 우리나라 경제활동인구 중에 생산수단을 소유한 자본가계급(7.7%)은 대부분 보수적 성향을 지니지만 자영업자, 특히 농민인 구중산층(17.0%)은 대부분 교육수준이 낮아서 보수적 성향을 지닌 경우가 많다. 그러나 생산수단이 없는 노동자계급(68.4%)은 대부분 개혁적 또는 진보적 성향을 지닌다.

한편, 우리나라 전체 취업자의 71.8%가 임금노동자이며, 이중에서 61.3%가 상용고이고, 임시직과 일용직이 각각 28.75와 10.0%이다. 그리고 자영업자는 23.1%이고, 무급가족종사자는 5.2%이다.[67] 임금노동자의 소득격차가 있겠지만 안정된 생활을 하는 취업자는 전체 6할 이상이 된다. 따라서 이들은 보수 또는 개혁적 성향을 지닌다.

여섯째, 우리나라의 국민소득은 임금 이외 부동산 임대료, 주식배당금, 금융이자, 연금 등 여러 가지가 있는데 이러한 소득은 직업, 직종 등에 따라 큰 차이가 있다. 특히 기업간 노동자의 임금격차를 보면 대기업 종사자의 임금은 중소기업의 상용노동자에 비하여 약 2배의 차이가 있고, 비정규직 노동자에 비하여 약 5배의 차이가 있다. 그 뿐만 아니라 비정규직 노동자는 노동조건이나 복지후생비에

66) 통계청, 「2012년 가계금융 · 복지조사 결과」, 2012. 12, pp.4~8
67) 통계청, 「경제활동인구연보」, 2010, 「한국의 사회지표」, 2012

있어서도 그 차별이 심하다.[68] 이러한 소득의 차이에 따라 생활수준이 다르고, 따라서 투표성향이 다를 수 있다.

2011년 우리나라 가구주의 생활수준, 즉 사회경제적 지위는 상층이 전체의 1.9%이고, 중간층이 52.8%이며 하층이 45.3%라고 한다.[69] 이것은 2009년의 경우에 비하여 중간층이 약간 감소되었고(2.1%) 하층이 약간 증가되었다.(2.9%)

이것을 보면, 우리나라 유권자의 투표 성향이 개혁적이고 진보적인 성격을 지닐 것이라고 생각할 수 있다. 그러나 이들의 불만과 요구를 어떻게 수용하느냐에 따라 표심이 달라질 수 있다.

2) 정책 공약

전술한 한국사회의 양극하와 경제위기를 극복하고, 무패, 무능한 현 정권을 교체하여 복지국가 건설을 위한 시대정신과 국민이 열망한 것은 여・야 대선 후보가 모두 주장한 정권교체와 시대교체이다.

이러한 정권교체와 시대교체를 위하여 여・야 대선후보가 주장한 정책공약은 새정치, 경제민주화, 중산층 건설(70%), 국민대통합 등이다. 이것 이외에도 많은 대선 공약을 제시하였다.

박근혜 후보는 세상을 바꾸는 약속으로 국민행복 10대 공약 및 20대 분야 201개 약속(지역공약 제외)을 발표하였고,[70] 문재인 후보도 대선공약으로 10대 공약 및 5개 분야 24개 부문 117를 발표하였으며,[71] 이정희 후보는 4대 핵심의제와 20대 부문 108개 공약을 발표하였다.[72]

---

68) 김영모, 「한국자본가계급연구」, 고헌, 2012, p.382
69) 통계청, 「한국의 사회지표」, 2012
70) 새누리당, 제 18대 대선 정책공약집, 「세상을 바꾸는 약속, 책임 있는 변화」, 2012
71) 민주통합당, 「제 18대 대선 주요 공약」, 홈페이지, 2012
______, 「민주통합당 매니페스트 정책공약집」, 1, 2, 범학사, 2012

이 많은 대선공약 중에서 박근혜, 문재인 및 안철수 후보의 대선공약이 같거나 매우 유사한다고 한다.[73] 과연 이러한 지적이 사실인지 의문이 간다.[74] 만약 그렇다면 대선 후보와 소속 정당의 한국사회에 대한 인식과 이념적 배경 및 사회적 진단이 같기나 비슷하다고 말할 수 있기 때문이다.

그러면, 먼저 대선후보가 소속된 정당의 정강정책이 무엇인지 보고, 그들이 제시한 대선공약이 그것에 기초하여 있는 가를 본다. 그 다음에 18대 대선후보로 공식 등록한 박·문·이 후보의 정책공약을 고찰하여 본다. 세 후보가 제시한 대선공약이 너무 방대하기 때문에 본 고에서는 주로 이들이 내세운 10대 또는 20대 공약을 중심으로 고찰한다.

지난해 여·야당은 총선과 대선을 치르기 위하여 당명의 변경과 당헌 개정을 하였는데 그것은 과거 여·야당의 경우와 상당한 차이가 있었다.

(1) 새누리당 박근혜 후보

새누리당은 당헌 제 2조에 자유민주주의와 시장경제를 기본이념으로

---

72) 민주통합당, 「18대 대통령 선거 공약 해설집」, 2012

73) 조선일보는 세 후보의 대선공약 50개(경제, 교육, 일자리, 노동, 안보, 환경부문 등)를 정책평가 자문교수단이 설문조사한 결과 50개 항목이 40%이상이 정책방향이 같거나 유사하고, 특히 경제민주화, 무상보육, 무상고교 교육, 북핵정책에 있어서 정책동조화 현상이 나타났다고 한다.(「조선일보」, 2012년 11월 6일) 또한, 박후보와 문후보의 공통공약은 정치분야에서 ① 기초의원 정당공천제, ② 국민참여경선제, 외교, 국방분야에서 ① 군복무기간 18개월로 단축, ② 남북대륙 철도 추진, 경제민주화에서 ① 정규직과 비정규직의 차별 해소, ② 신규 순화출자 금지, 금산분리 강화, 복지 분야에서 ① 0~5세 무상보육, ② 공공임대주택 확충, 교육분야에서 ① 고교무상교육, ② 사교육비 경감 및 대입 간소화 등이다.(상동)

74) 예컨대 현 농정이 우리나라 지배적인 소농(자영업)을 보호하지 않고 기업농 육성정책을 실시하는 것은 잘못된 것이다.

하고, 인권과 정의가 구현되는 사회, 개인의 자유와 창의가 발현되는 사회, 중산층이 두터워지는 사회, 소외계층의 복지정책을 추진하여 사회양극화가 해소되는 사회를 추구하며 한반도의 평화통일을 추구할 목적을 명시하고 있다.[75]

한편, 당의 강령에는 대한민국의 건국과 산업화 및 민주화를 자유민주주의와 시장경제 및 법치주의라는 대한민국의 정체성과 보수적 가치를 바탕으로 역동적 발전을 시켰음을 자부하고 있다. 그리하여 국가발전과 국민행복 사이의 간극, 성장잠재력의 정체와 일자리 없는 성장, 양극화와 불평등의 심화, 저출산 · 고령화의 가속화 등이 국가 발전을 위협하고 있음으로 이러한 위기를 극복하여 국민이 함께 인간다운 삶을 누리는 '국민행복국가'를 만들 것을 국민에게 약속하였다. 즉,

① 성장과 복지를 동시에 추구하면서 평생 맞춤형 복지체제를 구축하고,
② 공정한 시장경제를 추구하여 경제활성화와 공정한 시장질서 및 사회적 불균형과 격차를 줄이고,
③ 성장과 개방의 혜택이 온 국민에게 골고루 돌아가게 하며,
④ 대북정책을 호혜적 상호 공존 원칙과 남북한 평화 유지 및 공동발전을 도모하며, 한반도 비핵화를 실현시킨다.
⑤ 국민행복국가를 실현하기 위하여 이념 · 지역 · 세대 · 계층간 갈등을 해소하는 국민통합적 접근방법을 모색한다.[76]

이에 따라 마련된 새누리당의 주요한 기본정책(10개조)은 다음과 같다.

75) 새누리의 당헌과 강령은 2012년 2월 13일 개정된 것으로, 이것은 박근혜 후보가 한나라당 비상대책위원장시에 개정한 것이다.
76) 새누리당의 당헌과 정강정책은 새누리당 홈페이지 참조.

① 모든 국민이 더불어 행복한 복지국가 건설
② 일자리 걱정 없는 나라 만들기
③ 공정한 시장경제 확립과 성장잠재력 제고
④ 과학기술을 통한 창의적 국가 구현
⑤ 기회균등의 창조형 미래교육 실현
⑥ 다양함을 존중하는 소통과 배려의 사회문화 실현
⑦ 지속가능한 친환경 사회 실현
⑧ 한반도 평화를 기초로 한 국익중심의 외교와 통일한반도시대 주도
⑨ 국민과 소통하는 신뢰 정치 구현
⑩ 국민에 봉사하는 신뢰 받는 정부 만들기

그런데 새누리당의 당헌과 강령(전문)에 대한민국의 건국정신이나 산업화와 민주화에서 비롯된 역사인식이 빈약하고, 따라서 오늘날의 시대정신이 없다.

한편, 박근혜 후보의 정책공약은 상술한 새누리당의 당헌과 강령 및 기본정책에 매우 충실하고, 동시에 야당이 주장하는 일부 정책공약을 수용하여 대선공약으로 제시하고 있다.

박근혜 후보는 중산층 70%를 재건하기 위하여 '국민행복 10대 공약'을 다음과 같이 제시한다.77)

① 가계부담 덜기
- 신용회복 신청과 승인시 빚 50% 감면(기초수급자의 경우 70% 감면)
- 1천만원 한도 내에서 저금리 장기상환 대출로 전환
② 확실한 국가책임 보육

77) 새누리당 대선 정책은 사람과 지역중심으로 약속한 방대한 대선공약집(총 493면)에 개별정책 마다 ① 진단, ② 약속, ③ 실천으로 구성되어 있고, ④ 재원은 한 페이지만 소개되어 있다. 개별 정책의 소요재원과 그 조달방법의 구체적인 내용을 알 수 없어서 아쉽다.

- 만 5세 까지 국가 무상보육 및 무상유아교육

③ 교육비 걱정 덜기
- 고등학교 무상 교육
- 사교육비 부담 완화
- 대학등록금 부담 반으로 낮추기(셋째 자녀부터 대학등록금 100% 지원 등)

④ 생애주기별 맞춤형 복지정책 확실하게 추진
- 암, 심혈관, 뇌혈관, 희귀난치성 4대 중증질환의 경우 건강보험이 100% 책임

⑤ 창조경제를 통해 새로운 시장과 새로운 일자리 늘리기
- IT, 문화, 콘텐츠, 서비스 산업에 대한 투자 대폭 확대
- 스펙초월시스템 마련
- 청년들의 해외취업 확대

⑥ 근로자의 일자리 지키기
- 60세로 정년 연장
- 해고 요건 강화
- 일방적인 구조조정이나 정리해고 방지를 위해 사회적인 대타협기구 설립

⑦ 근로자의 삶의 질 올리기
- 장시간 근로관행 개혁
- 공공부문부터 비정규직 근로자 정규직 전환
- 비정규직 차별 회사에 대한 징벌적 금전보상제도 적용
- 사회보험 국가지원 확대

⑧ 국민안심 프로젝트 추진
- 성폭력, 학교폭력, 가정파괴범, 불량식품 등 4대 사회악 뿌리뽑기

⑨ 대기업과 중소기업 상생의 경제민주화

⑩ 지역균형발전과 대탕평 인사

이러한 대선공약을 실천하기 위하여 5년간 소요되는 재원은 표7과 같이 모두 약 131조원(연평균 26.3조원)으로 추계하고[78], 이것을

조달하기 위한 방법은 주로 예산 절감 및 세출구조조정(71조원)과 세제개편(48조원)이다. 그러나 개별공약별 소요재원은 명시하지 않았다.

<표 7> 박근혜 후보 선거공약의 재원

(단위 : 조원)

재원조달	
내역	내역
1. 예산절감 및 세출구조조정	71.0
2. 세제개편	48.0
3. 복지행정 개혁	10.6
4. 기타 재정수입 증대	5.0
재원조달 소계 (1~4)	134.5
(세출절감, 1+3)	81.5 (61%)
(세입증가, 2+4)	53.0 (39%)
총 계	134.5조원 (연평균 27.0조원)

재원소요	
분야	지출
1. 경제민주화	(예산소요 없음)
2. 힘찬경제	0.4
3. 편안한 삶	28.3
4. 지속가능 국가	2.3
5. 안전한 사회	2.1
6. 정부 개혁	1.3
7. 일자리	4.6
8. 교육	18.8
9. 여성	22.5
10. 농어촌	4.4
11. 정보통신	0.3
12. 주택	0.4
13. 문화	2.7
14. 창의산업	2.1
15. 정치	(예산소요 없음)
16. 검찰개혁	(예산소요 없음)
17. 장애인	0.9
18. 외교통일	(예산소요 없음)
19. 국민대통합	0.01
20. 국방안보	2.4
대선 소계	93.6
총선 소계	27.6
지출 소계	121.2
지방 교부세	10.2
총 계	131.4 (연평균 26.3조원)

78) 이에 대하여 한국보건사회연구원은 기초연금, 4대 중증질환, 기초생활보장 확대 등 3대 복지공약에 소요되는 돈이 새누리당이 추계한 34조 4,954억 보다도 77조 5,551억원이 소요되고(약 2.2배) 무상보육, 일자리 확대, 장애인, 노인복지 등 7대 복지공약에 2017년 까지 4년간 모두 105조원이 더 들어간다고 추계하였다.('신정부 복지정책의 추진 방향', 토론회 자료집, 2013. 1. 16)

(2) 민주통합당 문재인 후보

민주당은 당헌 제 2조에 국민 모두에게 혜택이 골고루 돌아가는 경제민주화의 실현, 보편적 복지를 국민의 기본적 권리로 보장하는 복지국가의 건설, 한반도 평화통일, 동북아 지역협력과 발전을 이루는 대한민국 건설을 목적으로 한다고 규정하였다.[79]

당헌의 전문은 대한민국의 건국정신을 항일독립운동, 임시정부, 4.19혁명, 부마항쟁, 5.18 광주민주화운동, 6.10항쟁, 노동자투쟁의 민주화와 시민운동에서 찾고, 현재의 위기, 즉 성장지상론, 토건과 개방만능에 의한 사회경제적 양극화와 환경파괴, 중산층 붕괴, 서민과 농어촌 경제의 파탄, 실업과 비정규직의 증대, 청년 실업, 고령화 문제로 국민의 삶은 더욱 피폐해지고 남북관계는 단절되어 한반도 평화는 위협받아 한반도 평화, 통일이 주변 강대국의 전략에 좌우될 위험에 처해 있다고 진단한다.*

이러한 당면문제를 해결하기 위해 ① 정의와 연대의 가치를 추구하고, 사람과 소통의 가치를 존중하며, 국민 모두에게 혜택이 골고루 돌아가는 경제민주화의 실현, ② 모든 국민에게 출산, 보육, 교육, 의료, 주거, 장애, 노후 등과 관련한 사회보장을 제도화하는 보편적 복지를 국민의 기본권으로 보장하는 복지국가의 건설, ③ 한반도의 평화와 통일, 동북아지역의 협력과 발전의 관점에서 미래지향적 대한민국의 건설을 재설계하고 추진한다고 한다.**)

이에 따라 마련된 민주당의 주요한 기본정책은 다음과 같다.

① 경제활동의 성과가 국민 모두에게 골고루 돌아가는 경제민주화의 실현
② 사람을 위한 경제성장 실현

---

79) *) **), 민주통합당 홈페이지 참조, 민주당의 당헌 및 정강정책은 2011년 12월 16일 제정되었음.

③ 노동자의 권익이 보장되고 노동의 가치가 존중 받는 사회

④ 보편적 복지, 소득과 분배의 형평성 재고

⑤ 평화와 통일이 함께 가는 대북정책

⑥ 성평등이 실현되는 대한민국

⑦ 청소년에게 희망을 주는 정책

⑧ 국민건강보험 보장율을 늘여 실질적 무상의료 달성

⑨ 사회적 기본권으로서의 주거

⑩ 평등의 가치를 실현하는 교육 실현

⑪ 국가 균형 발전의 지방자치 추진

한편, 문재인 후보가 제시한 대선의 주요 공약은 다음과 같다.80) ( ) 내는 재원조달 방식이다.

① 일자리 혁명! 좋은 일자리 창출 (재정 및 조세개혁)
- 대통령 직속 국가일자리위원회 설치
- 일자리 나누기
- 좋은 일자리로 바꾸기

② 공평하고 정의로운 '상생 · 협력의 경제민주화' (제도개선 및 조세개혁)
- 재벌개혁(소유 · 지배구조 개선, 출자총액 제한제 도입, 순환출자 금지)
- 금융개혁(금융정책과 감독의 관리, 금융소비자보호법)
- 서민가계부채 경감
- 자영업자와 골목상권 보호

③ 국민 모두가 행복한 복지국가와 성평등 사회 (복지전달체계 정비와 건강보험료 부과체계 개선)
- 무상보육 실시
- 지역사회 보호체계 구축

77) 민주통합당 홈페이지, 2012

- 맞벌이 부부 보호
- 환자 의료비 연간 100만원 상한제 실시
- 인간다운 삶의 기초생활 보장

④ 강도 높은 정치혁신과 권력개혁, 국민이 주인인 정치 실현(비예산 사업)
- 소통과 협치의 대통령 리더쉽과 국정운영
- 기득권과 특권 내려놓기
- 일하는 국회
- 과감한 정당혁신
- 검찰, 경찰 등 권력기관 개혁
- 부정부패 척결
- 새정치공동선언, 국민연대의 실현

⑤ 남북경제협력과 균형외교, 평화 · 번영의 북방경제시대 (비예산사업)
- 남북 경제연합과 북방경제시대
- 한반도 평화체제 구축
- 유능한 안보, 튼튼한 국방

⑥ 범죄 · 재난 · 사고의 위험으로부터 '안전한 국민' (예산우선순위 조정)
- 민생치안 확립
- 안심하고 보내는 학교
- 믿고 먹을 수 있는 먹거리
- 재난관리체계 구축
- 보행자 위주의 교통안전 강화

⑦ 꿈과 희망, 공평한 기회! '미래를 여는 혁신 교육' (재정확충)
- 공정한 교육기회 제공
- 공교육 강화
- 영유아무상보육, 고교무상교육
- 반값 등록금
- 대입전형 단순화

- 평생교육 강화

⑧ 혁신경제로 성장동력 확충, '과학기술 · 문화강국'실현(재정 및 조세개혁)

- 혁신경제를 통한 질적 성장기반 마련(자영업자와 중소기업 보호 육성, 수출과 내수시장 균경, CT생태계 구축, 벤처기업 지원, 북방경협 등)
- 과학기술 강국
- 과학기술부 부활
- 문화 · 예술 · 관광산업 지원

⑨ 전국이 고루 잘사는, '지방분권과 균형발전'(제도개선의 비예산사업, 예산우선 순위 조정)

- 명실상부한 지방분권 실현
- 지역경제 활성화
- 국민최저기준 보장
- 행정중심, 혁신도시 정상화

⑩ 다음 세대를 위한 '지속가능한 환경과 농업'(재정 및 조세개혁)

- 지속가능한 국토이용과 생태계 보전
- 4대강 사업으로 훼손된 국토 회복
- 탈원전 생태에너지 국가 실현
- 식량주권의 농어업 육성
- 깨끗한 물과 공기 공급

그 밖에 문 후보는 서민경제 대통령으로 10가지 즉, ① 청년일자리, ② 골목상권 보호, ③ 비정규직의 정규직화와 차별 해소, ④ 정년 연장, ⑤ 가계부채 지원, ⑥ 전국민의 주거복지 실현, ⑦ 무상보육 실시, ⑧ 연간의료비 100만원 상한제, ⑨ 반값 등록금, ⑩ 노인복지 확대를 공약하고 있다.[81]

81) 새시대를 여는 첫 대통령, 「살림」, 서민경제 대통령 매니페스트10, 범학사, 2012

문재인 후보의 대선공약 자료를 보면, 다른 후보의 경우에 비하여 대단히 부실한 편이다.

(3) 통합진보당 이정희 후보

통합진보당은 당헌에서 갑오농민전쟁 이후 일제 식민지 민족해방운동과 4.19 혁명 이후 민주화 운동에서 나타난 민중의 저항과 투쟁을 계승하는 정당이고 자본주의 폐해를 극복하여, 자주·평등·평화·자유·복지·생태·인권·소수자 권리·연대 등 진보적 가치를 구현한다고 한다.[82)]

그리하여 노동자, 농민, 중소상공인 등 일하는 사람들의 요구와 이해관계를 빈영하고 내변하며, 제국주의 침략과 민족분단과 군사독재, 초국적 독점자본과 재벌의 횡포와 수탈, 사회적 불평등과 생태파괴, 성차별 등으로 얼룩져 온 역사를 바로 잡고, 오늘날 신자유주의가 초래한 사회경제적 위기, 권위주의 정치가 빚어낸 민주주의 위기, 개방농정과 실농정책으로 인한 식량주권의 위기, 전지구적 규모로 진행되고 있는 생태위기, 강대국 패권주의가 불러 일으키는 전쟁위기를 극복할 것이라고 한다.[83)]

그리하여 통합민주당의 기본 정책은 다음과 같이 명시하였다.[84)]

첫째는 특권 부패 정치구조의 척결과 진보적 민주정치를 위하여

① 입법, 사법, 행정의 삼권을 분립하고 국가권력기구 민주적으로 개편하고,

② 공직비리수사처를 신설하여 검찰개혁 및 사법제도를 개혁하며,

③ 정치혁신을 위한 결선 투표제와 민중주권을 위한 정당법과 선거법을 개정하여 예산과 정책 등에 직접 민주주의를 제도화 한다. 그리고

82) 통합진보당 홈페이지
83) 통합민주당 홈페이지
84) 상동

④ 대표적 반민주 악법인 국가보안법을 폐지하고
⑤ 국가균형발전을 추진하여 지방분권과 주민자치를 구현한다.

둘째는 민생중심의 자주·자립 경제체제의 실현을 위하여
① 토빈세 도입을 통한 국제 투기독점자본의 규제와 불평등한 경제협정을 개정 폐지하며 내수주도형 경제체재를 강화하고,
② 물, 전력, 가스, 교육, 통신, 금융 등 국가기간산업과 사회서비스의 민영화를 중단하고 공공성을 강화하며,
③ 재벌의 소유와 경영을 분리하여 독점재벌 중심의 경제를 해체하고 중소기업과 영세자영업자를 보호·육성하여 경제민주화를 강화한다.
④ 전략 산업인 농업을 보호하고, 국가수매제도를 도입하여 식량주권과 농민 소득을 보장한다.

셋째는 연대와 참여를 통한 복지공동체 구현을 위하여
① '요람에서 무덤까지'의 보편적 복지사회를 실현하고
② 동일노동 및 동일임금의 보장을 통하여 비정규직 문제를 해결하며
③ 최저임금의 현실화 및 생활임금을 보장하며
④ 교사, 공무원 등 모든 노동자의 노동 3권을 완전히 보장한다.

넷째는 진정한 성평등 세상을 만들기 위하여
① 동일노동, 동일임금을 실현하여 성별 임금격차와 성차별을 해소한다.

다섯째는 정의와 평등이 실현되고 지속가능한 사회체제를 위하여
① 핵발전소의 단계적 폐지와 무분별한 토건정책의 탈피,
② 언론의 자유와 독립성을 보장하고 방송, 통신 서비스의 공공성을 강화 하며,
③ 재벌언론의 종합편성채널의 사업권을 회수하고, 신문방송의 공공성

강화와 소유지배구조의 민주화를 실천하며,

④ 누구도 성별, 연령, 학력 등 신분에 따라 차별을 받지 않는 포괄적인 차별금지법을 제정한다.

여섯째는 자주와 평화가 보장되는 한반도와 민족의 통일체제를 향해

① 휴전협정을 평화협정으로 대체하고 주한미군 철수와 한미동맹체제를 동북아 다자평화협력체제로 전환하며,

② 7.4 남북 공동성명과 남북 기본 합의서의 정신을 존중하여 6.15 공동 선언 및 10.4 선언을 이행하고 자주적 평화통일을 추구한다.

한편, 이정희 후보는 상기한 낭헌에 명시된 정강정책에 기초하여 20대 부문 108개 세부과제를 정책공약으로 내세웠다.

① 한미 FTA 폐기 및 SOFA 개정으로 주권 강화
- 남북 평화협정 체결과 한미상호방위조약 폐기 및 주한미군의 단계적 철수 등

② 외국 투기세력의 현금자판기가 된 금융시장 개혁

③ 한미 FTA 폐지 및 내수경제 확대로 경제주권 확립
- 철도, 산은, 인천공항, 수자원공사 등 공기업 민영화의 전면 중단
- 공적 자금이 투입된 은행과 대기업의 공기업화 등

④ 6.15, 10.4 선언 이행과 평화협정 체결로 평화체제 실현
- 5.24 조치 철회, 개성 및 금강산 관광사업 재개, 서해평화협력지대 설치

⑤ 재벌규제 강화로 재벌체제 해체, 초과 이윤 공유제로 중소기업 보호
- 순환 출자금지, 금산분리 등으로 문어발식 계열사 분리
- 연기금 주주권 행사 및 노동자 경영 참가로 시장의 공적 기능강화 초과이율 공유제 등

⑥ 노동 3권 전면 보장 및 비정규직의 정규직화로 안정된 일자리 제공
  - 최저임금을 평균 임금의 50% 개선 등
⑦ 기초 농산물 국가 수매제 실시로 생산비 보장 및 가격 안정 실시
  - 한미 FTA 및 농업재해보상법 제정 등
⑧ 재벌의 골목상권 진입금지로 중소상인 보호
⑨ 서민주거 국가책임 강화, 공공임대주택 확대 및 전세값 상한제로 주거 안정 보장
⑩ 부자 증세로 복리재원 마련, 전 국민의 보편적 복지실현
⑪ 무상의료 실현, 모든 진료에 국민건강보험 적용
⑫ 무상교육 실현, 고교까지 등록금, 급식 등 보장
  - 국공립대 무상교육, 사립대 반값 등록금 등
⑬ 여성, 소수자 대표성 강화와 평등한 삶의 질 확보
  -무상보육 전면실시, 아동수당 제공 등
⑭ 장애인의 자립생활을 보장하는 사회실현
⑮ 토건정책 폐기, 2013년 탈핵 원년
  - 핵발전소의 단계적 폐쇄, 탈핵기본법 제정
⑯ 금권정치와 지역주의 보수독점 정치를 극복하고 이념과 정책에 의한 정당정치 활성화
⑰ 표현의 자유와 언론미디어의 공공성 실현
  - 종편 사업권 전면 재검토, 미디어랩법 개정
⑱ 검찰 등 사법부 개혁과 집회시위 및 통신의 자유 확대
  - 중수부 폐지와 고위 공직자 비리조사처의 신설
⑲ 국가 균형발전 및 자치단체 비리 근절, 지방분권 실현
⑳ 청년에게 기회, 더 젊은 대한민국
  - 청소년 인권법 제정, 반값 등록금 시행, 18세 선거참여 확대

이 후보의 대선공약은 당헌에 명시된 정강정책을 더욱 구체화

하고 있다. 특히 국가보안법 폐지와 미군철수 등 자주적 주권 행사와 4대강 사업 등 이명박 정권의 적폐 청산 및 재벌해체와 무상복지 등 진보적인 민주복지사회 건설을 위한 정책과제를 제시하고 있다.

그러면, 한국사회(유권자)의 다수를 차지하는 중산층과 노동자 계급의 이익을 대변하는 대선 후보자들의 정책공약이 어느 정도 있는지를 검토한다.

여·야당의 세 후보가 주장한 대선공약 중에서 특히 언론들이 많이 거론한 주요한 정책과제를 4분야에서 13가지를 선정하여 그것의 이념적 배경이 무엇이고, 또 수혜계층이 누구인지를 지적하여 본다.

첫째, 정치분야에서 세 후보 중에 문 후보와 이 후보는 정권교체와 특권배제 및 남북협력을 주장하였으나, 박후보는 대선 막판에 정권교체를 넘어 시대교체를 주장하였다. 시대교체의 정확한 의미를 알 수 없으나, 과거 유신과 현 정권에 대한 비판을 피하기 위하여 미래에 대한 주장을 요구한 것 같다.

그리고 특권배제에 대하여서는 문, 이 후보가 중수부 폐지와 고위 공직자 비리수사처의 신설을 주장하였지만, 박후보는 소극적으로 상설 특별검사제를 주장하였다. 또한 남북 화해와 협력 및 비핵화에 대해서 문 후보와 이후보가 공감하였지만, 특히 이후보는 국가보안법 폐기, 평화협정, 미군철수 등을 보다 적극적으로 주장하였다.

둘째, 경제분야에서는 일찍이 경제민주화, 특히 재벌개혁(출자총액 제한, 순환출자 금지 및 일감 몰아주기, 금산분리 등)을 여·야가 공통적으로 주장하였다. 그런데 박 후보는 기득권을 인정하고 문 후보는 소유지배구조에 대한 개혁론을, 그리고 이 후보는 소유와 경영의 분리 등 재벌해체론을 주장한다. 이의 대안으로 세 후보는 중소기업 중심으로 경제발전을 이루어야 한다고 주장한다.

그간 논의된 경제민주화는 주로 재벌개혁을 의미하였는데 헌법 4조에 명시된 경제민주화는 자본주의체제의 결함을 시정하려는 수정자본주의 논리에서 비롯된 깃이다. 따라서 경제민주화의 개념은 재벌개혁과 부자증세를 넘어선, 중소기업, 노동자, 농민, 복지문제를 적어도 수정자본주의 또는 사회민주주의의 입장에서 정책이 모색되어야 할 것이다.

셋째, 복지분야에서는 총선 전에 무상보육, 무상의료 등 보편적 복지에 대한 논의가 전개되었으나 대선에서는 주로 무상보육과 반값 대학 등록금이 여·야간에 그 차별성이 거의 없었다.

한편, 여·야가 주장하는 보편적 복지에 대한 오해가 있는 것 같다. 일반적으로 보편적 복지는 연금과 건강보험에서 적용되는 개념이고 선택적 복지는 특정한 계층(빈민, 노인, 장애인 등)을 위한 것인데 보편적 복지를 무상복지와 동일시 하는 것은 잘못 되었다. 박후보가 말하는 생애주기별 맞춤형 복지는 선별적 복지를 말한다. 최근 박후보가 말하는 민생문제는 복지개념이라 할 수 있다. 민생, 즉 복지는 인간이 필요로 하는 의·식·주·행의 문제를 충족시켜 주는 것이다. 중도이념에서는 그것의 최저수준을 보장하여 준다. 따라서 여·야 후보는 복지국가건설에 있어서 민생 또는 복지문제로서 가장 중요한 것이 인간의 최저욕구를 충족시켜 주는 소득보장, 즉 연금과 건강보호, 즉 공적 의료보험을 발전시켜야 하는데 이것을 모두 소홀히 하고 있다.

넷째, 노동분야에서는 일자리 창출과 비정규직 문제가 많이 거론되었다. 비정규직 문제는 세 후보가 모두 해결하겠다고 주장하였는데, 그 방법의 차이가 있었다. 특히 일자리 창출은 문후보가 매우 중요시 하였다. 그런데 일자리 창출은 보수우파의 성장론(분업 또는 역할분화론)에서 중요시 하는 정책이다. 이것은 대기업 보다 중소기업이 고용을 촉진시킨다.

이러한 선거공약을 저자가 서론에 제기한 분석틀, 즉 이념적 배경이 무엇이고 수혜계층이 누구인가를 밝혀 본다면 표 8과 같이 그 특성을 지적할 수 있다.

<표 8> 주요 정책공약의 이념적 계층적 분석

		이념적 배경				수혜 계층			
		보수 우파	중도 우파	중도 좌파	진보 좌파	자본 계급	구 중산층	신 중산층	노동 계급
정치	정권교체	연장론	재창출	교체	혁명론	×	△	○	◎
	국회의원 공천권	대표임명	추천위	당원공천	국민경선	○		○	◎
	특권배제	유지론	개신론	개혁론	혁명론	×	△	○	◎
	남북관계	분단론	화해	협력	통일론	×	△	△	○
경제	경제민주화	반대	개선	개혁	혁명론	×	○	○	◎
	출자총액 제한	반대	일부제한	다수강화	강화	×	○	△	○
	순환출자 규제	반대	일부제한		강화	×	○	△	○
	금산분리	반대	일부제한	신규규제	강화	×	○	○	○
	재벌해체	반대	개선	재벌제한	강화	×	○	○	◎
	부자증세	반대	찬성	찬성	찬성	×	△	○	◎
	중소기업	반대	찬성	찬성	찬성			○	◎
복지	무상보육	반대	선별론	단계론	찬성	×	○	△	◎
	무상의료	반대	선별론	단계론	찬성	×	○	△	◎
	무상고교교육	반대	선별론	단계론	찬성	×	△	△	○
	대학 반값등록금	반대	선별론	선별론	찬성	×	△	△	○
노동	일자리 창출	찬성 (제조업)	찬성 (서비스업)	개선 (기술산업)	개혁 (공기업)	○	×	○	△
	비정규직	찬성	선별론 (공사차별)	단계론	반대	○	△	○	○

그렇다면, 자본가계급의 이익을 대변하는 보수우파는 상기한 정책공약을 부정적으로 볼 수 밖에 없다. 그리하여 야당이 주장하는 그러한 공약을 포퓰리즘이라 비난한다. 그러나, 박근혜 후보는 중산층 70%를 재건하겠다는 것은 결국 여·야가 주장하는 복지국가 건설을 의미한다. 왜냐하면 복지국가의 정치적 사회적 중심 세력은 중

산층, 특히 신중산층이기 때문이다. 또한, 과거 우리나라에 양극화가 일어났지만 현재 우리나라는 1990년대 중반부터 신중산층이 지배적인 후기 산업사회에 진입하였기 때문이다. 따라서 박 후보는 중산층과 복지국가를 건설하기 위하여 이념상으로 보수우파 보다 중도우파(수정자본주의) 또는 중도좌파(사회민주주의)의 이념과 정책에 기초하여 정책개발과 국정을 운영할 수 밖에 없을 것이다. 그렇지 않으면 MB처럼 거짓말 하는, 신뢰를 상실하는 대통령이 될 것이다.

5. 대선의 승패 원인과 그 과제

18대 대선의 승패요인(원인)이 주로 세대갈등 및 지역갈등으로 분석, 해석하고 있는데 그 보다도 인물론 및 정책론에서 찾아보는 것이 타당하다고 생각한다. 비록 대선의 막바지에서 선심성 정책이 난무하였고,[85] 편파적인 종편방송의 네가티브전이 대단하였지만, 대선후보자들은 국민에게 과거 정권의 실정을 설명하고, 그 대책을 제시하는 것이 현명하다고 본다. 사실 여·야 후보가 모두 전 정권의 정책이 실패하였다고 하였지만, 특히 정권교체를 요구하는 야당 후보는 이명박 정권의 국정심판론을 부각시켜 표심을 획득하여야 하는데 실패하였다.

이번 대선의 분석에서 많은 언론과 전문가들이 2030세대와 5060세대의 세대갈등과 영·호남의 지역갈등 및 야당의 전략 부재로 해

85) 선심성 공약의 수혜자는 기초노령연금(405만명) 및 장애인연금 2배 인상(3조 6천억원), 무상보육(4조원), 4대 중증질환자 건강보험 전액지원(1조 5천억원), 반값 대학등록금(1조원), 고교무상교육, 가계부채 탕감(322만명), 금융부채 탕감(126만명, 국민행복기금 18조원), 소위 택시법(24만대, 1조 9천억원), 비정규직(전체 근로자의 34.2%) 사회보험료 전액지원 등이다. 이러한 공약의 대부분은 무원칙한 복지포퓰리즘이다.

석하는 경향이 있는데 과연 그렇게 단순히 처리해도 좋은 지를 생각해 볼 필요가 있다.[86] 과거 선거에 있어서 투표성향이 정책공약보다도 인물론이 우세하였는데 이번 대선에서도 그 타당성이 있었는지를 검토할 필요성이 있다.

이미 앞에서 저자가 대선후보의 인물론과 정책 공약론에서 지적한 바와 같이 그들의 출신배경과 한국사회의 역사적 구조적 특성에 대한 이해가 없이 단정하기는 매우 어렵다.[87] 따라서 대선후보의 출신배경(역사성)과 사회구조적 조건 및 대선공약에서 그 승패 요인과 원인을 찾아 보아야 할 것이다.

1) 정치사적 요인

이번 대선의 정치사적 의미는 1972년 7월 4일 발표한 '남북공동선언과 기본합의서'를 악용한 박정희 대통령의 10월 유신헌법과 그 후 2000년 '6.15 공동선언'과 2007년 '10.4 공동성명'의 평화적 민족통일과 화해정신을 거부한 이명박 정권을 타도하기 위한 민족적 민주주의 세력간의 투쟁이라 볼 수 있다. 이러한 정신은 그간 형성된, 지역갈등 및 계급갈등을 해소하기 위한 정책공약의 기본정신이 되어야 한다.

첫째는 대선 후보의 경우 유신 독재 후예와 민주주의 세력간의 투쟁

86) 전자는 언론사와 소위 전문가의 견해(즉 미디어 리서치는 2030세대는 정권교재(66.2%), 5060세대는 정권재창출(63.9%)을 주장)이고, 후자는 민주당 소속 국회의원 127명에 대한 조사결과 전체의 70.8%가 총체적 전략 실패이고 나머지는 대부분 인구구성에 따른 정책공약 부재라고 하였다.(「오마이 뉴스」, 2013. 1. 7)

87) 한국사회는 기본적으로 보수성이 강한 역사적 배경을 지니고 있다. 첫째는 해방후 대한민국의 건국과정에서 진보좌파 세력은 배제되고, 반공우익세력이 집권하였으며, 둘째는 6.25 전쟁으로 군부 우익세력의 장기집권, 셋째는 6.25 전후 많은 월남인과 그 자손들, 넷째는 한국 프로테스탄트의 성장, 다섯째는 경제개발로 성장한 많은 부르조아지 들이었다.

이다.

박근혜 후보는 새누리당의 뿌리에서 그 역사성을 찾을 수 있다. 새누리당은 해방후 5.16 군사 구테타와 유신독재를 거친 오랜 집권 여당이었고, 그는 장기 집권한 박성희 전 대통령의 딸로서 일찌 퍼스트 레이디(5년 3월)와 국회의원(5선)을 지낸, 소위 준비된 대통령이라고 자임한다. 그러나 문재인 후보는 비록 대통령 비서실장 등을 역임하였지만, 가난한 가정에서 태어나, 대학 재학시 유신독재에 항거한 민주투사로서 자처한다. 따라서 유신독재와 민주주의의 대립된 가치가 이번 대선에서 충돌하게 되었다.

그러나, 박 후보는 박정희 대통령이 경제개발로 국민을 잘 살게 하였다는 국민들의 향수와 또 부모가 총탄에 쓰러졌다는 동정심으로 많은 득을 볼 수 있었다. 그리고 박 후보는 과거사의 반성과 그 피해자 보상을 약속하면서 그것을 희석시키면서 과거사는 잊고 미래의 가치를 창조하자고 하였다.

둘째는 지역간 불균형 경제개발과 오랜 군사정권으로 생긴 영・호남의 지역감정이 표출되었다. 문 후보는 대선과정에서 도시와 농촌, 그리고 영・호남의 지역차별과 갈등이 5.16, 5.17 군사구테타, 그리고 7차의 5개년 경제개발정책에서 비롯되었다는 것을 제대로 환기시키지 못하였다. 반면에 박 후보는 호남을 자주 방문하여 사죄하고, 특히 5.18 사태로 생긴 지역감정을 최소화 시키는데 노력하였다. 이러한 노력이 호남 출신 수도권 유권자의 표심을 자극하는데 기여하였을 것이다.

셋째는 양극화 해소와 복지국가 건설에 대한 이해가 부족하였다.

과거 노무현 대통령이 한국사회의 특성으로 정치적으로 처음 ‘양극화’ 문제를 제기하였다. 그러나, 2000년대의 한국사회는 이미 계급구조상으로 중산층(55.6%)이 지배하는 후기산업사회로 접어 들었다. 1995년 이전에는 계급구조가 노자간 양극화로 진행되어 왔지만 2000년대 이후 경제위기로 비록 중산층이 약간 감소되었다. 그러나 계급간 산업간 및 직업간 소득의 격차 등 빈부간 불평등이 심화하였다.

이러한 사회구조의 특성을 이해한다면, 우리나라를 지배하는 권력지배층은 극소수이지만 계급구조상으로는 다수가 중산층과 노동자계급이라고 말 할 수 있다. 따라서 이들의 이익을 대변하는 정당이 필요하고, 나아가 이들의 이익을 대변하는 정책공약을 제시하여야 한다. 그런데 박근혜 후보는 미흡하지만 대선공약으로 중산층 사회(70%)의 건설을 구체화 시켰다.

넷째는 야권단일화 과정에서 비롯된 대선 지도부의 부재(소위 친노세력의 퇴역)와 이질적인 대선 참모들의 불협화음이 대선 전략의 부재를 초래하였다. 심지어 과거 민주당의 요직에 있었던 자들의 배신 행위가 부채질 하였다.88)

2) 경제정책적 요인

오늘날 우리나라의 주요한 경제문제는 지난 반세기간 경제개발정책과 경제위기로 조성된 막대한 국가부채(약 3천조원)와 심각한 사회양극화(산업간, 지역간, 계층간 격차 등) 문제이다. 재벌들은 경제위기가 올 때마다 더욱 살찌고 중소기업과 국민은 가난하였다. 이러한 문제를 해결하기 위한 경제민주화(재벌의 경제집중력과 비정규직 문제

---

88) 민주당의 실세였던 권노갑, 설훈 의원은 민주당 대표를 지냈던 한화갑(전남 무안, 서울대 정치과, 5선의원), 한광옥(전북 전주, 서울대 영문과, DJ정권 비서실장) 전 의원이 새누리당을 지지 또는 참여한 것을 배신이라고 말하였고, 또 민주당 정책위의장을 지낸 강봉균(전북 군산, 서울대 상학과, 재정경제부장관) 전의원은 공천에서 탈락되어 과거 고위 경제관료 모임인 '건전재정포럼'을 만들어 민주당 복지정책을 포퓰리즘이라고 비난하였다.

등) 등이 정책공약으로 거론되었으나 국가 부채와 도시재개발 및 농촌문제 등은 소홀히 되었다.

첫째는 '선성장 후분배'의 성장논리인 일자리 창출이 주요한 복지정책이 되었다.

우리나라는 지난 50년간 경제개발정책으로 경제력이 소수 대기업자본가들(소위 재벌)에게 집중되어 많은 문제를 야기시켰다. 이를 해결하기 위하여 최근 총선 및 대선에서는 경제성장론이 후퇴하고 경제민주화와 복지국가론이 새로운 시대정신으로 정치 잇슈가 되었다. 이러한 잇슈는 지난 반세기간 경제개발정책의 기본방향인 '선성장 후분배'의 결과로 지역격차, 빈부격차, 재벌문제 등 사회불평등의 악화, 소위 양극화가 생긴 것이다. 이러한 과제를 해결 하는 것이 대선 후보의 시대적 사명이다.

그런데 경제민주화와 복지국가론을 주장하는 여・야 대선후보와 언론들이 이에 대한 이해가 매우 부족한 것 같다. 그들은 경제성장론인 일자리 창출, 즉 경제활성화가 최선의 복지론이고 무상보육, 무상의료, 반값 등록금 등이 보편적 복지이며 복지국가의 핵심적 정책인 것처럼 주장하고 있다. 그런데 전자는 경제관료들의 견해이고, 후자는 치료적이고 구호적인 복지서비스에 관한 것이 대부분이다. 사실 복지국가는 공적 연금, 즉 건강보험, 고용보험, 산재보험등 예방적인 사회보험제도가 핵심이고, 공적 부조 및 사회서비스 등은 관련서비스인데 우리나라에서는 치료적이고, 구호적인 공적부조와 관련 서비스를 복지의 핵심으로 간주한다.

그래서 이번 대선 공약에서 사회보험(공적연금과 건강보험 등)에 관한 것은 거의 없고 아동보육, 노인연금, 중증질환자 치료비 면제 등 관련서비스에 관한 것이 대부분이다. 정부와 언론들은 이것을 좌파정책 또는 복지 포플리즘이라고 매도하고 있다. 그런데 박 후보는 약 18조원의 가계부채 감면을 위한 국민행복기금을 설립하고, 기초노령연금을 2배 인상하며, 연간 1조 9천억원이 소요되는 소위 택시법 등을 제정하겠다고 약속하였는데 어떠한 명분과 원칙에서 제안하였는지 의문이 간다.

둘째는 경제민주화, 즉 재벌개혁론에 대하여 견해의 차이가 있다.

여·야 후보의 정책 공약은 일반적으로 비슷하다고 하지만 특히 경제민주화(소위 재벌개혁)에 관한 공약은 상당한 차이가 있다. 박 후보는 출자총액 제한, 순환출자 및 일감 몰아주기의 금지 및 금산 분리의 경우 기득권을 인정하고 미래의 경제를 공정하게 운영하겠다는 것이고, 문 후보는 모두 금지시키겠다는 것이다. 따라서 전자는 이념상으로 보수우파이지만 후자는 중도좌파라 할 수 있다. 다시 말하면 박후보는 기득권자, 즉 자본가 계급의 이익을 위한 정책이지만 문후보는 중산층과 노동자계급의 이익을 위한 정책이다.

한편, 복지정책에 있어서 문 후보는 보편적 복지를 주장하고 박 후보는 맞춤형 복지, 즉 선택적 복지를 주장하는데 전자는 중도좌파 또는 중도우파의 이념에 기초하고 후자는 보수우파에 기초하고 있다.[89]

셋째는 도시의 재개발사업이나 농촌의 산업단지사업을 정책 잇슈화 하지 못하고 있다.

이러한 사업은 모두 원주민들을 쫓아내고 건설업자들의 이익을 추구하는데 기여한다. 도시재개발사업은 이미 잘 알려져 있지만 농촌의 산업단지개발은 특히 지방자치단체의 허가로 법인과 건설업체들이 공동으로 수행하는 개발사업이다. 이들은 저렴한 국공유지와 민간소유의 임야와 토지를 공시지가로 불하받아 돈벌이(땅장사)를 하고 있다.(대부분 부실화) 심지어 이것은 지방민을 이촌시키고 환경을

89) 김영모, 여·야간 복지정책 논쟁의 허실, 「사회정책연구」, 제 42집, 2011, p.16

파괴하고 있다. 지방 산단사업은 대부분 실패하였다. 여・야 후보들은 이에 대한 대책, 즉 산업 및 농촌정책을 잇슈화 하지 못하였다.

넷째는 친기업농 보다도 자영농민을 위한 농업정책이 필요하다.

아직도 농민의 65.3%를 차지하는 영세한 소농정책 보다 소수의 대농정책을 실시하여 농민층의 양극화를 조성하고 또한 몰락시키고 있다. 예컨대 박후보의 대선공약에 쌀직불금을 현 1ha당 70만원을 100만원으로 인상할 필요성을 인정하지만, 2011년 쌀직불금 비리사건이후 신규 3정보 이상의 농가에는 쌀직불금을 주지만 신규 3정보 이하의 농가는 제외하고 있다. 따라서 오랫 동안 농지를 소유하였거나 귀농자가 새로 경작하는 경우도 배제되어 있다.[90]

다섯째는 먼저 기존의 예산 편성틀과 낭비를 과감히 개혁하고 차후에 증세를 통한 복지공약을 실천해야 한다.

대선공약을 실천하는데 소요 예산이 필요없는 개혁 정책이 많이 있으나, 5년간 필요한 재정은 박근계 후보의 경우 약 131조원이고, 이것의 재원조달은 주로 예산절감 및 세출구조 조정(71조원)과 세제개편(48조원) 등에서 해결하겠다고 한다. 그리고 문재인 후보의 경우 약 178조원이 필요한데 이의 재원조달은 주로 예산재정구조의 개편과 조세 증액에서 추구하겠다고 하였다.

이것을 보면, 양 후보는 모두 예산(세출)구조의 재편과 세제개편에서 재원을 조달하겠다고 한다. 이러한 개혁은 중도우파 또는 중도좌파의 개념에 기초하고 있다.

3) 사회정책적 요인

그간 선성장 후분배의 경제개발로 인한 사회변동과 양극화 문제

90) 고헌, 저곡가 농업정책과 쌀소득 직불금제도의 과제, 「사회정책연구」, 제 43집, 2011, p.36 기업농은 경지 10정보의 농업법인(11,694개 4명 피용)을 의미하는데 정부는 2011년에 1개 법인당 4억원을 보조한다.

는 지역간 계층간 갈등 뿐만 아니라 소득불평 등으로 많은 민생(복지) 문제가 야기되었다. 정부는 오랫 동안 영세민(빈민)들을 위한 구빈정책을 실시하였으나 오늘날 국민들은 예방적인 사회보장제도를 선호한다. 그리하여 정부는 소득보장을 위한 연금제도와 보건의료서비스를 위한 건강보험 등을 실시하였으나, 이것은 아직 까지 선진국가에 비하면 매우 부실하다. 그런데도 불구하고 정부관료와 대선후보자는 치료적인 공적 부조(국민기초생활보장)와 관련서비스(아동, 노인, 장애인서비스 등)의 내실을 주장하고 있다. 대선후보자들이 주장한 복지국가를 건설하려면 기본적으로 최저수준의 소득보장(연금)과 건강보장(의보)을 강화시켜야 한다.

첫째는 최근 사회계급 내 계층화 현상으로 투표 성향의 양극현상이 보인다.

지난번 대선에서 서울에서 야당 후보의 득표율이 여당후보에 비하여 약간 높았고, 인천과 경기의 경우 오히려 여당후보의 득표율이 약간 높았는데 이것을 반드시 지역갈등 또는 세대갈등으로 해석하기 어렵다. 그러나 서울의 경우 부촌인 강남 3구에서 박 후보가 56.2%의 득표를 하였고, 문 후보는 강남 타워팰리스가 있는 도곡동에서는 14.7%를 획득하였다. 이것은 빈부의 차이에 따른 투표성향의 차이다. 반면에 노동자들이 많이 거주하는 울산시(북구 및 동구)과 창원시(의창과 성산구)에서 여당후보의 득표율이 약 54%가 나왔다. 이것은 서울의 경우 계급적 지위의 차이에 따른 투표성향이 나타났지만 지방의 경우 그렇지 않다. 왜냐하면 중산층 또는 노동자계급이라 하더라도 그 속에 계층적 불평등(차별성)이 존재하기 때문에 투표성향이 다르다. 따라서 중산층 또는 노동자계급의 양극 투표 성향이 나타난다. 이러한 양극화를 해소하기 위한 사회통합정책이 필요한 것이다.

둘째는 보편적 복지가 좌파이념 또는 포퓰리즘인가?

최근 여야가 선거공약으로 주장하는 무상보육, 무상의료, 반값등록금을 보편적 복지니 선택적 복지니 하면서 그것의 필요성을 주장하고 있나. 이것을 정부와 언론이 복지포퓰리즘이라고 비난한다. 보편적 복지에 대한 이해의 부족에서 비롯된 것이다.[91)]

그런데 이러한 복지정책은 우리나라에 없는 아동수당의 도입이나 건강보험의 개혁(자부담 인하 및 보장범위의 확대 등)으로 고치면 된다. 그리고 반값등록금은 도덕적 해이가 없도록 정부가 대학에 재정지원을 확대하면 될 것이다.

이러한 지원을 정부가 오랫 동안 '선성장, 후분배', '수익자 자부담'의 원칙 하에 경제성장과 복지정책을 수행하였기 때문에 복지정책하면 요보호자 복지만을 생각하는 타성으로 경제관료와 보수언론은 일으켜 복지포플리즘 또는 좌파정책이라고 비난한다.

우리가 선진 현대국가, 즉 복지국가를 만들려면 적어도 미국과 일본의 복지수준(GDP의 30%예산)으로 올리도록 노력해야 할 것이다. 국가안보를 군사안보에서만 볼 것이 아니라 사회안보(사회보장)의 측면에서 접근해야 한다. 무기 수입은 시간이 지나면 고철이 되지만 사회보장은 해가 갈수록 튼튼해 진다.

셋째는 사회보장제도의 부실은 대선후보가 주장하는 복지국가를 만들지 못한다.

복지국가의 핵심제도는 완전고용과 사회보장제도이다. 정부는 우리나라 국민의 완전고용정책을 실시하지 않고, 기업가의 입맛데로 저렴한 노동력, 특히 외국노동력의 수입에 주로 의존하고 있는데, 이것으로 인한 소위 다문화가정의 사회문제와 비효율성이 급속히 증가되고 있다.

---

91) 김영모, 상게논문 참조.

한편, 공적 연금제도와 건강보험제도는 부실하여 선진국가처럼 소위 요람에서 무덤까지의 사회보장이 되지 못하고 있다. 지난 정부와 국회는 공적 연금의 재정위기론을 주장하면서 기여율(보험료)은 상향 조정하고 급여율은 하향 조정하여 노후퇴직시 생계보장을 위한 연금이 되지 못하고 용돈에 불과한 것이 되었다. 이와 같이 공적 연금을 부실하게 만들고 사적 보험(생명보험, 의료보험 등)은 연말정산시 소득공제를 해 주는 등 결국 대기업(재벌 보험회사)의 돈벌이를 시켜 준다. 또한 건강보험은 기여율(보험료)을 선진국 수준으로 인상하면서 그 보장율은 모든 질병의 60%에 불과하고, 나머지는 자부담이나 민간의료보험에 의존시킨다.

이와 같이 공적 보험에는 정부의 지원이 거의 없으면서 사회보험을 민영화 시키거나 부실화 시켜 결국 재벌의 사냥터(돈벌이)가 되어 있다.

여섯째는 공적 부조와 관련서비스에 대한 오해이다.

여·야당 및 대선 후보가 경쟁하고 있는 복지제도는 주로 공적 부조와 관련서비스이다. 이것은 자본주의 시장경제에서 탈락한 요보호자, 즉 빈민과 노인 및 장애인들을 위한 것이다. 이들을 위한 복지정책은 주로 구호적이고 치료적인데 대선후보는 생활보호 대상을 확대하고 이번 대선에서 표심을 자극한 기초노령연금을 2배로 증액시키겠다고 한다. 사실 이들을 위한 복지서비스는 정부가 재정지원을 한다면 국민연금(국고 부담)이나 건강보험에 편입시킬 수 있다. 그러나 기초노령연금은 원래 한시적인 것이었고 이것은 공적 부조이다. 이것을 연금화 하는 것은 잘 못된 것이다. 만약 국민연금화 하려면 새로운 연금제도의 개혁(설계)하거나 전액 국고지원 하에서 가능하다. 그리고 노인 장기요양보험도 과거 공적 부조(관련서비스)였는데 DJ정부가 이것을 사회보험으로 만들어 이에 필요한 재원을 국고에서 지급하지 않고 국민에게 전가시켰던 것이다. 기초노령연금과 노인요양보험이 수혜자의 기여금이 없는데 무슨 연금인가? 공적 연금은 기여금 제도이다.

4) 언론문화적 요인

현대사회는 대중사회이고, 대중문화는 언론방송이 지배하고 있다. 그리하여 오늘날 정치는 언론이 다 한다고 말한다. 그리고 언론사들은 광고료의 수입에 크게 의존하기 때문에 대기업(재벌)의 영향을 크게 받는다. 따라서 언론은 보수화 된다.

첫째는 현대 국민의 생활양식과 정치의식이 평준화 된다.

오늘날 도시 인구의 급증과 교육수준의 향상, 그리고 교통 및 통신수단(특히 TV와 핸드폰 등)의 보편화로 대중문화가 발달되었다. 또한 대중문화의 발달은 사회계층간 차별감과 지연 및 혈연 의식이 약화되고, 또한 의·식·주의 생활양식과 의식수준을 평준화 시키고 탈정치화(무관심) 되어 가고 있다. 이러한 변화로 여·야간 정책공약에 관심이 점차 약화되고 있다. 이러한 현상이 유권자의 투표성향을 탈이념화 시킨다.

둘째, 언론방송은 권력과 재력에 매우 약하다. 특히 언론방송은 대기업의 광고료에 크게 의존하기 때문에 친기업, 즉 보수화 된다. 최근 보수 언론 및 종편방송(소위 조·중·동)은 마치 정부 및 재벌의 대변자인 것 같다. 따라서 보수적인 정치인을 지원한다.

셋째, 이번 대선에서 박근혜 후보를 승리케 한 1등 공신은 보수언론이다.[92] 특히 야당이 설립을 반대하였던 종편 방송은 선거기간 내내 사이비 시사 및 정치평론가를 동원하여 야당의 정책을 비난하

---

92) 대선에 가장 영향을 미친 매체는 50대의 75.9%가 텔레비전 토론이었다고 한다. 그런데 종합편성채널이 허가될 때 야당(민주통합당)과 언론노조가 반대하면서 출연거부를 선언한 적이 있었다.

고 네가티브전, 즉 북방한계선 문제와 국정원 직원 댓글 문제를 보도하였다.[93] 더욱 대선 후보의 공개방송에서 통합진보당의 발언을 부도덕한 막말이라 하여 소위 먹튀법 또는 이정희법을 만들어 국고 27억원을 환수해야 한다고 주장하였다.[94] 이러한 방송은 교육수준이 낮거나 노령층 유권자에게 먹혀들어 친여적인 선거풍토(여론몰이)를 조성하였다.

6. 결 론

제 18대 대선 승리자는 총 유권자의 약 52%를 획득한 새누리당 박근혜 후보이다. 그러나 문재인 후보가 열악한 조건(초기에 낮은 지지율, 불공정한 언론·방송, 선거전략의 실패 등)에서 총유권자의 약 48%를 획득하였다는 것은 대단한 성공이라고 볼 수 있다.

이번 대선 결과에 대하여 많은 언론과 전문가들이 세대갈등, 지역갈등의 산물이라고 분석하고 있으나, 이것에 내재된 이념적 계급적 분식을 소홀히 하고 있는 것 같다. 그리고 이번 대선 후보를 낸 정당이나 후보자들의 한국사회와 국정에 대한 인식이 잘못된 것이

93) NLL(북방한계선) 문제는 노무현 대통령이 김정일 위원장과의 정상회담에서 서해의 북방한계선, 즉 영토선을 포기하였다는 대화록의 공개 여부 문제이고, 국정원 여직원 사건은 국가기관이 선거에 개입하였다는 야당의 주장과 장시간 여성을 감금한 인권문제는 여당의 입장이다. 사실 NLL문제는 남북정상회담에서 그간 쟁점이 된 서해 북방한계선과 남방경계선간 '등기리 등면적'의 원칙하에 평화적으로 이용하기 위하여 제기된 것인데 이것이 국방장관회담에서 합의되지 못하여 폐기되었다. 서울지검이 원세훈 전 국정원장과 김용판 전 서울경찰청장을 공직선거법과 국정원법의 위반혐의로 불구속 기소하였다. 사실 국정원의 선거 개입과 서울경찰청의 대선직전 무혐의 발표는 선거에 큰 영향을 미칠 수 있었다.

94) 이 막말은 대선 방송토론회에서 박근혜 후보가 이정희 후보에게 단일화를 말하면서 대선지원금 27억원을 받으면서 왜 나왔느냐는 질문에 이후보가 박후보를 떨어트리려고 나왔다고 대꾸하였다.

대단히 많았다. 그리하여 국민을 올바르게 이해시키고, 그것을 표심화 시키는 것 보다도 오히려 부정한 교차압력(언론방송, 정부개입, 선심성 공약, 네가티브전 등)에 의존하는 경우가 많았다. 특히 국가기관(국정원, 경찰 등)과 언론방송의 선거개입(여론조직 등)은 부정선거로 문제가 제기될 수 있다. 이러한 것이 정상적인 선거운동을 흐리게 하였다.

저자는 18대 대선 후보자의 인물과 정책공약을 분석한 결과 비교적 소속정당의 성격, 즉 보수와 진보를 상징하는 인물이었고, 이것을 표심화 시키는데 야당 후보가 유리하지만 여당 후보는 이것을 방어하는데 부모의 후광과 동정심이 크게 작용하였다고 볼 수 있다.

한편, 대선 후보가 제시한 정책공약을 보면, 세 후보가 비교적 소속정당의 당헌과 정강정책에 기초한 선거공약을 충실히 마련하였다고 볼 수 있다. 그러나, 현실 문제에 대한 인식과 나아가 국정 방향이 정당의 이념적 한계를 벗어나지 못하고 있었다. 한국사회는 그간 급속히 산업화와 도시화 및 민주화와 언론, 교육 등의 발전으로 이미 중산층(특히 기술관료)이 지배하는 후기산업사회로 들어갔다. 그러나 선진국가의 경우와는 달리 중산층과 노동자계급이 각각 약 4할을 차지하고 있는데 이들을 위한 국정공약이 수반되어야 할 것이다. 이러한 면에서 여 · 야가 주장한 중산층 70%, 또는 복지국가의 건설은 오늘날 시대정신을 구현하기 위한 적절한 국정방향이었다. 그러나, 이러한 사회와 국가를 건설하기 위한 정책개발은 저자가 이미 지적한 바와 같이 잘못된 것이 대단히 많았다.

이번 대선에서 여 · 야가 주장한 국정방향은 기본적으로 동일한 것이었다. 중산층은 복지국가, 후기산업사회의 중심세력이고, 복지국가의 건설에서 중산층 사회를 모색할 수 있다. 그런데 보수 언론들은 여 · 야가 주장한 복지공약을 특히 야당의 정책을 좌파이념 또는 포퓰리즘이라도 매도한 것은 잘 못된 것이다. 오히려 여당의 복지공약이 포퓰리즘인 경우(노령연금 20만원 지급, 4대 중증환자 무상치료 등)가 많았다. 그러나, 우리나라의 복지정책이 구태연한, 요보호자를 확대 재생산 하는 낭비적이고 구호적인 복지정책을 개발할 것이 아니다. 정치인들은 이들을 양산하여 선거시 선심정책으로 표심을 확보하려 한 것은 잘못된 것이다.

그리하여 이번 대선전은 정책공약 보다도 오히려 이것을 비방하고 국민을 선동하여 색깔론 및 네가티브전으로 몰아갔다. 이러한 여론조성에 도취된 유권자들은 자기의 계급적 이익이나 국가발전 보다도 자기에게 당장 이익이 되는 선심성 공약에 빠지게 되었다. 선심성 공약의 수혜자가 적어도 1천만명 이상으로 추산되기 때문에 대선에서 3%(100만명)의 표차로 승리하였나는 것은 무의미하다. 따라서 박후보가 비록 당선되었지만 문재인 후보를 지지한 48% 유권자들의 요구와 열망을 고려하여 국민대통합을 성취하여야 할 것이고, 문 후보는 대선과정, 즉 후보단일화와 야권 및 국민연대에서 보여준 약속을 지킬 의무가 있다.(2013년 1월 25일 탈고)

제 5장 19대 국회의원의 사회계층적 분석

1. 서 론

우리나라 헌법(제 1조)에는 모든 권력이 국민으로부터 나온다고 명시되어 있다. 국민이 창출한 권력은 주로 선거를 통하여 당선된 선출직이 행한다. 주요한 선출직은 대통령과 국회의원 및 지방자치단체장이다.

이러한 권력을 창출하는 선거제도는 서구식 민주주의의 기본 요체이다. 유권자인 국민은 선거를 통하여 민심과 그들의 이익을 대변하는 인물(지도자)을 뽑고, 그들을 통하여 정책(선거공약)을 구현하려고 한다. 따라서 총선과 대선 및 지방선거는 국민의 열망을 담보하는 선거혁명과 사회개혁을 위한 정치적 기회라고 할 수 있다. 그런데 사실은 그렇지 못하다. 만약 이러한 기회와 기능이 제대로 작동하지 못하면 소위 폭력혁명이 일어난다.

우리나라에는 금년에 의회권력과 대권을 교체하는 양대 선거가 있다. 이러한 양대 선거가 향후 4~5년간 우리나라 정치권력의 향방을 결정하는 주요한 계기이다.

지난 18대 총선과 17대 대선에서 소위 '잃어버린 10년'을 되찾은 보수여당(한나라당)과 이명박 대통령이 정권을 장악하여 그간 한미동맹과 남북대립(4.24조치 등)을 강화시키고, 친기업정책(법인세 감면 등)과 독선적인 정책(4대강 사업, 한미 FTA 등)을 강행하면서, 더욱이 임기 말 각종의 권력형 비리가 터지면서 현 정권에 대한 민심이반 현상(서울시장 보선 패배 등)이 심화 되었다.

이러한 정국 상황에서 박근혜 의원이 한나라당의 비상대책위원장이 되어 심지어 당명 변경(새누리당) 까지 하고 새로운 정강정책을 개발하였으며, 심지어 공천 물갈이론(국회의원 40% 탈락)을 주장하면서 총선에 임하였다.

한편, 지난 18대 총선에서 참패한 야당(민주당)은 친노세력과 시민단체 등과 연합하여 재창당(통합민주당) 하였고, 또 통합진보당과 야권연대를 형성하면서 지역구 배분 등을 성사시켰다.

그 동안 지방선거 과정에서 여·야의 치열한 복지논쟁이 있었고, 더욱이 정부와 보수언론(소위 조·중·동 등)이 야당의 주장을 '복지망국론' 또는 '복지 포플리즘'으로 폄하하면서 전개된 19대 총선결과는 대단히 흥미로운 것이 되었다.

식자들은 여당이 비리와 부정으로 재창당 수순을 밟았지만 여당의 필패론을 주장하였고,[95] 야당은 선거연대를 성사시켜 보수 여당이 진보 야당에 패할 것이라고 내다 보았다. 그런데 이러한 예측성이 성공하였는지, 그리고 만약 실패하였다면 그 원인은 무엇인지를 주로 사회계층적 측면에서 분석, 고찰하여 본다. 그리고 그 원인을 19대 총선에 입후보한 자와 당선자의 출신배경과 정당의 선거공약을 중심으로 파악하여 본다.

---

95) 2012년 12월 26~29일 각 신문사(조선, 한국, 동아)가 조사한 수도권 정당별 총선 지지율은 한나라당이 서울에서 38~24.4%이고, 인천·경기에서 35.9~29.3%이며, 민주통합당은 서울에서 36.7~21.7%, 인천·경기에서 32.1%~24.4%이며, 나머지는 기타(무응답 등)이다. 그리고 부산·경남에서는 한나라당이 민주통합당에 약 10% 앞서고 대전의 경우 민주통합당이 약 2배 앞선다고 한다.(「조선일보」, 2012년 1월 2일)

2. 총선결과와 투표성향

19대 총선의 투표율은 전체 유권자의 54.3%이다. 18대 총선의 경우(46.1%)에 비하면 다소 높아진 것이나, 아직도 유권자들의 정치적 무관심이 매우 높은 편이다.

지난 19대 총선결과, 새누리당은 지역구 국회의원 후보자 230명을 공천하여 가장 많은 127명을 당선시켰다.[96] 그 다음은 민주통합당은 209명을 공천하여 106명을 당선시켰으며[97], 나머지 당선자는 통합진보당 7명[98]과 자유선진당 3명이었다. 그 밖의 13개 정당이 1~30명의 지역구 후보자를 내었지만 전멸하였다.

표 1을 보면, 새누리당 당선자는 부산, 대구, 울산, 강원, 경북, 경남 등에서 많이 당선시켰고, 민주통합당은 서울, 광주, 경기, 전북, 전남, 제주 등에서 많이 당선시켰다. 소수의 지역구 의원을 당선시킨 통합진보당은 서울, 경기, 전북, 전남 등에서 각 1명씩, 그리고

---

96) 새누리당이 공천한 지역구 후보자 231명의 직업은 정당인이 80명(34.6%)으로 가장 많고 그 다음은 법조인이 39명(16.9%), 관료(군경 포함)가 42명(18.2%), 학계, 연구계가 21명(9.1%), 기업인 19명(8.2%), 언론인 17명(7.4%), 시민단체 4명(1.7%), 의료계 4명(1.7%)이다.(「동아일보」, 2012년 3월 20일)

97) 민주통합당이 공천한 지역구 후보자 209명의 직업은 법조계가 가장 많아 31명(14.8%)이고, 그 다음은 언론계가 18명(8.6%), 학계·연구계가 14명(6.7%), 그리고 공무원(군인, 경찰 포함)이 12명(5.7%)이다. 전체의 26.3%(55명)가 친노계이다.(「동아일보」, 2012년 3월 20일)

민주통합당 국회의원의 세력분포는 친노연합이 가장 많아 전체의 31.5%이고(친노직계 22명, 시민단체 등 10여명, 친박지원 10여명), 그 다음은 손학규계 10여명, 정세균계 6명, 유인태 등 친노이탈세력 4~5명, 486 등 재야운동권 13명, 김한길 등 열린우리당계 10여명, 그리고 중립·기타가 40여명이다.(「조선일보」, 2012년 4월 27일)

98) 통합진보당의 세력 분포는 민주노동당계가 가장 많아 6명이고, 그 다음은 진보신당(PD)계가 2명, 국민참여당, 참여연대, 녹색연합, 전교조, 인천연합 등 각 1명이다.(「조선일보」, 2012년 4월 19일)

자유선진당은 충남에서 3명을 당선시켜 소위 지역당이 되었다.

<표 1> 19대총선 시도별 후보자와 당선자

		새누리당	민주통합당	자유선진당	통합진보당	국민생각	국민행복당	정통민주당	진보신당	기타	합계(13개당)
서울	후보자	46	45	7	3	9	11	10	6	35	172
	당선자	16	30		2						48
부산	후보자	18	16	1	2	4	1	2	2	21	67
	당선자	16	2								18
대구	후보자	12	10	5	2	1	2		1	23	56
	당선자	12									12
인천	후보자	12	11	4	1	1		2	1	6	38
	당선자	6	6								12
광주	후보자	2	6	1	7			2	1	14	33
	당선자		6	1						1	8
대전	후보자	6	5	6	1			2	1	3	24
	당선자	3	3								6
울산	후보자	6	2	1	4				2	6	21
	당선자	6									6
경기	후보자	52	45	4	6	3	6	10	3	46	175
	당선자	21	29		2						52
강원	후보자	9	8	1	1	1				9	29
	당선자	9									9
충북	후보자	8	7	4	1				1	4	25
	당선자	5	3								8
충남	후보자	10	9	10	2			2	1	6	40
	당선자	4	3	3							10
전북	후보자	7	11	2	5				1	18	44
	당선자		9		1					1	11
전남	후보자	8	11		6					23	48
	당선자		10		1						11
경북	후보자	15	11	1	5	1	1			25	59
	당선자	15									15
경남	후보자	16	8	1	5		1		2	22	55
	당선자	14	1							1	16
제주	후보자	2	3	1					1	3	10
	당선자		3								3
세종특별자치	후보자	1	1	1						3	6
	당선자		1								1
합계	후보자	230	209	50	51	20	22	30	23	267	902
	당선자	127	106	3	7					3	246

(자료) 중앙선거관리위원회 자료에서 재작성.

19대 총선에서 지역구 현역의원의 교체율이 62.0%가 되었고 초선의원은 전체의 49.4%가 되었다. 상당한 국회의원이 교체되었다.

이번 총선에서도 유권자들의 투표성향이 과거의 경우에 비하여 약간 다르게 나티나고 있으나, 아직도 표 1에서 볼 수 있는 바와 같이 여당(새누리당)은 영남에서 독식하고 야당(민주통합당)은 호남에서 독식하였다. 그리고 야당이 서울에서 전체의 66.7%를 차지하고, 수도권에서도 약 6할을 차지하였지만 국회는 여당이 다수당이 되었다. 그런데 충청도에서 기반을 둔 자유선진당이 여・야당에게 패하였고, 부산・경남지역에서 야당의 득표율이 약 4할이 되었다는 것이 큰 변화의 특징이다.

19대 총선에서 새누리당 후보들은 전국적으로 투표자의 42.8%를 득표하였고, 민주통합당의 경우 36.5%를 득표하였으며 통합진보당은 10.3%, 자유선진당은 3.2%를 득표하였다. 만약 야권 연대까지 합산하면, 총 득표율이 48.6%로서 새누리당을 이기고 있다.[99]

과거 총선시 3~4%의 득표율이 당락을 결정하는 것을 많이 볼 수 있는데 이번 야권연대의 득표율은 매우 위협적인 것이었다.

이러한 투표결과가 왜 일어났을까? 이에 대하여 일반적인 견해는 주로 ① 고질적인 지역주의(영호남의 지역감정), ② 사회문제(양극화, 실업, 권력비리 등)에 대한 세대간 불신, ③ 정치적 무관심 등을 지적하고 있으나, 이것 이외도 ④ 정책보다 인물을 중시하고, ⑤ 유권자들의 정치적, 사회적 의식이 매우 낮기 때문이라 할 수 있다.

우리나라 선거사에서 정치인들이 체득한 지혜는 유권자들에게 ① 지역감정과 ② 즉자적 의식을 어떻게 효율적으로 이용하는 가에

99) 19대 총선거시 진보(민주통합당, 통합진보당 등)와 범보수(새누리당, 자유선진당 등)의 비례대표 득표율이 전체의 48.56%대 48.26%라고 한다.(「한국일보」, 2012년 4월 14일)

관심이 많다.

첫째는 역대 선거에서 지역감정을 이용한 것은 여·야당 정치인들에게 모두 찾아 볼 수 있으나, 최근 야당은 호남, 호서, 심지어 영동 세력까지 모두 연합하여도 이기기 어렵다는 것을 알게 되어 '야권연대'만이 필승의 길이라는 것이다. 최근 공업화와 지역이동으로 부산, 울산 등지에도 호남 출신들이 약 2할이 되어 투표의 지역성이 약화되고 있다.

둘째는 최근 교육수준이 향상되어 점차 달라지겠지만, 아직도 저소득과 저학력의 서민 유권자들은 정치, 사회의식이 매우 낮아 정치인들에게 쉽게 넘어가고 있는 것 같다. 지난 18대 총선시 서울의 '뉴타운 건설'이 그 전형적인 예이다. 이제는 뉴타운 건설로 대부분 주민들은 생활터전을 잃는다는 것을 알고 있다.

그리고 노동자의 권익을 대표하는 야권연대(특히 통합진보당)가 노동자가 많이 거주하는 울산(북구, 동구), 경남(마산, 창원), 경기(안산) 등에서 참패하였다는 것을 보면, 노동자들의 계급의식, 정치의식이 매우 낮다고 볼 수 있다.

셋째는 최근 선거를 세대전쟁으로 인식하여[100] 소위 청년들의 환심을 쌓기 위한 정책 개발(대학생 반값등록금, 청년 일거리 창출 등)에 관심을 기울이고, 심지어 비례대표로 청년들과 장애자들을 많이 참여시키고 있는데, 이것은 잘못된 것 같다. 이들의 이익과 관심을 구현하는 정책개발이 더욱 중요한 것이다.

넷째는 정당과 후보자들의 선거공약(정책)을 인물 보다도 더욱 중요시 해야된다고 하지만 막상 투표에서는 정책 보다 인물중심으

100) 2011년 방송 3사가 실시한 양 차의 서울시장 지방선거 출구조사에서 야당 후보(한명숙, 박원순)의 득표율이 여당후보(오세훈, 나경원)를 약 20% 앞지르는 연령층이 20~40대라고 하여 청년세대(소위 2040)에 대한 관심이 많아졌다.

로 선호하고, 언론의 여론조성 등 교차압력이 크게 작용하고 있는것 같다.[101] 따라서 기득권(경력자)을 많이 배출한 여당의 경력자가 유리하다.

3. 인물 · 자질의 계층적 지위

국회의원은 독자적인 헌법기관으로서 고유한 입법권을 가지고, 또한 국정감사권 및 예산심의권을 행사할 수 있다. 따라서 국회의원의 역할을 제대로 수행하려면 국민의 계층적 이익을 대변하는 전문적 지식과 자질이 있어야 가능하다.

이러한 전문적 지식과 자질을 알기 위하여 그들의 학력과 직업 및 재산 등을 파악하여 접근한다.

1) 전문적 자질

일반적으로 전문직업적 자질은 특수한 지식과 기술 및 양심(도덕성)에서 나온다. 이러한 자질은 기존의 자료로서는 정확히 파악하기는 어려우나 그들의 연령과 학력 및 직업 등을 분석하여 파악하여 본다.

---

101) 중앙선거관리위원회의 유권자 의식조사결과는 선거전의 지지후보 결정시는 정책/공약을 고려하겠다는 응답이 많았으나, 실제 투표시는 정책공약보다도 인물, 능력을 많이 고려한다고 하였다.

<지지후보 결정 고려 요인>

구분	제 17대 대선		제 18대 국선		제 5회 지선	
	1차(07. 11)	2차(07. 12)	1차(08.3)	2차(08.4)	1차(10.5)	2차(10.6)
정책 · 공약	27.3	38.0	33.5	19.0	29.3	18.1
인물 · 능력	48.4	40.7	37.9	37.6	33.3	32.5
소속정당	9.4	10.3	12.1	25.9	14.6	30.1

(출처) 중앙선관위 정책선거 의식조사(2006~2008)

19대 국회의원은 모두 300명으로 지역구의원 246명과 비례대표 54명이다. 이 중에서 여성 의원은 지역구의 7.7%이고, 비례대표는 51.8%이다. 지역구 의원은 여성후보자의 당선율이 낮지만, 비례대표의 경우 약 절반을 차지한다. 그래도 여성의원의 참여율이 낮은 편이다.

19대 국회의원의 연령별 구성은 표 2에서 볼 수 있는 바와 같이 지역구의원의 경우 50대가 전체의 48.0%를 차지하고, 나머지는 거의 대부분 40대(26.8%)와 60대(24.0%)이다. 그리고 비례대표의 경우도 50대가 가장 많아 전체의 44.4%이고, 나머지는 60대(25.9%)와 40대(18.5%) 및 30대(11.1%)이다.

이와 같이 국회의원의 연령이 대부분 50대 전후의 장년층인 것을 보면 사회저 경륜을 지니고 있을 것이다.

<표 2> 19대 국회의원의 연령구성

	새누리당		민주통합당		통합진보당		자유선진당		합계
	지역구	비례대표	지역구	비례대표	지역구	비례대표	지역구	비례내표	
30대	2	3	1	2		1			9
40대	25	4	38	8	3	2			80
50대	65	10	47	9	4	3	1	2	141
60대	35	8	20	2			2		67
합계	127	25	106	21	7	6	3	2	297

(자료) 중앙선거관리위원회 자료에서 작성

19대 국회의원의 교육수준을 내학원 출신이 가장 많다. 전체의 약 60%가 되고, 나머지는 거의 대부분 대학 출신들이다.

표 3에서 볼 수 있는 바와 같이 당선된 지역구 의원의 59.7%가 대학원 출신이고, 대학 출신은 36.6%이며, 비례대표의 경우도 당선의원의 55.6%가 대학원 출신이고 나머지 40.7%는 대학 출신이다. 그리고 19대 총선 국회의원 후보자의 교육수준도 당선자의 경우와

매우 유사한 비율이다.

<표 3> 19대 총선 정당별 당선자의 학력

		대학원	대졸	대중퇴	고졸	중졸	국졸	기타	미기재	합계(%)
새누리당	지역구	85	37	1	3	1				127(52.3)
	비례대표	16	7	1	1					25(46.3)
민주통합당	지역구	58	47				1			106(43.6)
	비례대표	12	9							21(38.9)
통합진보당	지역구	1	4	2						7(2.9)
	비례대표	1	5							6(11.1)
자유선진당	지역구	1	1						1	3(1.2)
	비례대표	1	1							2(3.7)
합계	지역구	145	89	3	3	1	1		1	243(100.0)
	비례대표	30	22	1	1					54(100.0)

(비고) 각급 교육수준에 수료자, 중퇴자 포함
(자료) 중앙선거관리위원회 자료에서 작성

한편, 19대 총선 당선자의 학력을 정당별로 보면, 새누리당의 대학원 출신이 가장 많고,(66.9%) 그 다음은 민주통합당이며(54.7%) 통합진보당은 대부분 대학 출신이다.

지역구 의원의 출신대학은 서울대 출신이 가장 많아서 전체의 32.1%를 차지하고, 그 다음은 고려대(10.6%), 연세대(9.8%), 성균관대(8.5%), 이화여대(4.9%), 중앙대(3.7%), 영남대(2.0%) 등이다. 다시 말하면 서울의 주요대학 출신이 지역구 국회의원을 거의 대부분 독점하고 있다.

그리고 당선의원들이 대학 또는 대학원에서 전공한 학과는 표 4에서 볼 수 있는 바와 같이 법학이 가장 많아 전체의 17.3%가 되고, 그 다음은 행정학(13.0%), 경제학(11.7%), 정치외교학(11.3%), 사회학, 사회복지학, 인류학 등 사회과학(24.3%) 및 이공계(7%) 등이다. 전공학과를 정당별로 보면, 새누리당은 민주통합당에 비하여 정치, 행정학, 경제, 경영학 전공이 상대적으로 많고, 민주통합당은 법학과 기타 사회과학이 많다. 역시 여 · 야당에는 체제유지와 성장 및 효율성을 강조하는 학문 전공자가 많다.

<표 4> 19대 총선 당선인의 전공학과

		법학	행정학	정치외교학	경제학	경영학	사회학등	공학	의약학	기타	합계
새누리당	지역구	22	21	20	20	15	19	6		4	127
	비례대표		1	1	3	4	10	4	1	1	25
민주통합당	지역구	25	16	11	10	13	26	2	2	1	106
	비례대표	2			2	2	12	1	1	1	21
통합진보당	지역구	1		2			2	1	1		7
	비례대표	1					4	1			6
자유선진당	지역구	1	1							1	3
	비례대표		1						1		2
합계	지역구	49	38	33	30	28	47	9	3	6	243
	비례대표	3	2	1	5	6	26	6	3	2	54

(자료) 중앙선거관리위원회 자료에서 작성

19대 총선에서 당선된 국회의원의 대부분이 서울의 주요한 대학과 인기 사회과학계열 출신이라는 것을 알 수 있다.

그들의 교육수준은 18대 국회의원에 비하면 대학원 출신이 약간 많으나(5.2%), 서울대 출신은 오히려 감소되고(5.5%), 반면에 고 · 연대 출신 등이 약간 증가되었다.[102]

한편, 19대 총선 지역구의 국회의원 입후보자는 모두 902명인데 이 중에서 246(27.3%)명이 당선되었다. 이들의 직업은 후보자의 다수가 현직 국회의원(43.9%)과 정치인(31.3%)이고, 나미지는 변호사(7.7%), 교육자(6.1%), 무직 기타(8.1%) 등이다. 이 중에서 당선된 자는 현직 국회의원이 가장 많아. 전체의 43.9%를 차지하고, 그 다음은 정치인(정당인 등)이 전체의 31.3%를 차지하며, 나머지는 변호사(7.7%)와 교육자(6.1%) 및 무직 · 기타(8.1%)이다. 그런데 직업별 입후보자의 당선

102) 김영모, 상게서, pp.228, 223

율을 보면, 현직 국회의원이 63.9%로서 가장 높고 그 다음은 정치인(26.2%), 변호사(31.6%), 교육자(19.2%), 무직 · 기타(9.3%)이다.

19대 총선 비례대표의 경우를 보면, 당선자의 38.9%가 정치인이고, 그 다음은 교육자(16.7%), 회사원(9.3%), 무직 · 기타(22.2%) 등이다.

<표 5> 19대 총선 정당별 당선자의 직업

		국회의원	정당인	정치인	변호사	교육자	기업인	의약사	농축산	회사원	상업	정보통신업	기타	합계(%)
새누리당	지역구	62	34	2	4	12	6	1					6	127(52.3)
	비례대표	1		6	1			1	1		2	1	12	25(46.3)
민주통합당	지역구	41	40	2	15	4	1						3	106(43.6)
	비례대표			9	1	3					1		7	21(38.9)
통합진보당	지역구	1	6											7(2.9)
	비례대표			4						1			1	6(11.1)
자유선진당	지역구	2					1							3(1.2)
	비례대표			2										2(3.7)
합계	지역구	106	80	4	19	16	8	1					9	243(100.0)
	비례대표	1		21	2	3		1	1	1	3	1	20	54(100.0)

(자료) 중앙선거관리위원회 자료에서 작성

한편, 19대 총선 지역구 당선자의 정당별 직업을 표 5에서 보면, 새누리당의 경우 현직 국회의원과 정당인이 가장 많고, 민주통합당의 경우 이와 비슷하나, 통합진보당의 경우 정당인(45.7%)이 거의 대부분이다. 그리고 지역구 당선자는 새누리당의 경우 교육자가 많이 당선되었고, 민주통합당의 경우 변호사가 많이 당선되었다. 비례대표의 경우 여 · 야당의 정치인이 많이 당선된 것이 그 특징이다.

이러한 것을 보면, 우리나라 국회의원은 먼저 권력지배층(정부관료, 법관, 교수, 언론인 등)이 되어야 하며, 또한 현직 국회의원이거나 정당인이 되어야 하고, 그 다음으로 변호사, 교육자, 또는 기업인이 되어야 정당의 공천을 받아 쉽게 당선될 수 있다.

여기에서 국회의원의 충원 과정에 있어서 몇가지 특징을 발견할 수 있다.

첫째는 우리나라 국회의원은 과거와 마찬가지로 통합진보당을 제외하면 여·야간 인물과 자질론에 있어서 차별성이 거의 없다. 이들은 대부분 직업적 정치꾼이다. 즉, 신부르조아지의 권력지배층이다.

둘째, 국회의원 공천권은 비민주적인 중앙당(대표)이 행사하기 때문에 지역구나 비례대표의 국회의원은 대부분 전국의 지역적, 직업적 대표성이 결여되어 있다.

이러한 충원 절차와 대표성으로 과연 참된 대의제 민주주의가 실현되고 있는지 의심스럽다. 급변하는 한국사회에 있어서 과거와 같은 지역대표성의 의미는 상실되어 가고, 오히려 직능대표제의 민주주의가 실현되어야 할 것이다.

셋째, 오늘날 국회의원의 충원과정이 개방되어 있지 못하고, 극소수 집단(국회의원과 정당인)에 의한 세습성(지속성)이 나타나고 있다.

넷째, 오늘날 국회의원이 대부분 기존의 권력지배층에서 충원되고 있다. 그 충원 기반은 주로 정부(고위관료), 법원(변호사), 대학(대학교수), 신문·방송사(기자) 등인데 이것은 개방되어야 한다.

우리나라 직업과 계층의 다수를 차지하는 분야(기업과 노동자 및 서비스직 등)의 직업적 대표성이 반영되어야 한다. 우리나라 국회의원은 보수적인 신부르조아지의 성격이 강하기 때문에 의회권력의 충원기반을 다양하게 확대시켜야 한다.

2) 소득과 소유재산

19대 총선에 당선된 국회의원은 전술한 바와 같이 대부분 신중산층(화이트 칼라) 출신의 신부르조아지들이다. 이들은 여당(새누리당) 야당(민주통합당)을 막론하고 정당인(국회의원과 당료)출신이 가장 많고, 그 다음은 대부분 변호사(판·검사), 공무원(대부분 경제관료), 교육자(교수), 언론인(기자) 출신들이다.[103] 다시 말하면 우리나라 권력지배층 출신이 다시금 국회의원이 되었다.

국회의원(임기 4년)이 되면, 그들의 신분적, 계층적 지위는 대단히 높다. 국회의원 세비 이외에 회기 중 면책 특권 등이 있다. 연간 세비는 1억 4천 6백 89만원이고, 연금 수당이 월 120만원이다. 이들의 소득수준은 우리나라의 상위 1%에 해당한다.[104] 그 밖에 의원회관 사무실 유지비와 차량 유지비 등의 지원금이 매년 5천 179만원이 된다.[105] 이러한 세비와 지원비만 하여도 상층계급, 즉 부르조아지의 신분지위라 할 수 있다.

한편, 그들의 재산 신고액을 보면 새누리당 국회의원은 재벌인 정몽준 의원을 제외하더라도 평균 재산이 약 43억원이고, 자유선진당은 약 55억원이다. 이들은 우리나라의 상위계층(부자)에 속한다. 그리고 민주통합당의 경우 약 12억원으로 중간계층에 속한다고 볼 수 있다. 그러나 통합진보당의 경우 약 2억원으로 하위계층이라 할 수 있다.[106]

표 6에서 정당별 국회의원의 평균 재산수준을 이념별로 유추하

---

103) 19대 총선 지역구 공천자의 출신 직업은 새누리당의 경우 정당인이 전체의 34.6%이고, 법조인이 16.9%, 공무원이 18.2%, 교육자 9.1%, 기업인이 8.2%, 언론인이 7.4%이다. 그리고 민주통합당의 경우 정당인이 40%이고, 법조인이 14.8%, 공무원이 5.7%, 교육자가 6.7%, 언론인이 8.6%이다.(「동아일보」, 2010년 3월 23일)

104) 한국조세연구원은 우리나라 소득 상위 1%의 기준은 연 소득이 1억원 이상이고(2006년 기준) 이들은 모두 18만명이 된다고 한다. 통계청의 '2011년 가계금융조사'를 분석하여 이들의 평균 소득은 약 3억 3,728만원이고, 직업은 주로 전문직(32.4%)과 관리직(24.8%)이며, 보유재산은 평균 22억 1,352만원(17.4%가 부동산)이라고 한다.(「중앙일보」, 2012년 4월 23일)

105) 「한국일보」, 2012년 5월 26일

106) 비례대표 후보들(926명)의 평균 재산은 15억 3,124만원이다. 새누리당의 경우 약 22억원이고 자유선진당은 약 40억원, 민주당은 약 6억원, 그리고 진보당은 약 2억원이다.

여 보면, 새누리당과 자유선진당은 우파 보수당의 성격을 지니고 민주통합당은 좌·우의 중도당, 그리고 통합진보당은 좌파진보당이라 할 수 있다.

<표 6> 19대 총선 당선자의 평균 재산 신고액

(단위 : 원)

정당	평균 재산
새누리당	43억 4,965만
민주통합당	12억 6,973만
통합진보당	2억 4,361만
선진당	55억 3,745만
무소속	7억 9,939만

(비고) 정몽준 의원의 신고재산은 2조 194억이라 제외

4. 정책공약의 계층저 성격

국회의원은 다수 국민의 권익을 대변하는 입법, 즉 정책기능을 수행한다. 기존의 입법과 정책을 수정하거나 새로운 것을 제정할 수 있다.

이러한 입법과 정책을 수행하기 위하여 국민적 합의가 요구된다. 국민적 합의는 대부분 국회의원이 그 역할을 대신하지만 다수 국민의 관심과 이익이 보장되는 것이 가장 합리적이다. 다수 국민은 그 국가사회의 다수를 구성하는 사회계층 및 계급을 말한다. 그런데 정치인(대통령과 국회의원)은 항상 다수 국민의 이름을 팔지만 관료지배층과 함께 특징한 세층·계급의 이익을 대변하고 심지어 다수 국민의 이익과 배치되는 정책을 결정하기도 한다.

1) 총선 공약

여·야 정당과 정치인이 선거철에 민심을 얻기 위하여 유권자에게 정책공약을 발표하는데 그러한 것이 과연 누구를 위한 것인지

고찰하여 본다.

<표 7> 19대 총선의 정당별 정책공약(요지)

새누리당	민주통합당	통합진보당	자유선진당
1. 일자리 창출 2. 새로운 취업시스템 확립 -희망사다리 장학금 3. 경제 민주화 -일감몰아주기, 부당단가 인하 등 금지 4. 국회 파행 방지 및 정치개혁 -기득권 포기, 무노동 무임금 5. 저출산 대책 -보육수당,보육시설 확대 6. 고령화 대책 -일자리 창출, 60세 정년 7. 의료비 부담 완화 -건보급여, 장기요양보험 확대 8. 학교 정상화 -학교폭력, 왕따 방지, 초중고 인성교육 강화 등 9. 대북정책 -북핵 해결 10. FTA보완대책 -2017년까지 24.1조원 지원	1. 일자리 창출과 비정규직 차별 해소 2. 민생경제 회복 -가계부채 경감안, 유류세 인하 3. 중산·서민층의 주거안정 -전월세 상한제, 공공임대 주택 확대 4. 무상보육, 무상급식, 무상 의료 실현 5. 반값 등록금 실현 6. 경제민주화의 실현 - 출자총액제한, 금산분리 강화, 연기금 주주권 7. 정규직과 비정규직간 차별없는 노동시장 8. 신 성장동력산업 육성 9. 평화와 공영의 한반도 시대 개막 -남북기본합의서 등 이행, -평화협정 10. 검찰 개혁, 정치 개혁, 언론 개혁	1. 투기금융 청산으로 금융주권 수호 -국내은행 외자지분 제한, 은행 공유 확대 2. 재벌 규제법으로 30대 재벌 해체, 전문기업 전환 3. 주거복지로 주택정책 전환 - 공공임대주택, 전월제 대란 방지 4. 노동 가치가 존중받는 사회 - 노동조합 조직율 20%, 최저임금 현실화 5. 국민이 승리하는 정치대혁신 -선거제도개혁,참여민주주의 6. 한반도 비핵·평화 체제화, 통일기반 조성 -2020년 평화체제 실현, 남북교류 복원 7. 보편적 복지사회 건설 -아동수당,기초노령연금 2배, 실업부조 8. 국가책임의 무상의료 실현 9. 공교육 정상화와 학벌사회 극복 -국립대 통합안 구축, 대입자격고사, 고교 평준화 10. 2030 핵발전소 폐쇄, 재생에너지 전환	1. 취학전아동 지원확대로 저출산 해소 2. 대학등록금 확충 및 군제대자 사회복귀 촉진 3. 일자리를 늘리고, 비정규직의 점진적 축소 4. 자영업 지원체제를 바꾸고, 체계적인 지원 5. 중소기업 고유업종 지정과, 출자총액제한 도입 6. 주택대출금리 인하 및 공공임대주택 공급확대 7. 패자부활이 가능하도록 복지 디딤돌 제도화 8. 장애인 및 노인복지 확대와 여성 친화적 사회 9. 한미 FTA에 따른 농어업 보완대책 10조원 추가 10. 대통령에 집중된 권력 분산과 지방분권 추진

(자료) 중앙선거관리위원회

일반적으로 정당은 총선 공약을 발표하고 후보자는 지역구민에게 별도의 지역문제에 대한 선거공약을 한다. 본 고에서는 각 정당이 중앙선거관리위원회에 보고한 정책 공약을 중심으로 다룬다.

19대 총선시 여·야가 중앙선거관리위원회에 보고한 10대 총선공약은 표 7과 같다.

19대 총선 공약을 보면, 보고된 내용이 각 당의 정강정책과 그간 논쟁이 제대로 반영된 것 같지 않고, 그 내용도 당에 따라 매우 부실한 편이다. 그리고 각 당이 동일한 정책의제를 제안하여도 그 내용이 상이하다.

그러면, 각 당이 제시한 주요 정책공약을 검토한다.

첫째, 일자리 창출은 새누리당, 민주통합당, 자유선진당이 정책공약으로 제시하였지만 통합진보당은 제시하지 않고 있다. 일자리 창출은 그간 큰 효과가 없었고, 이것은 오히려 기업이 할 역할이다.

둘째, 경제민주화는 각 당이 모두 주로 재벌문제를 다루고 있다. 이에 대하여 새누리당과 자유선진당은 일감 몰아주기, 또는 출자총액제한을 주장하지만, 민주통합당은 재벌개혁을, 그리고 통합자유당은 재벌해체(전문기업화)를 주장한다.

셋째, 복지문제는 민주통합당과 통합진보당은 주로 보편적 복지, 새누리당과 자유선진당은 선택적 복지를 주장한다. 그리고 민주당과 진보당은 공공임대주택 등 주거복지를 제시하였지만 새누리당과 선진자유당은 제시하지 않는다. 사실 복지문제는 최근 우리나라 선거사상 처음으로 심한 논쟁의 의제였는데 이것을 총선공약의 최대 쟁점으로 다루지 못하였다.

넷째, 노동문제는 3당이 모두 비정규직 문제에 관심을 갖는데 새누리당은 점진적 확대를, 그리고 민주통합당과 통합진보당은 비정규직의 차별해소(정규직화)와 최저임금의 현실화를 주장한다.

다섯째, 대북정책은 민주통합당과 통합진보당은 남북기본합의서 등 남북간에 맺은 선언을 실현하고,(진보당은 평화협정체결 주장) 남북협력을 통한 평화체제를 주장한다. 그러나 새누리당과 선진당은 6자회담을 통한 한반도 비핵화를 주장한다.

그 밖에도 새누리당과 자유선진당은 FTA의 보완대책 등을 주장하고 민주통합당은 검찰개혁·언론개혁, 그리고 통합진보당은 핵발전소 폐기 등을 주장한다.

이러한 총선공약을 보면, 새누리당과 자유선진당은 소극적인 현행 정책의 확대 등을 제안하지만, 민주통합당과 통합진보당은 기존 정책의 개혁과 새로운, 적극적인 정책 대안을 제시하고 있다. 여기에서 양자간에는 차별적인 정책 성향을 보여주고 있다.

2) 복지논쟁

지난 10여년간 우리나라에는 양극화 문제(특히 재벌문제)와 복지논쟁이 있었고, 또 지난 5년 동안 남북갈등, FTA, 4대강 사업, 주택문제, 불법 민간사찰 및 권력형 비리 등이 주요한 쟁점이 있었다. 특히 양극화 문제는 여·야가 모두 공감하고 있으나 복지논쟁은 여·야와 언론사간 첨예한 대립이 있었다. 복지논쟁에서 여·야간 이념적 차이가 노출되었기 때문에 이것을 중심으로 고찰한다.

복지논쟁이 촉발된 것은 경기도와 서울시의 진보적인 교육감이 선거시 초·중등학생에게 무상급식을 제공하겠다는 선거공약 때문에 여당(한나라당)과 보수언론들이 이것을 좌파정책이라 매도하였고, 중앙정부는 재정위기를 초래한다하여 '복지 포퓰리즘'이라 매도하였다. 그러나 양차의 지방선거에서 무상급식 및 무상보육 등의 보편적 복지정책을 선거공약으로 제시한 야당(민주당 및 시민단체) 후보자가 당선되었다.

이러한 배경에서 각 정당은 복지정책을 적극 개발하였다. 즉, 민주당은 무상급식, 무상보육, 무상의료 등의 보편적 복지정책을 제시하였고, 정부와 한나라당은 현행 복지정책을 점진적으로 확대시킨다고 하였으며, 민주노동당은 무상보육정책을 주장하면서 근로시간 단축과 비정규직의 정규직화에 관심이 더욱 많다.[107]

각 정당이 19대 총선 대비용으로 발표한 복지정책이 과거 민주노동당(현 통합진보당)의 창당시 공약(2000년)과 비슷하다고 한다.

민주당이 내놓은 '3+1' 복지공약 중 무상 급식, 보육, 의료 공약은 민노당이 창당 때부터 '북유럽처럼 적어도 교육과 의료는 나라가 책임져야 한다'며 내건 무상교육, 의료 공약에 들어있는 것이다. 민노당은 이후 2004년 총선을 거치고 2005년 부유세 운동본부를 출범시키면서 학교급식 단계적 무상화, 무상보육, 무상의료 등으로 구체화 했다. 민노당 의원들은 2009년 4월 무상 급식을 의무화 하는 내용의 학교급식법안을 발의하기도 했다.

민주당이 이번에 내놓은 대기업 청년고용의무할당제 도입도 민노당이 17대 총선 때 청년의무고용세라는 이름으로 내건 공약과 같고, 군복무자에게 매달 30만원 사회복귀 지원금을 지급한다는 공약도 2002년 대선 때 민노당에서 먼저 꺼낸 것이다.

민주당이 쓰고 있는 '1% 수퍼 부자 대 99% 서민' 구호는 민노당이 2008년 총선 때부터 써온 '1% 재벌 대 99% 서민' 구호와 똑 닮았다.

새누리당도 별 차이가 없다. 이번에 새누리당은 만 5세 이하 전 계층 아동에게 양육수당(어린이집이나 유치원에 다니지 않는 아동에게 주는 수당) 1인당 23만원 지급을 추진하겠다고 공약했다. 2002년 대선 때 민노당 권영길 후보가 내놓은 아동수당(초등학생 이하 아동에게 지급하는 수당) 공약과 흡사하다.

---

107) 김영모, 여·야간 복지정책 논쟁의 허실, 「사회정책연구」, 제 42집, 2011, pp.1~24

새누리당은 또 이번 총선 공약으로 고교 전면 의무교육을 공약했는데, 이 정책은 민노당이 2002년 대선 때 '유치원부터 고교까지 무상교육을 하겠다'고 내건 교육 정책의 일부에 해당한다.

새누리당 일부에서 주장하는 '사병 월급 40만원까지 인상 검토'도 2002년 대선 때 민노당이 거론한 것이다.

근로시간 단축을 통한 일자리 창출, 비정규직 문제 등도 각 당이 민노당 정책을 받아들이면서 비슷해졌다. 민노당은 2002년 대선 공약으로 노동시간 단축과 비정규직의 정규직화를 내걸었다. 현재 민주당은 근로시간 단축 공약을 한나라당은 근로시간 단축 검토를 내걸고 있다.

정부는 내년부터 만 2세 이하 소득 하위 70%에게 양육 수당을 지급하겠다는 정책을 발표했고, 휴일 특근 연장 근로에 포함해 근로시간을 단축하는 방안을 추진 중인데, 이런 정책 역시 과거 민노당이 내건 공약과 유사하다.108)

이와 같이 새누리당과 민주통합당이 옛날 민주노동당의 것을 모방하여 3개 정당이 복지정책을 수렴화 하는 것은 매우 바람직한 일이다. 왜냐하면 우리나라 국민들의 계층적 구성에 따라109) 이들을 위한 정책개발을 하면 될 것이다. 그럼에도 불구하고 정부와 정치인들은 기존 정책 구조를 유지·발전시키기 위하여 예산타령의 거짓말을 한다.

그런데 3당의 복지정책의 기본방향은 상이하다. 민노당과 민주당의 무상 복지 정책은 북구의 보편적 복지정책을 많이 수용하였지만,

---

108) 「조선일보」, 2012년 2월 13일

109) 2010년 우리나라의 계급구조는 신중산층과 노동자계급이 각각 40.6%와 37.6%이기 때문에 중산층과 서민층을 위한 정책을 개발하겠다는 것은 옳은 말이다. 그런데 서민층(노동자계급)이 많은데도 그들을 위한 계급정당(민노당→진보당)이 있어도 총선시 득표율은 10.3%에 불과하였다. 이것은 무엇을 의미할까?

한나라당의 선택적 복지정책(소위 맞춤형)과는 기본적으로 상이하다. 다시 말하면 민주당과 진보당의 보편적 복지정책은 좌파인, 사회민주주의 정책이라 할 수 있지만, 새누리당의 선택적 복지는 우파인 자유주의 정책이라 할 수 있다.

우리나라의 우파 복지정책은 지난 50여년간 경제개발정책에서 형성되었다.

지금까지 제기된, 여야간 복지논쟁의 이념적 배경은 일반적으로 좌우파와 중도파 또는 진보개혁파와 보수우파 등으로 구별할 수 있으며, 동시에 이들간의 정치적 투쟁이라 볼 수 있다.

보수우파의 복지론은 정부와 여당 및 보수언론들의 견해이다. 이러한 견해는 지난 50여년간 군사정권이 시작한 경제개발정책에서 형성된 성장론자의 복지이념이다. 소위 '선성장 후분배'와 '수익자 부담'의 원칙이 한국형 복지론의 주요 이념이 되었다.

지난 50여년간 경제성장론에서 형성된, 우리나라의 대기업 자본가와 그들의 이익을 옹호, 내변하는 고위 관료 및 전문직업인이 우리나라의 보수우파세력을 주로 형성하고 있다. 이들은 우리나라의 부르조아지이다. 그러나 경제성장론에서 소외된 많은 서민들(노동자, 농민)들과 중산층은 사회적 양극화의 그늘에서 상대적으로 빈곤화 되었으며, 동시에 부실한 복지정책으로 더욱 불평등과 되고, 또한 많은 사회문제를 지니고 있다.

이와 같이 양극화된 불평등 사회구조에서 정치인들은 소위 서민정책 또는 복지정책으로 국민을 회유하여 총선과 대선 등에서 유권자의 투표권을 경쟁적으로 장악하려고 하였다.

우리나라의 지배적인 정치세력은 보수우파의 신부르조아적 성격이 강하기 때문에 지난 50여년간 '일자리 창출이 가장 효과적인 복지정책이다'라고 하면서, 복지정책의 핵심인 사회보장정책을 부실화 시켜 놓았

다. 경제개발의 재원조달인 조세는 선진화 시키면서 복지는 후진화 시켰다.[110)]

한편, 지난 해와 올해 선거기간에도 많은 정치사회적 문제가 많이 터졌다.

이명박 정권은 그간 기존 남북의 협력관계를 한미동맹 강화와 대립관계로 전환시켰고, 친대기업정책인 부자감세와 한미자유무역협정 및 4대강 사업을 독선적으로 추진하였으며, 양극화 문제(특히 재벌문제), MB측근의 권력형 비리사건(저축은행, 파이시티, 민간사찰, 내곡동 사저부지 등)이 계속 터졌다.

이러한 대형사건들이 발생하였는데도 불구하고, 이번 총선에서 이것을 총선공약으로 이슈화 하지 못하였고, 정강정책에 명시된 것을 제시하지 못한 것이 야당의 총선 전략의 실패가 아닌가 생각한다.

5. 통합 연대론

1) 정당 통합

19대 총선을 대비하여 여·야 정당들은 통합과 연대를 모색하였다. 여당(한나라당)은 비상대책위원회를 만들어 이 위원회가 한나라당과 이명박 정권과 차별화 하기 위하여 당명 변경을 비롯하여 새로운 정강정책을 마련하였다. 야당인 민주당은 시민통합당(친노세력)과 486세력이 통합하였고 또, 한국노총 출신과 연합하여 민주통합당을 창당하였으며 민주노동당은 진보신당과 국민참여당과 통합하여 통합진보당을 창당하였다.

그러한 결과 여·야당은 과거에 비하여 더욱 진보적인 성격을

---

110) 상계논문, pp.21~22

지니게 되었다.[111]

여당인 한나라당은 비상대책위원회(위원장 박근혜)를 조직하여 정강 정책을 새로 제정하였고, 야당인 민주당은 민주통합당(대표 한명숙)이 되었고, 민주노동당은 통합진보당(공동대표 이정희, 심상정, 유시민)이 되어 각각 새로운 정강정책을 마련하였다.

여 · 야당이 제정한 정강정책을 보면 상당한 차이가 있다.

새누리당의 경우 당헌의 목적이나 강령(전문)을 보면, 자유민주주의와 시장경제, 그리고 법치주의라는 대한민국의 정체성과 보수적 가치를 바탕으로 대한민국의 역동적 발전을 주도해 왔다고 하면서, 인간다운 삶을 누리는 '국민행복국가'를 만들 것을 약속하였다. 이러한 국민행복국가는 성장과 복지가 함께 하면서 사회안전망과 실효성 있는 복지제도(평생 맞춤형), 공정한 시장경제, 상호공존의 대북정책, 법치주의와 권력분립 및 지방자체, 이념 · 지역 · 세대 · 계층간 갈등을 해소하는 국민통합적 접근방법으로 모색한다고 하였다.

그러나, 민주통합당은 종전에 비하여 당헌 및 강령정책이 보다 진보적인 성격을 지녔다.

민주당의 강령은 항일 독립정신과 임정의 건국정신, 그리고 해방 후 4.19, 부마사태, 광주민주항쟁 및 노동자 투쟁(1987년), 촛불시위 정신(2008년)을 승계하고, 혜택이 골고루 가는 경제민주화의 실현, 보편적 복지를 보장하는 복지국가와 한반도의 평화통일을 이루는 대한민국을 건설하겠다고 한다.

그리고 통합진보당은 노동자와 민중의 자주적 민주정부를 하고, 민주주의의 쟁취와 신자유주의의 철폐하여 민중의 권익과 민족의 생존을 지켜나가는 것이 목표라고 한다. 그리고 당의 강령에서는 주한 미군 철수와 한 · 미동맹의 해체, 국군 해외 파병 금지 등을 주장

111) 각 당의 정강정책 및 당헌은 각 당의 인터넷 홈페이지를 참고하기 바람.

한다. 진보당의 총선 공약을 보면, 민주당과 마찬가지로 보편적 복지사회를 지향하고 재벌해체, 공공임대주택 등을 통한 경제민주화, 그리고 남북간 비핵 평화체제를 지향하고 있다.

이러한 것을 보면, 여·야산 정강정책이 상당한 차이가 있다. 예컨대 경제민주화에 있어서도 새누리당과 민주당은 재벌개혁론을 주장하고 진보당은 재벌해체론을 주장하며, 복지정책에 있어서도 새누리당은 평생 맞춤형 선별복지를 주장하고 민주당과 진보당은 보편적 복지를 주장한다. 그리고 남북 통일에 있어서도 새누리당은 자유민주주의와 시장경제에 기초한 평화통일론(사실상 흡수통일론)이고, 야당은 한반도 비핵화 평화체제(사실상 공존연방제)를 주장한다.

그리하여 여·야당은 자본주의 시장경제의 결함을 시정하기 위한 국가개입을 공감하고 있으나 새누리당은 소극적인 편이고(중도우파) 민주당은 적극적인 편이며(중도좌파), 진보당은 좌파적 성격이 강한 편이다.

2) 야권 연대

야권연대는 지난 19대 총선과 지방선거(서울시장과 교육감)에서 큰 위력을 발휘하였다. 2012년 야권(민주통합당과 통합진보당 등)의 총선연대로 127명의 국회의원을 당선시켰고, 진보당은 13명의 국회의원을 당선시켰다. 이것은 비록 새누리당(152명)에 졌지만 18대 총선 결과에 비하면 54명이나 증가되었다.

야권연대를 성사시킨 친야 원로들의 원탁회의[112]는 민주당과 친

112) 희망 2013, 승리 2012 원탁회의는 2011년 7월에 시작하였는데, 그 구성원은 다음과 같다. 백낙청(서울대 명예교수), 백승헌(민변회장), 이창복(전 연린우리당 국회의원), 이학영(전 YMCA 사무총장), 임재경(창비사 편집자문위원), 이형남(민주통합 시민행동 집행위원장), 박재승(변호사), 이성종(원불교 교구장), 오종렬(전 전국연합 상임의장), 이김현숙(살림정치여성행동운영위원), 윤준하(환경운

야 단체의 통합에 기여하였고, 또 '범야권 공동정책 합의문'(2012년 3월 9일)을 작성하였으며, 심지어 연말 대선에서도 그 역할을 할 것 같다.

19대 총선 승리를 위한 야권연대의 총선 공약, 즉 '범야권 공동정책' 실천과제(핵심의제)는 다음과 같다.[113)]

1) 서민 · 중산층의 고통 해소를 위한 '민생안정' 최우선 5대 과제
   ① 서민주거 안정과 전세난 해소를 위한 전월세 상한제와 보조금제, 공공임대주택과 공공전세 주택의 공급 확대
   ② 반값 등록금의 실현, 등록금 후불제와 상한제 도입
   ③ 환율과 금리정책의 조정, 유류세 인하
   ④ 가계부채 해소를 위한 개인 채무자 보호
   ⑤ 일자리 창출을 위한 복지서비스 확대

2) 이명박 · 새누리당 정권의 적폐 청산과 역사복원을 위한 5대 과제
   ① 날치기한 언론악법 개정, 종편사업 선정의 국정조사
   ② 4대강 사업의 국정조사, 생태적 보완
   ③ 한반도 평화를 위한 남북 국회회담, 6.15 공동선언, 10.4 선언 이행, 입법과 남북 화해협력 추진
   ④ 고위공직자 비리 수사처의 설치, 검찰중립과 피의자 인권보호를 위한 검찰 개혁
   ⑤ 정권의 측근과 실세들의 권력형 비리사건의 국정조사와 특검 실시

동연합 공동대표), 박석운(한국진보연대 상임위원장), 문성근(전 민주당 대표대행), 이해찬(민주당 상임고문), 문재인(민주당 상임고문), 김윤수(전 이화여대 교수), 남윤인순(민주당 비례대표), 황인성(시민주권 공동대표), 김상근(목사), 함세웅(신부), 청화(스님)

113) 「4.11 총선, 국민승리를 위한 범야권 공동정책 합의문」, 2012년 3월 9일, pp.2~4

3) 함께 잘 사는 대한민국을 향한 경제민주화와 보편적 복지 실현 7대 과제
   ① 중소기업과 대기업의 동반성장을 위한 출자총액 제한, 순환출자 금지, 불공정거래규제 강화, 부당 일감 몰아주기 근절 등 재벌개혁과 경제민주화 추진
   ② 복지재원 확충과 조세정의 실현을 위한 조세관련법 개정, 소득 최상위 1% 슈퍼부자증세와 대기업 비과세 감면 축소
   ③ 재벌과 대기업의 골목상권 진입 제한
   ④ 보편적 복지 확충; 무상의료, 무상보육의 실시와 국공립 보육시설의 확충
   ⑤ 지역간 균형 발전과 양극화 해소를 위한 국가균형 발전정책
   ⑥ 농업 보호와 식량주권 확보를 위한 종합대책 수립
   ⑦ 비정규직 문제 해결을 위한 제도개선, 산별 단체교섭 법제화

4) 이명방 정권이 체결한 한미 FTA의 시행 반대

5) 제주 강정마을 군항공사의 중단과 재검토 추진

그 밖에도 '범야권 공동정책 합의문'에는 핵심의제의 추진방안(상설기구 등)과 대한민국을 변화시킬 20대 약속이 들어 있다. 이러한 야권연대의 총선공약을 얼마나 많은 국민이 보았는지에 대한 의문이 간다.

야권연대의 총선공약을 보면, 그간 민주통합당이 주장한 정책의제가 대부분이고, 통합진보당이 주장한 것은 많지 않다.

야권연대가 19대 총선에서 승리할 것이라고 정당과 언론들이 예견하였으나 사실상 성공하지 못하였다. 실패한 중요 원인은 다음과 같다.

첫째로 보수언론들이 연일 야권연대를 종북좌파세력이 주도한다고 매도하였고,

둘째로 야권이 주장한 보편적 복지정책을 정부와 함께 복지포퓰리즘 또는 재정위기를 초래한다고 매도하였으며,

셋째는 이명박 정권과 한나라당의 실정과 그 대안(야권연대 정책공약 등)을 제대로 선거이슈화 하지 못하였다.

넷째로 새누리당(박근혜 위원장)이 MB정권과의 차별화를 홍보하는데 성공하였기 때문이다.

야권연대를 통하여 민주통합당은 국회의 다수당이 되고, 통합진보당은 원내 교섭단체(20석 이상)를 구성하며, 연말 대선에서 승리하면 정권 교체를 하여 공동정부 까지 구성할 것이라는 꿈을 지녔을 것 같다. 그러나, 진보당은 원내 교섭단체 구성을 실패하였고, 야권연대는 국회의 다수당이 되지 못하였다.

한편, 통합진보당은 비례대표 경선부정으로 소위 당권파와 비당권파간에 극도의 대립과 혼란에 빠져 있다. 당권파는 주로 민주노동당(대표 이정희) 출신이고 비당권파는 국민참여당(대표 유시민) 출신과 진보신당(대표 심상정) 출신이다.

비당권파는 현재 중앙위원 위원의 다수를 장악해 있기 때문에 혁신비상대책위원회(강기갑)를 구성하여 당선되었지만 사퇴하지 않는 비례대표 국회의원(특히 이석기와 김재연)을 제명하려고 한다. 이에 구당권파는 약 6할을 차지하는 당원비대위원회를 구성하여 신당권파에 맞서고 있다.

한편, 검찰은 이해당사자가 아닌 뉴라이트 코리아(여당계 시민단체)의 고발에 따라 선거부정과 폭력행위(중앙위 회의시)를 조사하겠다고 통합진보당을 압수 수색하여 당원명부 등을 압수하였다. 이에 헌법(제 2조)에 보장된 정당활등을 방해한다하여 진보당은 청사 앞 시위와 법적 대응에 나서고 있다.

이와 같은 사태를 초래케 한 주요한 직접적 원인은 당내 비례대

표 경선부정이지만, 특히 보수언론사들이 이석기, 김재연 등 비례대표를 '종북좌파'라 매도하면서 이들을 국회에 들어가지 못하도록 최근에는 여당까지 합세하여 연일 여론몰이에 나서고 있다.

이러한 여론 형성은 이들의 국회활동을 일차적으로 못하게 방해하는 것이지만, 이차적으로 통합진보당을 해체시키고 연말 대선에 야권연대의 파괴, 즉 보수재집권을 위한 것이라 할 수 있다.

6. 결 론

19대 총선의 분위기는 MB정권의 실정과 권력형 비리, 지방선거(서울시)의 실패 등 야권에 매우 유리하였음에도 불구하고 선거결과는 여권의 승리하였다. 총선 결과는 집권당의 차별화 하기 위하여 새로 분장한 새누리당이 전체의 50.6%(152석)를 획득하였고, 친노세력 등과 통합한 후 통합진보당과 연대한 민주통합당이 전체의 42.3%(127석), 그리고 통합진보당이 전체의 4.3%(13석)를 획득하였다.

19대 총선 결과는 야권연대가 18대 총선에 비하여 많은 의석(54석)을 확보하였으나 총선에서 실패한 이유는 무엇인가?

이에 대하여 여러 가지 해석이 나올 수 있으나 무엇 보다도 후보 선택의 지역성이 인물론과 정책론 보다 우세하였고, 여야의 정책론과 인물론이 정부와 언론의 교차압력(여론형성)으로 퇴색되어 버렸다. 다시 말하면 우리나라 선거에서 지역주의는 아직도 강력한 영향력을 행하였고, 정부와 보수언론은 지난 지방선거에서부터 야당의 보편적 복지를 복지포퓰리즘 또는 복지망국론을 주장하여 총선에 개입하였다. 심지어 이번 총선에서는 야권연대의 선거공약을 좌파정책, 심지어 종북좌파니 하여 선거의 매카시 여론과 정치적 무관심을 조성하였다. 아직도 정치사회의식이 낮은 유권자들은 이에 현혹되기 쉽고, 교육수준이 높은 젊은 유권자들(소위 20~40대)은 이에 덜 동조하는 것 같다.

한편, 19대 총선의 입후보자와 당선된 국회의원의 인물, 자질을 분석한 결과 그들은 거의 대부분 대학 이상의 고등교육을 받았고, 대개 신중산층(화이트 칼라) 출신의 신부르조아지였다. 그리고 그들의 소득수준은 국민의 1%에 해당하는 고소득층(부자)이고 재산은 새누리당 의원은 상위계층이고 민주당 의원은 중간계층, 그리고 진보당 의원은 하위계층이다. 이에 따라 총선공약의 진보성이 나타나고 있다. 19대 총선에 당선된 국회의원의 출신배경은 소속당에 따라 차이가 있으나 대부분 신부르조아지들이다.

또한, 19대 총선 공약을 분석하였더니, 여・야당의 정책공약이 상당히 진보적이었으나 또한 정책 차별이 심하였다. 모든 여・야당이 경제적 민주화(특히 재벌문제), 보편적 복지정책, 남북한 평화체제 문제 등을 다루고 있으나 그 내용에 있어서 상당한 차이가 있었다.

이러한 차이는 소속정당의 이념적 성격에 따라 차이가 나타나지만, 동시에 전술한 소속의원들의 계층적 지위와 성격에 따라 그 차이가 나타나고 있다.

지금까지 여・야당은 대부분 총선이나 대선시 중산층(대부분 화이트 칼라)과 서민층(대부분 노동자)을 위한 정책공약(의제)을 많이 제시하고 있으나, 그 내용은 그렇지 못한 것 같다. 예컨대 보편적 복지는 서구에서 일반적으로 볼 수 있는 것인데 이것을 실시하면 나라가 곧 망할 것처럼 정부와 보수언론은 야단들이다. 사실 남북이 대치되어 있고 사회양극화가 심한 상태에서 정부와 정치인은 사회통합, 국민통합을 위한 노력은 보편적 복지정책(공적연금과 건강보험 등)에서 가능하다. 잘 못된 예산 편성(친기업 정책 등)과 과세정책(부자감세)을 개혁하면 필요한 재정은 창출할 수 있는 것이다.

부 록 1

<부론 1>

경상도 언양현 읍내리의 신분구조*

1. 서 론

언양현 상북면 읍내리(동부리와 서부리)는 언양현의 행정중심지인 동시에 상공업 및 교통의 중심지이다. 1777년 언양현 읍내리에는 현감을 비롯한 향리와 관속이 77명 거주하였고, 주민 197호가 있었다. 읍내리민은 이속(吏屬)을 제외하면 대부분 농사를 지었으며 소수만이 영세한 상업(상점, 보부상, 포목상 등)과 가내수공업(장인, 길삼 등) 및 서비스업(주점, 여관 등)에 종사하였다.[1] 특히 5일 마다 열리는 장날이 언양현 주민들의 대부분이 가내 생산물(미곡, 채소, 가축 및 생선 등)을 주로 거래하였고 친인척들을 만나는 주요한 장(場)이 되었다.

이러한 교역 및 행정중심지에 거주하는 사람들이 과연 누구인지를 그들의 신분구조와 신분이동, 그리고 씨족구성과 통혼권 및 경제력을 알기 위하여 1777년 언양현 호적조사에서 파악하였다.

---

* 이 글은 '조선후기 향촌의 신분구조와 그 변동'의 논문을 보완하기 위한 것이다.「사회정책연구」, 제 44집, 2012, pp.1~88

1) 비록 127년 후이지만, 1904년 언양현 읍내리 호주는 전체의 35.7%이고, 나머지는 상인 11.6%, 공인 0.8%, 접객업 7.2%, 일고 5.6%, 참의 0.4%, 공인 0.8%, 의사 1.2%, 천인 1.6%이다. 나머지 35.7%가 미상이다.(김영모,「한국사회계층연구」, 일조각, 1982, p.191)

2. 신분구조

1) 지역별 신분구조

언양현 읍내리의 호구는 1777년 호적조사에 의하면 197호(동부리 111호, 남부리 86호)이다. 1711년~1861년간 호수는 약간 감소되었지만 인구는 약 80%가 증가되었다. 인구의 증가는 주로 노비, 고공, 협인이 호구(주호)에 의탁하였기 때문이다. 그리하여 호주의 신분(직역) 변동은 150년간 역계층화 현상이었지만 인구의 경우 그렇지 않았다.

1777년 언양현 읍내리의 신분직역은 양반이 전체 호주의 7.6%이고 준양반이 32.5%이며, 중인이 15.7%, 양인이 24.4%, 그리고 천민이 16.2%이다.

언양현의 양반은 거의 대부분 납속, 노직 또는 증직의 품관양반이고 준양반은 한량(16.2%)과 유학(7.6%) 등이며 중인은 향리(6.1%)와 업무・업유(3.6%) 등이나. 그리고 양인은 천역양인(11.7%) 까지 합쳐 24.4%이고, 천민은 역리(12.2%)와 노비(8.1%)이다.

이것을 보면, 소수의 지배신분(품관 및 중인)과 다수의 피지배신분(양인 및 천민)으로 구성되어 있다. 다시 말하면 당시의 농업생산관계에 있어서 소수의 지배신분(양반과 중인)은 다수의 종속신분과(천양 및 천인)의 계급관계를 형성하고 있다.

이러한 신분 및 계급관계는 언양현 전체(6개면)와 상북면 및 읍내리의 신분구조를 비교하여 보면 특히 양반과 천민을 제외하면 큰 차이가 없다.

표 1에서 언양현, 상북면 및 읍내리민의 신분직역을 비교하여 보면, 3개 지역간 큰 차이가 나타나지 않지만, 읍내리의 경우 언양현

전체 주민에 비하여 품관양반이 좀더 많고, 또한 중인과 천민이 좀 더 많다는 것을 알 수 있다. 이것은 읍내리가 향리촌이고 지배신분층(품관양반)이 많기 때문에 그들을 보조하는 피지배신분층(천민)이 더욱 많은 것이다.

<표 1> 언양현, 상북면 및 읍내리의 신분 비교

지역	품관양반	준양반	중인	양인	천민	미상	합계율(호주)
언양현	4.4	45.7	4.8	25.8	14.9	4.3	100.0(1,249)
상북면	7.6	41.4	8.9	23.2	15.6	3.2	100.0(314)
읍내리	7.6	35.0	9.7	23.4	20.3	4.1	100.0(197)

그러나, 명문씨족이 거주하는 반촌의 경우와 비교하면 읍내리의 신분이 매우 낮은 편이다.(표 1 참조)

그러면, 언양현 상북면 읍내리 호주의 리별 신분직역을 본다.

<표 2> 읍내리 호주의 신분직역

	가선 통정 절충 통덕랑	장사랑 승사랑 종사랑	유학 학생	교생 원생 동몽	한량 무학 출신	군관 도훈도 별무사	업무 업유	기관 가리 공생	양인 어영군 금위군	장인	유황군 금보 수군	역리 사령 하전	사노비 관노비	노제 맹인 병인	미상	합계
동부리	3	4	4	1	27	8	5	3	12	2	8	17	13	4		11
남부리	3	5	12	3	9	5	2	9	8	2	14	7	3	3	1	89
합계	6 (3.0)	9 (4.6)	16 (8.1)	4 (2.0)	36 (18.3)	13 (6.6)	7 (3.6)	12 (6.1)	20 (10.2)	4 (2.0)	22 (11.2)	24 (12.2)	16 (8.1)	7 (3.6)	1 (0.5)	19 (100

읍내리의 신분직역은 동부리와 남부리간에 약간 차이가 있다. 향청이 있는 동부리의 신분직역은 한량, 군관, 업무가 남부리에 비하여 많고, 또 역리와 사령 및 관노비가 더욱 많다. 그러나 남부리의 신분직역은 동부리에 비하여 품관양반과 사족 그리고 향리와 유향군 등이 더욱 많다. 이것은 후에 향리들이 동부리로 집단 이주하는 것을 보면, 동부리는 향청에 더욱 가깝고 약간 경사진 주택지대이지만 남부리는 상공업지역이고 강변 수해의 위험성 등으로 신분촌이

차별화된 것 같다.

2) 세대별 신분직역

읍내리의 신분직역을 연령별로 분석하여 보면, 표 3과 같이 상당한 차이가 나타나고 있다.

표 3을 보면, 일반적으로 50대 이상은 다른 연령층에 비하여 품관양반과 업무 및 노비들이 많고, 30대 이하는 유학, 교생, 향리, 역리 등이 많으며, 40대는 한량, 무학, 군관, 향리, 역리 등이 많다.

<표 3> 읍내리 호주의 연령별 신분직역

	가선 통정 절충 통덕랑	상사랑 승사랑 종사랑	유학 학생	교생 원생 동몽	한량 무학 출신	군관 도훈도 별무사	업무 업유	기관 가리 공생	양인 어영군 금위군	장인	유황군 속오군 수군	역리 사령 하전	관노비 사노비	노제 맹인 병인	미상	합계
20대 이하			3	3	3	1		3	3	1	1	1	2			21
30대		1	3	1	4	5	1		2	1	4	8	3			33
40대	1	1	3		14	3	1	5	6	2	7	10	3			56
50대	4	4	6		9	3	3	4	6		6	4	5	2		56
60대					4	1	1		1		4		2	3		16
70대 이상	1	3	1		2		1		2			1	1	2	1	15
합계	6 (3.0)	9 (4.6)	16 (8.1)	4 (2.0)	36 (18.3)	13 (6.6)	7 (3.6)	12 (6.1)	20 (10.2)	4 (2.0)	22 (11.2)	24 (12.2)	16 (8.1)	7 (3.6)	1 (0.5)	197 (100.0)

3. 씨족배경

1) 지역별 씨족 분포

옛부터 언양현은 신라의 속현이라서 그 영향을 많이 받았던 것 같다. 특히 읍내리 호주의 다수 본관이 경주이고, 이들간에 통혼권이 이루어지고 있었다.

표 4를 보면, 동부리에는 경주 李氏, 밀양 朴氏, 김해 金氏 및 경주 金氏가 가장 많이 살고, 남부리에는 김해 金氏, 경주 李氏, 밀양

朴氏 및 동래 鄭氏가 가장 많이 살고 있다. 이들이 전체 호주의 약 절반을 차지하고 나머지도 영남의 토성출신들이 그 대부분이다.

<표 4> 읍내리 호주의 씨족

	경주 김	경주 이	경주 최	밀양 박	동래 정	김해 김	해주 오	안동 권	진주 강	기타	미상	합계
동부리	8	18	5	13	3	12	1	1		49	1	111
남부리	2	13	3	9	6	17	4	1	2	29		86
합계	10 (5.1)	31 (15.7)	8 (4.1)	22 (11.2)	9 (4.6)	29 (14.7)	5 (2.5)	2 (1.0)	2 (1.0)	78 (39.6)	1 (0.5)	197 (100.0)

2) 씨족별 신분배경

읍내리 호주의 성씨별 신분직역이 어떠한 것인가를 보면 상당한 차이가 있다.

<표 5> 읍내리 호주의 성씨별 신분직역

	가선 통정 절충 통덕랑	장사랑 승사랑 종사랑	유학 학생	교생 원생 동몽	한량 무학 출신	군관 도훈도 별무사	업무 업유	기관 가리 공생	양인 어영군 금위군	장인	유황군 금보 수군	역리 사령 하전	관노비 사노비	노제 맹인 병인	미상	합계
경주 김			2		3	1		1	1		2					10
경주 이	2	1		2	4		2	3	4	1		8	3	1		31
경주 최					1	2		1	2			2				8
밀양 박	1				5	4			2		5	3	1	1		22
동래 정	1						1	1	1		2	1	1		1	9
김해 김		2	5		5	1	1	1	5	2	2	2	1	2		29
해주 오				2	2			1								5
안동 권			1		1											2
진주 강			1		1											2
기타	2	6	7		14	5	3	4	5	1	11	8	10	3		79
합계	6 (3.0)	9 (4.6)	16 (8.1)	4 (2.0)	36 (18.3)	13 (6.6)	7 (3.6)	12 (6.1)	20 (10.2)	4 (2.0)	22 (11.2)	24 (12.2)	16 (8.1)	7 (3.6)	1 (0.5)	197 (100.0)

표 5를 보면, 가장 많은 경주 李氏가 품관 양반도 많지만 동시에 향리와 역리 등의 신분직역을 많이 소유하고 있다. 밀양 朴氏는 한

량 등 준양반과 천양의 신분을 비교적 많이 소유하고, 김해 김씨의 경우 유학, 한량 등 준양반이 많다.

나머지 성씨도 대개 여러 직역에 분포되어 있다. 비록 특정한 신분에 특정한 성씨가 상대적으로 많이 있는 경우가 있으나 이것은 읍내리에서는 상당히 해체되어 있다. 다시 말하면 18세기 후반에는 성씨와 신분직역간의 상관성이 매우 낮아지고 있다.

4. 통혼권

1) 씨족별 통혼권

일반적으로 전통사회의 통혼권은 신분내혼제로 알려져 있지만 그것은 씨족과 신분 및 시대에 따라 차이가 있다. 언양현의 경우 명문씨족은 주로 신분내혼제이나 그렇지 않는 경우도 있다.

언양현 읍내리 호주의 성씨 및 신분별 통혼권을 표 6에서 본다.

먼저 성씨별 통혼권을 보면, 경주 이씨의 경우 김해 김씨와의 통혼율이 38.7%이고 밀양 박씨의 경우 40.9%이다. 이들은 기타 성씨와의 통혼율이 각각 3할 이상이 되고, 심지어 명문 씨족의 경우도 3할 이상이 된다. 반면에 김해 김씨는 경주 이씨, 밀양 박씨, 경주 최씨와의 통혼율이 각각 10%이상이 된다. 그 밖의 기타 성씨들도 읍내리의 명문 씨족과 통혼하고, 또 그들의 39.7%가 기타 성씨와 통혼하고 있으나 조사대상이 적어서 일반화 시키기는 어렵다. 읍내리의 통혼권은 명문 씨족간에 반드시 통혼이 이루어진다고 보기 어렵다. 그런데 경주 이씨와 밀양 박씨 및 김해 김씨의 경우 족내혼이 이루어지고 있다.[2)]

2) 박용숙은 언양현 호적조사에서 동성동본 결혼자가 1711년에 전체 호수의

<표 6> 읍내리 호주의 씨족별 통혼권

외조 / 호주	경주김	경주이	경주최	밀양박	동래정	김해김	해주오	안동권	문화유	진주강	기타	미상	합계
경주김		2			1	2					4	4	10
경주이		1	1			12	1	1	1		11	11	31
경주최	1				1				2		3	3	8
밀양박	1	1		1		9	1		1		8	8	22
동래정				1		2					5	5	9
김해김	1	5	3	4	1	3	1		2	1	9	9	29
해주오	2	1	1	1									5
안동권		1									1	1	2
진주강						1					1	1	2
기타	1	5	2	7	4	21	1	1		1	31	31	78
													1
합계	6 (3.0)	17 (8.6)	7 (3.6)	14 (7.1)	7 (3.6)	50 (25.4)	4 (2.0)	2 (1.0)	6 (3.0)	2 (1.0)	73 (37.1)	9 (4.6).	197 (100.0)

2) 신분직역간 통혼권

읍내리 호주의 조부와 외조간 통혼권이 신분내혼제가 상당히 이루어지고 있다.

표 7을 보면, 당상관인 품관양반들의 통혼은 동일한 신분직역이 24.3%이고, 나머지도 대부분 유학, 업무 등과 같은 준양반 또는 중인과 통혼하고 있다. 그리고 유학(학생)의 경우 전체의 57.4%가 유학과 통혼하고 나머지는 다수의 품관양반과 통혼한다. 그리고 업무, 업유의 경우 동일한 신분직역이 34.6%이고, 나머지는 대부분 준양반이며 향리의 경우 주로 품관 양반과 통혼한다. 그 밖에 양인과 노제, 맹인 등은 각각 5할 이상이 동일한 직역과 통혼권을 형성한다. 그리고 신분직역이 미천한 미상인자 의 경우는 약 9할이 된다.

3.1%(32호), 1798년에 2.1%(22호), 1861년에 4.8%(5호)가 되고 이들은 각 신분직역에서 볼 수 있다고 한다.(「조선후기 향촌사회연구」, 경북대 박사학위논문, p.109, 113, 119)

이와 같이 읍내리민의 통혼권은 약 5할이 동일한 신분내혼제가 이루어지고 있다.

<표 7> 읍내리의 신분직역간 통혼율

조부 \ 외조	가선 통정 통덕랑	장사랑 승사랑 종사랑	여절 병절 전력	유학 학생	한량 무학 출신	군관 도훈도 별무사	업무 업유	기관 가리 공생	양인 어영군 금위군	역리 사령 하전	사비 사노 관비	미상	합계
가선,통정,절충,통덕랑	9			10			7	1	2			8	37
장사랑,승사랑,종사랑												1	1
여절,병절,전력				1			1						2
유학·학생	6			27	1		1	1	2			8	47
한량,무학,출신	2	1		4								2	8
군관,도훈도,별무사				1									1
업무,업유	3			3	3	1	9		1	1		5	26
기관,가리,공생	1			1									2
양인,어영군,금위군	5						4		20	1	1	8	39
역리,사령,하전							1			2		3	6
관노비,사노비												1	1
노제,맹인,병인					1								1
미상			1	1					1			22	25
기타							1						1
합계	26 (13.2)	1 (0.5)	1 (0.5)	48 (24.4)	5 (2.5)	1 (0.5)	24 (12.2)	2 (1.0)	26 (13.2)	4 (2.0)	1 (0.5)	58 (29.4)	197 (100.0)

한편, 읍내리 호주 부친과 외조의 신분직역을 교차 분석하여 보아도 유사한 현상을 보여준다. 즉 부친이 당상품관인 경우 동일한 신분(품관양반)과 통혼한 경우 11.1%이지만 대부분 유학(36.1%)과 업무(13.9%) 등 준양반과 중인과의 통혼권을 형성하고, 장사랑, 종사랑의 경우 품관양반과의 통혼이 60.0%이고 나머지는 유학이다. 그리고 한량, 무학의 경우 품관양반이 36.4%이고 유학이 27.3%이며, 업무, 업유의 경우 동일한 신분직역이 37.1%, 나머지는 품관양반, 준양반과 통혼권을 형성한다. 그리고 양인과 역리(33.3%) 및 노비들도 동일한 신분간 내혼제를 이루고 있다.

5. 신분이동

1) 4祖간 직역변화

임진왜란 이후 특히 선조 25년과 헌종 1년의 납속정책과 서얼허통 및 노비방량 등에 따라 신분해체와 세대간 신분이동이 급변하였다. 이러한 변화를 1777년의 호적대장에서 나타나기 시작하였다. 여기에서는 읍내리 호주의 세대간 신분이동에서 그 특징을 발견한다.

표 8을 보면, 4대(약 100년)간 신분직역의 변화가 뚜렷이 나타나고 있음을 알 수 있다.

<표 8> 읍내리 호주의 4조간 신분변동

	가선 통정 절충 통덕랑	장사랑 승사랑 종사랑	여절 병절 전력	유학 학생	교생 원생 동몽	한량 무학 출신	군관 도훈도 별무사	업무 업유	기관 가리 공생	양인 어영군 금위군	장인	유황군 금보 수군	역리 사령 하전	관노 비 사노 비	노제 맹인 병인	미상	합계
본인	6 (3.0)	9 (4.6)		16 (8.1)	4 (2.0)	36 (18.3)	13 (6.6)	7 (3.6)	12 (6.1)	20 (10.2)	4 (2.0)	22 (11.2)	24 (12.2)	16 (8.1)	7 (3.6)	1 (0.5)	197 (100.0)
부친	36 (18.3)	5 (2.5)		36 (18.3)		11 (5.6)		35 (17.8)	3 (1.5)	41 (20.8)			6 (3.0)	2 (1.0)	4 (1.0)	18 (9.1)	197 (100.0)
조부	37 (18.8)	1 (0.5)	2 (1.0)	47 (23.9)		8 (4.1)	1 (0.5)	26 (13.2)	2 (1.0)	39 (19.8)			6 (3.0)	1 (0.5)	1 (0.5)	26 (13.3)	197 (100.0)
증조	49 (24.9)	1 (0.5)	3 (1.5)	48 (24.4)		1 (0.5)	1 (0.5)	19 (9.6)	1 (0.5)	28 (14.2)			4 (2.0)			42 (21.3)	197 (100.0)
외조	26 (13.2)	1 (0.5)	1 (0.5)	48 (24.4)		5 (2.5)	1 (0.5)	24 (12.2)	2 (1.0)	26 (13.2)			4 (2.0)	1 (0.5)	1 (0.5)	58 (29.4)	197 (100.0)

첫째, 가선, 통정, 통덕랑, 부호군, 그리고 여절, 병절, 전력부위 등 상위 품관 양반이 세대간 내려오면서 감소되고 있으나 향리들이 소유한 장사랑, 종사랑 등 하위품관은 오히려 약간 증가되고 있다. 하위 품관의 향리들이 많이 증가한 것은 그들이 납속책의 행정업무와 호적대장의 작성자이기 때문이 일어난 것이 아닌가 한다.

둘째, 유학과 한량 및 업무 등은 세대간 증가현상을 보이고 있으나(업무는 부친대 까지만 증가) 군관과 향리 및 양인은 본인대에 급증하였다.

셋째, 역리와 관노비들은 본인대에 급증하였다.

넷째, 대개 비천한 신분인 미상은 세대간 감소되어 오다가 본인대에 급감하였다.

이러한 것을 보면, 납속, 노직, 증직의 품관양반들이 부친대 이전 17세기에 많이 생겼고, 이후에는 납속책 등이 별 효과가 없음을 알 수 있다. 그리고 유학 등 준양반은 증가하였으나, 향리와 역리 및 관노비들은 당대(호주 본인) 까지도 유효한 신분직역이었던 것 같다.

2) 세대간 이동

읍내리민의 세대간 신분이동이 부자간 및 조손(祖孫)간 어떻게 직역이동이 일어났는 가를 보자.

<표 9> 읍내리 호주의 부자간 신분이동

호주 \ 부친	가선 통정 절충 통덕랑	장사랑 승사랑 종사랑	유학 학생	한량 무학 출신	업무 업유	기관 가리 공생	양인 어영군 금위군	역리 사령 하전	관노비 사노비	노제 맹인 병인	미상	합계
가선,통정,절충,통덕랑	3			1	2							6
장사랑,승사랑,종사랑	3		6									9
유학·학생	2	1	13									16
교생,원생,동몽			2		2							4
한량,무학,출신	10		10	5	9		1				1	36
군관,도훈도,별무사	3	1	1	2	3		2					13
업무,업유	1	1	1		3	1	1					7
기관,가리,공생	2	2	1	2	1		1				1	12
양인,어영군,금위군	4		1		6	2	7			1	1	20
장인							2				2	4
유황군,금보,수군	2				6		9				5	22
역리,하전,직	2			1			10	6	1	1	3	24
관노비,사노비	3		1		1		3		1	2	5	16
노제,맹인,병인	1				2		4					7
미상							1					1
합 계	36 (18.3)	5 (2.5)	36 (18.3)	11 (5.6)	35 (17.8)	3 (1.5)	41 (20.8)	6 (3.0)	2 (1.0)	4 (2.0)	18 (9.1)	197 (100.0)

먼저 부자간 신분직역 이동을 표 9에서 보면 품관 및 준양반의 신분세습성이 높고,(품관은 3할 이상, 유학은 81.3% 이상) 중인은 업무의 세습성이 42.9%, 향리의 경우 주로 품관양반이나 한량, 무학의 자손들이다. 반면에 천민들의 경우 역리는 역리와 이영군, 양인 출신이 많고 노비의 경우 미상이 많다.

한편, 조손간 신분직역 이동은 부자간의 경우와 같이 매우 유사하다.

표 10을 보면, 품관 양반의 경우 부자간에 비하여 약간 떨어졌으나 대부분 준양반(유학 등)의 자손들이고, 업무는 업무 자손, 향리는 유학 및 향리의 자손들이 많다. 그러나 천민들은 역리의 경우 역리 출신이 많고, 노비들은 미상 출신들이 많은 편이다.

<표 10> 읍내리 호주의 3대간 신분직역이동

호주 \ 조부	가선 통정 절충 통덕랑	장사랑 승사랑 종사랑	여절 병절 전력	유학 학생	한량 무학 출신	군관 도훈도 별무사	업무 업유	기관 가리 공생	양인 어영군 금위군	역리 사령 하전	관노비 사노비	노제 맹인 병인	미상	합계
가선,통정,절충,통덕랑	2				1		2						1	6
장사랑,승사랑,종사랑	2			5	1								1	9
유학·학생		1	1	13									1	16
교생,원생,동몽				2			2							4
한량,무학,출신	10		1	12	6		5		1				1	36
군관,도훈도,별무사	4			2		1	2		4					13
업무,업유	2			2			3							7
기관,가리,공생	1			5			2	2	1				1	12
양인,어영군,금위군	6			1			6		6				1	20
장인				1					1				2	4
유황군,금보,수군	3			1			4		7				7	22
역리,하전,직	3								10	6	1	1	3	24
사비,사노,관비	2			3					4				7	16
노제,맹인,병인	2								4					7
미상									1					1
합계	37 (18.8)	1 (0.5)	2 (1.0)	47 (23.9)	8 (4.1)	1 (0.5)	26 (13.2)	2 (1.0)	39 (19.8)	6 (3.0)	1 (0.5)	1 (0.5)	25 (12.7)	19 (100

이러한 것을 보면, 세대간 신분이동이 1777년 호주세대 이전에 세습성이 많이 나타났지만, 그 이후는 약화되고 있다. 특히 품관양반들은 당대에만 유효한 영직이지만 부친대 까지 많이 소유하고 있는 것을 보면, 그것을 지속적으로 유지하기 위하여 납속할 수 있는 읍내리의 지주부농이 약 40명이 되는 것 같다.

6. 경제력 ; 노비, 고공 및 협인

1) 지역별 천민 노동력

조선후기 언양현 및 읍내리의 주요 산업은 농업이다. 농업 생산의 경제력은 주로 토지와 노동력에 의하여 좌우된다. 언양현 읍내리의 토지에 관한 자료(양안 등)가 없어서[3] 불가피하게 주요한 노동력을 형성하는 노비, 고공 및 협인의 소유(수)에 의하여 경제력을 평가한다.

1777년 읍내리민은 다른 부락민(행정리)과 달리 언양현청이 있어서 향리(기관, 공생, 가리 등)와 관속(사령, 하전, 관노비 등)이 상당히 거주하지만 이들은 대부분 임금이 없어서 영농에서 생계를 유지한다. 그리하여 가족노동 이외 노비, 고공, 협인의 타인 노동력이 경제력을 상징한다.

이러한 타인 노동력을 중심으로 당시의 경제력을 평가하면, 읍내리민이 주변 다른 부락민, 특히 반촌에 비하여 경제력이 매우 약하다고 볼 수 있다.

당시 향촌사회는 품관양반(사족 등)이 지주부농을 형성하고 농민

3) 규장각(서울대) 도서관에 '언양현 남 3동 전답양안(1871년)'과 '북 3동 전답결양안'(1871년)이 각각 1책이 있으나 본 연구에 유효한 것 같지 않았다.

들(유학, 상민, 천민 등)이 자작 및 소작농의 생산계층을 대변하였다. 특히 수세대간 품관양반들은 주로 노비노동력을 이용하여 지주부농을 형성하였다.

표 11을 보면, 읍내리민 보다도 반촌의 명문 씨족이 많은 노비를 소유하고 있지만, 읍내리와 덕천민동의 경우 고공을 보다 많이 소유하고, 특히 읍내리민은 협인을 많이 두고 있다.

<표 11> 읍내리와 반촌의 노비, 고공 및 협인

지역	노비		고공		협인		전체
	소유호수(%)	노비수(평균)	소유호수(%)	고공수(평균)	소유호수(%)	협인수(평균)	호수
읍내 동부리	15(13.5)	31(2.1)	19(17.1)	23(1.2)	34(30.6)	124(3.6)	111(100.0)
읍내 남부리	12(14.0)	19(1.6)	9(10.5)	9(1)	31(36.0)	39(1.3)	86(100.0)
지내리(동래 정씨)	35(61.4)	14(4.0)	17(29.8)	20(1.2)	5(8.8)	15(3)	57(100.0)
명촌리(경주 김씨)	17(68.0)	135(7.9)	1(4.0)	1(1)	5(2.0)	10(2)	25(100.0)
천소리(은진 송씨)	19(41.3)	46(2.4)	4(8.1)	4(1)	8(17.4)	20(2.5)	46(100.0)
하잠리(영산 신씨)	17(56.9)	83(4.9)	16(53.3)	33(2.0)	8(2.7)	21(2.6)	30(100.0)
덕천민동	3(8.3)	5(1.7)	7(19.4)	8(1.1)	1(2.8)	2(2)	36(100.0)
덕천역동			6(14.6)	7(1.2)	2(4.9)	3(1.5)	41(100.0)

(비고) 1) 노비수에는 도망 노비가 포함됨.
2) 명촌리 노비수에 비부(婢夫) 5명이 제외됨.

언양현에서 가장 노비를 많이 둔 반촌의 명문 씨족은 지내리의 동래 정씨와 명촌리의 경주 김씨 및 하잠리의 영산 신씨이다. 이들 반촌에서 노비를 둔 호수는 6할 이상이 되고, 또 각 호당 평균 노비수는 명촌리의 경주 김씨와 하잠리의 영산 신씨 및 지내리의 동래 정씨집단에서 각각 4명 이상의 노비를 두었다.

그러나, 읍내리의 경우 노비를 둔 호수는 전체의 약 14%이고 이들은 대개 평균 2명의 노비를 소유하였다. 덕천리의 역리들은 거의 노비를 소유하지 않았다.

한편, 반촌의 명문 씨족들은 지내리를 제외하면 농업생산을 주로 노비노동에 의존하지만 읍내리의 경우 고공과 협인에 크게 의존하고 있다. 고공을 둔 동부리민의 77.7%가 고공을 소유하고 남부리의 경우 10.5%이다. 그리고 협인의 경우 동부리민의 30.6%, 남부리민의 36.0%가 협인을 두고 이들은 대개 전자는 3.6명, 후자는 1.3명을 두고 있다.

이것을 본다면, 언양현의 반촌에는 주로 노비노동을 이용한 지주부농(토호)이 존재하였음을 알 수 있지만 읍내리에는 주로 향리의 체면 유지나 소농 경영을 위하여 두었음을 짐작할 수 있다.

2) 신분직역별 천민노동력

읍내리민의 신분직역에 따라 소유한 노비와 고공 및 협인이 얼마인가를 본다.

<표 12> 읍내리민의 신분별 천민노동력

신분 직역	노비수					고공수			협인수						리민수
	1	2	3	5	7	1	2	4	1	2	3	4	5	기타	
가선,통정,절충,통덕랑								1		1				1	6
장사랑,승사랑,종사랑		1				2	1			1					9
유학·학생	3			1					3		1				16
교생,원생,동몽	1					1			2						4
한량,무학,출신	9	1	1		1	5			6	1	2	2			36
군관,도훈도,별무사	1					2			5						13
업무,업유						1				1					7
기관,가리,공생				1		2			5	2					12
양인,어영군,금위군	1					3			3	2	2	1			20
장인									1						4
유황군,금보,수군						3			4	1	1				22
역리,사령,하전						3			5	3	1			1	24
관노비,사노비	3		1	1		4			1	2					16
노제,맹인,병인									3				1	1	7
미상															1
합 계	18 (9.1)	2 (1.0)	2 (1.0)	3 (1.5)	1 (0.5)	26 (13.2)	1 (0.5)	1 (0.5)	38 (19.3)	14 (7.1)	7 (3.6)	3 (1.5)	1 (0.5)	3 (1.5)	197 (100.0)

표 12를 보면, 1명의 노비를 소유한 신분직역은 한량, 무학과 유학의 준양반이 가장 많고, (14호) 그 다음은 노비들이다.(3호) 2명 이상의 노비를 둔 신분직역도 한량(3호)과 노비(2호) 및 유학(1호)이다. 그리고 고공의 소유자는 1명을 둔 경우 한량, 무학의 준양반이 가장 많고(5호), 그 다음은 노비(4명)와 양인(3호), 역리(3명) 및 향리(2호)이다. 그리고 2명 이상의 협인을 둔 호수는 한량과 무학, 그리고 양인이 가장 많고(각각 5호) 그 다음은 대개 1~2명의 협인을 두었는데, 이것은 모든 신분직역에서 발견할 수 있다.

이것을 보면, 준양반들이 비교적 노비와 고공 및 협인의 천민노동력을 많이 소유하고, 특히 고공과 협인의 경우 각 신분직역에서 모두 나타나고 있다.

7. 결 론

언양현 읍내리는 비록 향청이 있는 곳이지만, 만약 향리와 관속을 제외하면 당시 다른 지역의 신분구조에 비하여 큰 차이가 없다. 즉 1777년 읍내리민의 신분직역은 품관양반이 전체의 7.6%이고, 준양반(유학, 한량 등)이 35.0%로 가장 많고, 그 다음은 상민(23.4%)과 천민(20.3%)이다. 비록 품관 양반과 향리와 관노 등이 조금 더 있지만, 다른 읍민들의 신분직역은 매우 낮은 편이다.

언양현 읍내리민의 씨족은 경주 이씨와 김해 김씨 및 밀양 박씨가 가장 많고, 그 다음은 경주 김씨, 경주 최씨, 동래 정씨이다. 이들은 대부분 신라시대의 경주 토성들이다. 이들은 대부분 읍내리의 상층 신분직역(품관 등)을 차지하고, 동시에 기타 씨족과 함께 천민을 형성하고 있다. 그러나 경주 김씨는 향리를 다수 차지한다. 또한, 다수인 이들이 언양현의 명문 씨족과 통혼하고 기타 씨족은 하층

신분직역과 통혼하는 경향, 즉 약한 신분내혼제를 형성한다.

언양현 읍내리민의 세대간 신분이동은 품관양반의 경우 호주 본인대로 내려올수록 감소되고 있으나, 향리가 많이 지닌 장사랑 등 하위 품관은 부친과 본인대에 증가하였다. 그리고 준양반(유학, 한량 등)은 호주 본인대에 내려올수록 증가하였고, 특히 군관은 본인대, 업무는 부친대, 그리고 역리와 관노 등은 도망 등으로 감소되어 오다가 본인대에 증가하였다.

이러한 현상은 신분해체의 결과이기도 하지만 조선 후기의 신분정책(납속책, 서얼허통 등)의 영향이기도 하다.

한편, 언양현 읍내리민의 경제력을 천민노동력으로 평가한 결과 반촌의 경우에 비하면 많이 떨어지고 있다. 반촌의 노동력은 지주부농들이 주로 노비노동에 의존하고 있지만, 읍내리의 경우는 고공과 협인노동에 의존하고 있다. 이것은 도시적 성격이 강한 지역에 있어서 주종적 생산관계가 준계약적 생산관계로 전환되고 있음을 의미한다.

<부론 2>

역사 연구와 사회과학 방법*

- 한국의 사풍에 대한 제언 -

1. 역사주의

많은 학자들이 인간의 사회현상을 다루는 방법으로서 역사주의 또는 역사적 접근방법이란 용어를 흔히 사용한다. 특히 사회과학에서 과거의 역사현상을 다루는 경우에 그렇게 지칭하고 있다. 과연 역사주의 또는 역사적 접근방법이 과학적 방법론으로서 정립될 수 있는가에 대하여 의문이 간다.

저자는 역사주의가 사회과학의 방법론이 될 수 없고 다만 학문의 관심 또는 자세에 불과한 것이라고 생각한다. 역사주의란 개념을 어떠한 내용으로 발전시키느냐에 따라 하나의 방법론으로서 정립시킬 수 있겠지만, 그것은 어떠한 명백한 사관과 사론이 규정되어 있는 것이 아니기 때문에 현재로는 어려울 것이다. 사회과학에서 다루는 모든 문화와 사회현실이 그 자체가 역사적 산물이고 또한 역사적 사건이란 것도 사회구조적 산물인 것이다. 따라서 어떠한 현상이든 그것은 역사성과 사회성을 동시에 구비하여 있다. 오늘날 역사성과 사회성이 가장 결여된 사회과학의 대상으로 인식되어 있는 인간의 행위도 엄격히 따진다면 그러한 성격을 지니고 있다.

* 이 글은 1973년「문학과 지성」, 봄호(일조각 간행)에 게재된 것이다.

그럼에도 불구하고 오늘날 많은 사회과학자들은 인간의 행위와 사회의 현상이 역사성 및 사회성과 유리되어 있는 것으로 간주하고, 그것의 탐구 방법으로서 자연과학적 방법론을 강조하고 있는 경우가 대단히 많다. 비록 사회과학적 방법이라 하더라도 다양한 사관과 사론이 있을 터인데 어찌하여 역사 연구에 있어서 비사회과학적 입장을 취하고 있는지 이해가 잘 되지 않는다. 오늘날 우리나라의 많은 사가들도 사관과 사론을 혼용하고 있는 경우가 많은가 하면, 그들이 내세우고 있는 과학적 방법론에서는 사회과학적 인식을 찾아보기가 대단히 힘든 경우가 많은 것이다. 특히 젊은 사가들에 의하여 종래의 사풍을 지양하고 많은 학문적 업적을 내고 있지만 그들의 역사연구에 있어서 가장 특징적이라 볼 수 있는 ① 민족주의적 사관과 ② 실증주의적 사론이 사회 과학적 방법론의 인식과, 이의 토대에서 입론되어야 학문의 생명이라 할 수 있는 객관성과 과학성을 찾아 볼 수 있고, 또한 그들의 업적이 더욱 빛날 수 있다. 그러나 이것만으로는 과학적 방법이라 자부할 수 없다.

그러면, 여기에서 사관과 사론을 중심으로 한 한국의 사풍에 대하여 사회과학적 입장에서 보면, 특히 방법론에 있어서 어떠한 문제점이 있고 이것을 지양하기 위한 방법으로서 어떠한 노력을 해야할지 저자 나름대로 평소에 느끼는 것을 지적하여 볼까 한다.

2. 사관(史觀)의 주체성

사회를 보는 눈은 여러 가지가 있을 수 있다. 그러나 사회를 어떠한 시각에서 보느냐에 따라 그 모양이 달라질 수 있다. 일반적으로 서양의 사상사에는 두 가지의 사회관이 크게 대립되어 있다고 한다. 하나는 사회질서가 사회 성원들의 가치합의, 즉 일반의지에 의해서 형성되고 다른 것은 사회질서가 사회 성원들의 힘과 강제, 즉 지배와 복종에 의해서 형성되었다고 한다.[5] 전자의 사회관은 보수이론으로서 지배자의 철학이 되었고, 후자의 경우는 진보이론으로서 피지배자의 이익을 옹호하는 대중의 철학이 되어 왔던 것이다.

사회가 일반의지에 의하여 형성되어 있다면 가장 이상적인 것이고, 따라서 이러한 사회관이 가장 바람직한 것이라 할 수 있다. 그러나 불행히도 사회는 성립과 동시에 사회적 불평등이라는 대립된 사회구조가 나타나게 된 것이다. 그리하여 지배자는 대립된 사회를 하나의 통합된 사회질서를 이루기 위하여 유사한 일반의지를 조장하고 오히려 이것이 통치이론으로 나타나게 된 것이다. 그러나 사회는 대립되어 있고, 이것이 잠재된 상태에서는 조화의 사회관이 존재할 수 있겠으나, 그렇지 못한 경우에는 갈등의 사회관이 더욱 타당성을 가질 수 있는 것이다. 즉 사회의 발전원리는 이 두 개의 사회관에서 찾을 수 있을지 모르나, 아직도 이에 대한 양론이 대립되어 있는 것을 보면 역사와 사회의 현실성은 어느 한편에 절대성을 부여하고 있는 것이 아닌 것 같다.

사회발전을 조화의 철학에서 찾는 학자들은 갈등을 사회악 또는 사회질병으로 간주하고 이것이 사회를 분열시키고 역기능을 행한다고 한다. 그러나 갈등의 철학은 오히려 갈등이 사회발전의 씨앗이고 사회조직의 건설적, 통합적 요인이며 협동과 더불어 사회적 기능을 수행한다고 한다. 만약 역사를 발전이란 개념에서 본다면 분명히 현실성과 기능성으로 보아서 갈등의 철학, 즉 대립의 사회관이 더욱

5) Ralf Dahrendorf, *Class and Class Conflict in an Industrial Society*, Routledge & Kegan Paul. Ltd, 1959, p.157
김영모, 사회과학의 양대 방법론, 「한국사회학」, 법문사, 1972, p.20
김영모, '신갈등이론', 「한국사회의 이해」, 한국복지정책연구소 출판부, 1999, p.25

타당성을 갖게 되는 것이다. 그러나 역사를 그렇게 보지 않고 심지어 순환으로 보는 경우도 조화의 사회관을 갖는 경우가 많은 것이다. 이러한 사회관의 타당성은 개인과 학자의 관심에 의해서 결정될 성질의 것이 아니다. 그것은 사회의 역사적, 구조적 성격에 의해서 결정될 수 있는 것이다.

만약 우리의 주체적 입장에서 본다면, 우리나라의 역사성과 사회성에 기초한 사관과 사론이 정립될 수 있는 것이다. 오늘날 우리나라의 사가들 중에서 비교적 주체적인 입장에 서 있는 학자들이 국사의 주체성을 개발하기 위한 사관으로서 민족주의 사관으르 내세우고 있다. 종래에 민족주의 사관이 없는 것은 아니지만 식민주의 사관 또는 어용사가들에 의하여 제대로 빛을 발휘하지 못하였다. 이것은 현재의 역사적 현실에서도 그 타당성을 찾아볼 수 없는 것은 아니지만 사가들은 아직 과거의 역사적 사실에 대한 탐구노력에서 그러한 입장을 취하고 있는 것이다.

우리나라의 사풍(史風)은 이러한 역사의 사회성에 기초하여 성립되어야 한다. 다시 말하면 우리의 역사는 외세에 의한 식민성과 사회적 대립성이 지배되어 있는 것이 그 특징이다. 따라서 사가들이 민족주의 사관을 가진 것은 타당한 것이고, 동시에 사회의 대립성을 이해하기 위한 계급사관 내지 계층사관이 제시될 수도 있다. 오늘날 민족주의 사관이라 하면 자칫 우물안 개구리식의 폐쇄적 인종주의적 색채가 매우 강한 것으로 지적하는 사람도 있으나 이것은 민족주의에 대한 오해와 혐오, 또는 사대주의와 세계주의자의 자기 합리화에서 비롯하고 있다.

오늘날 민족의 개념도 대단히 변질되고 있다. 민족의 전통적 개념은 인종, 부족 등의 혈연성과 지연성에 기초해 있으나, 현대에는 언어와 종교 등의 문화와 사회성에 입각하여 규정하려 하고, 나아가

정신과 이익성에 기초하여 규정하려고도 한다. 이것은 민족의 성원이 정치, 경제, 사회, 문화의 동질성과 이익성을 기초로 한 공동체에 의하여 자기의 이익이 보장되고 국가와 민족의 이해 관계에 의하여 국제사회가 존립하고 경쟁하기 때문에 자기의 국가와 민족 중심의 자각과 영광을 위한 노력에서 연유되고 있는 것이다. 이러한 민족적 이익은 비록 분단된 조국일지라도 존재하고 외세의 강력한 영향하에 있을 때 더욱 그 가치가 고조된다.

일반적으로 후진국가에서 볼 수 있는 복합사회 또는 이중사회는 대개 언어와 종교에 의하여 민족적 이익을 판별할 수 있다. 자국의 지배층은 식민 모국의 언어를 사용하고 종교를 수용하여 식민주의자와 일체감화 또는 동일화 하려고 한다. 따라서 식민지의 지배층은 식민주의자의 이익이 일치되고, 그러한 문화적 공동체, 즉 민족을 형성하지 못한 원주민은 피지배계층이 된다. 이러한 경우에 민족적 이익은 지배자에 의하여 보장 받기 어렵다.

사실 우리의 역사가 오랫동안 외세에 의하여 지배되어 왔고, 오늘날에도 외세의 영향이 강력히 존재하고 있는 실정에서 이것이 강조되어도 때늦은 감이 있다. 일제의 식민지 시대에도 민주주의자가 빛을 보지 못했고 해방 후에도 계속 거세되었다. 이것은 국제 사회에 있어서 약소 민족의 비애라 할 수 있다.

해방 후에도 민족주의 사관이 빛을 보지 못한 것은 우리나라의 국제적 지위에 있어서나, 또는 그간의 국민교육에 있어서 세계인을 길러내기 위한 소위 홍익인간의 시민교육 때문이다. 따라서 오늘날 젊은이는 정신적으로 국적 없는 한국인이 되어 버린 것이 아닌가 걱정된다. 이러한 민족적 주체성이 결여된 한국인에 의하여 우리의 참된 근대화가 이루어지기 어렵고 이러한 여건 하에서 근대화가 이루어진다면 한말의 경우처럼 개화=식민지화라는 정치적 사회적 변화를 초래할 위험성이 있는 것이다. 그러므로 우리 민족은 오랫 동안 언어와 혈연의 동질성이 강하고 역사적 운명공동체였기 때문에 한가지의 요인 또는 차원에서 규정하기 어려울지 모르나 오늘날 국제사회의 다양성과 다원화로 말미암아 주체적 다수의 입장에서 민족의 개념을 다양하게, 그리고 다원적으로 규정할 필요성이 있다. 민족은 인류평화라는 면에서 공존성을 가질지 모르나 국제사회에 있어서는 항상 배타성과 자율성을 지녀야 한다.

오늘날 계급사관이라 하면 대단히 오해를 하고 있는 사람들이 많은데 이것은 잘못된 이해에서 비롯되었다. 계급과 계층의 의미도 다르지만[6] 계급사관을 프롤레타리아사관, 또는 유물사관과 동일시하는 사람들은 그들의 계급 사관에 대한 오해에서 일어나고 있는 것이다. 계급사관은 프롤레타리아 사관, 또는 부르조아 사관을 의미하는 것은 아니다.

계급은 사화관계(생산관계)에 있어서 불평등, 즉 지배와 종속 또는 대립된 사회구조를 의미하는 것이지 프롤레타리아트 또는 부르조아지의 일 계급을 의미하는 것은 아니다. 계급의 사회적 개념이 과거의 전통적 개념과도 많이 달라졌고, 그것은 사회변화의 결과에서 초래된 것이지만, 우리나라의 경우에도 벌써 그러한 고전적 개념만으로 이해하기는 아주 어려운 실정이다.

고전적 개념은 부르조아지와 프롤레타리아트의 두 계급이 적대적으로 대립하여 존재하고 중간계급은 몰락한다고 하였지만 산업사회에 있어서는 급속한 역할분화로 인하여 오히려 중간 계급이 증가되고 종래의 부르조아지와 프롤레타리아트의 개념조차 그 성질이 매우 달라져 그 개념을 그대로 사용하기가 어려운 것이다. 그래서

6) 김영모, 「현대사회계층론」, 한국복지정책연구소 출판부, 1982/1999(개정), 제 1장 참조

오늘날의 계층이론이 나오기도 하지만 우리나라의 경우는 이것으로도 이해하기가 어렵다. 따라서 계급은 다만 사회적 불평등을 표현하는 개념이기 때문에 이에 기초한 계급사관이 필요한 것이다. 왜냐하면 계급사관이 없으면 역사의 사회적 성격을 과학적 객관적으로 정확히 이해하고 해석하기가 대단히 어렵기 때문이다.

공산주의자의 계급사관은 프롤레타리아 사관을 의미하고 자본주의자의 사관은 부르조아 사관을 의미할지 모르나 그 밖에도 중간계급의 사관이 존재할 수 있는 것이다. 사실 이러한 사관은 역사의 주역이 누구였는가, 또는 누가 역사의 주역이 될 수 있는가에 대한 학자들의 주관적 견해에 의하여 나올 수 있는 것이다. 만약 자기의 연구결과에 의하여 상술한 사관을 주장하고 이것을 권장하는 것은 좋을지 모르나 학자들이 아직 그러한 주장을 자신있게 할 수 없다면 계급사관에 의하여 접근하여 보는 것이 매우 타당성이 있으리라고 생각한다. 그러한 후에 자기의 역사 철학이 나올 수 있는 것이다. 저자의 소견으로는 프롤레타리아사관은 급진적인 사회변혁을 그들에 의존하여 실천해 보려는 생각에서 나온 것 같지만, 지금까지의 역사발전이란 것은 보편적으로 그것 보다도 오히려 중간계급에서 나온 엘리트들이 역사의 주역을 담당하지 않았는가 생각한다.

3. 사론(史論)의 과학성

역사를 연구하는 방법은 사관에 따라 여러 가지가 있을 수 있다. 그러나 지금까지 발전된 대표적인 방법은 전술한 두 가지의 사관에 기초하여 있다. 하나는 조화의 철학에서 볼 수 있는 행위이론(behavior theory)이고 다른 것은 대립의 철학에서 볼 수 있는 갈등이론(conflict theory)이다.

갈등이론은 사회구조의 분석요인으로서 사회적 갈등을 지적하고, 이것은 인간의 사회적 역할, 즉 사회집단간 또는 집단내의 이해관계의 차이에서 일어나고 있다고 한다. 그러나 행위이론은 사회체제의 분석요인으로서 인간의 사회적 행위를 지적하고, 이것은 행위자가 상황에서 어떠한 가치 또는 동기지향의 선택에 의하여 일어난다고 한다. 이와 같이 전자는 사회갈등에 의하여 사회현상을 규명하려 하고, 후자는 사회행위에 의하여 사회현상을 밝히려고 한다. 이러한 사회갈등과 사회행위는 모두 역사성을 지니고 있기 때문에 과거의 사회 현상을 알아야 현재를 분명히 할 수 있고 미래의 사회 현상과 인간 행동을 예측할 수 있는 것이다.

그러나, 행위이론은 오늘날 인간관계 또는 인간행동의 사회심리저 분석에 주요 관심을 가졌고 설대이론이기 때문에 역사적 접근에 무관심 하였다. 아무리 역사성의 본질이 발전, 분화, 변동 등의 근대성을 지니고 있다고 할지라도 사회구조의 분석에 있어서 갈등이론에 의해서 모든 것이 가능하다고 보기는 어려울것 같다. 왜냐하면 사회현상이 반드시 대립성을 갖는 것이 아닌 경우가 있고, 지난 날의 사회구조 및 사회현상을 이해하는데 그러한 구조적 갈등보다 개인의 역할이 더욱 중요할 수 있기 때문이다.

사실 사회적 갈등은 인간의 사회적 역할과 사회적 행위 또는 행동을 이해함으로써 해석이 가능한 경우가 많은 것이다. 그러한 경우에는 사회적 행위의 주체인 인간의 퍼스낼리티를 알아야 되겠고, 그 퍼스낼리티는 가족, 직장, 가문, 지역사회 등의 사회적 기관에 의하여 형성되기 때문에 이들에 대한 성격분석이 필요한 것이다. 이러한 사회화 기관에 대한 분석은 인간의 생산, 권력 및 권위구조에서 파악할 수 있기 때문에 갈등이론에서도 가능하겠지만 행위이론에서도 그 분석이 대단히 필요하고 가능한 것이다. 따라서 역사현상을 규명하는데 있어서 비록 생생한 자료가 빈곤할지라도 문헌조사에 의하여 그들의 생산관계, 권위구조, 권력, 행동가치 등을 어느 정도 밝힐 수 있다. 그리하여 이것을 해석하는 데는 양 방법론에 의존하지 않고서는 대단히 어려운 것이다.

그럼에도 불구하고 다수의 사가들은 사관과 사론이 분명치 못한 경우가 대단히 많고, 대부분 선배의 연구방법을 그대로 모방하고 있는 실정이다. 또한 그것이 비록 있다고 하더라도 역사연구에 있어서 사회과학적 방법론의 이해가 매우 빈약한 것 같다. 그렇기 때문에 사론의 대부분이 사료의 나열이란 성격을 지닌다. 이것만으로 사학(史學)이라 할 수 없다. 그것은 사가(史家)가 아니더라도 할 수 있다.

오늘날 우리나라 사학계에 있어서 사론의 대표적인 특징이 ① 실증주의적 방법인 동시에 ② 개별주의적 접근방법에 의존하여 있다. 이것은 일제시 창설된 震檀學會 회원들의 대표적인 역사연구의 방법론이고 이들의 학문적 영향으로 우리나라 사학의 정통성을 유지하고 있는 것이다.

저자가 여기에서 말하고자 하는 것은 이러한 방법이 잘못되었거나 불필요하다는 것을 것을 강조하려는 것이 아니고, 이것만으로는 한국사의 객관적 과학적 규명이 매우 어렵다는 것이다.

사실 앞서 말한 바와 같이 실증주의라는 것은 사회과학의 방법론이 되지 못하고, 이러한 방법론에 객관적 사실을 제공하는 학문적 기여를 할 수 있는 지위와 성격을 갖기 쉽다는 것이다. 실증주의는 경험주의적 방법으로서 사회이론을 정립하는데 직관주의와 함께 양대 주류를 형성하고 있다. 이 두가지가 모두 사회과학 방법론에 필요한 것이나, 충분한 것은 되지 못한다는 것이다. 따라서 전술한 사회과학의 양대 방법론의 이해 위에서 실증적 접근을 행하여야 될 것이다.

오늘날 우리나라의 실증주의 사가는 대부분 개별주의적 접근방법을 선호하고 있다. 이것은 사회성원의 다수 보다 개인의 힘이 강력한 경우에, 그리고 사례연구가 필요한 경우에 매우 요긴한 방법이다. 그러나 대중운동과 신분사 및 사상사의 이해를 위한 방법으로서도 이것을 주로 사용하는데 이것은 비록 왕조 중심의 정치사 연구의 전통적 타성에서 유래된 것으로 빨리 이를 탈피하여야 될 것이다. 사회 현상은 비록 전통사회일지라도 개인의 힘 보다는 대중 또는 다수의 힘이 크게 작용하고 그들이 역사의 주력을 이루기 때문에 이를 경시해서는 안될 것이다. 그 보다도 오늘날 민족주의 사가들이 대부분 개별적 실증주의적 방법에 의해서 역사이론을 구상하고 있는데 이것은 매우 위험한 것 같다. 왜냐하면 만약 식민주의자 또는 이용주의자들이 동일한 개별적 실증주의 방법을 사용하여 민족주의 사가의 업적과 이론을 번복시킬 수 있기 때문이다. 따라서 역사이론의 객관성을 높이고 어떠한 사관을 가진 사가에 의하여서도 자기의 이론이 부정을 당하지 않게 하기 위해서는 무엇 보다도 중요한 것이 사실에 대한 통계적 방법에 의한 집합적 실증주의의 사론을 정립하는 것이 무엇 보다 중요하다.

사실 개별적 실증주의는 사론의 정립에 있어서 많은 시간과 노력이 필요하고, 역사현상에 대한 미시적 분석과 사례연구로 말미암아 이론 형성과 학문에 있어서 그 생명이라 할 수 있는 보편적 법칙의 발견이 대단히 어려운 것이다. 보편적 원리는 발견된 사실의 일반화에서 그것의 형성이 대단히 어려운 것이 아닌가 생각한다. 다시 말하면 발견된 사실을 귀납하여 이론을 형성하였다 할지라도 그것의 효용성을 고려한다면 일생 동안에 자기의 노력에 합당한 대가로서 가치 있는 연구업적이 나왔느냐에 대해서 의심이 가지 않을 수 없다.

개별적 실증주의는 자료의 선택과 해석에 있어서 사관의 주관성을 벗어 나기 어렵고 집합적 실증주의는 객관성이 대단히 높다. 오히려 전자는 후자의 보완적 자료의 지위로서 가치가 있는 경우가 많은 것이다. 따라서 오늘날 매우 발선된 조사방법과 통계적 분석의 지식과 기술의 도입이 필요한 것이다.

4. 사가(史家)의 자세

오늘날 사가들의 학문적 자세를 가르켜 고증학이나 고증학에 전념하고 있다고 한다. 이것은 사가들이 현실을 외면한 채 자기의 지적 욕구를 과거사 연구에서 충족하려는 반지성적 경향을 빈정대는 것을 의미한다.

사가들은 이것을 오늘날의 학문적 풍토를 제약하는 외적 요소에 책임을 전가시키고, 그것에서 자기를 안주하며 또한 내적 충실화에서 자기를 변호할지 모른다.

이러한 사가들의 학문적 자세는 그들의 사관과 사론의 성격에서 나오고 있다. 다시 말하면 이것에 대한 사회과학적 인식이 약하기 때문이고, 특히 앞서 지적한 개별적 실증주의 사풍의 오랜 전통에서 비롯되고 있는 것이다.

이러한 사풍은 인접과학의 미발달과 이의 자극이 미약했기 때문에 초래된 것이 아닌가 한다. 특히 해방후 우리나라의 사회과학을 지배한 몰가치적 행동주의 행태이론의 학풍이 더욱 부채질한 것으로 생각한다.

만약 전술한 사회과학적 사관과 사론이 없으면 오늘날의 사풍에서는 현실긍정적 사학이나 현실도피 또는 무관심의 사풍이 형성되기 쉽다. 왜냐하면 역사적 사실에 대한 객관성과 과학성이 결여된 사풍은 비록 주체적 사관과 실증적 방법에 의하여 그의 성격이 밝혀졌다고 할지라도 이것을 무엇에 조준하여 해석하여야 될지 방황하기 쉽다. 즉 밝혀진 사실이 자기의 주관적 가치가 개재되어 현대적 또는 미래적 관점에서 평가함으로써 잘못된 해석을 가하기 쉽다.

저자가 생각하기에는 최근의 사회 현상에 대한 역사적 해석과 연구가 대단히 필요하고 긴요한 것 같다. 이것은 사회현상의 역사성 때문만이 아니라 그들의 전통성에 대한 이해가 깊고 주체적 사관을 다른 분야의 학자에 비하여 많이 가지고 있기 때문이다. 그럼에도 불구하고 사가들의 학문적 관심은 과거에서만 찾아 볼 수 있고 현재와 미래에 대한 관심은 대단히 미약한 것이다.

그리하여 사가는 현재의 학계와 대중으로 부터 멀어지게 될 가능성이 크고, 오히려 정책적 지위에 의하여 빛을 볼지 모르나, 그렇게 되면 될수록 민주적 사학의 발달은 늦어지게 마련이다.

5. 민족적 갈등사관

우리는 역사의 연구나 사회현상의 탐구에 있어서 무엇 보다 중요한 것이 사관의 주체성과 사론의 과학성에 있다고 지적할 수 있다.

주체적 사관은 역사와 사회의 현실성에 기초한 자주적 민족의식의 확립에서 가능하고 과학적 사론은 사회과학적 방법론의 인식에서 출발되어야 한다.

이러한 사관과 사론의 합일된 방향에서 역사를 연구하여야 식민사관이나 어용사관에 의해서도 사학의 객관성이 부정될 수 없다. 다시 말하면 민족적 갈등사관에 기초하여 전술한 사회과학적 방법론이 적절히 이용되어야 참된 한국의 사풍과 사학이 성립될 수 있을 것이다.

아직도 사가들이 종래의 편협된 사관이나 자기의 편견 및 오해에서 생길 사관과 사론을 고집한다면 한국 사학의 발전은 기대하기 어려울 것 같다. 특히 한국의 정통사학이라 할 수 있는 개별적 실증주의 사학, 소위 고증학은 하루 빨리 전술한 주체적 사관과 사회과학적 방법론을 수용하지 않으면 정치적 기류와 학문적 풍토의 여하에 따라 사풍이 흔들리게 될 것이다. 모처럼 개화되기 시작한 민족사관도 전술한 사회관을 갖지 못하면 하나의 쇼비니즘이나 어용사관으로 전락되기 쉬운 것이다. 그렇게 되면, 사풍의 악순환이 계속 일어나게 될 것이라는 것을 누구도 부인하기는 어려울 것이다.

<부론 3>

2010년 여 · 야간 복지정책 논쟁

1. 서 론

최근 우리나라의 정계와 언론계는 복지논쟁으로 한창이다 현재의 복지논쟁은 복지 전반에 관한 체계적인 것이 아니고 주로 무상의 복지급여에 관한 것이다.[1] 그러나 이것은 가장 예민한 정치적 이슈가 된다.

오늘날 복지논쟁이 여야간 정치논쟁으로 나타난 것은 지난 50여년간 정치인과 경제관료들의 반복지론 또는 소극적 복지론에 대한 문제제기라고 볼 수 있다. 1982년 정부는 국정지표인 복지사회 건설을 위하여 제 5차 경제사회발전 5개년 계획을 수립하였으나 경제관료들이 서구의 '복지국가 위기론'을 제기하면서 그 계획을 하향 조정하였고, 하향 조정의 지침이 오늘날에도 반복지론의 근거가 되어 있다. 이러한 근거가 허위라는 것이 서구 복지국가가 아직도 건재하여 있고, 우리나라가 선진국가가 되어 있지 못한 것이 그것을 반증하여 주고 있다.

그간 반복지론은 경제성장, 특히 대기업의 자본축적에 기여하였으나, 빈부간 계층간 양극화가 심화되었다. 이와 같이 심화된 사회

1) 민주당의 무상복지론에 대하여 한나라당과 자유선진당은 복지 포퓰리즘이라고 비난하고, 민주노동당과 진보신당은 주로 비정규직 폐지와 최저임금 인상 등을 주장하고 있다.

불평등, 즉 계층간 박탈된 욕구를 충족하기 위하여 무상급식, 무상의료, 무상보육 등 소위 무상복지 시리즈가 나타난 것 같다. 초기의 무상급식 논쟁이 급기야 무상보육, 무상의료 및 반값 대학등록금 등으로 확대 되었다. 지난번 지방선거에서 야낭이 무상급식 공약으로 승리하였기 때문에 소위 무상복지 시리즈는 닥쳐 올 총선과 대선의 가장 큰 쟁점이 될 전망이다. 그리하여 정부와 여당은 무상복지 시리즈를 소위 '복지 포퓰리즘' 또는 '세금폭탄'이라고 비난하면서 선택적 복지·맞춤형 복지 등을 주장하고 있다. 야당은 무상복지 시리즈를 보편적 복지라 하면서 정부, 여당이 주장하는 선택적 복지를 비판하고 있다. 반면에 여당은 더욱이 보편적 복지를 좌파적 복지라고 매도하고 있다.

그런데 정부와 여·야당이 주장하는 무상복지가 과연 보편적 복지개념이고, 현행 복지가 과연 선택적 복지이며 나아가 이명박 대통령이 주장하는 맞춤형 복지가 과연 타당성과 그 실효성이 있는지를 검토할 필요가 있을 것 같다. 또한 야당이 주장하는 무상복지가 여당의 주장대로 망국론인지, 그리고 꼭 부유세를 신설해야 재원 창출이 가능한지를 검토하려고 한다.

이러한 과제에 대하여 우리나라 언론도, 자기 색깔을 내면서 연일 사설, 논설, 특집 기사 등으로 복지논쟁에 참여하고 있다.[2]

이러한 논쟁을 보면, 과거 '복지'하면 신경질을 부리는 여당과 언론을 다시금 회상시킨다. 그들은 '선성장 후분배', '파이를 키워야

2) 최근 연일 「조선일보」는 '잃어버린 20년 일본에서 배운다'(5회), '100세 쇼크', '30년후 당신이 탈 연금은 없다' 등, 「동아일보」는 '복지강국이 앓고 있다.'(10회), '무상복지 논란' 등으로 복지망국론을 주장하고, 「중앙일보」는 '민주당 무상의료, 보험료 2배 더 내야', '복지 포퓰리즘의 진실' 등 그리고, 「한겨레 신문」은 '노르웨이, 스웨덴, 미국, 독일 보다 재정이 탄탄' 등으로 반증하고 '복지지출을 늘리고 세제 개혁해 재원 마련'을 주장하며 '보편적 복지 찬성 30% 불구 61%가 무상복지에 관심' 등 여론조사 결과를 게재하고 있다.

나누어 먹을 것이 있다'는 논리로 복지론을 주장하는 사람을 좌파 인사로 몰았다. 어쨌든 최근의 복지논쟁을 보면, 과거 복지론을 망국론(재정파탄, 국가부도 등)으로 몰아붙이는 여당과 대부분의 언론이 아직도 그 역할을 성실히 수행 하고 있지만 이미 그러한 논리는 비현실적인 것이 되었다. 더욱이 야당과 일부 언론이 그것을 비판하는 것을 보니 과거에 비하면 격세지감이 있다. 이러한 복지논쟁에 참여한 대통령과 여 · 야당 및 언론들이 주장하는 복지이론 중에 잘 못된 것과 심지어 잘못된 비판을 많이 찾아 볼 수 있다.

그리하여 저자는 이러한 논쟁이 일어난 역사적 배경(성격)을 규명하고 그러한 논쟁의 잘못을 비판하며, 나아가 복지논쟁의 정치사회학적 의미를 파악하려고 한다.

여기에서 파악하려는 주제는 먼저 지난 50여년간 주장된 '선성장 후분배'(소위 '파이론'), 재정중립('수익자 부담원칙') 등 반복지론, 소위 한국형 복지이론이 왜, 그리고 언제부터 생겨났는지를 밝히고, 그 다음에 ① 보편적 복지와 선택적 복지, ② 무상복지 시리즈, 그리고 ③ 재원 창출에 대하여 고찰하려고 한다.

2. 복지이념과 한국형 복지

1) 이념적 배경

1960~70년대 정부의 경제개발정책(5개년 계획)으로 도농간, 노사간, 빈부간 격차와 불평등이 매우 심화되었다. 이것이 해결되지 못하면 지속적인 경제성장이 불가능하기 때문에 이것을 해결하기 위한 분배 및 복지정책이 1980년대 초에 중요한 과제가 되었다. 그러나, 정부는 지속적인 경제성장(공업화)이 일자리를 창출할 수 있기 때문에 소위 '파이를 키워야 나누어 먹을 것이 있다'는 '선성장 후

분배' 정책을 강조하였다. 이러한 정책의 복지이념이 무엇인가를 고찰한다.

50여년이 지난 오늘날 1인당 국민소득이 평균 2만 달러가 되었는데도 정부와 여당은 똑같은 구호를 내걸고 대기업 자본가의 성장을 위하여 서민의 희생을 강요하고 있다. 더욱이 그간 경제개발정책으로 가족은 해체되고, 이제 시작한 사회보험정책 마저 후진시켜 국민들의 복지욕구(사회적 위험)를 사보험 시장에 넘겨주고 있는 실정이다. 이러한 결과 사회적 불평등은 더욱 심화되고 대기업의 사적 보험사업은 더욱 번창하게 된다. 다시 말하면 국민의 사회적 위험을 예방하는 사회보험과 빈민의 욕구를 충족시키는 공적 부조와 사회적 서비스가 붕괴되면 정부의 막대한 재정이 소요되고, 동시에 사회적 갈등은 더욱 심화된다. 따라서 정부의 예방적이고 치료적인 복지정책이 확립될 때 건전한 재정과 경제성장이 가능한 것이다. 따라서 복지정책을 강화시킬 필요성이 있다.

복지정책은 가치(이념)를 전제로 한다. 최근 복지논쟁의 핵심인 무상복지와 보편적 복지, 또는 유상복지와 선택적 복지도 이념적 배경에 따라 그 차이가 있는 것이다.

대한민국의 헌법정신은 ① 자유민주적 기본질서와 ② 자본주의적 시장경제 및 국가 개입 그리고 ③ 인간다운 최저생활을 보장한다.[3] 국민의 인간다운 최저생활을 보장하기 위한 자원통제의 능력은 정책적 개입과 이념적 차이에 따라 나타나고, 이에 따라 복지모형이 달라질 수 있다.

저자가 일찍이 제시한 복지국가의 이념적 모형과 자유민주주의의 복지모형이 무엇인지를 소개한다.[4]

3) 우리나라 헌법의 전문과 국민의 기본권 등에서 복지권이 명시되어 있다.
4) 김영모, 「한국사회복지의 제문제」, 한국복지정책연구소 출판부, 1986, pp.35~37

<그림 1> 복지의 이념적 모델

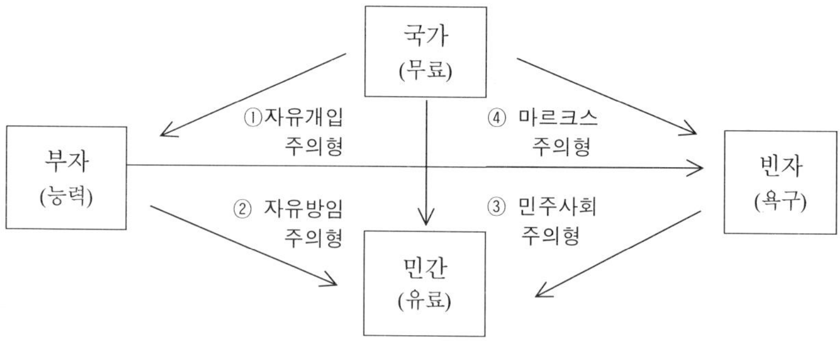

그림 1을 보면, 욕구에 따른 서비스를 무료로 제공하면 마르스크주의형이고, 능력에 따른 서비스를 유료로 제공하면 자유방임주의형이며, 이것의 중간형태가 각각 민주사회주의형 또는 자유개입주의형이라고 말할 수 있다. 마르크스주의형은 과거 소련 등 공산주의국가에서 찾아 볼 수 있고 자유방임주의형은 후진국가에서 찾아 볼 수 있으며 민주사회주의형은 서구 또는 북구에서 찾아 볼 수 있고 자유개입수의형은 미국과 일본 등에서 찾아볼 수 있다. 일반적으로 자본주의 시장제도를 인정하는 국가에 있어서 선택할 수 있는 복지모형은 ①, ②, ③의 세가지 중에서 선택할 수 있다.

복지이데올로기의 차이에 따른 사회서비스비로 지출되는 공공비용은 최근 GNP 중에 차지하는 비율이 유럽의 경우 약 25%이고 미 · 일의 경우 약 12%이며, 후진국의 경우 5%이다. 우리나라의 경우는 약 6%(2010년 9%)이다. 사실 공공복지비가 적은 경우 사적 복지비(축의금과 조의금 등)가 발달하여 그것을 어느 정도 보충하고 있다.

여기에서 알 수 있는 것은 GNP의 15~25%가 비록 복지비에 투자된다고 할지라도 GNP의 75~85%는 자본주의 발전, 즉 사회불평등의 심화에 기여하기 때문에 비록 복지국가라 할지라도 그 나라의 사회적 불평등은 심화되는 것이다. 그러나 GNP의 15~25%가 국민의 기본적 욕구를 충족시켜 주기 때문에 사회적 폭력을 예방하여 기존의 사회체제는 유지·발전될 수 있다. 서구의 경험에 의하면 비록 복지국가라 할지라도 복지비의 최대수혜자는 하층이 아니고 중산층이다.

그러면, 우리나라에 지배적인 복지이데올로기라 할 수 있는 자유민주주의의 복지모델은 어떠한 것인가를 간략히 보기로 하자.

자유주의형의 복지모델은 기회와 개인적 자유 및 사회적 배분방법으로서 시장의 중요성을 인정한다. 그러나 이것은 동시에 생계의 필수요인은 아니지만 다른 공동 사회의 생활기준과 관련된 최저기준을 보장할 정부의 책임을 인정한다. 자유주의형은 시장을 생활기준의 중요한 결정요인으로 인정하고 선택의 자유를 중요시 한다. 이것은 타인의 책임과 독립을 주장하고, 또한 개인이 개별적으로 선택하는 정도의 복지기준을 사적으로 조정하려고 한다. 자유주의형의 관점에서 보면 공적 서비스의 주요한 일은 스스로 부양할 수 없는 사람을 위하여 최저기준을 보장하는 것이다.

한편, 복지의 민주주의형은 사회갈등을 평화적으로 예방하려는 것이다. 이것은 국민의 정치적·산업적 갈등과 불만을 입법과 정책에 의하여 수렴하려는 것이다. 예컨대 의회를 통한 정당정치나 노사협의에 의한 공동결정권 같은 것이다. 이것을 '사회갈등의 제도화'라고 한다.

이와 같이 자유민주주의형의 복지모델은 사회갈등을 평화적으로 예방하고 사회안정을 추구하며 동시에 국민생활의 최저수준과 기회균등을 보장하기 위한 사회정책을 말한다.

2) 한국형 복지이념

우리나라의 복지이념은 오랜 역사 속에서 찾을 수 있지만 최근의 복지이념은 주로 1960년대 이후 경제개발계획 과정에서 찾아 볼 수 있다. 1962년에 시작된, 4차의 경제개발정책은 비록 지속적 경제성장(연간 10% GNP)과 고용기회는 확대하였지만, 도농간, 계층간 격차등 많은 사회문제를 초래하였다. 그리하여 전두환 정권은 이러한 문제를 해결하기 위하여 1982년 제 5공화국의 국정지표로 '복지사회의 건설'을 내세웠다.[5] 그러나 정권내 개혁세력의 퇴조로 1984년 제 5차 경제사회발전계획이 서구식 '복지망국론' 때문에 하향 조정되었다.[6]

당시에 경제관료와 언론들은 서구식 복지국가는[7] 국민을 나태하게 만드는 '복지병'을 초래하기 때문에 한국형 복지는 경제성장과 구빈사업(생활보호) 및 자활근로사업에 기초한 것이라고 하였다.

1982년 복지사회 건설을 위한 제 5차 경제사회발전 5개년 계획은 다음과 같다.[8]

① 전국민 의료보험화
② 국민복지연금의 실시
③ 중학 의무교육
④ 무주택 가구의 해소
⑤ 실업고용보험 및 최저임금제의 실시

---

5) 1982년 당시의 개혁세력인 3허씨의 퇴역후 복지사회 건설이 퇴조 되었다. 3허씨는 허화평(포항고, 육사, 보안사 비서실장, 대통령 정무1수석비서관), 허삼수(육사, 보안사 처장, 사정수석 비서관), 허문도(서울농대, 조선일보 기자, 주일대사관 공보관, 중앙정보부 비서실장, 정무비서관) 등 청와대 핵심 참모들이다.

6) 당시 대통령 경제수석비서관은 김재익(경기고, 서울대 정치학과, 스탠포드대 경제학 박사, 경제기획원 기획국장, 국보위 경제분과 간사)이고 경제기획원 장관은 1982년 김준성(대구, 경북고보, 경성고상, 농은 지점장, 한은총재), 1984년에는 신병현(황해, 후쿠시마 고상, 아메리칸대 경제석사, 조선은행, 세계은행, 한은총재, 상공부 장관)이다.

7) 서구식 복지국가(영국이나 북구)는 ① 정치적으로 의회민주주의, ② 경제적으로 혼합경제, ③ 사회적으로 완전고용 및 사회보장을 실시하며, ④ 이데올로기상으로는 사회민주주의의 국가이다.

8) 김영모, 전게서, p.74

⑥ 사회복지전달체계의 확립

상기한 바와 같이 의욕적인 복지계획이 마련되었으나, 경제관료들은 사회개발의 하향 조정의 방향으로 ① 우리의 경제 여건(능력)에 알맞고 ② 재정부담의 최소화(소위 재정중립)에 의하여 사회보험 방안을 강구하도록 하였다. 서구 복지국가의 사회보험 재정부담은 약 3할이 되었다.

그리하여 6차 경제사회발전 5개년 계획(1987~1991)은 ① 서구적 복지병폐를 예방하고, 국방비 및 경제개발비에 소요되는 국가재정을 고려하여 사회보장 재정을 운영하고, ② 가족, 지역사회의 복지기능을 최대한 조장하며, 이것이 제대로 발휘되지 않을 때 국가복지시책을 보충하는 '선가정보호 후사회보장'의 원칙을 견지한다고 하였다.[9)]

이와 같이 '선성장 후분배', '재정중립', '수익자 부담의 원칙', '선가족보호 후사회보장'이 오늘날 까지 우리나라 복지정책의 기본이념(방향)이 되어 왔다.

우리나라의 경제성장론은 이미 1960년대 부터 주장되었지만, 복지망국론이 제기된 것은 1980년대 이후의 일이다. 우리나라 경제사회발전계획에 있어서, '선성장 후분배'와 '재정중립'에 의한 복지계획이 지속되는 것은 소위 우파정권의 장기집권과 경제관료의 경직성에서 초래되었지만, 마침 1970년대 말 서구에서 나타난 경제위기론 또는 복지국가의 위기[10)](과잉 재정지출 등)의 해결책이었던, 1980

---

9) 김영모, 「한국사회보장개혁론」, 중앙대학교 출판부, 1995, pp.64~65

10) R. Mishra, *The Welfare States in Crisis,* Weatsheaf Books, 1984, Chap.2
G. Esping-Enderson, *Welfare States in Transition,* Sage, London,1966, pp.2~6
김영모, 「사회정책」, 한국복지정책연구소 출판부, 1982, 1999, 제 2장 3절 참조

년대 신자유주의 보수정책(영국의 대처정권, 미국의 레이건 정권)의 영향이기도 하다.

한편, 보건사회부는 복지시책의 기본방향으로서 ① 국가발전수준에 알맞은 복지시책, ② 서구적 복지병폐 예방, ③ 자립정신에 입각한 복지시책을 설정하였다.

이와 같이 보사부는 사회보장의 개념을 철저히 자기보장의 정신에 입각하고, 가족, 직장, 지역사회의 공동부조에 의하여 보장되는 복지체제라고 규정하고 있다. 그리고 국가보장은 자립, 자활능력이 없는 사람에 대해 국가가 보호하지 않으면 안되는 부문을 국가적으로 관리하는 복지체제라고 규정하고 있다.11)

이러한 시책방향은 경제기획원의 경제사회발전계획의 기본방향과 동일하다. 그리고 돈이 인드는 재징중립의 사회복시시책을 하겠다는 것을 의미한다. 이것은 정부가 돈을 내는 복지는 안하겠다는 반복지론이다. 정부가 재정중립을 실시하겠다는 것은 '수익자부담의 원칙'이닌 '적용가능한 계층'이라는 정책원리와 같은 것이다. 이것은 철저한 자유방임주의적 이념에 기초하여 있다. 다시 말하면 공적 사회보험을 사적 보험으로 착각하고 있는 것이다.

이러한 복지이념에 기초하여 비록 제 5차 경제사회발전계획을 실시하였지만, 그 내용은 국가의 부담이 거의 없는 공적 복지프로그램이라 해도 과언이 아니다. 우리나라 공적 사회보험이 매우 부실하여 오늘날 오히려 국내 대기업과 외국기업이 운영하는 사보험(생명보험, 의료보험 등)이 판을 치고 있다.12) 공적인 사회보험은 국민연대를 형성하는 소득재분배의 기능이 있지만 사보험은 대기업의 이윤

11) 김영모, 「한국사회복지의 제문제」, 한국복지정책연구소 출판부, 1985, p.72, 75

12) 오늘날 일간 신문과 텔레비전을 보면, 대기업과 외국인이 운영하는 생명보험, 의료보험 등의 선전으로 꽉 차 있다.

창출에 기여한다.

우리나라의 복지정책은 일반적으로 협의로 공적 부조와 사회서비스를 말하고, 광의로 사회보험과 공적 부조 및 사회서비스를 말한다. 협의의 복지 개념은 치료적 개념이고 우파의 주장이다. 사실 복지의 개념은 상기한 개념 보다도 더 확대된 개념으로 규정할 수 있고, 또 상기한 개념에서 포괄되지 못한 복지영역도 많이 있는 것이다. 그런데 최근 논쟁에서 볼 수 있는 복지 개념은 정부와 여 · 야당 간에도 심한 견해의 차이가 있다.

2. 복지 논쟁의 주요한 쟁점

1) 한국형 복지사회; 역사적 조망

과거 정부는 '한국형 복지사회'라는 말을 즐겨 사용하였다. 이미 지적한 바와 같이 1982년 전두환 정권은 복지사회를 건설하겠다고 '경제개발계획'을 '경제사회발전계획'으로 명칭을 바꿔서 대국민 약속을 해 놓고 경제관료와 보수 언론의 주장대로 다시금 1984년에 '복지국가 위기론'을 주장하면서 계획안을 하향 조정하였다. 그 후 1993년 김영삼 정권은 신경제 5개년 계획(1993~1997)에서 한국형 사회복지 모형의 개발을 주장하였지만 그것은 취약계층의 지원 강화와 종합사회구호제도의 확충 등 소극적인 협의의 개념이었다.

한편, 1998년 부터 야당이 10년간 집권하였지만 현 집권여당이 좌파정부라 하던 민주당의 국가발전의 기본 기조는 여전 하였다.

1997년 말 경제위기(외환위기)를 초래한 주역(윤진식 청와대 금융비서관, 강만수 재경원차관, 윤증현 금융정책실장, 최중경 금융협력과장)들이 10년 후 MB정권의 경제참모(장관, 수석 등)로 다시금 화려하게 부활하였고, DJ정권시 경제관료(강봉균, 김진표, 진념, 이기호)는 복지부 또는 노동부 장관을 거쳐 재경부장관이 되었으며 강봉균 의원은 민주당의 반복지론자가 되어 있다.[13] 비록 정권이 바뀌어도 여·야 권력지배층의 성격변화는 거의 없다.[14] 더욱이 1997년 말 YS정권시 초래된 외환위기로 IMF의 경제관리체제가 되면서 사회복지에도 신자유주의의 영향(민영화, 시장개방, 노동연계복지 등)이 미쳤다. DJ의 생산적 복지와 MB의 능동적 복지는 모두 노동연계복지(workfare)의 개념이고, 이것은 우파적 복지개념이다.

김대중 정권시 복지개혁으로 자랑한 국민기초생활보장법은 명칭과는 달리 종전의 생활보호사업과 동일한 것이었으며, 심지어 보사부장관(기업인 출신 김원길 의원)은 의료보험의 민영화를 주장하기도 하였다. 그리고 노무현 정권시 유시민 복지부장관은 노후 퇴직시 기본 소득보장제도인 국민연금을 '고부담 지급여'로 하향 조정하였으며, 심지어 공적 부조인 노인요양서비스를 사회보험화 시켜 비용만 전국민에게 부담시키고(보편적 부담), 급여는 선택적 복지를 하게 하였다.[15] 다시 말하면 과거 국가가 부담하던 노인요양비를 국민에게 전가시킨 꼴이 되었으며, 그 효과는 역진성이 초래되고 있다.

이와 같이 정부는 경제위기 때마다 국가의 재정적자를 핑계로 복지급여와 복지예산을 축소시키고, 반면에 경제살리기라는 핑계로 막대한 공적 자금(DJ정권의 약 168조원, MB정권의 약 255조원)을 부실한 대기업과 금융기관에 투입하였다.[16] 결과적으로 사회적 욕구가

---

13) 강봉균(군산사범, 서울상대, 고등고시 행정과, 경제기획원 기획국장, 노동부차관, 경제수석비서관, 정통부장관, 재경부장관)은 전형적인 경제관료 출신이다. 그는 무상복지정책에 대하여 재경부 출신 관료들의 '건전재정포럼'을 만들어 반복지론을 주장하였다.(「조선일보」, 2011년 1월 15일)

14) 김영모, 「한국권력지배층연구」, 고헌출판부, 2009, 제 13장 참고 바람.

15) 유시민은 대구 심인고, 서울대 경제학과, 독일 마인츠 요하네스 구텐베르크대 경제학석사를 이수하였고, 다양한 언론 활동을 하다가 국회의원(개혁국민정당, 열린우리당)을 지냈다.

결핍된 가난한 사람은 사회보험으로 더욱 소외되고, 반면에 대기업은 자본축적을 용이하게 하였으며, 따라서 사회불평등과 양극화는 더욱 심화 되었다.[17]

그리하여 국민의 대부분이 가입한 국민연금은 노후 퇴직시 최저생계비가 아닌 용돈수준의 연금급여(평균 약 25만원)로 생활이 불가능하고, 건강보험은 법령상 자부담이 3할이지만 실제로 비급여가 많아 전체 진료비의 5할 이상이 환자의 자부담이 되었다.[18] 그리고 건강보험은 초기에 운영관리를 정부가 전액 부담하였으나 현재는 그것의 3할에 불과하다. 또한 정부는 자영자를 위한 지역사회보험이 출발 당시 기여금(보험료)의 절반을 부담한다고 공약하였으나, 현재는 그것의 약 3할을 부담한다.[19]

이와 같이 소득상실, 실업, 질병 등 사회적 위험을 예방하기 위한 공적 사회보험이 부실해지고, 또한 그러한 제도가 소득역진성을 초래하며[20] 보수언론은 공적 연금과 건강보험의 재정이 부실하여

---

16) 1998년 외환위기시 김대중 정부가 대기업와 금융기관에 투입한 공적 지원액이 168조 4천억원이고 그 회수율은 52.9%이며, 2008년 금융위기시 1년간 이명박 정부가 투입한 공적 자금이 255조 4천 1억원이고, 그 회수율은 2009년 6월까지 21.2%에 불과하다.(금융위원회, 「공적자금관리백서」, 2009, pp.48, 55)

17) 건강보험료 체납자가 전체 적용 인구의 6.5%가 되고(지역건보의 경우 24.7%), 6개월 이상 체납자는 132만세대의 232만명이 된다.(유원섭, 건강보험 사각지대, 「건강보장정책」, 제 9권 2호, 2010, p.23) 그리고 소득역진성은 보험료 대비 보험급여 현황을 보면, 직장건보의 경우 고소득자(1분위)가 저소득자(20분위)에 비하여 5배 이상이 되고 지역건보의 경우 11배 이상이 된다.(문성현, 국민건강보험제도의 소득재분배 기능강화를 위한 정책방안, 「건강보장정책」, 제 9권 2호, 2010, p.44)

18) 최기춘 · 이호용, 건강보험보장성 정책 평가 및 확대 대상 검토, 「건강보장정책」, 제 9권 2호, 2010, p.70

19) 김영모, 「사회정책」, 2008, pp.276~281

20) 통계청의 가계수지 동향(2006~2010년)을 분석한 결과 소득대비 사회보험료(건보, 고용, 산재, 노인요양보험) 지출 비율이 소득 1분위는 3.82%, 소득 2분위는 2.74%, 소득 3분위는 2.65%, 소득 4분위는 2.38%, 소득 5분의는 1.96% 등으로 소득이 낮을수록 그 비율이 높다고, 즉 소득역진성이 나타나고 있다고 한다.

장차 재정파탄이 일어난다고 과대 선전을 한다.[21] 심지어 국가채무가 복지재정으로 급속히 증가되었다고 거짓말을 한다. 또한 사회보험(연금, 건보 등)이 빈부간 소득역진성을 초래하기 때문에 사회보험 가입자는 불안하여 이를 불신하고 사적 보험(생명보험, 의료보험 등)에 많이 가입한다.[22] 그래서 대기업의 사보험 시장은 더욱 발달한다.

이러한 공적 사회보험의 부실로 소득, 보건, 주택 및 교육 등의 기본욕구가 충족되지 못하고, 또한 국민기초생활보장제도의 부실로 빈민의 생계보장이 어렵게 되면, 국민은 자연히 보편적 무상복지를 요구하게 된다. 이러한 요구를 야당은 대변하기 마련이다. 정부와 여당 및 언론이 아무리 무상복지와 보편적 복지가 나쁘고 실현 불가능하다고 주장해 본들 시급한 민생문제를 지닌 유권자는 그간 정부와 여당의 주장에 속아 왔기 때문에 야당의 주장을 지지하기 마련이다. 그렇기 때문에 30여년전 정부와 언론의 주장(복지병, 복지망국론, 재정파탄 등)은 이제는 그 실효성이 없게 된 것 같다. 다시 말하면 정부의 재정부담이 없는 복지정책은 공허한 구호에 불과하다.

그러면, 최근 정치적 쟁점이 된 '보편적 복지와 선택적 복지', 무상급식, 무상보육, 무상의료 등 '무상복지론' 그리고 부유세 등 증세론과 세제, 건보, 연금 등 '제도개혁론'을 중심으로 그 허실을 고찰하여 보자.

(「연합뉴스」, 2010년 9월 30일)

21) 국민건강보험공단 건강보험정책연구원은 보장율과 보험율을 현 수준에서 동결하더라도 2020년에는 15조 9천 155억원, 2030년에는 47조 7천 248억원의 건보재정 누적 적자를 기록한다고 추산한다.(「조선일보」, 2011년 1월 18일) 공적보험재정 파탄론은 철이 되면 KDI 등 관변연구소가 주장한다.

22) 민간의료보험 가입자는 가구당 3.62개에 가입하였으며 종신, 연금을 포함한, 가구당 월 평균 보험료는 27만 6천 638원이다.(한국보건사회연구원, 한국의료패널로 보노 민간의료보험가입 실태,「보건복지 Issue & Focus」제 70호, 2011. 1. 14)

2) 복지급여의 전략 ; 무상복지와 유상복지

지난 지방선거, 특히 교육감 선거에서 야당은 선거공약으로 초·중학생 무상급식을 내세워, 경기도와 서울시에서 승리하였다. 그 여파로 민주당(손학규 대표)은 무상급식 뿐만 아니라 무상보육과 무상의료 및 대학생 반값 등록금 등을 주장하여 정치권과 언론의 복지 논쟁이 가열되었다.[23] 이러한 논쟁이 발전하여 선택적 복지론과 보편적 복지론이 각각 여야에서 제기되었다. 사실 보편적 또는 선택적 복지의 개념은 적용대상의 원칙이며 증세 및 감세론은 재원조달의 전략이다.

여기에서 무상복지와 보편적 복지의 개념에 대한 올바른 이해가 필요하다. 이것을 올바르게 이해하면 무상급식, 무상보육 및 무상의료가 좌파적 주장인가를 논쟁의 허실이 밝혀진다.

먼저 무상복지는 그림 1에서 볼 수 있는 바와 같이 복지의 이념적 모형 ④의 마르크스주의형에서 비롯된 것일 수 있으나 만약 최저 수준의 복지 급여라면 자유주의적 모형이 된다. 그러나 무상급식은 초·중학 의무교육, 즉 국가책임이기 때문에 의무교육 대상자에 대한 보편적 무상급식을 주장한 것은 좌파 주장이 아니다. 여당(안상수 대표)이 주장한 선택적 급식은 초·중학생 중에서 가난한 학생들에 대한 무상급식을 주장하고, 잘사는 학생(가정)들에게 유상급식을 주장한 것은 소위 선택적 급식이다.

이러한 것을 보면, 야당은 무상급식을 좌파적 주장이라고 말하기는 어렵고, 선택적 급식은 우파적 주장이라고 할 수 있다. 만약 무상급식이 의무교육 대상과 최저수준을 벗어나게 되면 좌파적 복지

---

23) 반값 등록금을 복지개념으로 규정하는데 문제가 있다. 그러나 민주당이 주장할 주거복지는 우리나라 상황에서 주요한 복지 잇슈가 된다.

라고 매도될 수 있다.

둘째로 무상보육은 그 필요성이 과거에는 저소득층의 사회적 박탈감을 없애고, 맞벌이 부부의 노동참여를 위한 자녀 보육에 있었으나 최근에는 모든 영유아들에게 보육의 기회가 주어져 있고, 그들 가정이 소득수준에 따라 보육료의 감면(여당은 아동의 70% 주장)이 적용된다. 그러나, 문제가 되는 것이 보육시설이 지역상으로 편재해 있고, 공보육시설 보다 민간시설이 8할 이상이 되며, 심지어 가정보육이 가능함에도 불구하고 가능한 한 모두 보육시설(어린이집, 유치원, 예체능학원 등)에 보내고 있다. 따라서 사보육이 발달하여 왔다. 이러한 여건을 무시하고 무상보육을 주장하면 좌파적 발상이라 하고, 빈곤층의 자녀를 위한 선택적 보육을 하면 여성의 노동력 창출, 기회 불평등 등 형평성의 문제가 생긴다. 따라서 이러한 문제를 개선하기 위하여 공보육을 위한 보편적 보육수당의 도입이 필요하다. 다시 말하면 정부가 강조하는 출산력을 제고하고 가족해체를 예방하며, 시설 차별이 없고 부모가 선호하는 보육사업을 위하여 아동수당 또는 가족수당이 시급히 도입되어야 한다.

셋째로 무상의료의 필요성은 현행 국민건강보험제도에서 피보험자의 진료비 자부담율이 대단히 높고(실제로 평균 50% 이상), 또 건강보험료의 장기 체납자(약 6%)들이 많아서, 비록 현행 의료보험제도가 보편적 복지이지만 건강보험의 기회가 박탈된 국민을 위하여 최저의 무상의료를 실시하겠다는 것이 아닌가 생각한다. 이러한 주장은 국민의료의 최저 욕구를 해결하기 위한 것이기 때문에 좌파적 복지가 아니다.

정부는 건강보험재정을 강화하기 위하여 의료급여를 최소화 하고, 재정중립, 즉 수익자 부담원칙으로 국가 재정지원을 거의 하지 않으며, 심지어 보험료 부과체계의 상한제(월 415만원)를 실시하여 사회보험의 기본 원칙인, 소득재분배의 역진성과 건강보험의 재정적자를 초래하고 있다. 또한 현행 건강보험제도가 국민의 건강위험(질병, 폐질 등)을 제대로 대처하지 못하기 때문에 많은 국민이 사보험에 가입하고 있는 실정이다.

이와 같이 의료보험이 부실하고 많은 국민의 의료기회가 박탈되어 있는 경우 현행 건강보험제도의 개혁에서 그 살 길을 찾아야 할 것이다.

3) 복지대상의 설정 ; 보편적 복지와 선택적 복지

사회복지정책의 수혜자를 설정하는 기준으로 '보편주의'와 '선택주의'의 원칙이 있다. 보편주의는 모든 사람에게 사회적 권리로서 차별 없는 복지를 제공하고 사회적 통합에 기여한다. 선택주의는 개인의 욕구에 기초한 자산조사에 의하여 선별적으로 복지를 제공하고 이것은 반드시 필요한 사람에게 제공함으로서 사회적 비용을 절감할 수 있지만 차별감을 주는 것이 큰 문제가 된다.[24)]

일반적으로 보편주의는 사회보험(연금, 건강보험, 고용보험, 산재보험 등)의 대상선정시에 적용되고, 선택주의는 공적 부조(생활보호사업, 사회서비스 등)의 경우에 적용한다. 그리고 이념상으로 전자는 개혁주의(중도파)적 전략이고 후자는 자유주의(우파)적 전략이라 볼 수 있다.

우리나라의 공적 연금보험은 그 적용대상을 시기에 따라 공무원, 교원 그리고 직장 근로자 및 지역 자영인으로 나누어 단계적으로 실시하여 그 차별성이 있었으나 직장인 및 지역민을 대상으로 한 국민연금의 경우 보편성이 강하다.

---

24) 보편주의와 선택주의의 자세한 장단점은 다음 책을 참고하기 바람.
김영모,「사회정책」, 한국복지정책연구소 출판부, 1982, 2008, pp.205~206, 211~212

건강보험의 경우 비록 직장 및 지역 의료보험이 법령상 통합되었으나 보험료 부과체계가 이원화 되어 그 차별성이 아직 존재한다. 그리고 장기노인요양보험은 적용 대상 선정에 있어서 선택주의를 적용하고 그 재원 조달은 보편주의를 적용하고 있다.

이와 같이 사회보험에 있어서 이원화 전략은 국민을 차별화 하고 보험료의 징수와 급여에 있어서 차별성 뿐만 아니라 특히 소득역진성을 초래하기 때문에 아주 잘못된 것이다. 따라서 이것은 보편주의에 의하여 개선되어야 한다.

한편, 우리나라의 국민기초생활보장은 법령에 명시된 저소득층(빈민)의 최저생활과 자활(탈빈곤)을 보장하여 주지 못하고 있다. 따라서 빈곤정책의 대상을 적어도 2배 이상 확대하고 그들의 생존조건은 최저급여를 보장하여야 한다.[25] 그러나 이것을 국고지원의 사회보험(연금, 건보)에 통합시키는 것이 바람직하다.

한편, 이명박 대통령은 복지가 누구에게나 혜택이 되기 보다는 필요한 사람에게 집중되도록 '맞춤식 복지'를 해야 한다고 주장하면서 무차별적인 보편적 복지에 대하여 '복지 포퓰리즘'이라고 비판하였다.[26] 그런데 맞춤형 복지는 필요한 사람, 즉 요보호자에게 서비스를 제공하는 개별화된 서비스, 즉 선택적 복지를 말한다. 그는 취임 초에 기업인 출신답게 친기업주의를 주장하였는데 우리나라의 대기업인은 아직도 복지를 치료적이고 시혜적인 구호사업으로 생각한다.[27]

25) 김진이, 기초생활보장수급자의 탈빈곤 정책에 관한 고찰, 「사회정책연구」 제 41집, 한국복지정책연구소, 2010, pp.52~53

26) 「중앙일보」, 2011년 1월 4일
「경향신문」, 2011년 1월 25일

27) 그가 서울시장 재직시에 처음으로 맞춤형 보육(현 서울형 어린이집)을 주장하였다.

4) 재원조달의 방안 ; 감세론과 증세론 및 개혁론

여 · 야간 복지재원의 조달방식으로 ① 개혁론(민주당 손학규 대표) ② 증세론(정동영 의원의 부유세) 및 ③ 감세론(정부 · 여당)이 주장되고 있다. 정부와 여당은 일찍이 경제 살리기와 일자리 창출을 위하여 사실상 대기업과 부자들을 위한 감세정책, 즉 법인세(최고 2% 감소)와 소득세 2%의 인하를 주장하였다.[28] 정부 · 여당의 감세정책은 부자를 위한 것이 아니라 서민을 위한 것이라고 주장하지만, 이것은 영국의 대처리즘과 미국의 레이건노믹스(신연방주의)에서 볼 수 있는 바와 같이 대기업과 부자를 위한 반복지론이다. 정부 · 여당의 감세정책의 결과는 국회 예산정책처의 보고서에 따르면 소득세가 5년간 각각 29조 2,430억원이 감면되고 법인세의 감세는 34조 2,560억원이 된다고 한다. 다시 말하면 부자감세를 철회하면 한나라당이 비판하는 복지재원의 창출이 가능하다는 것이다.[29]

최근 민주당 손학규 대표[30]는 보편적인 복지는 시대정신이라 하고, 국민 모두에게 기본 소득보장은 물론 의료, 보육, 교육 등의 사회복지서비스를 통하여 인간다운 행복한 삶을 보장하는, 무상의 보편적 복지를 추진하기 위하여 증세 없는 복지 재원, 연간 16조 4천억원을 표 1과 같이 마련하겠다고 하였다.

---

28) 소득세율 인하는 과세표준 8,800만원 초과자에 대한 최고세율을 35%에서 33%로 인하하는 것으로, 이것은 OECD국가의 평균치 보다 낮다. 그러나, 야당은 정부 · 여당의 감세정책을 부자감세라 비판하여서 현재 유보되고 있다. 만약 법인세의 최고세율이 인하되면, 5천억 초과 기업(384개)의 감면세액은 2조 736억원이고 5대 기업의 경우 5,046억원의 감세 혜택이 된다.

29) 「경향신문」, 2011년 1월 23일

30) 손학규 대표는 경기고, 서울대 정치학과 및 옥스퍼드대 정치학 박사를 취득하고, 인하대, 서강대 교수와 국회의원(민자당), 보건복지부장관(YS시), 경기도지사 등을 역임하였다.

<표 1> 민주당의 무상복지정책에 필요한 재원

영역	필요한 재원
무상의료 (8조 1천억원)	-입원 진료비 보장률 90% 확대 : 3조 9000억원 -본인부담금 상한 100만원 하향 : 7000억원 -간병급여 : 1조 2000억원 -틀니 : 4000억원 -치석제거 : 1조 1000억원
무상보육 (4조 1천억원)	-5세 이하 시설 이용 아동 : 7조 1300억원 -시설 미아용 아동에 대한 양육지원수당 1조 7100억원 (총 8조 8400억원 가운데 현재 지원되는 4조 7400억원은 제외)
무상급식 (1조원)	
반값등록금 (3조 2천억원)	-저소득층 국가장학금: 2조 7000억원 -지바아 국립대생 무상장학금 : 850억원 -근로장학금 지원 확대 : 690억원 -취업 후 등록금 상한제(ICL) 대출금리 인하 : 1900억원 -ICL학점 제한 조건 완화 : 520억원

(자료) 민주당 정책위원회, 「조선일보」, 2011. 1. 14

민주당 정책위원회는 무상복지정책의 재원조달 방안으로 부자감세 철회 4조 1000억원, 자연적인 세수 증가 6조 6000억원, 세게잉여금(더 걷혀 남은 세금) 1조 5000억원, 조세감면 축소 2조 4000억원, 건강보험개혁 4조 2000억원 등을 통해 모두 18조 8000억원을 확보하는 방안을 제시했다. '증세를 피하면서 산출한 금액'(전병헌 정책위의장)이라고 하였다.31)

민주당은 집권하면 새로운 세금을 걷거나 국채를 발행하지 않고 무상급식 · 의료 · 보육 등을 제공하는 '보편적 복지'를 추진하기로 했다. 민주당은 대신 예산을 아끼고, 조세체계를 개혁하고 복지제도를 개선하는 3대 개혁을 통해 복지예산을 확보하기로 했다.

민주당의 '보편적 복지재원조달기획단'은 복지 재원 조달 방안으로

31) 「조선일보」, 2011년 1월 14일

재정개혁과 조세개혁, 복지개혁 등 세가지를 제시했다. 우선 재정개혁을 통해 4대강 사업이나 과잉 홍보비 등과 같은 불필요한 예산 5%를 아끼면 연간 15조원을 확보할 수 있다고 밝혔다. 또 조세개혁으로 최소 연간 21조 5,000억원을 마련할 수 있다고 말했다. 또한 소득세, 법인세 최고세율 인해 폐지 등 '부자감세' 철회로 연간 15조원, 비과세 축소로 연간 6조 5,000억원 등을 확보할 수 있다는 것이다. 이와 함께 근로소득이 아닌 종합소득 기준으로 건강보험료를 징수하는 등 복지개혁을 통해 연간 4조 2,000억원의 재원을 더 얻을 수 있다고 밝혔다.[32)]

이러한 주장에 대하여 한나라당은 무상복지는 세금폭탄이라고 하면서 표 2와 같이 비판한다.[33)]

이러한 주장(연간 약 41조원)은 현행 복지제도를 전제로 한 추산이기 때문에 만약 개혁론에 기초한 추산이라 하면 달라질 수 있다.

또한 한나라당은 지역구 의원들에게 배포한 '공짜 무상시리즈 관련 대응'이라는 자료에서 민주당의 '3+1' 복지정책(무상급식, 무상의료, 무상보육+대학생 반값 등록금)을 세금복지로 규정하면서 반박하고 있다. 예컨대 입원비의 90% 까지 건강보험에서 부담하는 민주당 방안은 의료재정을 파탄시킬 우려가 있고, 5세 이하 모든 어린이에게 유치원, 보육료를 전액 지원한다는 민주당 정책에 대하여 정부·여당도 올해 상위 30%를 제외한 나머지 계층에게 전액 지원을 추진한다고 소개하였다.[34)] 또한 보건복지부 장관(진수희)은 한나라당 의원총회에서 민주당 주장대로 무상의료를 하면 8조원이 아니라 30조원이 더 필요하고 1인당 보험료를 2배 이상 인상해야 하며, 이것은 저소득층과 고소득층에게 모두 부담이 된다고 하였다.[35)]

---

32) 「조선일보」, 2011년 1월 26일
33) 「동아일보」, 2011년 1월 14일
34) 「동아일보」, 2011년 1월 31일

<표 2> 민주당의 무상복지 정책에 대한 한나라당의 비판

민주당의 정책	한나라당의 비판
무상급식	-연간 1조원 소요, 중학교까지 확대하면 연간 1조 8000억원 소요 -노무현 정부도 무상급식의 비현실성을 인정, 16대 대선 공약을 뒤집고 저소득층 무상급식만 추진
무상의료	-추가 소요비용 최소 30조원(건강보험 급여비 25조원, 세금 5조원 증액) -보험급여 25조원 조달을 위해 가입자 1인당 보험료를 현재 보다 2배로인상(2인당 월평균 보험료 7만 6000원→14만 4000원) -의료를 무상공급 하려면 국가가 병의원을 소유하거나 관리해야 하나 우리나라 병원은 990%가 민간 소유로 현실성이 없음
무상보육	-추가 소요예산 보육비 7조원, 양육수당 3조원 이상 필요 -터무니 없이 적게 측정된 소요 예산과 불확실한 재정 확보 방안
반값등록금	-노무현 정부 시절 대학등록금 상승률은 매년 8~9% -이명박 정부 들어 대학등록금 상승률은 2009년 동결, 지난해 2% 내외

(자료) 「동아일보」, 2011. 1. 14

이러한 반론으로 민주당의 보편적 복지론에 대하여 과연 얼마나 대국민 설득이 가능할지 의심스럽다. 19대 대선에서 여당의 박근혜 후보는 보편적 복지의 대부분을 수용하였다.

민주당의 복지재원은 기존의 재정, 조세 및 건강보험 등의 개혁에 의해서 '증세 없는 복지'를 추구한다고 발표하였지만 이에 대한 당내 비판, 즉 '증세 없는 복지는 허구'(정동영 의원)라는 견해도 있다. 그는 부유세를 신설하여 복지국가를 구현화 하겠다고 하는데 이것은 영국의 복지국가에서 볼 수 있는 '국민보건서비스'(조세에 의한 무상의료)를 생각한 것 같다.[36]

저자가 볼 때 우리나라의 재정계획(예산 편성)과 조세제도 및 건

35) 「중앙일보」, 2011년 1월 11일

36) 민주노동당(이정희 대표)의 복지재원 확보방안은 6만명 고소득층과 200대기업에 적용될 소득세와 법인세의 최고구간 신설로 연간 8조원을 마련하며, 진보신당(조승수 대표)는 '사회복지세' 신설로 연간 15~20조원을 마련하고 평화군축과 군비감축으로 연간 11조원을 확보할 수 있다고 한다.

강보험제도에 있어서 입법 원칙이나 형평성이 없는 비효율적인 것이 대단히 많다. 예컨대 재정계획 및 예산편성에 있어서 남북대결로 국방비를 증액하거나 불요불급한 토목건설사업(사회간접자본 등) 등 낭비적인, 불급한 사업을 과감히 개선한다면 많은 재원이 창출될 것이다. 그리고 조세제도와 연금 및 건강보험료의 부과체계에 있어서 비현실적 상한제가 실시되어 고소득자에게 막대한 특혜를 주고 있는데 이것은 개혁되어야 한다.[37)]

사실 우리나라 분배정책에 있어서 과세누진제와 보험료 비례제의 원칙이 상실되어 빈부간 소득재분배의 역진성이 나타나고 있다. 만약 과세 상한제(현재 8천 8백만원)가 폐지되면 그 이상의 고소득자로 부터 엄청난 재원이 창출될 것이고, 또 국민건강보험료의 비현실적 현행 상한선(월 223백만원)이 철폐되면 막대한 재원이 창출될 수 있을 것이다.[38)]

이와 같이 현행, 복지제도의 모순(반복지성)을 시정하면, 정부·여당과 보수언론이 주장하는 '재정파탄' 또는 '복지망국론'이 거짓이라는 것이 들어난다. 따라서 잘못된 복지제도(기득권)를 시급히 개혁하여 재정건전성을 도모하여야 한다. 지금까지 정부·여당은 복지급여의 축소나 보험료의 인상에서 재정적자를 해결하려는 것은 매우 잘못된 것이다.

---

37) 예컨대 사회보험(연금 및 건강보험)은 기여금제도인데 기여금(보험료)을 내지 않는 국회의원들의 연금제도를 입법한 것과 국민의 이익과는 무관한, 최근 말썽이 된 템플 스테이(사원숙박)와 한식 세계화재단에 대한 예산지원은 누구를 위한 것인지 모르겠다.

38) 김영모·김헌진, 「한국사회보험개혁론」, 한복연 출판부, 2006, 제 2편 3장과 제 3편 3장을 참조할 것.
김헌진, 대기업 경영성과의 사회적 책임, 「사회정책연구」, 제 41집, 2010, pp.18~19

4. 복지논쟁의 정치사회학적 의미

지금까지 제기된, 여야간 복지논쟁의 이념적 배경은 일반적으로 좌우파와 중도파 또는 진보개혁파와 보수우파 등으로 구별할 수 있으며, 동시에 이들간의 정치적 투쟁이라 볼 수 있다.

보수우파의 복지론은 정부와 여당 및 보수언론들의 견해이다. 이러한 견해는 지난 50여년간 군사정권이 시작한 경제개발정책에서 형성된 성장론자의 복지이념이다. 소위 '선성장 후분배'와 '수익자부담'의 원칙이 한국형 복지론의 주요 이념이 되었다.

지난 50여년간 경제성장론에서 형성된, 우리나라의 대기업 자본가와 그들의 이익을 옹호, 대변하는 고위 관료 및 전문직입인이 우리나라의 보수우파세력을 주로 형성하고 있다. 이들은 우리나라의 부르조아지이다. 그러나 경제성장론에서 소외된 많은 서민들(노동자, 농민)들과 중산층은 사회적 양극화의 그늘에서 상대적으로 빈곤화 되었으며, 동시에 부실한 복지정책으로 더욱 불평등화 되고, 또한 많은 사회문제를 지니고 있다.

이와 같이 양극화된 불평등 사회구조에서 정치인들은 소위 서민정책 또는 복지정책으로 국민을 회유하여 총선과 대선 등에서 유권자의 투표권을 경쟁적으로 장악하려고 하였다.

우리나라의 지배적인 정치세력은 보수우파의 신부르조아저 성격이 강하기 때문에[39] 지난 50여년간 '일자리 창출(사실 경제성장론)이 가장 효과적인 복지정책이다'라고 하면서, 복지정책의 핵심인 사회보장정책을 부실화 시켜 왔다. 경제개발의 재원조달인 조세는 선진화 시키면서 복지는 후진화 시켰다.

---

39) 김영모, 「한국권력지배층연구」, 고헌출판부, 2009, p.503

경제성장론자는 '선성장 후분배', '파이론'을 주장하면서 10년 마다 찾아오는 경제위기를 대처하면서 부실한 대기업에 막대한 공적 자금을 투입하고, 반대로 복지에는 재정건전화를 위하여 복지예산의 축소나 복지급여의 하향 축소를 하여온 것이다. 그러면서 정부는 요보호자(빈민)에 대한 시혜적 구호사업으로 생색을 내려 하고 국민의 빈민화를 예방하는 사회보험제도(연금, 건보, 산재, 고보 등)의 재분배 기능을 역진화 시키면서 대기업의 이윤을 위한 사보험시장을 발달 시키고 있다. 심지어 공적 사회보험을 사보험화 시키려고 하였다. 다시 말하면 복지정책을 통하여 국민을 통합(연대)시키는 정치적 사회적 기능을 수행하지 못하였다.

한편, 지난 10년간 집권한 야당(현 민주당 전신)도 지난 40여년간 집권한 여당(한나라당 전신)의 반복지론 및 반복지세력을 단절하지 못하고 종전의 집권세력과 마찬가지로 반복지정책을 펴고 있었다. 더욱이 신자유주의 복지정책을 강화 하였다.[40]

이러한 것을 보면, 여야의 정치세력 및 고위 관료세력은 동질적인 부르조아지의 성격을 지니고 있다.[41] 다시 말하면 야당은 경제성장으로 소외된 다수의 국민(중산층과 서민)의 불만을 대변하지 못하고 정치지배층으로서 기득권과 특혜를 누리는데 관심을 두었다.

우리나라의 정치지배층은 '국민정당'이라는 이름으로 모든 사회 계층 및 계급의 이익을 도모하는 것처럼 호도하고 소외된 계층은 미사려구의 선거공약과 정치인의 거짓 말에 속아서, 그것이 체념화 되어 여 · 야 정당에 큰 기대를 하지 못하였다. 그러나, 이번의 복지 논쟁에서 복지론자(개혁론자)와 반복지론자(보수론자)가 누구이며 어

40) 김헌진, 참여정부 복지정책의 평가와 과제, 「사회정책연구」, 제 35집, 한국복지정책연구소, 2007, pp.30~37

41) 김영모, 「한국권력지배층연구」, 고헌출판부, 2009, p.503

떠한 이념적 정치세력이 국가발전과 국민의 행복한 삶을 보장하여 줄 것인가를 보여 주었다. 따라서 국민정당이라 하여 오합지졸들을 모두 다 긁어 모을 것이 아니라 이념적 정당과 동지들로 구성된 정치세력을 형성하여야 할 것이다.

5. 결 론

최근 야당인 민주당이 무상복지와 보편적 복지를 주장한데 반하여 여당인 한나라당과 정부, 심지어 보수언론은 이를 반박하는 복지 논쟁이 한창이다. 정부와 여당은 지난 50여년간 빈곤해소를 위한 경제성장론에서 성장한 반복지론, 즉 경제성장을 위한 최선의 복지는 일자리 창출이라는 '선성장 후분배'의 성장논리와 개인적 책임을 강조하였고, 또한 국가 재정을 투입하지 않겠다는 '수익자 부담의 원칙'에서 오늘날까지 복지정책을 강구하여 왔기 때문에 선진국가에 비하여 매우 낙후되어 있고, 또한 현행 복지정책도 소득역진성과 비효율성이 존재하여 매우 부실한 편이다. 형평성이 보장되지 않으면 복지정책을 폐지하는 것이 옳다. 그 뿐만 아니라 50여년간 경제성장론으로 빈부간 계층간 사회불평등이 심화 되어 왔다. 이러한 상황에서 야당이 주장한 '무상의 보편적 복지론'은 유권자의 환심을 사는데 충분한 것이다.

야당이 주장하는 복지정책이 총체적인 복지개혁론을 주장하는 것은 아니지만 이미 주장한 무상급식, 무상보육, 무상의료 등을 위한 소요 복지예산이 연간 약 16조원이고, 비록 여당이 추산한 예산이 연간 약 116조원이라 할지라도 야당의 일부가 주장하는 부유세 신설 등을 하지 않더라도 기존의 비효율적이고 잘못된 재정계획(예산편성)을 개선하고 조세제도(상한선)와 보험료 부과체계(상한선)를 현실화 시키며 나아가 과세 및 보험료의 부과원칙에 따라 개혁한다면 국민최저수준의 복지욕구를 충분히 해결할 수 있을 것이다. 따라서 재정건전성을 위하여 복지예산 축소론을 주장한 것은 잘 못된 주장임을 알 수 있다. 다시 말하면 막대한 정부부채(2009년 610조원)와 부실한 대기업과 금융기관에 막대한 공적 자금(1998년 외환위기시 약 168조원, 2008년 금융위기시 약 255조원)을 투입하면서 정부가 재정지원을 거의 하지 않는 예방적인 복지론(국민연금, 건강보험)을 재정파탄 또는 복지망국론으로 매도하는 것은 아주 잘못된 것이다.

우리나라에 반복지론이 오랫 동안 지속될 수 있는 것은 무엇 보다도 지난 50여년간 군사정권과 보수 우파정권이 장기간 집권한 결과이고, 또한 여·야의 권력지배층이 기득권을 유지하려는 보수적인 신부르조아 성격이 매우 강하기 때문이다. 더욱이 지난 10년간 야당이었던 민주당과 열린 우리당이 집권하였지만 보수경제관료들이 복지정책을 좌우 하였고, 경제관료 출신들이 복지부서의 수장이 되었다. 또한 보수언론들이 대기업의 언론 홍보(광고) 등으로 유착되어 있고, 그들이 경제성장론으로 재벌이 된 대기업의 반복지론을 지배이데올르기가 되게 한 것이다.

부 록 2

<부표 1> 조선시대 과거시험 종류별 횟수와 합격자

	문과		무과		생원		진사		역과		의과		율과		음양과		주과	
왕조(기간)	횟수	합격자	횟수	합격자	횟수	합격자	횟수	합격자	횟수	합격자	횟수	합격자	횟수	합격자	횟수	합격자	횟수	합격자
태조(6)	2	66			2	2	1	1										
정종(2)	1	33			1	1	1	1										
태종(18)	11	281	10	18	7	105												
세종(32)	21	509	21	26	11	209	3	3										
문종(2)	2	73	2	2	2	2												
단종(3)	3	106	3	30	2	2	2	4										
세조(13)	23	402	23	28	5	5	5	5										
예종(1)	1	33	1	1	1	100	1	100										
성종(25)	29	473	29	46	8	241	8	240							1	1		
연산(12)	13	261	13	13	5	401	5	401	1	18	1	9					1	39
중종(38)	57	933	56	230	14	1,304	14	1,302	6	92	6	54			4	33	2	45
명종(22)	26	497	25	70	8	701	8	701	3	35	2	18	5	34	2	14		
선조(41)	61	1,129	61	1,618	17	1,599	17	1,600	12	55	12	81	2	12	3	23	15	72
광해(15)	28	510	28	153	9	900	9	890	10	63	8	42	3	13			13	24
인조(26)	52	784	52	6,727	11	1,100	11	1,089	12	141	10	76	1	1	1	1	22	71
효종(10)	15	253	15	1,407	5	500	5	500	5	58	5	38	7	24			7	26
현종(15)	24	405	24	1,294	7	699	7	693	7	117	7	57	5	14			5	97
숙종(46)	78	1,465	78	3,489	27	2,700	27	2,700	28	524	28	260	7	23	5	17	2	196
경종(4)	9	183	9	629	4	388	4	400	3	63	3	29	25	90	3	11	1	16
영조(52)	126	2,179	126	4,381	25	2,398	25	2,401	25	504	25	230	2	5	25	163	1	175
정조(24)	41	798	41	3,921	11	1,123	11	1,139	44	183	11	92	25	123	11	85	20	180
순조(34)	51	1,058	51	1,627	18	1,800	18	1,800	18	333	18	162	10	63	18	195	22	246
헌종(15)	23	463	23	212	8	799	8	800	8	141	8	68	18	129	8	83	13	109
철종(14)	26	476	26	197	6	607	6	655	6	116	6	58	8	30	6	68	10	73
고종(44)	81	1,780	81	168	17	2,753	17	4,275	15	530	17	274	6	54	13	171	15	258
미상			2	4,891									1	95				
합계	804	15,150	800	31,178	231	20,439	213	21,700	203	2,973	167	1,548	125	730	100	865	149	1,627

(자료) 한국학 중앙연구원, 한국 역대인물 종합정보시스템

<부표 2> 1777년 언양현 리별 신분구조

신분	직역	상북면							중북면				하북면					상남면				
		송북리	동부리	남부리	마흘리	어음리	반송리	천소리	다개리	직동리	옹태리	고하리	지내리	산전리	능입리	와피리	석남리	양등리	거리동	길천리	명촌리	등리
兩班	嘉善大夫		2	2			2	1							1				1			
	通政大夫		1		1				1	1								1				
	通德郎				2																	
	將仕郎		2	2																		
	承仕郎		1																			
	從仕郎			3																		
	折衝將軍		1	1																		
	御侮將軍																	1				
	勵節校尉																					
	秉節校尉														1							
	展力副尉																					
	進士																					
	及第																					
	寡婦								1													
	기타 미상					1	1	1				1										
	소계		7	8	3				2	1		1			2			2	1			
準兩班	幼學	3	3	12	3	2	14	24	30	10		5	33	30	29	17		21	20	18	17	5
	校生																					
	院生																					
	童蒙																					
	閑良	1	24	8	1	3		2	3	2			2	1		3	3	1				
	武學		1													1						
	出身			1										1				1				
	軍官		3	5	2	3	1	2	3	3			1		2	2	1	1	1			1
	衛所屬	1	2			4							1	2								
	都訓導		3																			
	別武士																					
	選武士													2								
	寡婦		1							1												
	기타 미상		1													1			1			
	소계	5	38	26	6	12	15	28	36	16		5	37	36	31	24	4	24	22	18	17	6
中人	業武	1	5	2					2	1		1	3		1	2	3				1	
	業儒												1						1			
	安逸戶長		1	2																		
	記官		2	3																		
	假吏																					
	貢生			6																		
	有司		1	1																		
	書員		1	1																		
	小童																					
	의생율생		1	1																		
	기타 미상																					
	소계	1	11	16					2	1		1	4		1	2	3		1		1	

신분	직역	상북면							중북면				하북면					삼남면				
		송북리	동부리	남부리	마흘리	어음리	반송리	천소리	다개리	직동리	옹태리	도하리	지내리	산전리	능입리	와피리	석남리	양등리	거리동	길리	천명리	춘등억리
良人	良人		3	1											1							
	御營軍	1	3		1		1	2	3	2			2		1	2	2		1			2
	禁衛軍		2	3	1			2	2	2			1	1	1	1	2	3	2		1	1
	主鎭軍		1	1	1			1	1	1	1		3				1					
	수성군						1	3														
	別隊	1	4	2					1	1			2		1	1	1	1		1		
	馬丁													1								
	친병군																					
	正兵		1						1													
	保人																					
	匠人		2	2									1			5					2	3
	寡婦																					
	기타 미상							1		1				1		1		1				
	소계	2	16	9	3	0	2	9	8	7	1		9	3	4	10	6	5	3	1	3	6
賤役良人	硫黃軍												1									
	禁保	1	3	2	1			2	2	2			2				1					
	水軍	1	5	6		1	1		5	4	1			2	1		3	2		1		
	束伍軍								2	2				2						2	2	
	水鎭軍																1					
	烽軍			3		2								1		2						
	기타 미상			4					1	1			1	2			3		1		3	
	소계	4	8	15	1	3	1	2	10	9	1		4	7	1	2	8	2	1	3	5	
賤人	驛吏		3	3	3		2	4	3	2	2	1				6	9		1		1	1
	卜典		2		1																	
	문서直			1																		
	使令		12	1																		
	巫俗																					
	기타								1													1
	소계		17	5	4		2	4	4	2	2	1				6	9		1		1	2
奴婢	私婢																					
	私奴			1	1															1		1
	官奴		9	1																		
	官婢		3																			
	校奴			1																		
	院奴					1					3											
	소계		12	3	1	1					3								2	1		1
기타	老除		1	3		1		1	1	1			1	1	1	1	6			1	2	
	盲人																					
	病人																					
	居士																					
	기타미상		1	1	1	1				1			2			2	1		1	2	1	2
	소계			4	1	2		1	1	2			3	1	1	3	7		1	3	3	2
합 계		10	111	86	19	19	23	46	63	38	7	8	57	47	40	47	37	33	30	26	30	17

신분	직역	상남면		중남면					삼동면					
		이천리	천전리	덕천민동	덕천역동	평지리	쌍수정	가천리	방기리	조일리	왕방리	하잠리	작동리	구수리
兩班	嘉善大夫		1	1			2		2			2		
	通政大夫	1										1		
	通德郞		1											
	將仕郞													
	承仕郞													
	從仕郞													
	折衝將軍				1		2			2				
	御侮將軍							1						
	勵節校尉													
	秉節校尉						1							
	展力副尉						2							
	進士													
	及第													
	寡婦												1	
	기타 미상										1			
	소계	1	2	1	1		7	1		2				
準兩班	幼學	2	8				14	1	16	35	8	14	10	11
	校生										1			
	院生													
	童蒙													
	閑良			1			3	3	1	3	1	1	5	1
	武學											1		
	出身													
	軍官						3	1			1	1	2	4
	衛所屬		1			1	2				1		2	
	都訓導						1							
	別武士										2			1
	選武士													
	寡婦													
	기타 미상			1						1				
	소계	2	9	2		1	23	5	17	39	14	17	19	17
中人	業武					1	1		1	2	4	1	1	2
	業儒			1										
	安逸戶長													
	記官													
	假吏													
	貢生													
	有司													
	書員	2												
	小童													
	의생율생													
	기타 미상													
	소계	2		1		1	1		1	2	4	1	1	2

신분	직역	상남면		중남면					삼동면					
		이천리	천전리	덕천민동	덕천역동	평지리	쌍수정	가천리	방기리	조일리	왕방리	하잠리	작동리	구수리
良人	良人									6	3	2	3	
	御營軍						3	2		3	4	3	2	
	禁衛軍			1			2	7				1		1
	主鎭軍			1		1	1				2		1	1
	수성군			2				3		3				
	別隊		1			3	1							
	馬丁													
	친병군													
	正兵													
	保人													
	匠人						1	1						
	寡婦	1		1				2		1				
	기타 미상			2										
	소계	1	1	7		4	8	15		13	9	6	6	2
賤役良人	硫黃軍	2									2			
	禁保	1						1		1	10			
	水軍	2	1	2		1	4	5		3			2	1
	束伍軍		2							1				
	水鎭軍												1	
	烽軍	1		3			1			2	3		1	
	기타 미상			1			1			4				
	소계	6	3	6		1	6	6		11	15		4	1
賤人	驛吏		7	7	40	9	5	2	1	8		3	10	1
	下典													
	문서直													
	使令													
	巫俗													
	기타													
	소계		7	7	40	9	5	2	1	8		3	10	1
奴婢	私婢													
	私奴													
	官奴													
	官婢													
	校奴			10										
	院奴										1			
	소계			10							1			
기타	老除	1						1			1			
	盲人													
	病人	1		1										
	居士													
	기타미상	2	2	1			1	2	1	2	1			
	소계	4	2	2			1	3	1	2	2			
합계		16	24	36	41	16	51	32	22	77	46	30	41	23

<부표 3> 1861년 언양현 리별 신분구조

신분	직역	상북면						중북면			하북면									
		송북리	동부리	남부리	어음리	반송리	천소리	반곡리	다개리	직동리	상동리	지내리	능산리	향산리	도동리	산전리	오만리	와피리	궁근리	명현리
兩班	嘉善大夫			1																
	通政大夫		1				1													
	通德郎		1																	
	將仕郎																			
	承仕郎																			
	從仕郎		1																	
	折衝將軍	1	1																	
	御侮將軍																			
	勵節校尉																			
	秉節校尉																			
	展力副尉																			
	進士																			
	及第																			
	寡婦																		1	
	기타 미상																			
	소계	1	4	1			1												1	
準兩班	幼學	19	39	33	21	36	42	36	43	43	23	26	15	17	5	12	10	21	8	15
	校生				1															
	院生		1																	
	童蒙			1	1		2	1												
	閑良		4	14			2													
	武學																			
	出身																			
	軍官																			
	衛所屬																			
	都訓導																			
	別武士			1																
	選武士																			
	寡婦																			
	기타 미상			2																
	소계	19	44	51	23	36	46	37	43	43	23	26	15	17	5	12	10	21	8	15
中人	業武																			
	業儒																			
	安逸戶長		4	1																
	記官		17	2																
	假吏																			
	貢生		8																	
	有司																			
	書員																			
	小童																			
	醫生律生																			
	기타 미상																			
	소계		29	3																

신분	직역	상북면						중북면			하북면									
		송북리	동부리	남부리	어음리	반송리	천소리	반곡리	다개리	직동리	상동리	지내리	능산리	향산리	도동리	산전리	오만리	와피리	궁근리	명현리
良人	良人			1																
	御營軍					1	1				1	1		1		1				
	禁衛軍					1			1	1			1			1				
	主鎭軍										2									
	別隊						2		1	3		2	1	1	1	2				1
	馬丁																			
	여정																			
	正兵													1						
	保人																			
	匠人																			
	寡婦																			
	기타 미상			1																
소계				2		2	3		2	4	3	3	2	3	1	4				1
賤役良人	硫黃軍																			
	禁保												1							
	水軍																			
	束伍軍																			
	水鎭軍																			
	烽軍			1																
	기타 미상																			
	소계			1									1							
賤人	驛吏			1						1										2
	下典																			
	문서直																			
	使令			1																
	巫俗																			
	기타																		2	
소계				2						1									2	2
奴婢	私婢																			
	私奴			1																
	官奴																			
	官婢		2																	
	校奴							1												
	院奴																			
소계			2	1				1												
기타	老除		1				1			2										
	盲人																			
	病人																			
	居士																			
	기타미상															8				
소계			1				1			2		1				8				
합계		20	80	61	23	38	51	38	45	50	26	29	18	21	6	24	10	21	11	18

신분	직역	상남면						중남면						삼동면							
		양등리	거리동	길천리	명촌리	천전리(?)	이천리	덕천리	평리	쌍수정	화산리	가천리	방기리	조일리	보은리	송정리	금곡리	사촌리	하잠리	작동리	구수리
兩班	嘉善																				
	通政																				
	通德郎																				1
	將仕郎											1						1			
	承仕郎																				
	從仕郎																				
	折衝				1																
	御侮																				
	勵節																				
	秉節																				
	展力																				
	進士																				
	及第																				
	寡婦																				
	기타 미상							2													
	소계				1			2				1						1			1
準兩班	幼學	33	50	56	15	16	13		10	17	14	53	28	36	22	6	8	3	34	44	18
	校生																1				
	院生																				
	童蒙			1	1															1	
	閑良							5		8											
	武學																				
	出身																				
	衛所屬								1	2											
	軍官									1											
	都訓導																				
	別武士													1							
	選武士																				
	寡婦																				
	기타 미상											1									
	소계	33	50	57	16	16	13	5	11	28	14	54	28	37	22	6	9	3	34	45	18
中人	業武																				
	業儒																				
	安逸戶長																				
	記官																				
	假吏																				
	貢生																				
	有司																				
	書員																				
	小童																				
	醫生律生																				
	기타 미상																				
	소계																				

신분	직역	상남면						중남면						삼동면							
		양등리	거리동	길천리	명촌리	천전리(?)	이천리	덕천리	평리	쌍수정	화산리	가천리	방기리	조일리	보은리	송정리	금곡리	사촌리	하잠리	작동리	구수리
良人	良人											1									
	御營軍		2											1				1	1	2	1
	禁衛軍	2								1	1	1	2	1	1				2	1	
	主鎭軍																2				
	別隊	2	2	1						1	1	3	1	2				1	2	4	2
	馬丁																				
	여정																				
	正兵																				
	保人																				
	匠人																				
	寡婦																				
	기타 미상																				
소계		4	4	1						2	2	5	3	4	1		2	2	5	7	3
賤役良人	硫黃軍																				
	禁保																				
	水軍																				
	束伍軍																		1		
	水鎭軍																				
	烽軍																				
	기타 미상																				
소계																			1		
賤人	驛吏							21	6					1					1	4	1
	下典																				
	문서直					3	3														
	使令																				
	巫俗																				
	기타																				
소계						3	3	21	6					1					1	4	1
奴婢	私婢																				
	私奴																				
	官奴																				
	官婢																				
	校奴																				
	院奴																				
소계																					
기타	老除				2		2			2				1							2
	盲人																				
	病人																				
	居士																				
	기타미상						2														
소계					2		4			2				1							2
합계		37	54	58	19	19	20	28	17	32	16	60	31	43	23	6	11	6	41	56	25

<부표 4> 경상도 언양현 주민의 주거이동

		1711				1777				1798			
신분	직역	신호	도망	이거	절호	신호	도망	이거	절호	신호	도망	이거	절호
兩班	縣監												
	都事												
	副護軍												
	判官												
	嘉善大夫				1	2				1		1	1
	通政大夫	1			2	1				1		1	
	通德郞	1				1	1						
	將仕郞					1							
	承仕郞												
	從仕郞												
	折衝將軍												3
	御侮將軍		1			1							
	勵節校尉												
	秉節校尉												
	展力副尉									1			
	進士												
	及第												
	寡婦												6
	기타 미상	1	2	2									1
準兩班	幼學	5	2	3	2	33	5	10	7	109	2	5	47
	校生												
	院生												
	童蒙									1			
	閑良			1		7	2			18	2		15
	武學	5	4	6	2	1				2			1
	出身												
	衛所屬	3		6		3		1		9			3
	軍官					8	3		1				3
	都訓導									1			
	別武士												
	選武士									2			
	寡婦				1								1
	기타 미상												
中人	業武	1	2		1	2		1	2	7		1	2
	業儒												
	記官									1			
	假吏												
	貢生									3			1
	醫生 律生												
	有司												1
	安逸戶長												
	書員			1						1			
	小童									1			

		1711				1777				1798			
신분	직역	신호	도망	이거	절호	신호	도망	이거	절호	신호	도망	이거	절호
良人	良人	1			1					1	1	2	
	御營軍		2		1		1			2	2		
	禁衛軍		9			2	2	1					
	主鎭軍									1			
	守城軍											1	
	別隊		2				3			16			
	馬丁												
	親兵軍												
	保人	6	15	8	7	1	1	1		1	2	3	
	寡婦		10				2			1			
	기타 미상		3	1			1						
賤役良人	硫黃軍	2	1										2
	匠人	19	46	1	2	1			2	7	1	1	2
	水軍	2	2	2	2	6	5			6	1	1	5
	束伍軍	1	2			2	4		4	6	4		2
	烽軍		6	1		2	3		1		3		
	기타 미상			1		1				2			
賤人	驛吏	15	27	6	8	6	16		4	22	16	3	17
	下典				1				1				
	直	2								2			
	使令					2				3			
	巫俗										1		
	기타												
奴婢	私婢	6	1		1								
	私奴		7	3	4	1							
	官奴		1		1	1				1			
	官婢		1										
	校奴		1										2
	院奴		2										
기타	老除		5		6	1	1		2	2		1	4
	盲人												
	病人	4	2										
	居士				1								
	기타	8	12	3	6	3				6			
합 계		83	168	45	50	89	50	14	24	237	35	20	119

(자료)「언양현 호적대장」

< 찾아 보기 >

< 인명 색인 >

< 저자 소개 >

서울대학교 사회학과 졸업(학사, 석사, 신제 박사)
덴마크 국립사회조사연구소 수료
하바드 대학교 사회학과 수학(하바드 옌칭 객원교수)
중앙대학교 문과대학 전강~교수
한국사회학회장, 한국사회복지학회장
중앙대학교 문과대학장, 사회개발대학원장, 부총장, 명예교수

< 주요 저서 >

조선지배층연구(일조각, 1977/고헌, 2002)
한국사회계층연구(일조각, 1982)
현대사회계층론(한복연 출판부, 1982, 1999)
한국중산층연구(중앙대 출판부, 1998)
일제하 한인지배층연구(고헌, 2009)
한국권력지배층연구(고헌, 2009)
한국자본가계급연구(고헌, 2012)
한국민족해방운동연구(고헌, 2012)

조선·한국 신분계급사 <가격 : 36,000원>

2013년 10월 15일 발행
2013년 10월 25일 1쇄

저 자 : 金 泳 謨
발 행 처 : 고헌 출판부
서울특별시 동작구 흑석동 186-64
등록 2000년 1월 27일 제 17-316호
연락처 : TEL 824-3127·3132 FAX 824-3128

ISBN 978-89-90435-27-9-93330